交通运输部、浙江省人民政府共建大物流成果之一
交通职业教育教学指导委员会推荐教材

物流信息技术

Wuliu Xinxi Jishu

主　编　李佑珍　吴汪友
主　审　王怡民

人民交通出版社

内容提要

物流信息是现代物流的灵魂，物流信息技术在现代物流中正发挥着越来越重要的作用。本书以浙江省交通运输厅提出的建设“大港口、大网络、大物流”发展目标和浙江省交通物流公共信息系统推广与应用的相关要求为背景，并结合物流企业业务类型进行编写。全书由六篇组成：物流信息服务平台构建、普通运输业务信息化、小件快运业务信息化、集装箱运输业务信息化、物流基地信息化管理、物流信息平台与增值服务。本教材在编写上兼顾了物流企业实际业务运作，对物流业务信息化进行全过程呈现，克服了以往教材编写与行业实际脱节的弊端，开拓了政府、行业、院校共同开发高职教材编写的新思路。

本教材既适用于高职院校物流管理专业的实践教学，也适用于物流企业在职人员的职业能力培训，同时也可作为本科院校物流管理专业学生的参考用书。

图书在版编目（CIP）数据

物流信息技术/李佑珍，吴汪友主编．—北京：人民交通出版社，2011.1

ISBN 978-7-114-08839-1

Ⅰ.①物…　Ⅱ.①李…　②吴…　Ⅲ.①物流-信息技术-高等学校：技术学校-教材　Ⅳ.①F253.9

中国版本图书馆CIP数据核字（2010）第265042号

交通运输部、浙江省人民政府共建大物流成果之一
交通职业教育教学指导委员会推荐教材

书　　名：**物流信息技术**
著 作 者：李佑珍　吴汪友
责任编辑：任雪莲
出版发行：人民交通出版社
地　　址：（100011）北京市朝阳区安定门外外馆斜街3号
网　　址：http://www.ccpress.com.cn
销售电话：（010）59757969，59757973
总 经 销：人民交通出版社发行部
经　　销：各地新华书店
印　　刷：北京交通印务实业公司
开　　本：787×1092　1/16
印　　张：18
字　　数：440千
版　　次：2011年1月　第1版
印　　次：2011年1月　第1次印刷
书　　号：ISBN 978-7-114-08839-1
印　　数：0001-2000册
定　　价：49.00元

《物流信息技术》编委会

前　言

随着我国改革开放的不断深入和经济的持续发展,现代物流业在我国的地位也在日益提高。物流产业的发展和第三方物流企业的蓬勃兴起,逐步形成了现代物流的三个主要应用领域和研究方向,即物流管理、物流信息系统、物流技术与装备。

2007 年年底,为实现浙江交通物流“又好又快”的跨越式发展,浙江省交通运输厅提出了建设“大港口、大网络、大物流”的发展目标。其中,大物流的重要抓手是“浙江省交通物流公共信息系统”。浙江省交通物流公共信息系统(以下简称“系统”)建设是浙江交通“三大建设”战略目标中“大物流”建设的重要组成部分,该系统是基于数据交换的物流公共信息平台,以物流通用软件建设为切入点、公共物流信息交换为核心、标准和诚信管理为主线,以立足浙江、辐射全国、服务社会为总体框架的公共基础信息系统工程。系统的建设有利于提升浙江省物流企业信息化水平,加快物流信息系统标准化建设,推广先进的组织管理模式,促进行业规范,并利于行业管理。

2009 年年初,浙江省在实践与探索的基础上提出与其他省市共建物流公共信息平台,并拟定了共建协议。2009 年 7 月 8 日,浙、沪、苏、黑、徽、闽、青、川、宁、蒙、鲁 11 省道路运输管理机构负责人与浙江省运管局签订了《省际物流公共信息平台共建协议》,正式启动了省际物流公共信息平台的建设。2009 年 9 月 12 日,冀、鄂、湘、赣、吉 5 省加入省际共建物流公共信息平台,至此,该公共信息平台已经覆盖东、中、西部 16 省(市区)。2009 年 9 月 11 日,省际物流公共信息平台共建领导小组和中国电信集团签署了共建协议。2009 年 9 月 12 日,由中国物流与采购联合会指导、浙江省综合交通物流行业协会牵头、国内知名物流信息化服务供应商组成的“物流信息化共建联盟”在杭州正式成立。2009 年 12 月 6 日,根据浙江省与交通运输部在北京签署的会议纪要,浙江成为全国交通物流发展试验先行区。同时,交通运输部将加大对浙江省物流公共信息平台建设的扶持力度。

浙江省运输管理局与浙江交通职业技术学院在物流专业人才培养方面签订了长期合作协议,学院作为大物流人才培养基地之一,始终以服务地方经济的办学方向作为自己的使命。为了服务浙江“三大建设”,学院对物流管理专业进行了卓有成效的专业改革和课程改革实践,并取得了一系列的丰硕成果。其中,由物流专业教师承担的 2009 年浙江省新世纪教改项目“校企政合作物流信息技术课程的改革与实践”,就是以“浙江省交通物流公共信息系统”平台建设为目标,与浙江省道路运输管理局合作进行“物流通用软件”的推广与应用软件教材编写的成果。该通用软件目前主要包括“小件快运软件”、“普通运输软件”、“集装箱运输软件”、“物流基地管理系统”四个软件。其主要目的是为浙江省交通物流公共信息系统的推广与应用进行人员的培训,继而为浙江省“大物流”建设提供人才保障。

该教材编写思路清晰,采用了理实一体化的编写模式,编写中更加注重实用与创新。同时,在教材编写前进行了广泛的调查研究,使教材的编写更加符合政府和企业的愿景。

该教材由浙江省“大物流”推进的具体主管部门浙江省道路运输管理局和浙江省交通职业技术学院新世纪教改项目“校企政合作物流信息技术课程的改革与实践”课题组共同进行编写,同时还邀请了部分企业人员参加。教材共分六篇,其中,孙秋高、刘欲晓、陈艳编写了第一篇“物流信息服务平台构建”;宣玲玲编写了第二篇“普通运输业务信息化”;刘欲晓编写了第三篇“小件快运业务信息化”;詹继兵编写了第四篇“集装箱运输业务信息化”;李佑珍编写了第五篇“物流基地信息化管理”;吴汪友编写了第六篇“物流信息平台与增值服务”,江建达负责全书统稿、校对工作;王怡民院长承担了后期的审稿工作。

在教材编写的过程中,充分征求了浙江省道路运输管理局和物流企业相关专家的意见,同时引用了前辈的一些研究成果,在此表示衷心感谢!

本教材既可以作为高职院校物流管理专业学生教材,也可作为浙江省相关物流企业的培训教材,同时也可作为本科院校学生的参考用书。

由于作者的编写水平有限、时间仓促且缺乏足够的经验与资料等原因,教材中难免存在不足与疏漏之处,敬请各位专家与读者批评指正。

编者

2010年9月15日

目　录

第一篇　物流信息服务平台构建

第二篇　普通运输业务信息化

第五篇　物流基地信息化管理

第六篇　物流信息平台与增值服务

第一篇

物流信息服务平台构建

第一章　物流信息与平台建设认知

第一节　物流信息化现状与发展趋势

物流，由“物”和“流”两个基本要素组成，其核心就是物资的“流动”。随着社会大分工的逐渐细化，物资流通的规模日益庞大，供应链愈发复杂，生产、分配、交换和消费扩展到了一个极其广阔的空间，此时，只有依靠物流这一纽带，才能将整个复杂过程的各个环节连接起来，使社会化大生产得以实现。因此，物流的发展水平也成为衡量一个国家现代化程度和综合国力的重要标志之一。

国际社会一般以物流成本占 GDP 的比重来衡量一个国家的物流发展水平，该比重越低说明物流发展水平越高。欧美等发达国家的这一比重约为 10%；中等发达国家，如韩国约为 16%；而我国的物流成本占 GDP 的比重在 18% 以上，且自 2001 年起，一直维持在这个水平。我国物流各个环节如运输、仓储、配送的成本以及劳动力和设备成本都远远低于发达国家，但整个物流过程的综合成本却大大高于发达国家，究其主要原因，就是物流各环节信息化程度低，信息沟通不畅，从而造成库存大、运力浪费，这已经成为阻碍我国物流企业参与国际化竞争的一个重要因素。

由此可见，信息化是现代物流发展的必由之路。从某种角度上讲，现代物流就是传统物流的信息化，即采用信息技术对传统物流业务进行优化整合，以达到降低成本、提高服务水平的目的。随着信息技术的不断进步与普及，我国物流业和物流信息化已经进入了一个快速发展期。对于我国物流企业来说，要依靠科学技术来提升自己，而当务之急是要加强信息化建设。随着我国物流市场的不断细分，走平台化的道路已经越来越清晰，物流企业应该采用现代物流的模式，不断提高自身的效益、地位和作用。

一、物流信息化的概念

物流不仅是运输物品，同时也在传递信息。物流信息是物流活动中各个环节生成的信息，一般是随着从生产到消费的物流活动而产生的信息流，与物流过程中的运输、仓储、装卸搬运、包装等各种职能有机结合在一起。信息是事物内容、形式及其发展变化的反映。物流信息和运输、仓储等各个环节关系密切，起着相当于人的大脑神经中枢的作用。

物流信息化是指参与物流活动的各方运用现代信息技术对物流过程中产生的信息进行采集、分类、传递、汇总、识别、跟踪、查询等一系列处理活动，以实现物流信息资源的优化配置和物流业务的优化整合，从而达到降低物流成本、提高物流经济效益和服务水平的目的。

二、国内外物流信息化发展现状

（一）国外物流信息化发展现状

1. 美国物流企业信息化发展现状

（1）美国物流企业普遍采用条形码技术和无线射频识别技术，以提高信息采集效率和准确性；基于互联网电子数据交换技术进行企业内外的信息传输，实现订单录入、处理、跟踪、结算等业务无纸化处理。

（2）美国物流企业广泛应用仓库管理系统和运输管理系统以提高运输与仓储效率。如沃尔玛同休斯公司合作发射了专用卫星，用于全球店铺的信息传送与运输车辆的定位及联络。该公司的5 500辆运输货车全部装备了卫星定位系统（GPS），每辆车在什么位置、装载什么货物、目的地是什么地方，总部一目了然。同时，有利于合理安排运量和路程，以最大限度地发挥运输潜力。

（3）美国物流企业通过与供应商和客户的信息共享，实现供应链的透明化。运用JIT（准时化生产）、CPFR（协同规划、预测与补给）、VMI（供应商管理库存）等供应链管理技术，实现供应链伙伴之间的协同商务，以便"用信息替代库存"，降低供应链的物流总成本，提高供应链的整体竞争力。如戴尔公司通过网站向供应商提供实时数据，使供应商了解零部件库存、需求预测及其他客户信息，从而更好地根据戴尔公司的需求组织生产并按JIT配送。同时，戴尔公司的客户在网上按指令配置PC，下订单5min后就可以得到确认，36h以内客户订购的PC就会下生产线、装上配送车。

（4）通过网上采购辅助材料、网上销售多余库存以及由电子物流服务商承担仓储与运输等手段，借助电子商务降低物流成本。

2. 日本物流企业信息化发展现状

日本物流企业信息化的发展速度很快，物流业年均增长速度在5%左右，而物流信息化发展速度年均达到10%。其物流信息化应用程度比较高的行业主要集中在汽车制造业与部分专业物流企业。

（1）日本物流企业物流信息化的目标模式是以提高效率为核心，而不仅仅是追求单纯的效益。最为典型的例子，就是丰田汽车公司设计的物流系统。它把目标定位在通过信息化的管理使对客户的供货期由35天缩短至15天。该系统的各个物流单元都是围绕着如何缩短供货时间，以提高供货效率来设计解决方案的，从而整合成一个高效率的物流系统。他们把提高效率视为企业提升核心竞争力的关键环节。在这个过程中，由于增加了投入，物流成本可能会增大，但却赢得了时间和空间，提升了竞争力，扩大了市场份额，从而也就增加了效益。

（2）日本物流企业的信息技术和信息系统的标准化程度较高，形成了一些成熟的物流信息管理软件，实用性很强，包括仓库管理软件、运输管理软件、货代业务系统、港口管理软件、舱位管理软件等。

（二）我国物流信息化发展现状

我国现代物流概念的引进，与改革开放的进程基本同步。特别是最近10余年，逐步由起步期进入快速发展期，传统物流开始向现代物流转变，现代物流的产业地位得以确立。

虽然我国物流行业发展很快，但目前物流信息化应用的水平还比较低。近年来，我国从政府部门到企业对物流信息化重要性的认识正在不断提高。物流的灵魂是信息，这一说法已得到我国工商企业及物流企业的广泛认同。各类企业正呈现出开发物流信息平台、应用综合性或专业化物流管理信息系统的态势。2004年，国家发展和改革委员会、商务部、公安部、铁道部、交通部等九部委联合发布了《关于促进我国现代物流业发展的意见》，将发展物流信息化提到了一个新的高度。2009年2月25日，国务院审议并通过的《物流业调整振兴规划》中也明确提出:加快现代物流业要"以先进技术为支撑,以物流一体化和信息化为主线",把"提高物流信息化水平"作为一项主要任务,充分说明了信息化在物流业调整和振兴中的重要地位和作用。目前,我国各级政府也已经把物流信息化作为一项基础建设纳入到了发展规划之中,并进一步加大了对物流信息化的投资力度。但是,我国物流企业信息化整体规划能力较低,对信息化的理解程度不深。我国在物流信息化长期发展战略上尚未形成体系,标准化工作发展较慢;同时,物流企业对自身的信息化未来发展也缺乏规划,缺乏覆盖整个企业的全面集成的信息系统。

伴随着我国经济的持续快速发展,我国物流行业呈现出高速增长的势头,而物流信息化的投入力度也在相应提高,建设步伐持续加快。相关调查显示,我国大中型企业物流及第三方物流企业信息化意识普遍提高。信息化进程正在加快,大约有74%的企业已经建立了信息管理系统,77%的企业已有自己的网站。物流企业对现代通信技术的接受程度逐渐提高,开始积极采用GPS、GIS等先进技术,以提高企业运营水平和综合实力。

尽管我国物流信息化发展较快,但与国际先进水平相比,整体水平尚处于较低层次,特别是中小物流企业的信息化水平很低。究其原因,一方面,先进的信息技术应用较少,应用范围有限。调查显示,在国外物流企业得到广泛应用的条码技术、RFID、GPS/GIS和EDI技术在我国物流企业的应用不够理想。同时,国内物流企业对立体仓库、条码自动识别系统、自动导向车系统、货物自动跟踪系统等物流自动化设施也应用不多。另一方面,信息化对我国物流企业运营生产环节的渗入层次较低。在信息化水平较高的大中型物流企业,其企业网站的功能依然以企业形象宣传等基础应用为主,作为电子商务平台的比例相对较低,大约只占16.67%。同时,已建信息化系统的功能主要集中在仓储管理、财务管理、运输管理和订单管理,而关系到物流企业生存发展的有关客户关系管理的应用所占比例却很小,大约是23.33%。

三、物流信息化发展趋势

在经济全球化的大趋势下,随着信息技术的迅速发展和竞争环境的日益严峻,要大幅度降低我国企业的物流成本,增强企业的国际竞争力,就必须以信息技术和信息化管理带动物流行业的全面发展。这就迫切需要广大企业在物流信息化方面实现信息资源共享化、信息网络一体化。

(1)物流信息资源共享化。开发物流信息资源既是物流信息化的出发点,又是物流信息化的归宿。同时,信息整合也会推动物流行业相关资源和市场的整合。我国要发展现代物流,抓住全球化和信息化带来的发展机遇,必须加强物流信息资源整合,大力推进公共信息平台建设,建立健全电子商务认证体系、网上支付系统和物流配送管理系统,促进信息资源的共享。调研数据显示,在当前物流企业的信息化发展中,对公共信息网络平台的需求比例大约为56.67%。有关专家建议,应将物流信息化纳入国家信息化发展的总体规划,统筹考虑、协调发展,从体制上打破条块分割和地区封锁,从信息资源整合入手,抓好物流资源的整合。

(2)物流信息网络一体化。随着经济全球化以及国际贸易的发展,一些国际大型物流企业开始大力拓展国际物流市场。而物流全球化的发展趋势,又必然要求跨国公司及时准确地掌握全球的物流动态信息,调动自己在世界各地的物流网点,构筑起全球一体化的物流信息网络,为客户提供更为优质和完善的服务。加入WTO以后,我国的物流企业要想适应国际竞争，并在竞争中盈利，建立全国性乃至全球性的网络系统是必不可少的。

第二节　物流信息平台建设与应用前景分析

一、我国物流信息平台建设情况

目前，我国的物流公共信息平台建设还处于起步阶段，这不仅严重制约了我国物流产业的发展，也限制了企业国际竞争力的提升。为了提高我国物流信息化的整体发展水平，通过信息技术解决与物流活动（如运输、保管、包装、流通、加工等）有关的信息采集、信息传输和信息共享问题，整合社会资源，降低企业的市场风险，提高企业的经营管理效率，有必要建立区域级、省级乃至全国级的物流公共信息平台，通过在政府宏观调控下的物流公共信息平台，使制造、物流运输和商业企业以及交通、港口、海关、银行等各行各业协同工作，保证货物能够真正畅通无阻地流动起来。

物流公共信息平台，就其功能来讲，应该是为政府职能部门、政府管理部门、广大物流企业提供整体物流信息服务的公共信息平台。根据其层次的不同，其组成部分和表现形式也是多种多样的。

首先，物流公共信息平台应该是多层次、分体系的若干个物流公共信息平台所汇聚成的一个整体。从整个国家、全行业的角度来看，应该有一个全国性的物流公共信息平台作为国家级的数据交换平台和数据库中心，主要负责全国性、跨区域的数据交换和信息整合工作。下一层次应该拥有若干个区域性的物流公共信息平台，一方面负责区域性的数据交换和信息整合，另一方面需要结合自身实际，以所掌握的数据信息为基础进行拓展功能和增值性服务的开发和利用。应该根据实际情况判断是否有必要开展更低层次，如省域、市域层级的物流公共信息平台的开发。从总体上来说，保持三个层次体系较为妥当。

其次，不同层次的物流公共信息平台的建设内容不同。国家层面的物流公共信息平台应该着重进行数据交换平台的开发和基础数据库的建立，以及与其他部门，如海关、工商、税务、银行等其他平台的连接，以保障不同区域、不同部门之间的信息能够互联互通。而区域性的物流公共信息平台应该以整合区域物流信息为目的，建立一套区域性的物流公共信息基础交换平台，保障区域内的物流信息系统能够互联互通，消除信息“孤岛”，整合各类物流数据，构建一套区域性的物流公共信息平台基础数据库。区域拓展功能应用平台是以区域物流公共信息平台中的数据信息为基础进行拓展功能、增值服务的开发和利用，例如物流数据的统计功能、信息撮合服务、企业信息化软件服务等。

近年来，各地交通部门和企业在物流公共信息平台建设方面开始投入大量的人力和财力，也取得了不少成果。如河南省安阳市“八挂来网”、上海市“道路货运公共信息平台”、深圳市“途鸽网”、“恒路集团物流信息系统”、浙江省“交通物流公共信息系统”等，有的还做出了品牌。但从交通运输部相关研究单位得出的调研结果来看，当前很多所谓的“物流公共信息系统”在运作机制上仍存在一些缺陷，经营面临一定的困难；部分信息系统因缺乏对市场必要的了解，还造成了资源的严重浪费，问题主要是：①由于车主单位、货主单位、货运中介良莠不齐，信息系统缺乏诚信基础，通过货运信息平台进行直接交易的风险很大；②缺乏合理的盈利模式，部分信息平台难以为继；③服务功能缺乏现代物流的理念，相对来说，功能上比较单一，与现代物流的发展存在很大的差距。

二、浙江省物流信息平台建设

1. 浙江省物流信息平台建设情况

2007 年年底，为实现浙江交通物流"又好又快"的跨越式发展，浙江省交通运输厅提出了建设"大港口、大网络、大物流"的发展目标。其中，大物流的重要抓手是"浙江省交通物流公共信息系统"。

浙江省交通物流公共信息系统（以下简称"系统"）建设是浙江交通"三大建设"战略目标中"大物流"建设的重要组成部分，该系统是基于数据交换的物流公共信息平台，以物流通用软件建设为切入点、公共物流信息交换为核心、标准和诚信管理为主线，以立足浙江、辐射全国、服务社会为总体框架的公共基础信息系统工程。该系统建设的重点是要解决很难单纯由市场化实现的功能。系统的建设将有利于提升浙江省物流企业信息化水平，加快物流信息系统标准化，推广先进的组织管理模式，促进行业规范，有利于行业管理。

2009 年年初，浙江省在实践与探索的基础上提出与其他省市共建物流公共信息平台，拟定了共建协议，建立起各省市认可的共建机制——联席会议制度，即每半年各方召开一次联席会议，加强交流，共同协调平台建设中存在的问题。联席会议采取轮值制，各省轮流负责牵头。2009 年 7 月 8 日，浙、沪、苏、黑、徽、闽、青、川、宁、蒙、鲁 11 省（直辖市）道路运输管理机构负责人与浙江省运管局签订了《省际物流公共信息平台共建协议》，正式启动了省际物流公共信息平台的建设。2009 年 9 月 12 日，冀、鄂、湘、赣、吉 5 省也加入了省际共建物流公共信息平台，至此，该公共信息平台已经覆盖东、中、西部 16 省（直辖市）。

此外，2009 年 9 月 11 日，省际物流公共信息平台共建领导小组和中国电信集团签署了共建协议。2009 年 9 月 12 日，由中国物流与采购联合会指导、浙江省综合交通物流行业协会牵头，由国内知名物流信息化服务供应商组成的"物流信息化共建联盟"在杭州正式成立。这意味着省际共建范围已不仅限于管理部门，物流信息化服务供应商、物流企业、产品供应商等物流链上的任何组织机构都可以成为共建同盟，都将为物流信息标准化、物流信息化的发展作出贡献。

2009 年 12 月 6 日，根据浙江省与交通运输部在北京签署的会议纪要，浙江成为全国交通物流发展试验先行区。浙江省与交通运输部将就交通物流发展开展全面合作，交通运输部将支持浙江大物流建设战略的实施，以浙江省为试验先行区，促进物流基础设施建设，优化运输组织，推进信息化建设，加强政策研究，为全国交通物流业发展创造条件和积累经验。交通运输部将加大对浙江省物流公共信息平台建设的扶持力度。

2. 浙江省物流信息平台应用前景

浙江省交通物流公共信息系统是在交通运输部的统一指导下，通过部省推动、多省共建、多方合作的公益性物流信息系统。系统以推广通用物流管理软件为切入点，以实现物流链信息数据交换为核心，以扶持整合物流信息运营商为手段，全面提升交通运输行业信息化和物流信息标准化水平，推动交通运输行业转型升级。

到 2015 年年底，系统将实现以下目标：

（1）建立全国交通运输行业的物流信息管理中心，向社会提供免费、统一的物流信息交换代码和相关标准，并实施统一管理。

（2）推出 20 套免费通用软件，完成 100 家主流物流管理软件的标准化数据交换功能改造，使主要的物流企业均采用标准化改造的软件，在 10 000 家以上企业应用系统物流软件。

(3)在全国部署30个数据交换服务器,与50个相关系统进行互联互通改造,使企业间80%的运输数据交换通过试点示范项目实现。

(4)推动一批运营商进行基于试点示范项目的系统开发,诸如跟踪、交易等物流行业公共应用服务。

(5)打造平台标准体系,制定关键技术标准,并逐步提炼成为交通运输行业物流信息平台建设标准。

此外,本系统将提供三个方面的服务:

(1)向全国提供中立、开放、免费的数据交换、共享服务。通过向社会发布数据交换标准和软件,建立物流信息跟服务器管理标准、用户代码、业务交换规范,实现供应链各环节的物流信息交换和共享。

(2)推动行业提供标准、通用、互联的物流业务软件服务。通过采购一批通用软件并免费发放,改造一批主流软件向行业推荐,实现软件标准化、通用化和互联互通,为物流企业提供物流业务计算机处理软件,推动行业信息化和标准化。

(3)为行业提供物流信息增值服务。通过建设一批公共服务中心,整合一批社会商业物流信息增值服务,向行业提供包括交易、跟踪、信用等物流信息增值服务。

复习思考题

1. 目前我国物流企业应用物流信息的状况如何？列举企业应用物流信息存在的问题。

2. 结合物流信息发展状况和你对物流信息的认知,谈谈物流信息化的发展趋势。

3. 请举例说明我国目前有哪些比较知名的物流信息平台,并谈谈他们具有哪些特点。

4. 结合本企业应用交通物流信息平台的情况,谈谈该平台对开展业务有哪些帮助,并根据企业的实际需要,指出该平台还存在哪些不足。

第二章　交通物流信息化平台构建

第一节　交通物流信息平台构建理念

一、交通物流信息平台总体介绍

交通物流电子枢纽示意图如图2-1所示。系统建设的目的是提升物流企业和行业信息化、标准化水平，推动行业转型升级。

系统建设主要包括两个方面——企业信息化推动和行业信息公共服务的建设，两个方面相互依赖、相互推进，标准和诚信的建设是项目主线。在推进企业信息化方面，开发小件快运、普通运输、物流基地等物流通用软件，并在物流企业中进行推广，以提高信息化水平，推动物流信息标准化的形成，达到夯实系统基础的目标。同时，在通用软件建设、推广过程中，建设行业信息交换公共服务平台，为行业提供标准、交易、信用等公共服务，实现企业平台和公共平台的有机整合，以提高行业信息化和行业管理水平。

系统门户入口是 http://www. logink. org。

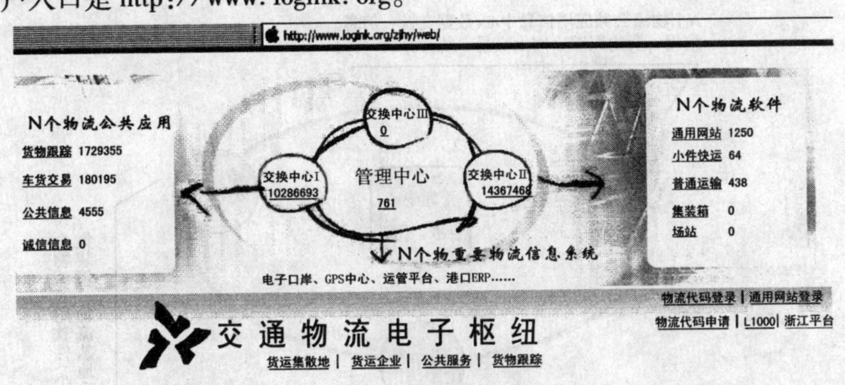

图2-1　交通物流电子枢纽示意图

二、交通物流信息平台建设目标

交通物流公共信息系统建设的目标是提高物流行业信息化水平、推进物流信息标准化和提升行业公共管理水平。

(1)系统致力于提高物流行业信息化水平，通过各类型物流通用软件的建设，帮助企业完成物流信息化管理的初步建设，减少物流企业的信息化投入，避免物流企业在信息化方面的重复投资，推动物流企业的信息化进程，提升物流企业的核心竞争力。

(2)系统致力于推进物流信息标准化，通过各类型物流通用软件在物流企业的推广应用，规范物流企业的操作流程，形成物流信息化相关标准。同时，信息服务中心为物流企业间提供了信息服务的平台，可以加快物流信息的速度流通和提高物流信息的准确性，提高物流企业间的工作效率，极大地降低物流成本，同时减少社会资源的浪费。

(3)系统致力于提升行业公共管理，系统的建设为行业管理部门与物流企业间的信息互通、为行业管理部门加强对货运市场监管、规范货运市场秩序提供了很好的平台。

三、交通物流信息平台总体任务

交通物流公共信息系统由"1 + 3N"个系统组成，即 1 个系统管理中心、N 个物流通用软件、N 个物流公共应用信息中心与 N 个重要物流及相关信息系统联网。

1 个以系统管理中心为核心的物流电子枢纽是要实现中心目录服务、行业管理信息发布、标准和代码管理、行业统计和分析等功能。

N 个物流通用软件是针对不同类型和特点的物流业务开发的各种物流标准业务信息系统通用软件，包括通用网站、小件快运、普通运输、物流基地、集装箱、仓储、货代、堆场、配送、水运等，这些软件内嵌了与物流电子枢纽或公共应用信息中心的接口。

N 个物流公共应用信息中心是在 N 个物流通用软件推广及联网的基础上，提供区域或行业的基本信息服务和增值服务，主要包括数据交换和转换中心、公共信息发布和统计中心、物流企业信用和行业监管中心、货品物流状态跟踪中心、网上运输交易中心等。

N 个重要物流及相关信息系统联网，主要包括与电子口岸等相关公共服务平台、第四方物流企业信息服务平台、重要物资供货商的 ERP 系统、其他区域物流信息平台、港口码头大型船务公司物流系统、主流 GPS 运营商等的联网。

系统整体结构如图 2-2 所示。

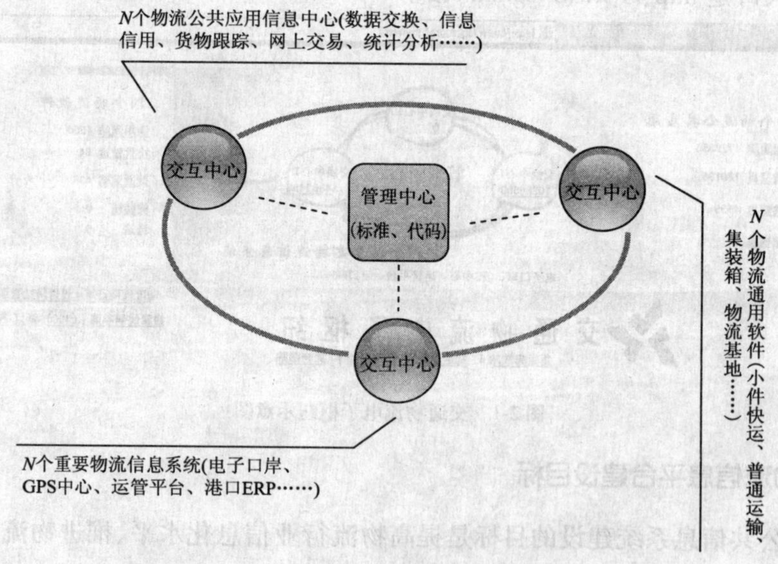

图 2-2　交通物流公共信息系统结构图

四、交通物流信息平台设计思想

1. 设计来源

系统设计来源于物流行业希望通过信息化将社会上的物流资源信息进行整合的需求。物流企业为了提升自身的核心竞争力，需要通过信息化与其他物流企业、工商企业等有业务、服务需要的外部系统联网来提升自己，同时，由于目前物流行业信息化程度过低，而物流企业自身的信息化建设投入高、回报慢、难度大，因此行业管理部门需要在物流企业信息化进程中为其提供免费的通用软件以及能够彼此互联的平台来满足其需求。在满足物流企业信息化需求的基础上，可以提供车货交易等增值服务，同时可以通过信息系统建设推动行业管理。物流信息平台系统设计来源如图 2-3 所示。

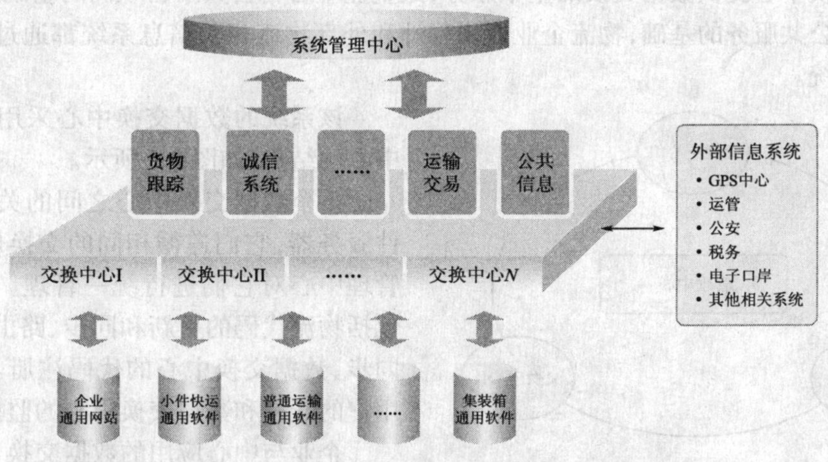

图 2-3 物流信息平台系统设计来源

2. 设计模型

系统设计构架的核心是系统管理中心统一管理下的多数据交换中心。类似电子邮件系统，有根据服务器管理的域名，邮件应用服务器可以自己搭建，也可以使用运营商服务器，有免费邮箱也有收费邮箱的电子邮件系统。但不同于电子邮件系统的是，该系统是专业化的、带逻辑处理功能的。

架构中包括数据交换体系、资源目录体系以及数据中心。通过资源目录体系，数据交换体系可以将分布在不同企业、不同系统的数据交换、整合到数据中心的基础库和业务库。中心应用系统和相关展示平台基于数据中心进行应用开发和实现。

数据中心层是公共信息平台的核心组成部分之一，主要存储物流资源基础类数据、物流运输业务类数据、决策服务类数据、元数据。各类信息通过相关的应用系统进行维护，信息层面由信息共享、应用集成等手段支撑。物流公共信息平台的数据交换平台主要包含以下三个主要功能：数据采集、数据交换、数据处理。

数据资源目录体系的核心目标是数据资源的发现和定位，可以为数据整合层的数据处理平台的数据检查、校验等提供语义支撑，同时可以为数据中心提供基于资源目录的数据检索。资源目录平台包括：编目系统、目录管理系统、目录服务系统、资源访问系统。物流信息平台系统设计模型如图 2-4 所示。

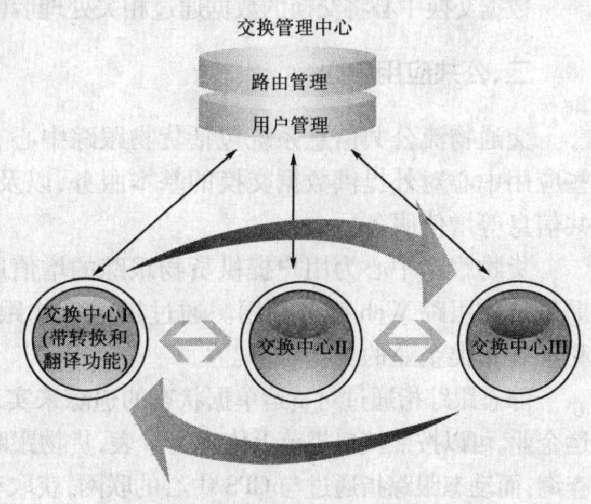

图 2-4 物流信息平台系统设计模型

第二节　交通物流信息平台功能模块

一、数据交换中心

数据交换中心提供数据交换的基本服务，是企业平台与公共平台联网的基础，也是公共应用中心提高公共服务的基础，物流企业通用软件和外部物流相关信息系统都通过数据交换中心接入该系统。

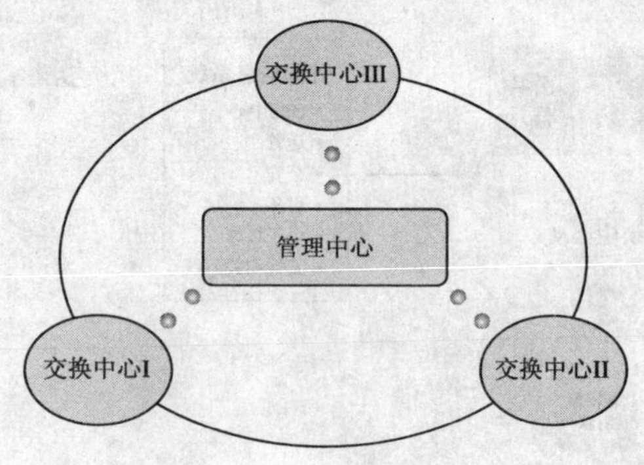

图 2-5　数据交换中心结构图

该系统的数据交换中心采用多数据交换中心的结构，如图 2-5 所示。

多个数据交换中心之间的关系类似于邮件服务器，它们遵循相同的交换规范，由系统管理中心对它们进行统一管理。管理的内容包括物流代码的更新和同步、路由表的更新和同步、数据交换中心的代码注册与同步、交换用户的迁移和数据交换中心的监控等。

企业与中心应用的数据交换，包括数据的采集和数据的发布。数据采集，就是企业将托运单、作业单的信息，以及托运单和作业单的状态变更发送给中心的货物跟踪应用中心，进行相应的处理，或者企业将需要发布的信息通过数据交换中心上传，在网站的相关页面上进行发布。中心应用主动将相关信息发送给企业，如小件快运中心应用将站点表、运价表发送给小件快运企业。

企业可以调用中心提供的服务，进行密码的修改、标准的下载、标准版本的比对、物流代码的查询、企业信息的下载、公共信息的订阅等。

由于通用软件都采用标准的数据格式，不需要进行数据的转换和翻译，一些异构的系统很多也是在接入侧将异构数据转换成标准格式后再进行上传，某些异构数据由中心完成数据的转换和翻译。

数据交换中心将交换的数据通过相关处理后（主要是去除敏感字段），将其写入数据总库中。

二、公共应用中心

交通物流公共信息系统包括货物跟踪中心、信用中心、运输交易中心等公共应用中心。这些应用中心对外提供数据交换的基本服务，以及货物跟踪、信用、网上运输交易、行业监管、公共信息等增值服务。

货物跟踪中心为用户提供货物跟踪的增值服务。货物跟踪包括静态跟踪和动态跟踪，并提供货物跟踪 Web 服务调用。通过搭建货物跟踪中心的框架，实现对小件快运、普通运输类和集装箱类企业的货物跟踪。

静态跟踪指通过对货运单据状态的追踪来实现对货物状态的跟踪，对于申请了物流代码的货运企业，可以按照接口规范上传货运单表，货物跟踪应用中心经过处理，在网站上提供货物状态的查询；而动态跟踪指通过与 GPS 中心的联网，获取车辆的 GPS 定位信息，从而确定货物的当前位置。

货物跟踪中心提供的功能还包括货物状态追踪、纸单签名上传、邮件和手机定时定制查询、多方式查询、大客户查询、手机货物跟踪、跟踪信息保存、货到付款服务等。

信用中心是对物流及相关企业、车辆、从业人员的信用的相关数据进行采集、处理和使用的公共应用中心。

信用中心的功能包括为物流及相关企业、车辆、从业人员建立信用档案,采集信用相关记录、使用信用数据,包括信用查询、信用报告等。对行业内整体的信用数据进行统计和分析,如进行本省车辆、外省挂靠车辆、外省车辆的信用程度比较等。

信用中心需要主动为相关的企业、车辆、从业人员建立信用档案。建立信用档案不需要相关个人和企业提出申请。这些个人、企业和车辆并不局限在某一范围内,也不局限于已经通过通用软件与交通物流公共信息系统相连的企业。

运输交易中心是为网上综合运输业务提供交易、结算、支付等服务的公共应用中心。运输交易中心是由多个子中心构成,覆盖公路运输、铁路运输、航运和空运等多种运输形式,目前由宁波网上运输市场、浙江国际物流信息服务系统(集装箱双重匹配系统)和与各场站相连的车货匹配系统组成。

三、普通运输通用软件

普通运输通用软件,凝聚了国内多家大型运输公司的管理经验,以提高运输管理的过程控制及收入成本的细化管理,降低人工的管理成本,增加企业收益为己任,从运输接单、运输追踪、成本管理等方面着手定制开发了一套综合性运输管理系统。该软件主要包括基础信息管理、运力管理、运输管理、计费管理、结算管理、系统管理六大模块功能。此软件适用于整车和零担两种运输业务,有 C/S 和 B/S 两种版本。

系统特色服务包括标准通用和互联互通。标准通用指整车、零担、危险货物等道路运输企业均可采用此软件进行运输管理,具有很好的通用性,并且可以根据用户需求,做个性化改造。互联互通指该软件可以与物流及相关系统对接,及时掌握货源企业的生产计划,监控车辆运行等情况;或通过物流电子枢纽或自行搭建服务器实现和上下游工商企业和运输协作单位对接,客户可以及时了解货运情况,提升服务质量;以及与电子枢纽公共应用信息中心对接,可以实现公共信息、信用查询、车货交易等公共服务,带来更大效益;与站场、仓储等其他通用软件对接,可及时了解站场、库存等信息;通过物流电子枢纽实现和电子口岸、GPS 系统的互联,实现全方位全程货物的跟踪,完成货物国内国际的物流链对接。

四、小件快运通用软件

小件快运通用软件可为客运班车代货业务提供标准信息化服务,它是由小件发货、小件到货、内部配送组成,实现了各票业务的计重、开票、装卸、交付、保管、配送等流程的计算机管理,通过数据中心平台上传和下载与本站有关的小件快运信息,做到各个站点之间、各个企业之间的数据共享,方便货物跟踪查询。

所有小件快运业务均可采用此软件进行运输管理,其囊括了门到门、站到站、站到门、同城配送等多种业务服务模式,具有很好的通用性,并且可以根据用户需求,做个性化改造。

该软件可与小件快运秘书处系统对接,能掌握业内最新动态,同时在行业协会的监管下,使得业务运转更顺畅;与公共应用中心对接,可以实现公共信息、信用查询、车货交易等公共服务,带来更大效益;通过数据交换中心或自行搭建服务器,实现和上下游工商企业和运输协作单位对接,使客户可以及时了解货运情况,提升服务质量;与站场、仓储等其他通用软件对接,及时了解站场、库存等信息；通过物流电子枢纽实现和电子口岸、GPS 系统的互联，实现全方位全程货物的跟踪，完成货物国内国际的物流链对接。

五、物流基地通用软件

物流基地通用软件，可为物流基地类企业提供标准信息化服务，实现用计算机管理入驻企业、进出停车场车辆、集装箱等业务对象，同时为这些业务对象提供信息服务；通过与系统数据交换中心对接，实现与有业务关系的企业、物流基地间的数据共享，如图 2-6 所示。

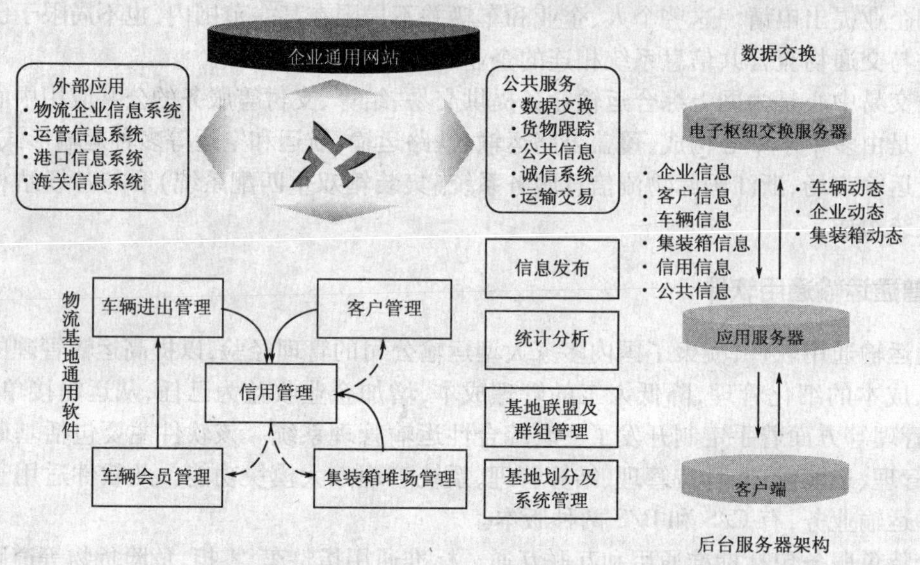

图 2-6 物流基地通用软件结构示意图

本软件的特色服务包括标准通用和互联互通。标准通用指适用于物流基地类企业，并且可以根据实际需求进行个性化改造，具有标准性、通用性和可扩展性。互联互通指该软件可以实现与系统管理中心、基地联盟信息平台、其他通用软件、电子口岸等相关信息系统的互联互通；与系统公共应用中心对接，可以实现公共信息、信用查询、运输交易等信息共享，方便企业获取最新的业内动态，及时掌握车源、货源等业务信息；与基地联盟信息平台对接，可实现物流基地间的数据共享，在行业协会的监管下可以使业务运转更顺畅；与其他通用软件对接，可以及时地将集装箱、车辆在物流基地内的动态信息反馈给企业，方便企业进行下步业务运作与调度，提升管理水平；与电子口岸、GPS 系统的互联，可实现全方位全程货物跟踪，完成货物国内国际的物流链对接。

六、集装箱通用软件

集装箱通用软件，主要应用于以外贸进出口业务为主的国内公路集装箱运输企业，其侧重于与场站、港口、货代的业务往来，实现了接单、提箱、装卸、派车、计费、结算等业务流程，支持多种集装箱甩挂业务模式，提供货物从货代接单到码头运输的全流程跟踪，可帮助企业在车辆日常管理、驾驶员提成、成本核算等方面做到精细化管理，如图 2-7 所示。

本软件的特色服务包括标准通用和互联互通。标准通用指此软件适用于以外贸进出口业务为主的公路集装箱运输企业，采用物流电子枢纽制定的相关标准。该软件可配置成不同流程的节点，满足不同层次的用户需求，具有标准性、通用性、可扩展性。互联互通指软件实现了与系统管理中心、物流企业、货代企业、堆场企业、GPS、电子口岸等相关信息系统的互联互通。

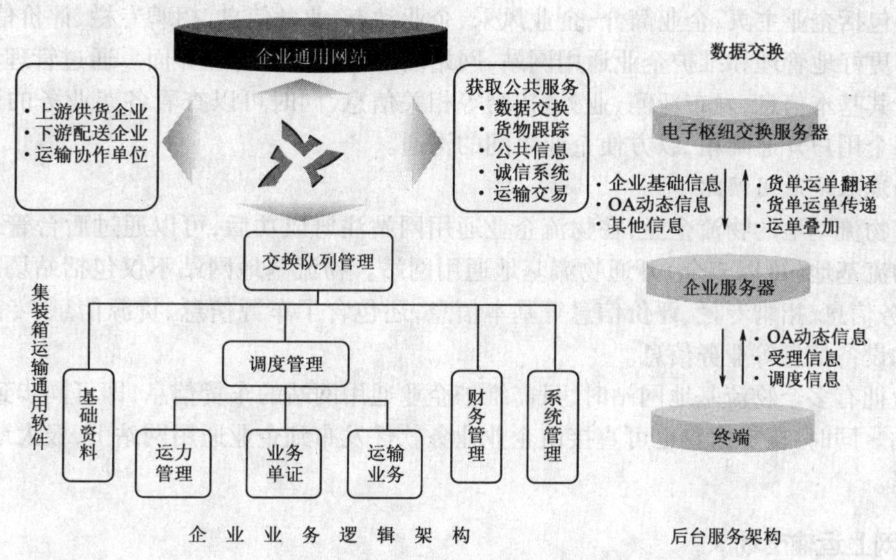

图 2-7 集装箱通用软件结构示意图

与系统公共应用中心对接,可以实现公共信息、信用查询、运输交易等公共服务,带来更大效益;通过系统数据交换服务器或自行搭建的交换服务器,可实现与上下游工商企业和运输协作单位间的对接,使客户可以及时了解货运情况,提升服务质量;与货代企业对接,实现货代下单,运输企业箱号、箱封号呈报的无纸化操作;与堆场企业对接,可实现查询堆场可用箱的箱型、数量,减少运输企业因提不到箱导致的空驶、转场等成本;与电子口岸、GPS 系统的互联,可实现全方位全程货物跟踪,完成货物国内国际的物流链对接。

七、企业通用网站

企业通用网站是为本省物流企业和本省物流基地(物流集散地)提供免费的、独立的网站,如图 2-8 所示。

图 2-8 企业通用网站

1. 货运企业通用网站

物流企业通过简单的注册程序就可以为自己建立一个独立的网站,拥有独立的二级域名,网站主要包括企业主页、企业简介、企业风采、企业动态、业务信息、招聘专栏、评价信息。

为了更好地管理和维护企业通用网站，网站同时还提供了管理界面。通过管理界面，企业可以更改其基本信息，发布新闻、业务、招聘等相关信息，同时可以查看各票业务的诚信信息。系统为每个用户开通邮箱，以方便企业之间的沟通。

2. 物流基地通用网站

拥有物流基地的物流企业，在物流企业通用网站注册成功后，可以通过后台管理，为企业下属的物流基地（可以多个）开通物流基地通用网站。物流基地网站不仅包括站场风采、站场动态、业务信息、招聘专栏、评价信息等基本信息，还包含了车源信息、货源信息、专线信息、仓库信息和设备信息等业务信息。

企业拥有多个物流基地网站时，只需维护企业通用网站的车货信息，即可同步到各个物流基地网站。同时，车货信息也可直接由企业业务软件发布到企业通用网站上，极大地节省了维护工作量。

八、网上运输市场

网上运输市场是交通物流公共信息系统的重要组成部分，其结合宁波市以港口为核心的运输结构特点以及周边商贸交易市场较发达的现状，设计了集装箱运输网上交易、商贸运输网上交易、大宗运力网上招投标三种业务功能，实现了政府与政府、政府与企业、企业与企业、企业与中介组织之间的信息交换和共享，实现了物流政务服务和物流商务服务的一体化，为物流链上的各类用户提供在线物流电子商务、交易支付、信息增值服务，范围涵盖海运、陆运、空运等多种运输方式，功能支持运输、仓储、分拣、配送等物流供应链全过程。

网上运输市场提供的物流新模式，可以有效地解决传统模式下诚信无保障、企业融资难、运作效率低等问题。货主企业和车队等物流企业可以在四方物流市场平台上分别发布货源信息和运力信息，如果需要，货主企业和物流企业间可以随时进行网上的合同洽谈。同时，货主企业和物流企业间还可以在四方物流市场平台上进行合同签订、电子支付、网上投保、在线融资、物流信息跟踪、诚信情况查询、供应链解决方案、企业信息化、软件标准化等业务，如图2-9所示。

图2-9　四方物流市场平台

复习思考题

1. 交通物流公共信息系统的建设目标体现在哪几个方面?
2. 交通物流公共信息系统的总体任务是什么?
3. 交通物流公共信息系统由哪几个部分组成?
4. 请问网上运输市场是怎样实现的?

第二篇

普通运输业务信息化

第三章　普通运输通用软件安装与交换配置

第一节　普通运输通用软件的安装及配置

本节主要介绍普通货物运输通用软件(TMS)的安装,并进行数据库、服务器、客户端的配置,为企业应用普通运输通用软件打好基础,提高企业的物流信息应用能力和自身经营水平。

1. 插入安装光盘执行自动安装

插入安装光盘,点击 run. bat 批处理文件,弹出安装界面,如图 3-1 所示。

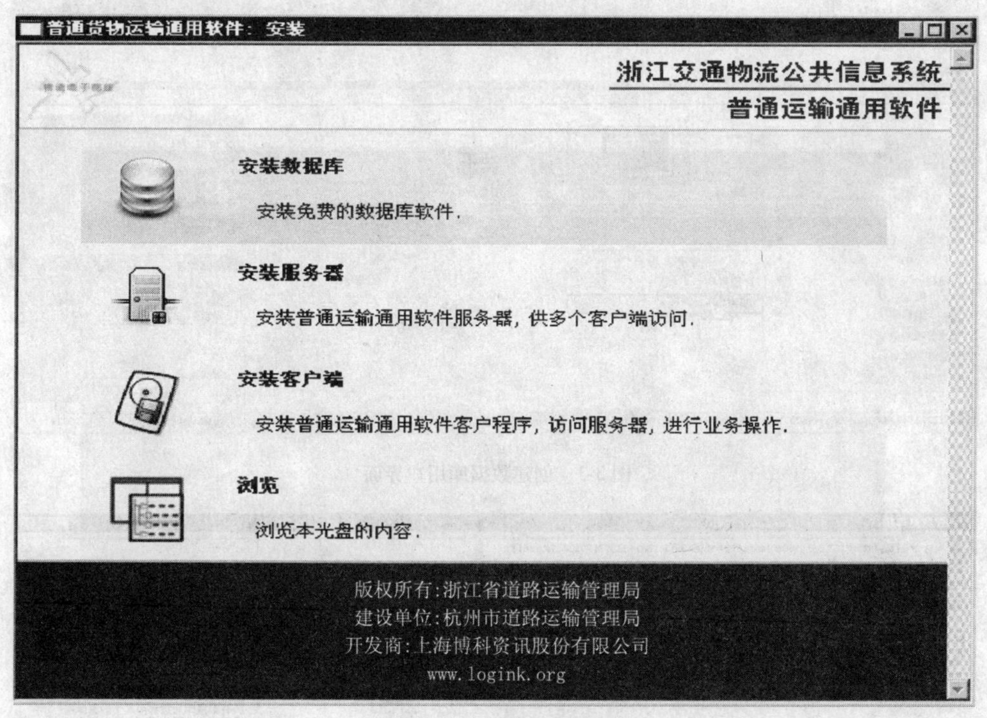

图 3-1　TMS 系统安装界面

2. 安装数据库

在如图 3-1 所示的界面中,左键点击“安装数据库”,弹出数据库安装界面,点击“OK”进行安装。

3. 配置数据库用户

启用数据库主页,如图 3-2 所示。输入相应的用户名、口令,登录数据库系统,在管理功能中,点击“创建新用户”,如图 3-3 所示。出现新的数据库用户创建界面,如图 3-4 所示,填入信息,创建新的数据库用户。

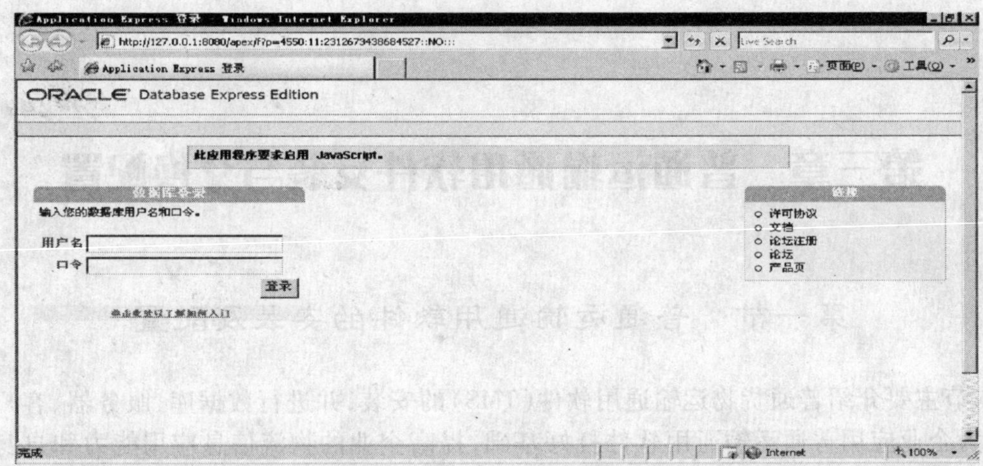

图 3-2　数据库主页界面

图 3-3　创建数据库用户界面

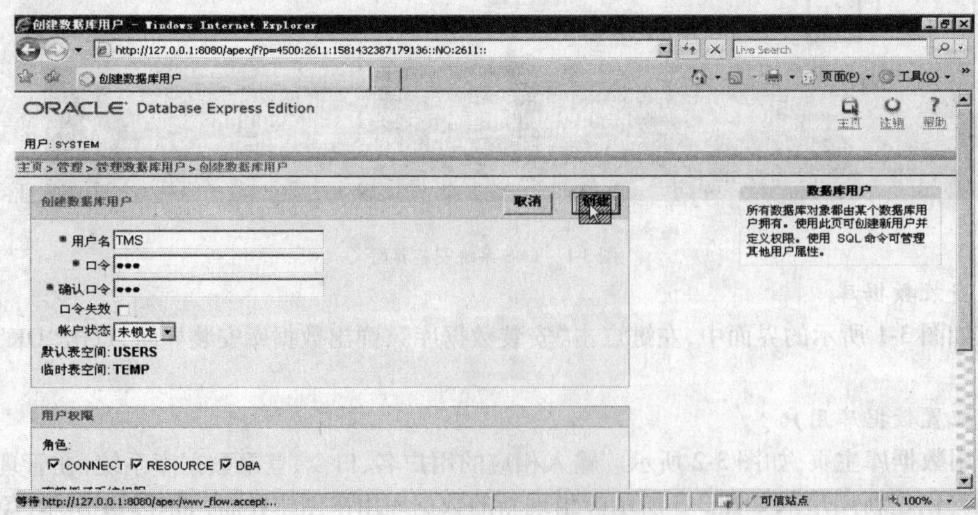

图 3-4　数据库用户创建界面

4. 安装服务器

在如图 3-1 所示的界面中,左键点击“安装服务器”,弹出服务器安装界面,点击“OK”进行安装。在如图 3-5 所示的界面中可修改安装路径,也可以默认,点击安装。

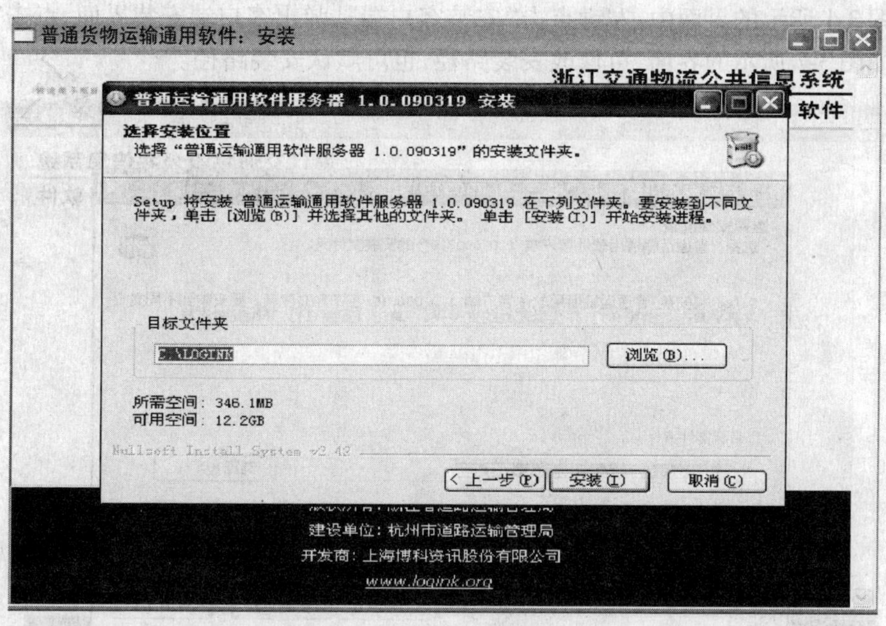

图 3-5 服务器安装界面

5. 设置服务器配置参数

服务器安装完毕需要进行服务器的配置,以便和数据库连接,并为客户端提供服务。在如图 3-6 所示的界面配置服务器,默认数据库名为 XE,用户名、密码为第三步中所创的数据库的用户名和密码,并点击“测试”,确定连接成功。

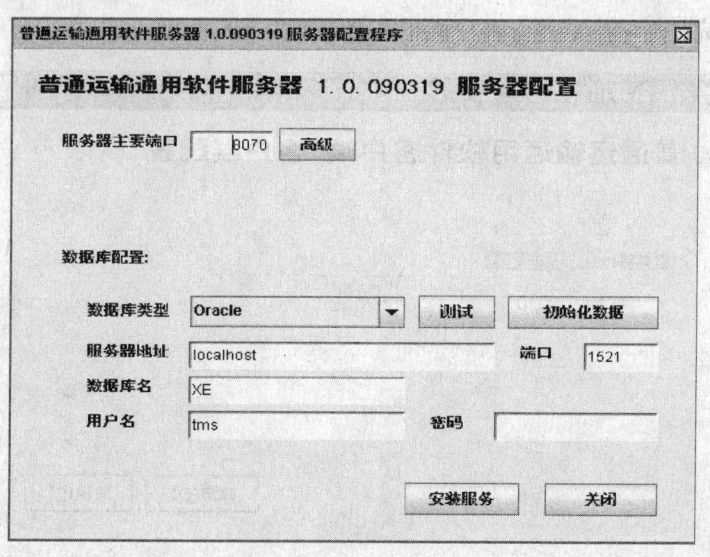

图 3-6 服务器配置界面

6. 初始化数据库

测试连接成功后,点击“初始化数据”按钮,等待数据库初始化。

7. 启动应用服务

完成初始化后，点击“安装服务”按钮，安装完后点“确定”，系统会自动启动应用服务。

8. 安装客户端

在如图 3-1 所示的界面中，左键点击“安装客户端”，弹出客户端安装界面，点击“OK”进行安装。在如图 3-7 所示的界面，可修改安装路径，也可默认安装路径。

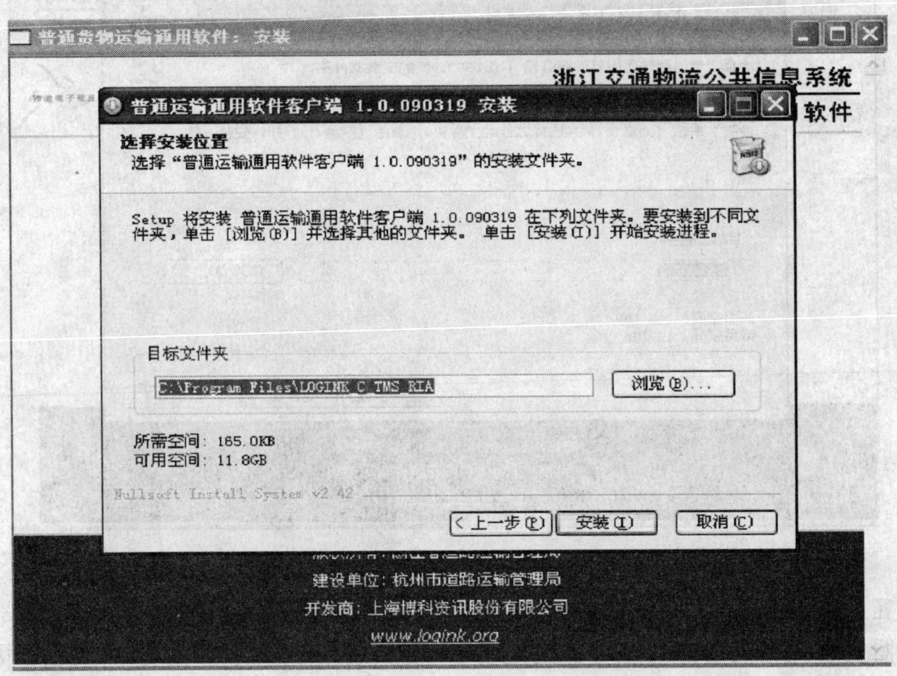

图 3-7　客户端安装界面

9. 设置客户端配置参数

客户端安装完毕后，需要进行客户端的配置，如图 3-8 所示。

普通运输通用软件客户端 客户端配置程序

普通运输通用软件客户端 客户端配置

服务器地址 localhost

端口号 8070

确定(O)　取消(C)

图 3-8　客户端配置界面

10. 进入 TMS 系统

完成全部安装，点击桌面快捷图标，进入 TMS 系统，初始用户为 admin，密码为 000。

第二节 数据交换配置

TMS系统安装完毕后,需要进行物流代码的申请,以及数据交换的配置。运输企业或其他企业,通过在运输通用软件中进行数据交换配置,进而可以参与物流信息平台的中心数据交换,提高企业对于物流信息的应用能力和自身的经营水平。

1. 申请物流代码

登录运管局中心网站 www. logink. org,如图3-9所示。点击右上角的"申请",选择"本省物流企业",如图3-10所示,进入注册界面,如图3-11所示填写完整的资料后,点击"注册",等待中心网站反馈物流代码。

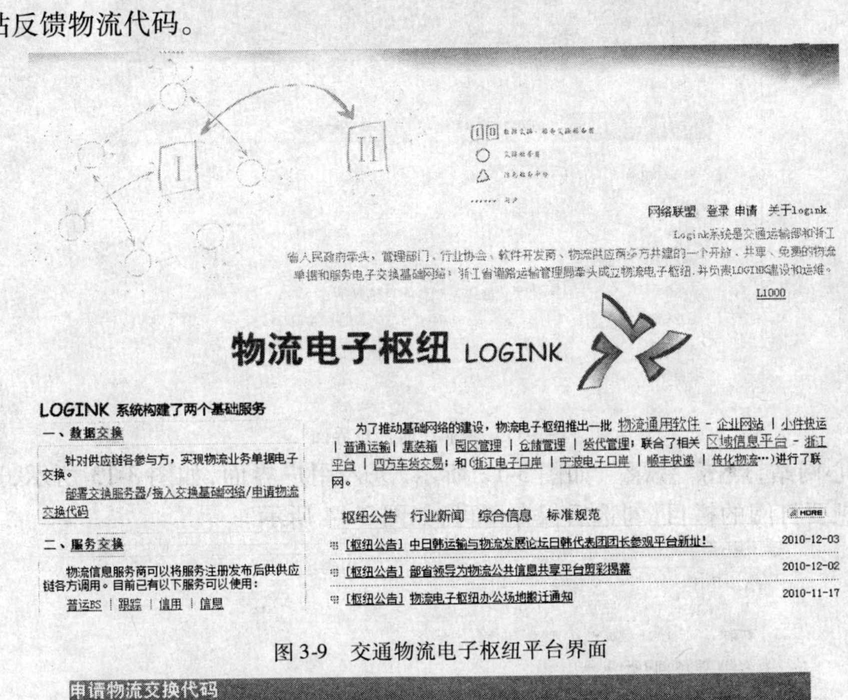

图3-9 交通物流电子枢纽平台界面

申请物流交换代码

申请物流交换代码 | 申请物流交换群组 | 申请交换服务器 | 申请通用软件 | 物流交换代码查询

物流交换代码: 注册后自动生成,不用填写 *
Email: *
密码: * [密码长度6位-16位]
确认密码: * [此密码用于参与数据交换]
交换服务器: 1号交换中心 * 已注册数:1713 [详细介绍]
企业名称: * [企业名称请填写全称]
所在地区: *
注册地址: *
联系人姓名: *
联系人电话: *
组织机构代码附件: >>>上传附件
组织机构代码编号:
以上信息*为必填项,为了顺利的通过审核,请如实的填写以上信息。 如有什么疑问,请联系客服:0571-87650256
□ 我已阅读并同意《交通物流公共信息系统免责声明》
注册 重置

图3-10 企业注册界面

2. 下载首页信息

下载首页信息成功后，可以显示出行业新闻、天气预报以及道路通阻情况等。

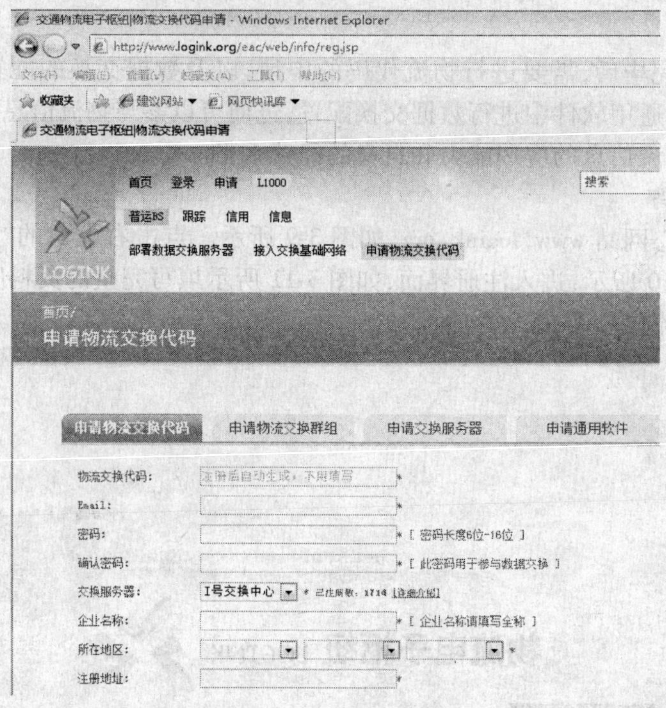

图 3-11　企业注册信息界面

进入中心网站，点击“登录”，如图 3-12 所示，进入用户界面，如图 3-13 所示，选择“栏目订阅”，打开想要订阅的栏目，勾选后保存即可，如图 3-14 所示。

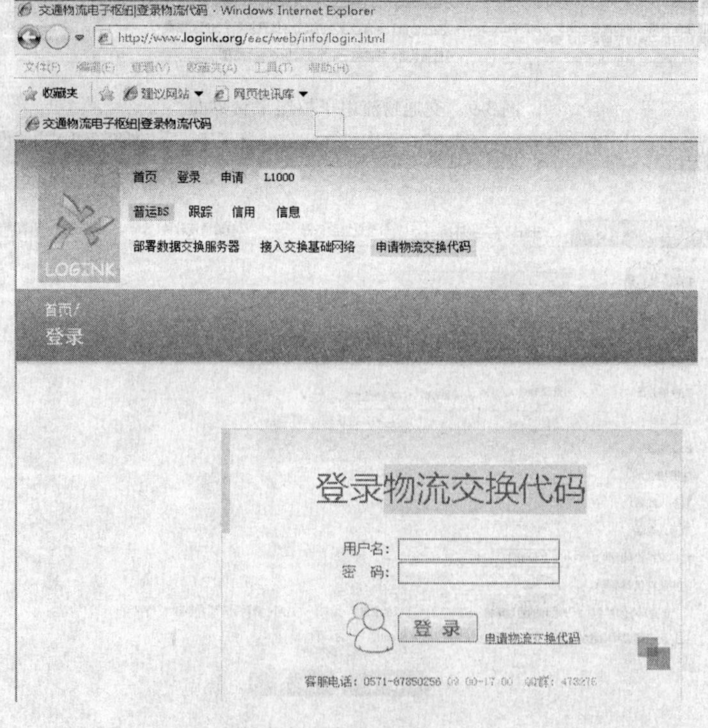

图 3-12　电子枢纽登录界面

3. 系统配置

只有在运输通用软件中进行了系统配置,才能参与物流信息平台的中心数据交换。交换过程中,仅仅交换特殊加密的代码,并不交换直接的数据。

图 3-13　电子枢纽用户首页界面

图 3-14　栏目订阅界面

登录系统后,在工具菜单中选择“数据交换”→“系统交换配置”,进入交换地址设定界面,如图 3-15 所示,系统已自带默认交换地址。

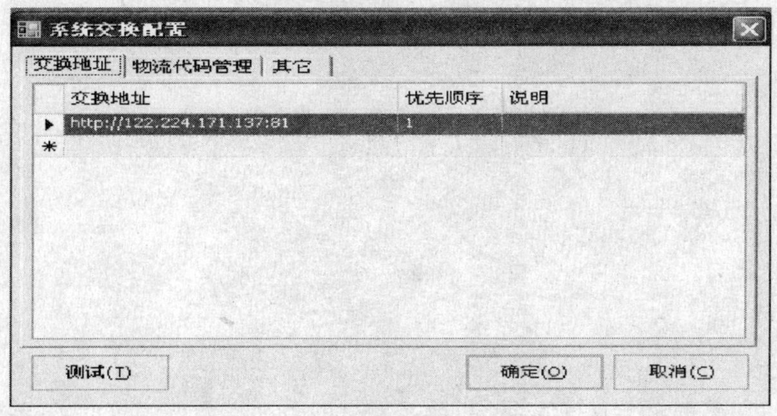

图 3-15　交换地址设定界面

在如图3-16所示的“物流代码管理”界面，可以管理物流代码及子代码，并选择主代码。

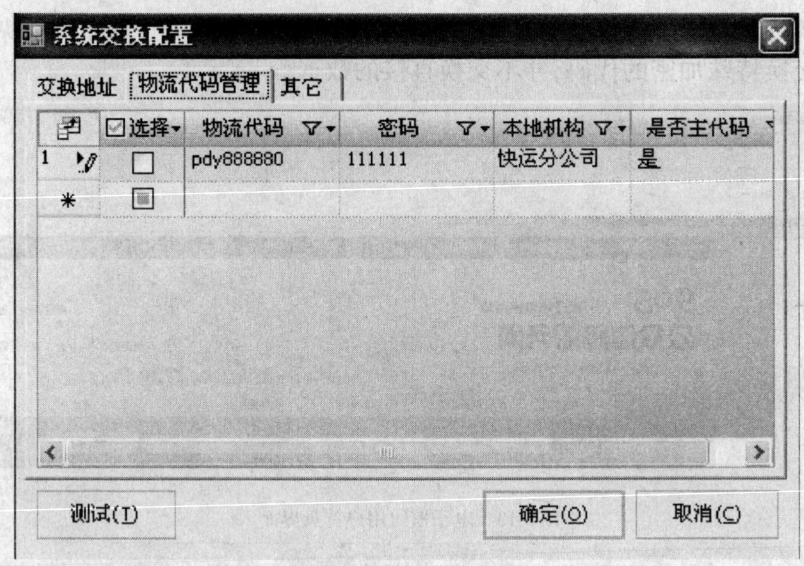

图3-16 物流代码管理界面

完成配置后，即可参与数据交换。

复习思考题

1. 利用软件光盘，安装普通运输通用软件服务器、客户端，并对客户端参数进行配置。
2. 如何进行物流代码的设置与管理？

第四章　基本数据维护

第一节　字典与地域信息处理

一、进入字典类数据维护界面

首先登录进入 TMS 系统，选择“TMS 基本资料”→“字典类”进行数据维护，如图 4-1 所示。

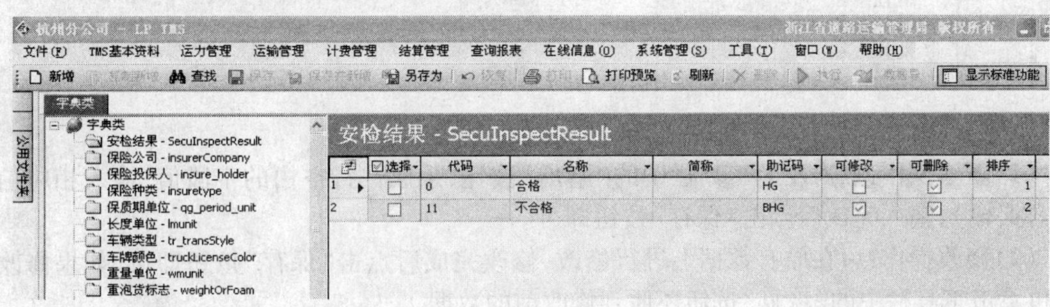

图 4-1　字典类数据维护界面

界面左侧为包括所有字段名的树形图；右侧为被选择字段中的详细值，可用最左上角的自定义显示列定义显示的内容（列表中选择列左侧最上方的按键）。

二、维护字典类数据

当需要对字典类数据进行维护时，打开如图 4-1 所示的界面，在左侧的树状结构字段名中选择需要新增、修改或删除的字段名。

（1）新增操作：点击左上工具栏中的“新增”按钮，生成一行空白的字段值，输入相应信息（代码和名称必输），输入完成后点击“保存”按钮即可。

（2）修改操作：对于一条保存为可修改状态的数据（即勾选了可修改列），可在原有数据上进行修改，修改完成后点击“保存”按钮；如果修改错误，可点击工具栏中的“恢复”按钮还原到修改前的数据。

（3）删除操作：勾选选择列，点击工具栏中的“删除”按钮，即可完成删除。

三、进入地域信息资料维护界面

首先登录进入 TMS 系统，选择“TMS 基本资料”→“地域信息资料”进行数据维护，如图 4-2所示。

该界面左侧为地域资料的树形图，分为四级：区域→省份→城市→城区；右侧为被选择地域的下级（例如，选择了一个城市，则右侧界面显示的即是它的下级城区），可用最左上角的自定义显示列定义显示的内容。

四、维护地域信息资料

当需要对地域信息类数据进行维护时，打开如图 4-2 所示的界面，在左侧的树状结构中选择需要新增、修改或删除的地域的上级地域。

图 4-2　地域信息维护界面

(1)新增操作:点击左上工具栏中的“新增”按钮，生成一行空白的字段值，输入相应信息(名称必输)，输入完成后点击“保存”按钮即可。

(2)修改操作:可在原有数据上进行修改，修改完成后点击“保存”按钮即可，如果修改错误，可点击工具栏中的“恢复”按钮还原到修改前的数据。

(3)删除操作:勾选选择列，点击工具栏中的“删除”按钮即可完成删除。

第二节　企业组织信息维护

一、进入公司组织机构设置界面

首先，登录进入 TMS 系统，选择“TMS 基本资料”→“组织机构资料”进行数据维护，如图 4-3所示。

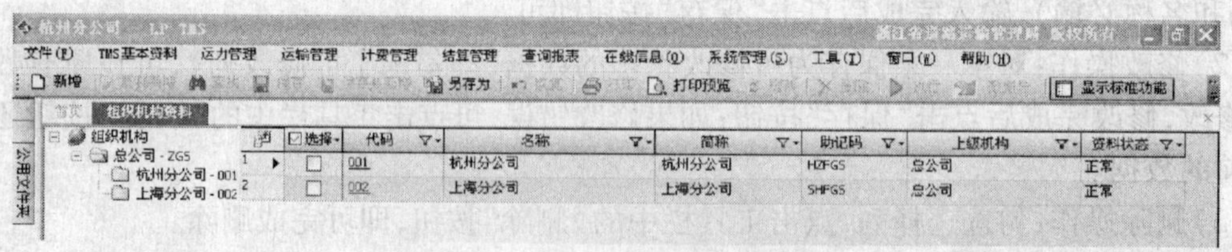

图 4-3　组织机构数据维护界面

列表界面左侧为组织机构的树形图，可分为多级；右侧为被选择机构的下级机构，可用最左上角的自定义显示列定义显示的内容(列表中选择列左侧最上方的按键)。

点选列表中的代码列进入详细的组织机构编辑界面，如图 4-4 所示。

二、设置公司组织机构

要设置或维护公司组织结构，在如图 4-3 所示的界面中，在左侧的树状结构中选择需要新增、修改或删除的组织机构的上级机构。

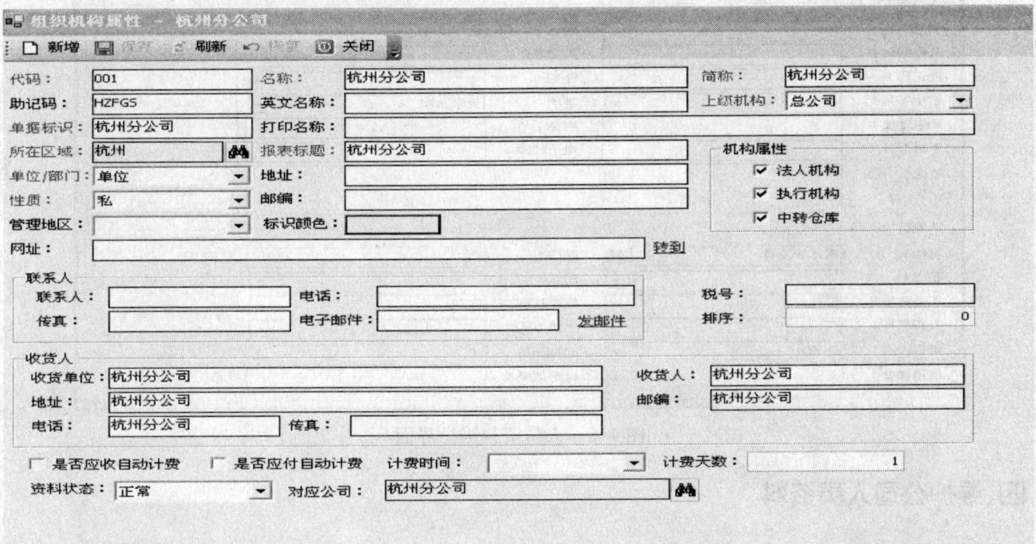

图 4-4　组织机构信息编辑界面

(1)新增操作:点击左上工具栏中的“新增”按钮,弹出一张空白的组织机构编辑界面,输入相应信息(根据界面说明中的介绍),输入完成后点击“保存”按钮。

(2)修改操作:点击要修改的组织机构的代码列,跳出组织机构编辑界面,在其中修改相关信息并保存。

(3)删除操作:勾选选择列,点击工具栏中的“删除”按钮即可完成删除。

(4)注意事项:

①如果一个组织机构已经在系统中被调用过,则不能被删除(例如,在预订单输入时建议执行机构字段中查找选了客服一部,则客服一部在组织机构信息中不能再被删除)。

②系统中的组织机构可以和实际的组织机构不一致,系统强调的是功能的划分。

三、进入公司人员资料维护界面

首先登录进入 TMS 系统,选择“TMS 基本资料”→“人员资料”进行数据维护,如图 4-5 所示。

列表界面是人员的概要信息,可用最左上角的自定义显示列定义显示的内容。

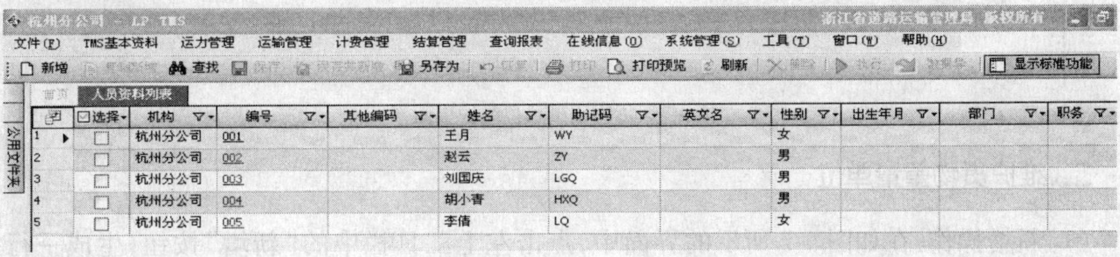

图 4-5　人员资料维护界面

点选列表中的编号进入详细的人员编辑界面,如图 4-6 所示。

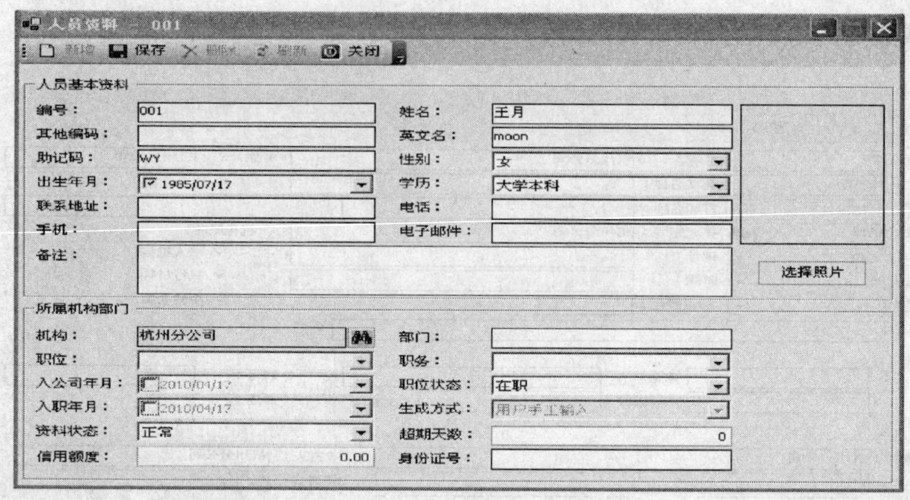

图4-6　人员资料维护界面

四、维护公司人员资料

(1)新增操作:点击如图4-5所示左上工具栏中的"新增"按钮,弹出一张空白的人员编辑界面,输入相应信息后,点击"保存"按钮。

(2)修改操作:可在原有数据上进行修改,修改完成后点击"保存"即可。如果修改错误,可点击工具栏中的"恢复"按钮还原到修改前的数据。

(3)删除操作:在列表中勾选选择列,点击工具栏中的"删除"按钮即可完成删除。

第三节　货物属性数据维护

一、进入货物重量单位维护界面

首先登录进入TMS系统,选择"TMS基本资料"→"重量单位"进行数据维护,如图4-7所示。

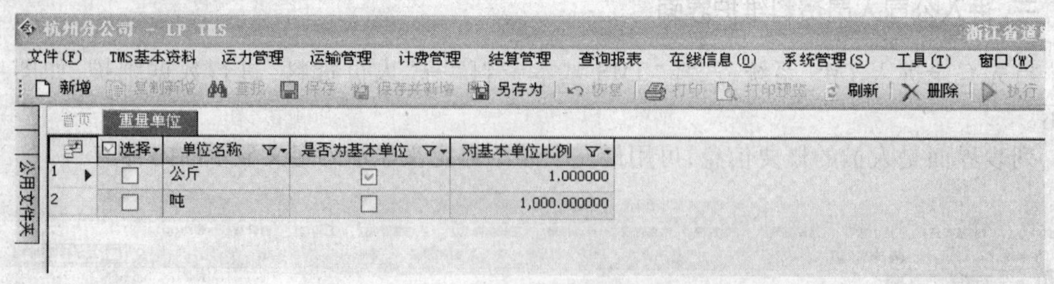

	选择	单位名称	是否为基本单位	对基本单位比例
1	☐	公斤	☑	1.000000
2	☐	吨	☐	1,000.000000

图4-7　货物重量单位维护界面

二、维护货物重量单位

(1)新增操作:在如图4-7所示的界面中,点击左上工具栏中的"新增"按钮,生成一行空白的字段值,输入相应信息后,点击"保存"按钮。

(2)修改操作:可在原有数据上进行修改,修改完成后点击"保存"即可。如果修改错误,可点击工具栏中的"恢复"按钮还原到修改前的数据。

(3)删除操作:勾选选择列,点击工具栏中的“删除”按钮即可完成删除。

三、进入货物体积单位维护界面

首先,登录进入TMS系统,选择“TMS基本资料”→“体积单位”进行数据维护,如图4-8所示。

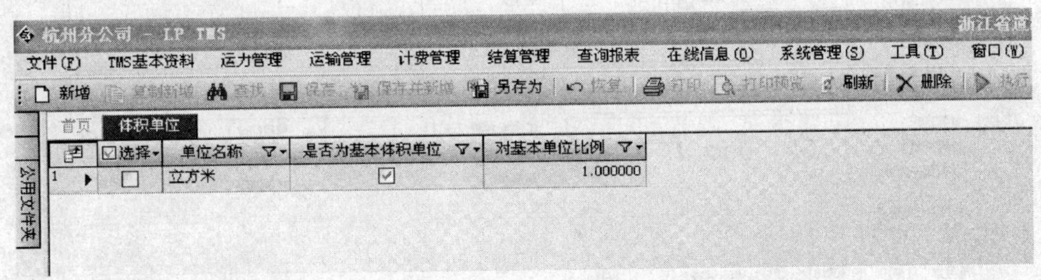

图4-8 货物体积单位维护界面

四、维护货物体积单位

(1)新增操作:在如图4-7所示的界面中,点击左上工具栏中的“新增”按钮,生成一行空白的字段值,输入相应信息后,点击“保存”按钮。

(2)修改操作:可在原有数据上进行修改,修改完成后点击“保存”即可。如果修改错误,可点击工具栏中的“恢复”按钮还原到修改前的数据。

(3)删除操作:勾选选择列,点击工具栏中的“删除”按钮即可完成删除。

第四节 货运主体数据维护

一、进入托运方往来户资料维护界面

首先,登录进入TMS系统,选择“TMS基本资料”→“托运方往来户资料表”进行数据维护,如图4-9所示。

杭州分公司 - LP TMS　浙江省道路运输管理局 版权所有

文件(F) TMS基本资料 运力管理 运输管理 计费管理 结算管理 查询报表 在线信息(O) 系统管理(S) 工具(T) 窗口(W) 帮助(H)

新增 复制新增 查找 保存 保存并新增 另存为 恢复 打印 打印预览 刷新 删除 执行 显示标准

首页 托运方往来户资料列表

公用文件夹

	选择	公司编码	公司名称	简称	助记码	是否托运商	是否往来户	联系地址
1	☐	杭州娃哈哈	杭州娃哈哈	杭州娃哈哈	HZWHH	☐	☐	
2	☐	旺旺集团	旺旺集团	旺旺集团	WWJT	☐	☐	
3	☐	杭州顶津食品有	杭州顶津食品有限公司	杭州顶津食品	HZDJSPYXGS	☐	☐	
4	☐	嘉兴五芳斋有限	嘉兴五芳斋有限公司	嘉兴五芳斋有限	JXWFZYXGS	☐	☐	
5	☐	德芙巧克力公司	德芙巧克力公司	德芙巧克力	DFQKLGS	☐	☐	
6	☐	杭州日报	杭州日报	杭州日报	HZRB	☐	☐	

图4-9 托运方往来户资料维护界面

该界面的功能是对公司的托运方往来户资料进行维护。

列表界面是托运方的概要信息,可用最左上角的自定义显示列定义显示的内容(列表中选择列左侧最上方的按键)。

点选列表中的公司代码可进入详细的托运方往来户编辑界面,如图4-10所示。

托运方往来户资料 — 杭州娃哈哈
新增 保存 删除 添加明细 删除明细 刷新 关闭
编号： 杭州娃哈哈 名称： 杭州娃哈哈
助记码： HZWHH 简称： 杭州娃哈哈 英文名称：
资料状态： 正常 计费类型： 资料生成方式： 用户手工输入 结算方式：
联系地址： 邮政编码：
电话号码： 传真： 联系人：
E-Mail： 网址：
开户银行： 发票抬头： 税号：
银行帐号名称： 银行帐号：
注册地址： 法人代表：
付款方式： 注册资金额(万元)： 0.00 信用额度： 0.00
公司类型： 性质： 所属区域： 是否协议用户 是否回车包干
回车包干费用 账期： 0 开票期限： 0
公司担任的角色 托运方 往来户
托运方 往来户 收发货地址 收发站点间距离

	名称	编码	区域名称	详细地址	联系人	联系电话	地址业务类型	邮政编码	签收方式	公司	收货
1	下沙仓库		杭州	下沙路1号	小王	0571-88481417	装货地址			杭州娃哈哈	
2	桐庐仓库		杭州	桐庐路2号	小张	0571-88481212	收货地址			杭州娃哈哈	

图 4-10　托运方往来户编辑界面

二、维护托运方往来户资料

(1)新增操作：在如图 4-9 所示的界面，点击左上工具栏中的“新增”按钮，弹出一张空白的托运方往来户编辑界面，如图 4-10 所示，在输入相应的头档信息后(编号、名称、简称必输)，把明细栏切换到收发货地址，点击界面上方的“添加明细”按钮，会弹出一条空白的明细，在其中输入相关信息(即维护收装货站点)，添加明细的操作也可以之后再进行维护，输入完成后点击“保存”按钮即可。

(2)修改操作：可在原有数据上进行修改，修改完成后点击“保存”即可。如果修改错误，可点击工具栏中的“恢复”按钮还原到修改前的数据。

(3)删除操作：在列表中勾选选择列，点击工具栏中的“删除”按钮即可完成删除；收发货地址的删除是选中要删除的信息后在编辑界面中点击工具栏中的“删除明细”按钮进行删除。

三、进入承运方资料维护界面

首先，登录进入 TMS 系统，选择“TMS 基本资料”→“承运方资料”进行数据维护，如图 4-11 所示。

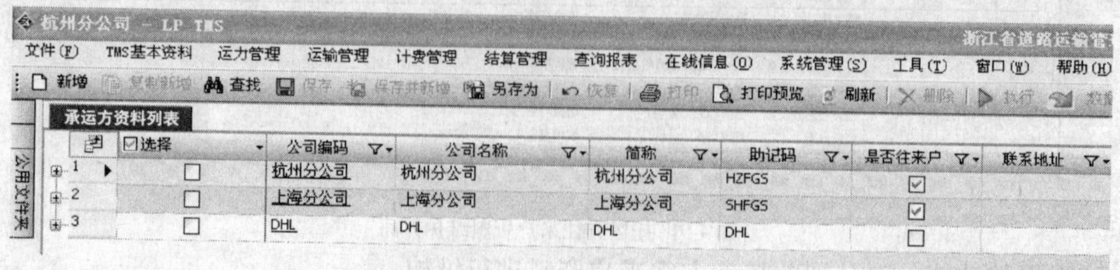

图 4-11　承运方资料维护界面

该界面的功能是对公司的承运方资料进行维护。列表界面是承运方的概要信息。

点选列表中的“公司编码”，进入详细的承运方编辑界面，如图 4-12 所示。

四、维护承运方资料

(1)新增操作:在如图 4-11 所示的界面中,点击左上工具栏中的"新增"按钮,弹出一张空白的承运方编辑界面,如图 4-12 所示,输入相应信息后(编号、名称、简称必输),输入完成后点击"保存"按钮即可。

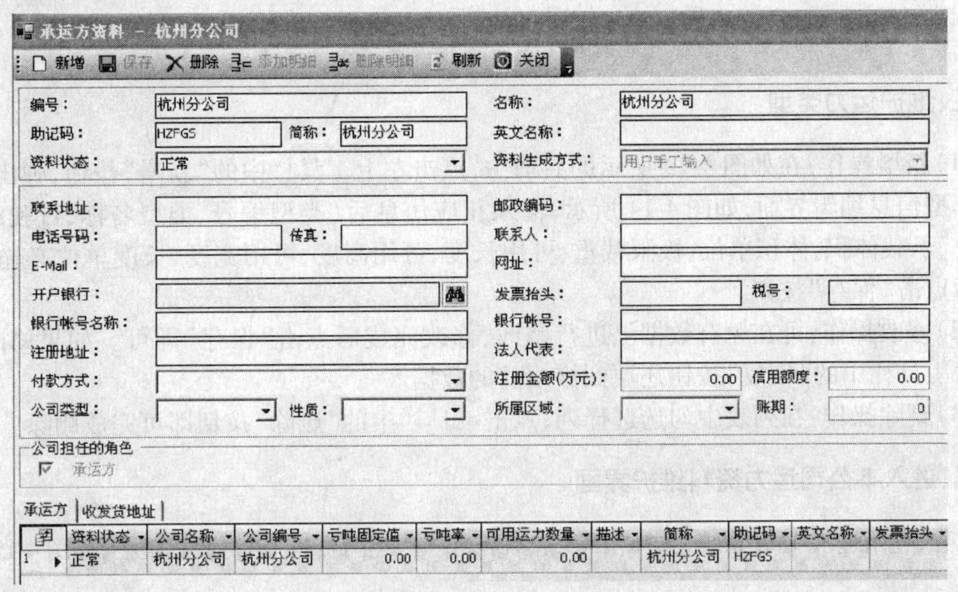

图 4-12 承运方信息编辑界面

(2)修改操作:可在原有数据上进行修改,修改完成后点击"保存"即可。如果修改错误,可点击工具栏中的"恢复"按钮还原到修改前的数据。

(3)删除操作:在列表中勾选选择列,点击工具栏中的"删除"按钮即可完成删除。

第五节 运力数据维护

一、进入运力类型维护界面

首先,登录进入 TMS 系统,选择"TMS 基本资料"→"运力类型"进行数据维护,如图 4-13 所示。

运力类型 - 001
新增 保存 删除 刷新 关闭
类型编号: 001　类型名称: 沃尔沃
车辆类型: 厢式车　使用范围: 普货
行驶载重: 10.000　重量单位: 吨　承载体积: 10.00　体积单位: 立方米
极限载重: 10.000
可用长度: 2.00　可用高度: 1.00　可用宽度: 1.00　长度单位: 米
助记码: WEW　备注:
资料状态: 正常　资料生成方式: 用户手工输入

图 4-13 运力类型信息维护界面

点选列表中的编号进入详细的车型信息编辑界面，如图 4-14 所示。

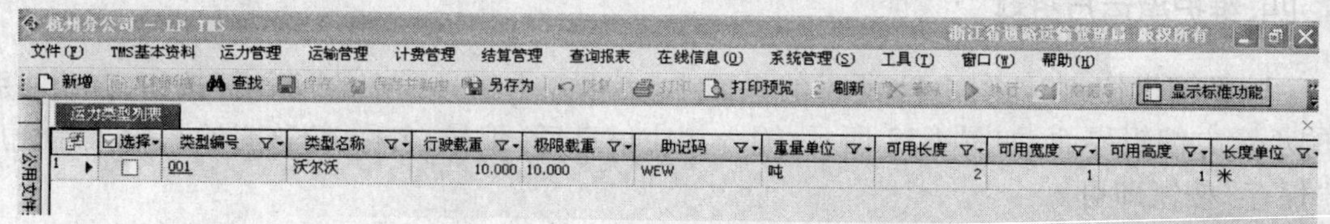

	选择	类型编号	类型名称	行驶载重	极限载重	助记码	重量单位	可用长度	可用宽度	可用高度	长度单位
1	□	001	沃尔沃	10.000	10.000	WEW	吨	2	1	1	米

图 4-14　车型信息编辑界面

二、维护运力类型

(1)新增操作：在如图 4-13 所示的界面中，点击左上工具栏中的“新增”按钮，弹出一张空白的车型信息编辑界面，如图 4-14 所示，输入相应信息后(类型编号、类型名称、行驶载重、重量单位、承载体积、体积单位、极限载重、可用长度、可用高度、可用宽度、长度单位必输)，输入完成后点击“保存”按钮。

(2)修改操作：可在原有数据上进行修改，修改完成后点击“保存”即可。如果修改错误，可点击工具栏中的“恢复”按钮还原到修改前的数据。

(3)删除操作：在列表中勾选选择列，点击工具栏中的“删除”按钮即可完成删除。

三、进入本公司运力资料维护界面

首先，登录进入 TMS 系统，选择“TMS 基本资料”→“运力资料”进行数据维护，如图 4-15 所示。

	选择	车辆牌照号	运力属性	所有权机构	自车编号	载重	重量单位	可用长度	可用宽度	可用高度	长度单位
1	□	沪A58784	自有车辆	杭州分公司		10.000	吨	2.000	1.000	1.000	米
2	□	浙A23333	自有车辆	杭州分公司		10.000	吨	2.000	1.000	1.000	米
3	□	浙A36787	自有车辆	杭州分公司		10.000	吨	2.000	1.000	1.000	米
4	□	浙A43234	自有车辆	杭州分公司		10.000	吨	2.000	1.000	1.000	米
5	□	浙A75637	自有车辆	杭州分公司		10.000	吨	2.000	1.000	1.000	米
6	□	浙A86754	自有车辆	杭州分公司		10.000	吨	2.000	1.000	1.000	米

图 4-15　运力资料维护界面

点选列表中的车辆牌照号进入详细的车辆编辑界面。

四、维护本公司运力资料

(1)新增操作：在如图 4-15 所示的界面中，点击左上工具栏中的“新增”按钮，弹出一张空白的车辆信息编辑界面，如图 4-16 所示，输入相应信息(车辆牌照号、现所属机构、运力类型、载重、重量单位、承载体积、体积单位、可用长度、可用宽度、可用高度、长度单位必输)，输入完成后点击“保存”按钮。

(2)修改操作：可在原有数据上进行修改，修改完成后点击“保存”。如果修改错误，可点击工具栏中的“恢复”按钮还原到修改前的数据。

(3)删除操作：在列表中勾选选择列，点击工具栏中的“删除”按钮即可完成删除。

五、外协运力资料维护

外协运力，即社会车辆，不属于本公司所有的车辆。

登录进入 TMS 系统，选择“TMS 基本资料”→“外协运力资料”进行数据维护，其操作与本公司运力资料的维护基本相同。

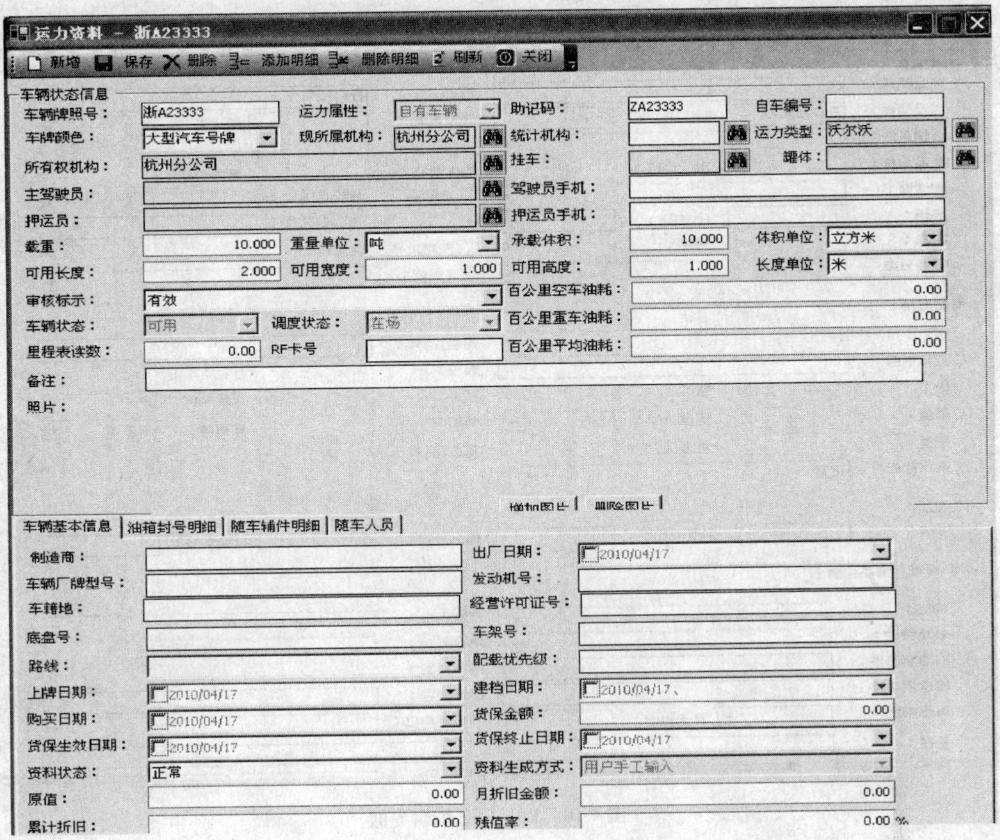
运力资料 － 浙A23333
新增
保存
删除
添加明细
删除明细
刷新
关闭
车辆状态信息
车辆牌照号：
浙A23333
运力属性：
自有车辆
助记码：
ZA23333
自车编号：
车牌颜色：
大型汽车号牌
现所属机构：
杭州分公司
统计机构：
运力类型：
沃尔沃
所有权机构：
杭州分公司
挂车：
罐体：
主驾驶员：
驾驶员手机：
押运员：
押运员手机：
载重：
10.000
重量单位：
吨
承载体积：
10.000
体积单位：
立方米
可用长度：
2.000
可用宽度：
1.000
可用高度：
1.000
长度单位：
米
审核标示：
有效
百公里空车油耗：
0.00
车辆状态：
可用
调度状态：
在场
百公里重车油耗：
0.00
里程表读数：
0.00
RF卡号
百公里平均油耗：
0.00
备注：
照片：
增加图片
删除图片
车辆基本信息
油箱封号明细
随车辅件明细
随车人员
制造商：
出厂日期：
2010/04/17
车辆厂牌型号：
发动机号：
车籍地：
经营许可证号：
底盘号：
车架号：
路线：
配载优先级：
上牌日期：
2010/04/17
建档日期：
2010/04/17
购买日期：
2010/04/17
货保金额：
0.00
货保生效日期：
2010/04/17
货保终止日期：
2010/04/17
资料状态：
正常
资料生成方式：
用户手工输入
原值：
0.00
月折旧金额：
0.00
累计折旧：
0.00
残值率：
0.00 %

图 4-16　车辆信息编辑界面

第六节　托运货物数据维护

一、进入商品资料维护界面

首先，登录进入 TMS 系统，选择“TMS 基本资料”→“商品资料”进行数据维护，如图 4-17 所示。

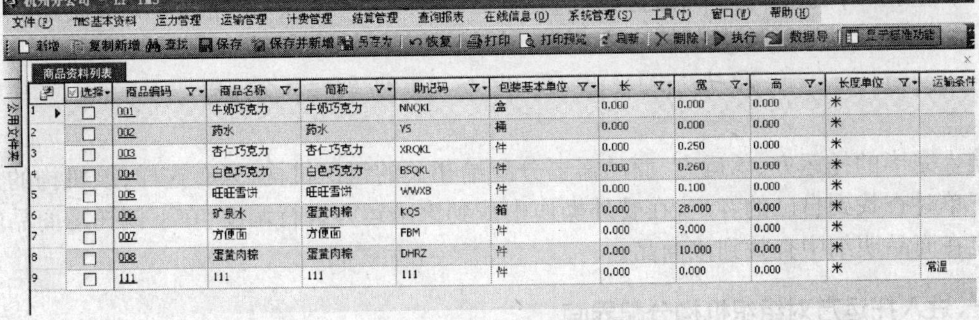
杭州分公司 － LP TMS
浙江省道路运输管理局 版权所有
文件(F)
TMS基本资料
运力管理
运输管理
计费管理
结算管理
查询报表
在线信息(O)
系统管理(S)
工具(T)
窗口(W)
帮助(H)
新增
复制新增
查找
保存
保存并新增
另存为
恢复
打印
打印预览
刷新
删除
执行
数据导
商品资料列表
公用文件夹
选择
商品编码
商品名称
简称
助记码
包装基本单位
长
宽
高
长度单位
运输条件
1 001 牛奶巧克力 牛奶巧克力 NNQKL 盒 0.000 0.000 0.000 米
2 002 药水 药水 YS 桶 0.000 0.000 0.000 米
3 003 杏仁巧克力 杏仁巧克力 XRQKL 件 0.000 0.250 0.000 米
4 004 白色巧克力 白色巧克力 BSQKL 件 0.000 0.260 0.000 米
5 005 旺旺雪饼 旺旺雪饼 WWXB 件 0.000 0.100 0.000 米
6 006 矿泉水 蛋黄肉粽 KQS 箱 0.000 28.000 0.000 米
7 007 方便面 方便面 FBM 件 0.000 9.000 0.000 米
8 008 蛋黄肉粽 蛋黄肉粽 DHRZ 件 0.000 10.000 0.000 米
9 111 111 111 111 件 0.000 0.000 0.000 米 常温

图 4-17　商品资料维护界面

列表界面是商品的概要信息。点选列表中的"商品编码"进入详细的商品编辑界面，如图4-18所示。

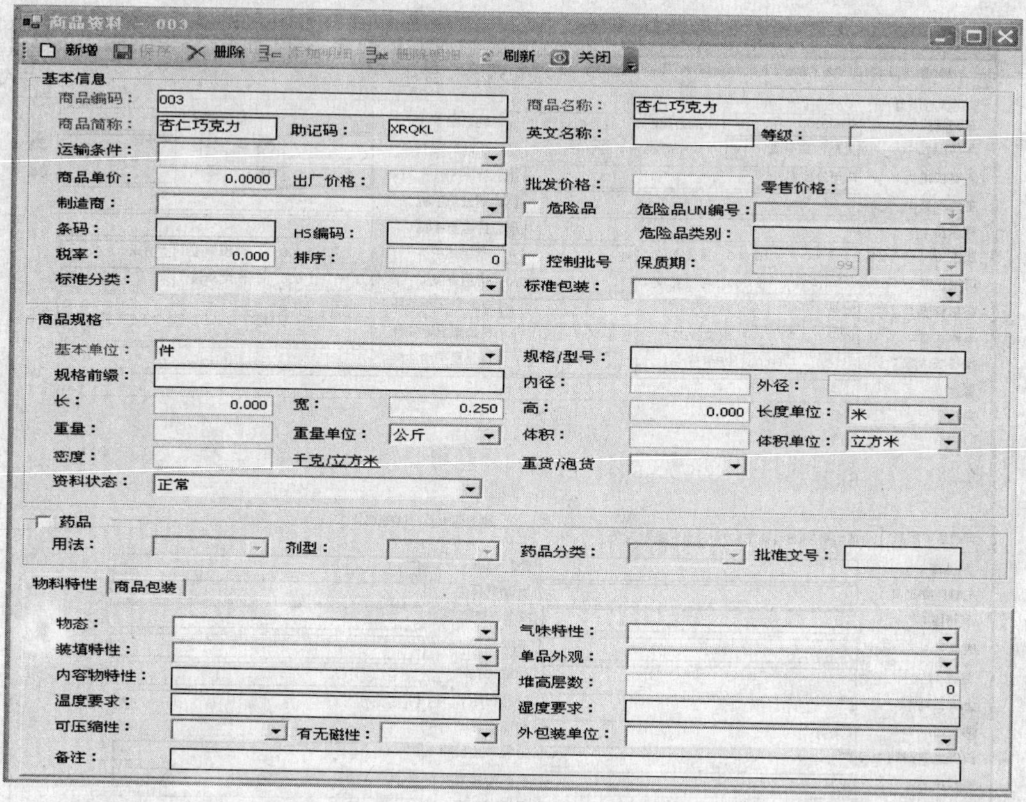

图4-18　商品信息编辑界面

二、维护商品资料

（1）新增操作：在如图4-17所示的界面中，点击左上工具栏中的"新增"按钮，弹出一张空白的商品编辑界面，如图4-18所示，输入相应信息后（商品编码、商品名称、商品简称、基本单位必输），通过商品包装明细点击编辑界面中工具栏里的"添加明细"按钮（无包装可省略该步），进行输入，输入完成后点击"保存"按钮。

（2）修改操作：可在原有数据上进行修改，修改完成后点击"保存"即可。如果修改错误，可点击工具栏中的"恢复"按钮还原到修改前的数据。

（3）删除操作：在列表中勾选选择列，点击工具栏中的"删除"按钮即可完成删除。

第七节　货运业务组织结构分配

输入完毕的托运方、承运方、商品需要分配给相关的组织机构，只有这样，该机构的人员才能在下单时查找到自己的客户，在委外操作中找到该承运方进行调度，在下该托运商品的单子时才能在商品明细中查找到该商品。

一、进入托运方对组织机构分配界面

首先，登录进入TMS系统，选择"TMS基本资料"→"托运方对组织机构分配"进行数据维护,如图 4-19 所示。

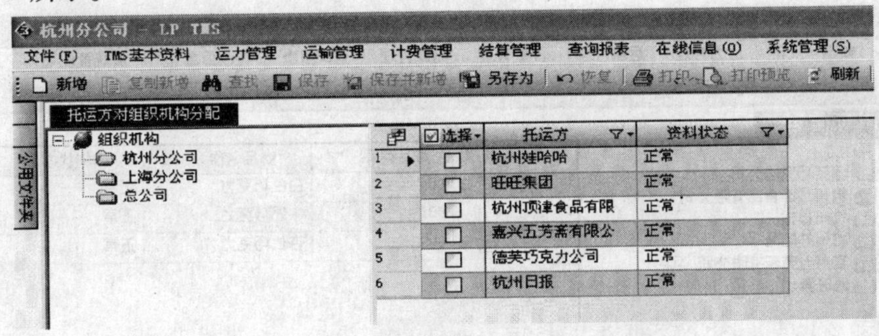

图 4-19　托运方对组织机构分配界面

界面左侧为所有组织机构的树形图(无上下级关系);右侧为被选择组织机构的所有的客户。

二、托运方对组织机构分配

在图 4-19 所示界面左侧的树状结构中选择需要新增、修改或删除客户的组织机构名。

(1)新增操作:在如图 4-19 所示的界面中,点击左上工具栏中的“新增”按钮,弹出托运方查找界面,点击“确定”进行无条件查找(或输入查找条件查找),找到需要的托运方选中,确认后,即可在右侧的列表中看到新选择的托运方,即表示将该托运方分配给了该组织机构,也就是该托运方的业务由该组织机构的工作人员进行操作,输入完成后点击“保存”按钮。

(2)修改操作:对于一个已分配给该机构的托运方,点选列表中托运方列左侧的小按钮重新查找,之后“保存”即完成修改。

(3)删除操作:勾选选择列,点击工具栏中的“删除”按钮,表示不再将该托运方分配给该组织机构。

三、承运方对组织分配

首先,登录进入 TMS 系统,选择“TMS 基本资料”→“承运方对组织机构分配”进行数据维护,如图 4-20 所示。

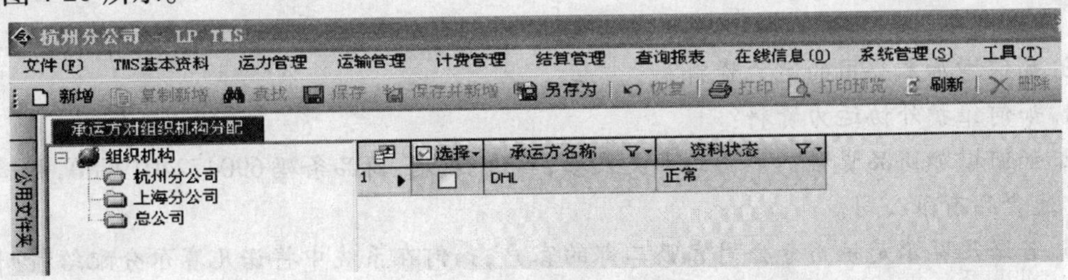

图 4-20　承运方对组织机构分配界面

该界面左侧为所有组织机构的树形图(无上下级关系);右侧为被选择组织机构的所有的承运商。

其新增、修改或删除操作与托运方对组织机构分配基本相同。

四、商品对托运方分配

首先,登录进入 TMS 系统,选择“TMS 基本资料”→“商品对托运方分配”进行数据维护,如图4-21所示。

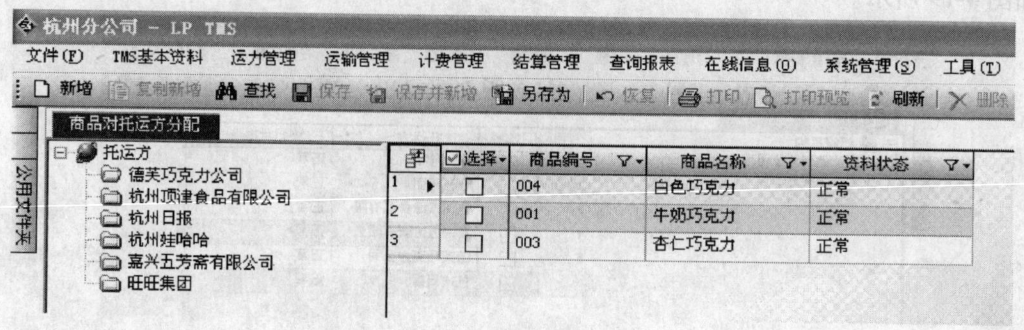

图4-21　商品对托运方分配界面

该界面左侧为在托运方对组织机构分配中分配给当前登录人员所在机构的托运方的树形图;右侧为被选择托运方的所有的商品。

其需要新增、修改或删除商品的托运方的操作与承运方对组织分配基本相同。

复习思考题

1. 如何在字典类中进行运输方式的维护(公路运输和铁路运输)?

2. 如何在中国浙江省杭州市中新增三墩区块的资料?

3. 若需要在总公司下增加组织机构,如增加散货集拼部、联运部、揽货部、客服部、财务部等,应如何操作?

4. 如何将公司员工资料录入TMS系统?

5. 如何增加重量单位?

6. 如何增加体积单位?

7. 如何增加托运方往来户资料? 如杭州余杭马氏食品有限公司,地址:杭州余杭区塘栖镇李家桥,网址:www.ms-foods.com,E-mail:msfoods@163.com,电话:0571-86359288。

8. 如何增加承运方资料? 如厦门秋辉物流有限公司,地址:厦门高崎货运枢纽中心5号仓库,业务电话:0592-5743197,业务手机:13641033494。

9. 如何对运力类型进行维护? 如增加半挂式箱车、仓栅式运输车、鲜活水产特种运输车等。

10. 如何增加本公司的运力资料?

11. 如何维护外协运力资料?

12. 如何增加商品资料? 如商品卡夫果珍,单价14元,商品条码6904724019680,制造商为卡夫广通食品有限公司。

13. 若诺凡赛尔是杭州分公司客服二部的客户,如何在系统中将诺凡赛尔分配给杭州分公司客服二部?

14. 若杭州长运有限公司是杭州分公司的承运商,如何在系统中将杭州长运分配给杭州分公司?

15. 若富士施乐实业发展有限公司的托运货物是打印机,如何在系统中将打印机分配给富士施乐实业发展有限公司?

第五章　货运计费管理

第一节　计费类型与机构分派

针对物流业务中发生的费用进行相应的处理，定义 TMS 系统中的所有费用类型，并将已经定义的费用分派给相应的作业机构来使用。

一、定义系统中的费用类型

1. 进入费用种类维护界面

首先，登录进入 TMS 系统，然后选择“计费管理”→“费用种类”进行数据维护，如图 5-1 所示。

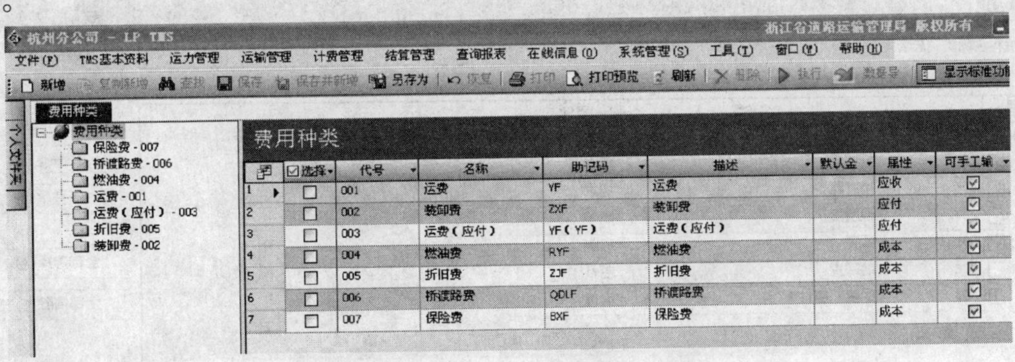

图 5-1　费用种类维护界面

该界面分为左右两部分，左侧是费用种类的树形结构，右侧显示的是树状结构中当前数据的所有下一层费用列表，如果有权限的话，用户可以直接编辑。

2. 新增操作

在如图 5-1 所示的界面，点击左上工具栏中的“新增”按钮，生成一行空白的字段值，输入相应信息，输入完成后点击“保存”按钮即可增加新的费用类型。

3. 修改操作

可在原有数据上进行修改，修改完成后点击“保存”即可。如果修改错误，可点击工具栏中的“恢复”按钮还原到修改前的数据。

4. 删除操作

勾选选择列，点击工具栏中的“删除”按钮即可完成删除。

二、分配已定义的费用给相应的作业机构

1. 进入费用机构分配维护界面

首先，登录进入 TMS 系统，然后选择“计费管理”→“费用机构分配”进行数据维护，如图

5-2所示。

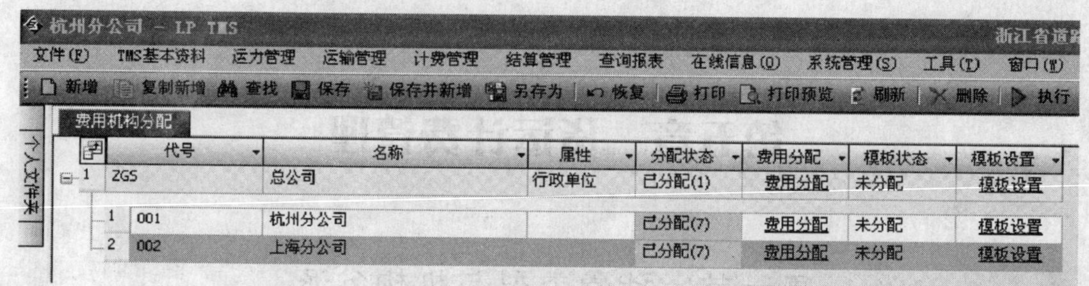

图 5-2　费用机构分配维护界面

在该界面下，可以为总部及下属的机构分配费用种类，数据为树状结构，总部之下可以将所属的机构展现出来。

2. 分配费用

在如图 5-2 所示的界面，在头档信息中选择要分配费用的组织机构，点击其后方的“费用分配”，弹出费用分配界面，如图 5-3 所示，在需要选择的费用种类前打钩，点击“保存”并“确定”。

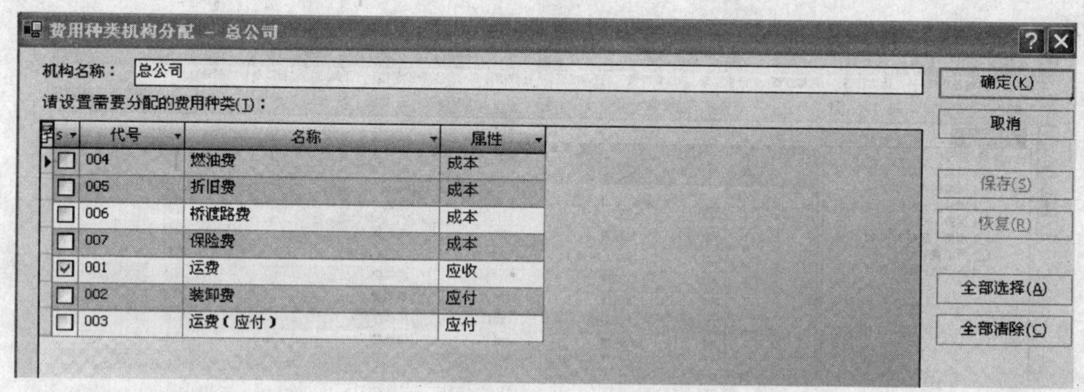

图 5-3　费用种类机构分配编辑界面

第二节　计费协议信息维护

一、录入给客户的托运报价单

1. 查找托运方计费协议维护界面

用于进行托运方计费协议的查找，包括托运方、合同号、协议号、生效日期等。

首先，登录进入 TMS 系统，然后选择“计费管理”→“托运方计费协议”进行数据维护，如图 5-4 所示。

在查找界面中输入需要查找的条件，点击“查找”，即可在计费协议界面列出符合条件的计费协议，如图 5-5 所示。

2. 进入托运方计费协议维护主界面

查看已存在的计费协议，其明细包括协议号、事务机构、托运方、合同号、生效日期、终止日期、付款方、签订机构等，如图 5-5 所示。

3. 新增操作

在如图 5-5 所示的界面，单击托运方计费协议列表上方的“新增”按钮，即弹出托运费计费协议新增窗口，如图 5-6 所示，输入要填入的协议号、合同号，以及生效日期、签订日期等信息，并确认状态为“正常”，单击“添加明细”，添加计费规则。也可点击“删除明细”删除该协议下的明细规则。完成新增后，单击“保存”。

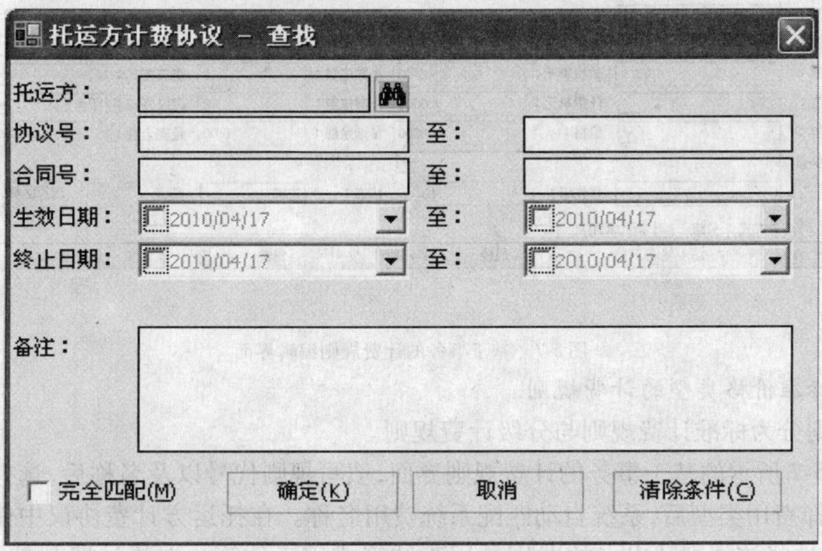

图 5-4　托运方计费协议查找界面

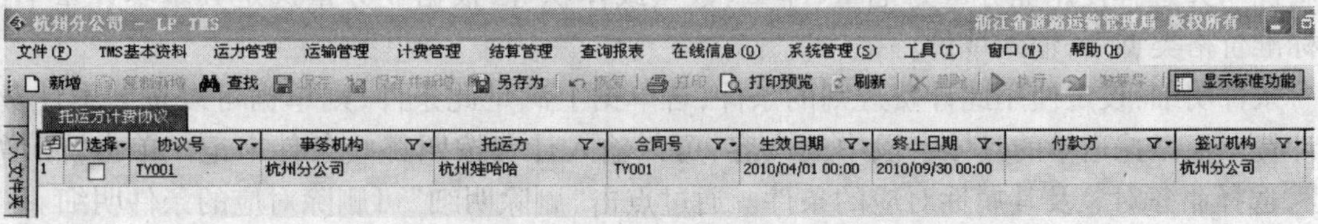

图 5-5　托运方计费协议维护主界面

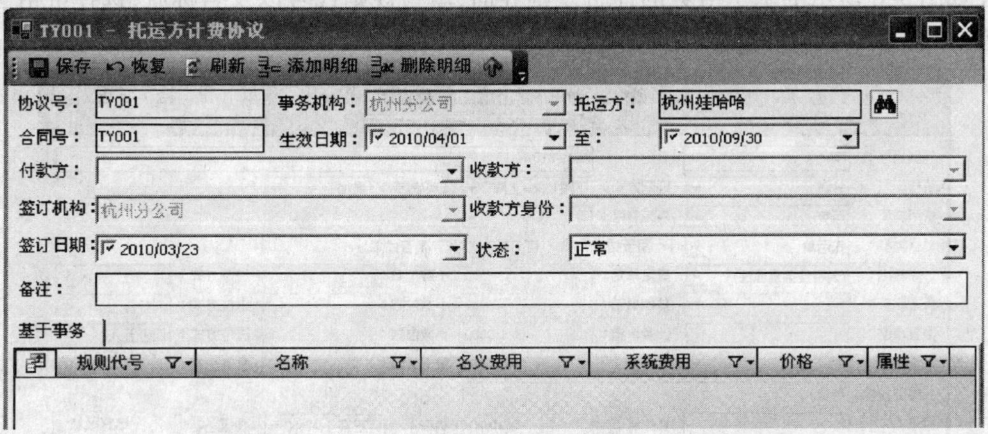

图 5-6　托运方计费协议编辑界面

针对某一托运方在一定时间和区间内的一项计费协议，包含多种基于事务的计费规则，用户可在此界面下维护该托运方所属的全部计费规则。

基于事务的计费规则为该协议中所有基于事务的计费规则，每条规则都可以维护不同的计费条件，点击“规则代号”则可编辑该规则，如图5-7所示。

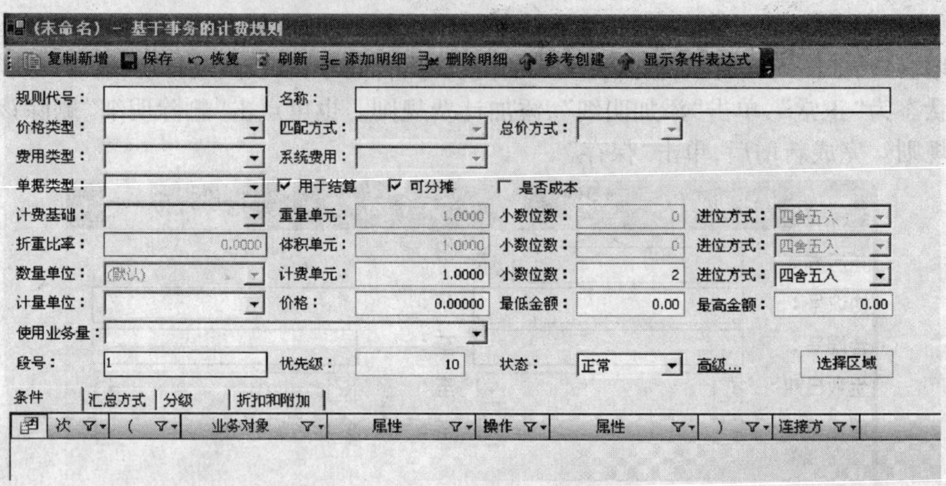

图5-7　基于事务的计费规则编辑界面

4. 定义标准价格类型的计费规则

计费规则分为标准计费规则与分级计费规则。

在如图5-7所示的基于事务的计费规则界面，填写规则代号以及名称后，选择价格类型为“标准”。选择费用类型后，系统自动匹配系统费用名称。在托运方计费协议中使用托运单为单据类型，并选择该规则计出来的费用是用于结算或用于估算。选择计费基础为“使用业务量属性”，并选择使用业务量为毛重、净重、数量或体积等，根据业务量选定其基本计量单位。在标准价格类型下，输入单价。

条件明细：设定使用此计费规则的条件，若单据上满足此条件，则单据可以按照本计费规则计费。根据托运单的具体字段中的内容，可以输入计费按照哪些条件来记。单击“新增明细”，选择业务对象及其属性对应的条件。通过点击“删除明细”可删除对应的条件明细。

5. 定义分级价格类型的计费规则

在如图5-8所示的基于事务的计费规则界面，填写规则代号以及名称后，选择价格类型为“分级”，并选择其数量匹配方式。

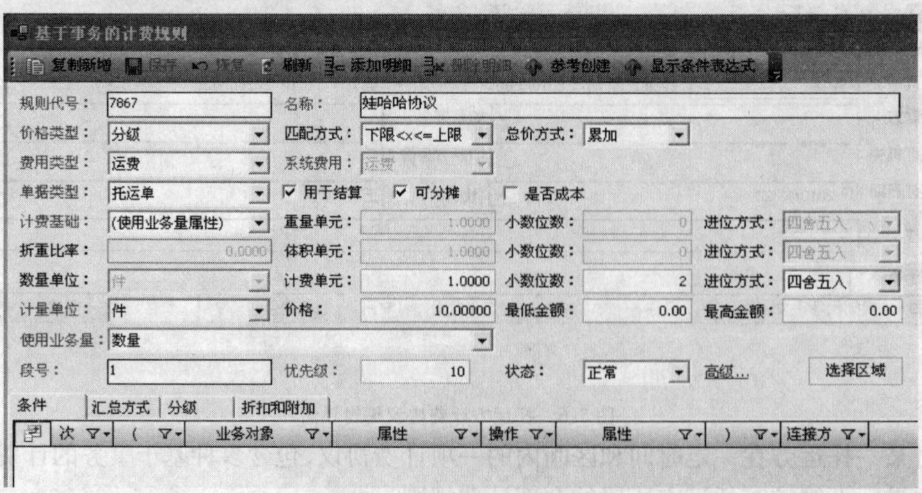

图5-8　分级价格类型的计费规则界定界面

6. 修改操作

单击所需修改的协议号，便会弹出计费协议界面，可对该协议头档以及相关规则进行修改，完成后"保存"。

7. 删除操作

在需要删除的协议前打钩，然后点击"删除"按钮，即可删除。

二、录入给承运方的报价单

登录进入 TMS 系统，然后选择"计费管理"→"承运方计费协议"进行数据维护，其操作与给客户的计费协议基本相同。

第三节 成本分摊

一、进入成本分摊的查找界面

首先，登录进入 TMS 系统，然后选择"计费管理"→"成本分摊"进行数据维护，如图 5-9 所示。

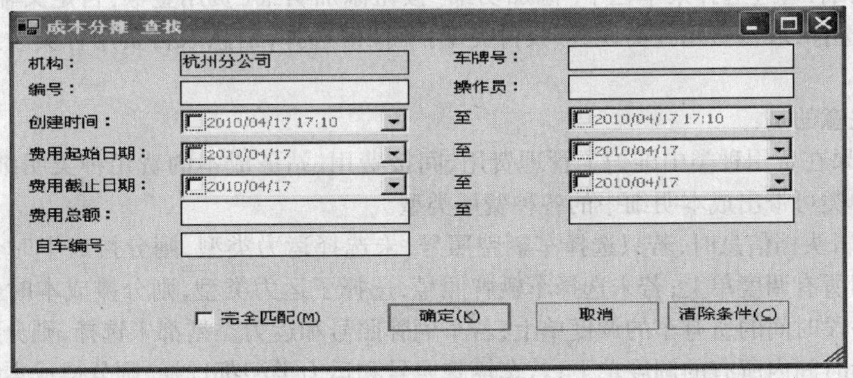

图 5-9　成本分摊查找界面

用户可根据车牌号、编号、操作员、创建时间、费用起始（截止）日期、费用总额、自车编号进行单一条件或组合条件下的查找。

二、进入成本分摊界面

显示用户根据条件查找后，成本分摊列表界面，如图 5-10 所示。可用最左上角的自定义显示列定义显示的内容（列表中选择列左侧最上方的按键），其中各个列的含义参照调度单自车成本录入新增界面的说明。

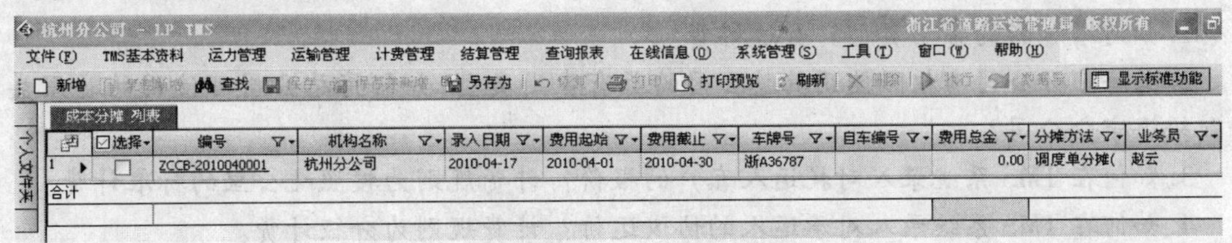

图 5-10　成本分摊列表界面

三、分摊成本维护

1. 新增自车成本

在如图 5-10 所示的界面，点选菜单栏中的“新增”按钮，进入自车成本新增界面，如图 5-11 所示，输入相关信息后，保存。

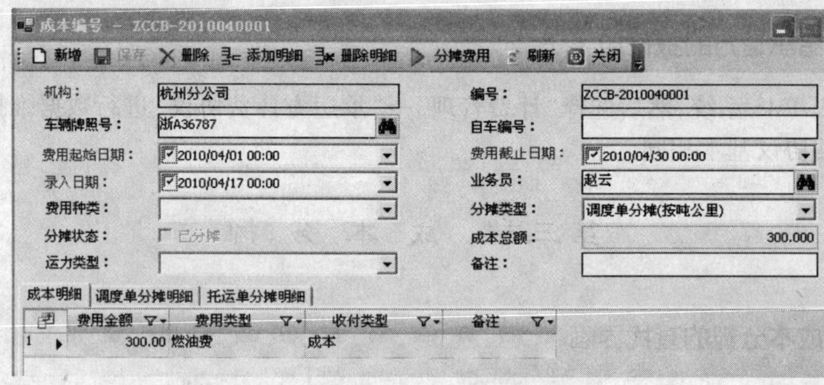

图 5-11　成本编辑界面

成本明细：通过选择菜单栏中“添加明细”按钮添加明细（费用金额：自定义输入；费用类型：下拉框选择，取自费用种类设置；收付类型：下拉框选择，信息取自费用种类设置；备注：自定义输入）。

需要注意的是：

（1）如果在费用种类中维护了管理费用、间接费用、站务成本的费用种类明细，选择头档中的费用种类可带出成本明细中的各种费用类型。

（2）编辑头档信息时，若只选择车辆牌照号，未选择运力类型，则分摊成本时会分摊到该辆一段时间所有调度单上；若未选择车辆牌照号，选择了运力类型，则分摊成本时会分摊到该运力类型一段时间的所有车的调度单上；若车辆牌照号和运力类型都未选择，则分摊成本时会分摊到该段时间内所有的调度单上；若车辆牌照号和运力类型都选择，则分摊成本时会分摊到该辆一段时间所有的调度单上。

2. 分摊操作

点击菜单中“保存”按钮，保存后，点击菜单中“分摊费用”按钮。

3. 修改操作

点击菜单栏中的“撤销分摊”按钮，即可直接在该界面进行修改，修改后按“保存”并点击“分摊费用”。

复习思考题

1. 如何增加新的费用类型？如过桥费。

2. 若海宁分公司有权限使用其总公司的所有费用类型，如何将总公司可使用的费用类型分配给海宁分公司？

3. 如何在 TMS 系统录入对托运人客户的报价？计费规则为按照吨公里的标准计费。

4. 如何在 TMS 系统录入对承运人的协议运价？计费规则为分级计费。

5. 如何根据调度单统计，分摊新增自车成本。

第六章 货运业务信息处理

第一节 整车直发业务处理

对于运输企业到客户处接货后，直接送货到收货人处的运输模式，其业务处理中可通过普通运输通用软件来完成托运单输入并确认执行、作业单派车并发车确认、作业单卸货确认、托运单回单以及同客户的结算等整体运输流程。

一、托运单输入并确认执行

1. 输入新的托运单

当接受客户的委托，承运整车直发业务时，首先要根据客户的要求输入新的托运单。

(1)进入托运单界面。首先，登录进入 TMS 系统，然后选择“运输管理”→“托运单管理”→“托运单输入”进行数据维护，如图 6-1 所示。

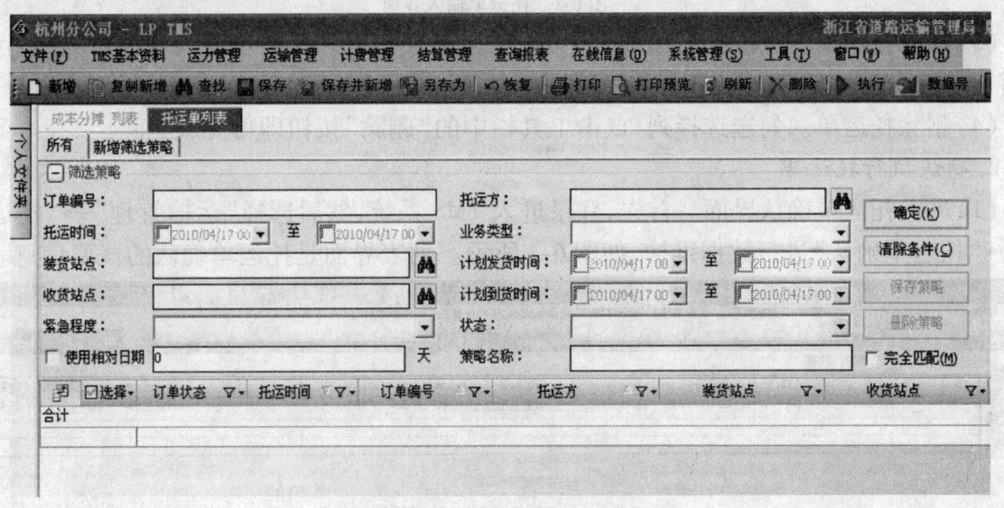

图 6-1　托运单维护主界面

该列表界面的头档是一个筛选窗口，用户可以自定义筛选策略并保存，其下是托运单列表，其中各个列的作用为：

选择：可勾选，勾选后可以进行删除等操作。

状态：系统自动显示，刚输入的预订单状态为“待确认”，确认后状态为“已确认”。

(2)选择新增托运单，进入托运单输入界面。在如图 6-1 所示的界面，点击左上工具栏中的“新增”按钮，生成一张空白的托运单输入界面，如图 6-2 所示，输入相应信息（托运单号、托运时间、托运方、执行机构、装货区域、收货区域必输），输入完成后点击“保存”按钮即可。

货物明细：该界面是用来记录有关货物的具体信息的，包括商品名称、商品编号、数量、毛重、净重、体积、单位等各项字段，通过点击托运单输入编辑界面的工具栏中的“添加明细”按钮来新增，其中，对于维护过的商品，“商品名称”可以点击“查找”按钮进行查找，信息取自“商品资料”；反之，可以自定义输入。其他各项对于查找选中的商品，系统会自动匹配到相应的信息并显示在对应的各列；反之，自定义输入。

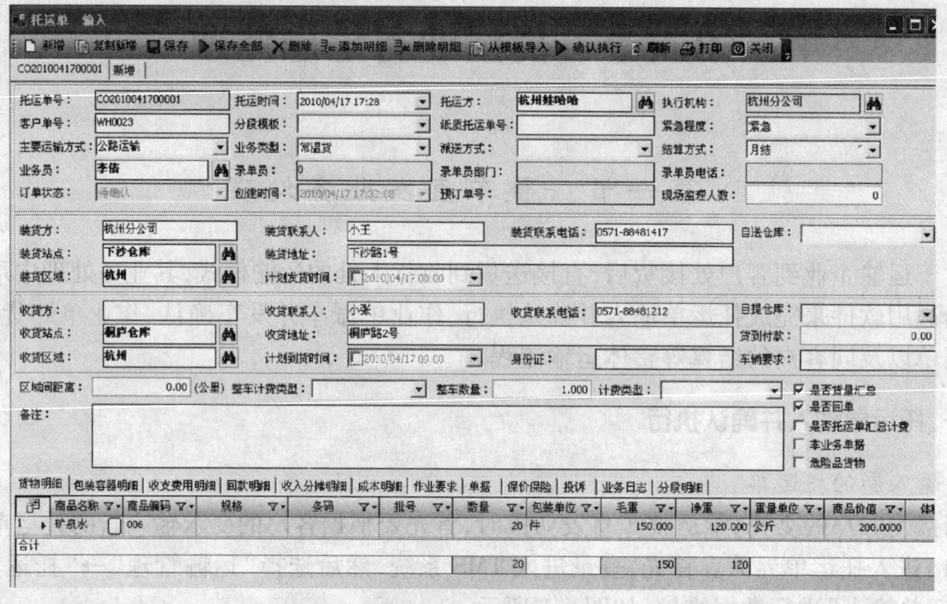

图 6-2 托运单输入界面

(3)修改托运单。点击托运单列表中的“托运单号”，进入托运单输入的编辑界面，可在该界面上进行修改，修改完成点击“保存”即可。

(4)删除托运单。勾选选择列，点击工具栏中的“删除”按钮即可完成删除。

2. 确认执行托运单

(1)进入托运单确认界面。首先，登录进入 TMS 系统，然后选择“运输管理”→“托运单管理”→“托运单确认”进行数据维护，如图 6-3 所示。列表界面是托运单确认的概要信息。

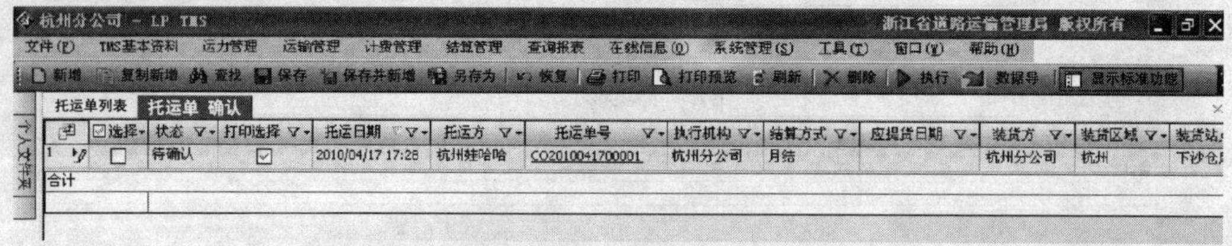

图 6-3 托运单确认界面

(2)确认托运单。在如图 6-3 所示的界面，勾选“确认”框，点击工具栏中的“确认执行”按钮，即可完成确认，如果有多条托运单记录，可以先选中所有需要确认的托运单，再点击“确认执行”按钮，以实现批量确认；也可以点击“托运单号”，进入托运单输入的编辑界面，如图 6-2 所示，点击该界面工具栏中的“确认执行”按钮。

(3)取消确认托运单。托运单确认执行后，则不能修改，如果要修改，必须先取消确认。勾选“确认”框，点击工具栏的“取消确认”按钮，即可完成取消确认。

3. 计算托运单产生的所有应收费用

(1)进入托运单计费列表界面。首先，登录进入 TMS 系统，然后选择“运输管理”→“托运单管理”→“托运单计费”进行数据维护，如图 6-4 所示。

该列表界面是托运单计费的概要信息。

客户单号：根据实际需要自定义输入。

状态：未执行计费的单据状态为“已确认”，执行计费后的单据状态为“已回单”。

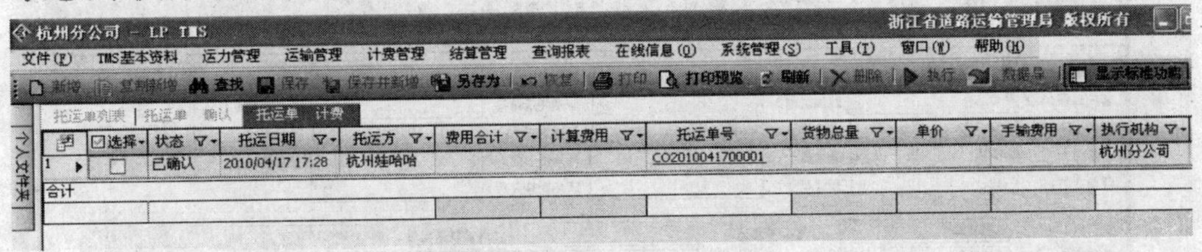

图 6-4 托运单计费列表界面

(2)进入托运单计费编辑界面。在如图 6-4 所示的界面，点选列表中的“托运单号”，进入详细的托运单计费编辑界面，如图 6-5 所示。

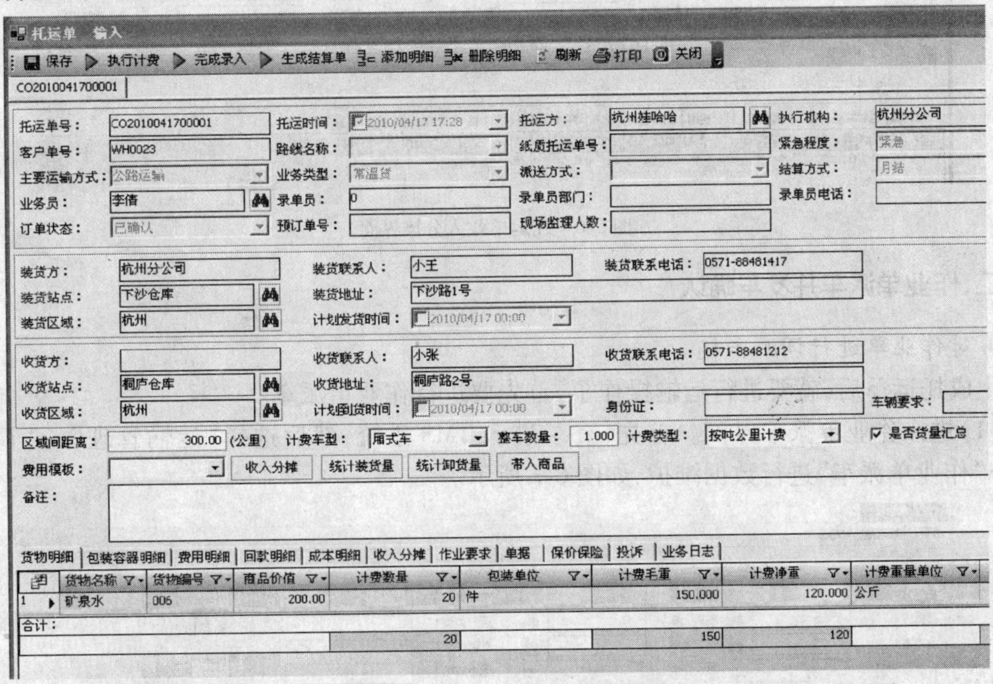

图 6-5 托运单计费编辑界面

选择计费类型后，保存，点击工具栏中的“执行计费”按钮。如计费数量、毛重、净重等与托运单不吻合时，可以在保存前手工修改货物明显栏的相关数据，完成计费后点击工具栏中的“完成录入”按钮；若托运单需要录入未经过计费协议维护的费用，可在费用明细窗口的“手输费用”列输入。

在如图 6-5 所示的界面，选定费用明细，点击“增加明细”，进行计费编辑。

(3)将托运单收入分摊到对应的作业单。在如图 6-5 所示的界面，选定“收入分摊”，点击“增加明细”，进入如图 6-6 所示的界面，将托运单收入分摊到对应的作业单。

统计装货量：点击后，系统自动统计该托运单对应的装货量。

统计卸货量：点击后，系统自动统计该托运单对应的卸货量。

带入商品：当某公司需要按商品明细来进行计费时，点此按钮可以把货物明细里的商品明细记录带进来，输入相关费用信息计费，同时也可以手工输入费用。

(4)修改托运单计费。点击工具栏中的“继续录入”按钮，即可直接在该界面进行修改，修改后按“保存”键并点击“完成录入”。

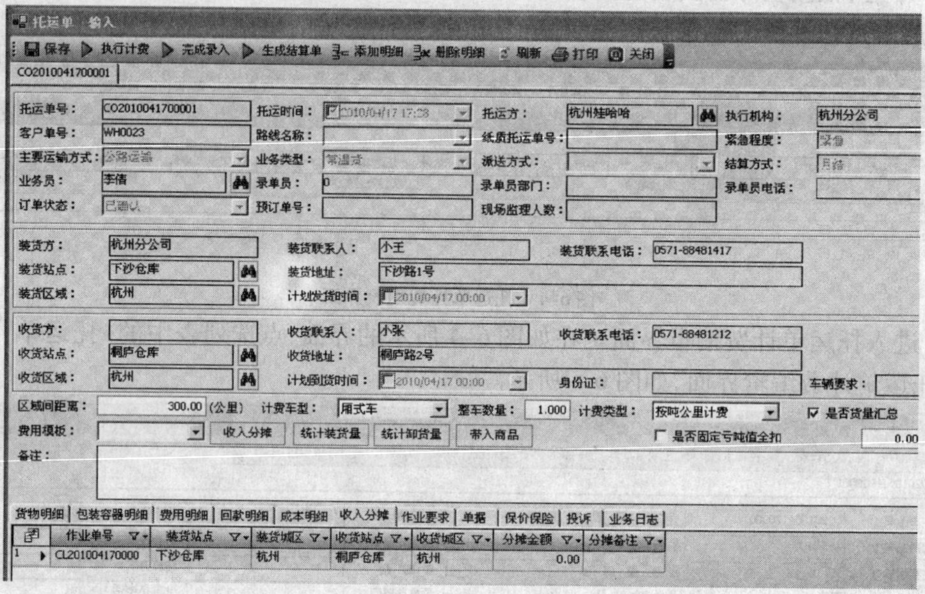

图 6-6　托运单收入分摊界面

二、作业单派车并发车确认

1. 对作业单进行调派车辆

生成托运单后，就要进行运输操作了，首先要进行作业单派车。

(1)进入作业单派车界面。首先，登录进入 TMS 系统，然后选择“运输管理”→“调度管理”→“作业单派车”进行数据维护，如图 6-7 所示。

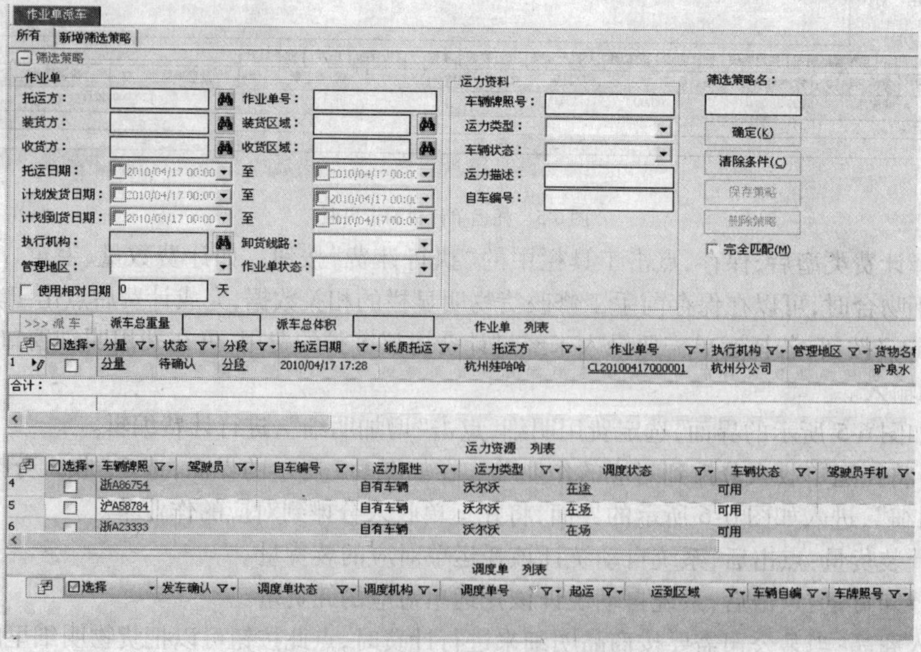

图 6-7　作业单派车维护主界面

列表界面上方为筛选策略，可以点击左上的 / 进行隐藏/显示筛选策略，其中策略名称字段外所有查找字段都是作业单和运力资料中的对应字段，类似于托运单和运力资料中的各个字段。

筛选策略下方为作业单列表，作业单列表下方为运力资源资料，最下方为调度单列表，作业单经过派车后即生成调度单。

(2)派车调度。在如图 6-7 所示的界面，在上方的筛选策略中输入查找条件(不输入代表无条件查找)后点击“确认”按钮(或直接点击已保存的筛选策略标签)，在下方的作业单列表和运力资源列表中显示符合条件的作业单和车辆。

进行派车操作或点击调度单列表里的调度单号列可以打开调度单编辑界面，如图 6-8 所示。

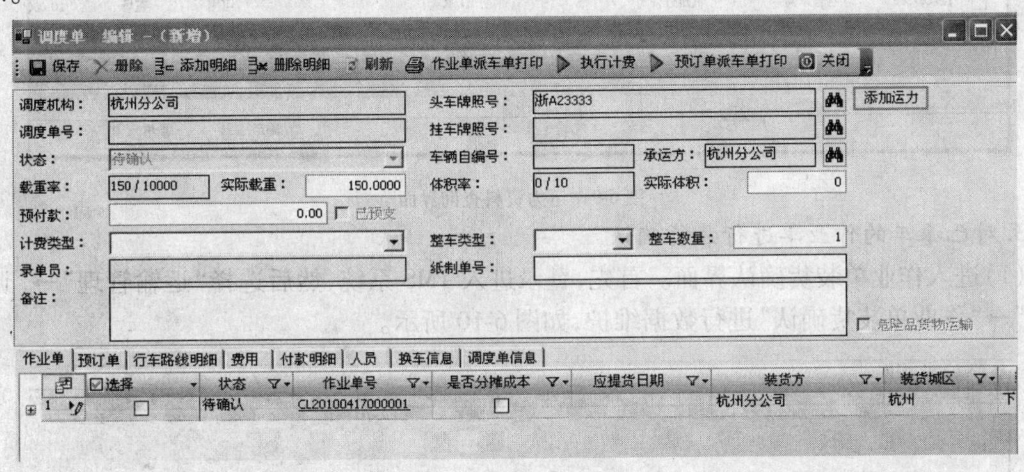

图 6-8 调度单编辑界面

(3)将一辆车派给多张作业单。在作业单列表中选中多张作业单(在该作业单选择栏中打钩)，激活其中一张单据(用鼠标点击一下单据中的状态栏，使得其状态栏被虚线包围)，再次按住鼠标左键不放，将其拖曳到运力资料中需要派的车辆上。当鼠标变成手抓取装时，松开鼠标便可自动弹出调度单编辑界面，其中相关信息都已从作业单和车辆中自动带出，之后点击“保存”即可。

(4)将多辆车派给一张作业单。在运力资料列表中选中多辆车辆，按同样的操作方式拖曳到作业单上，当鼠标变成手抓取装时，松开鼠标便可自动弹出调度单编辑界面，其中的相关信息都已从作业单和车辆中自动带出，之后点击“保存”即可。

2. 调度单输入

调度单输入用于生成一张空白的调度单，以满足企业个性化需求，也可以通过此界面，添加任意一张作业单至某辆车或某个承运商。

(1)查询运力。进入“新增”界面后，即在图 6-8 所示的界面，点击“头车牌照号”后的查询按钮，弹出的运力资料查询界面，如图 6-9 所示。

列表界面是本机构所有运力列表，包括车辆信息、车辆属性、所属机构、车辆状态、调度状态等。

点选车辆，点击“确定”。

(2)输入新增调度单。回到新增编辑界面，选中界面下方的“作业单”选项卡，点击工具栏的“添加明细”按钮，在系统弹出的作业单查询界面，选中此次派车的作业单，点击“确定”。点击工具栏“保存”，则调度单输入完毕。

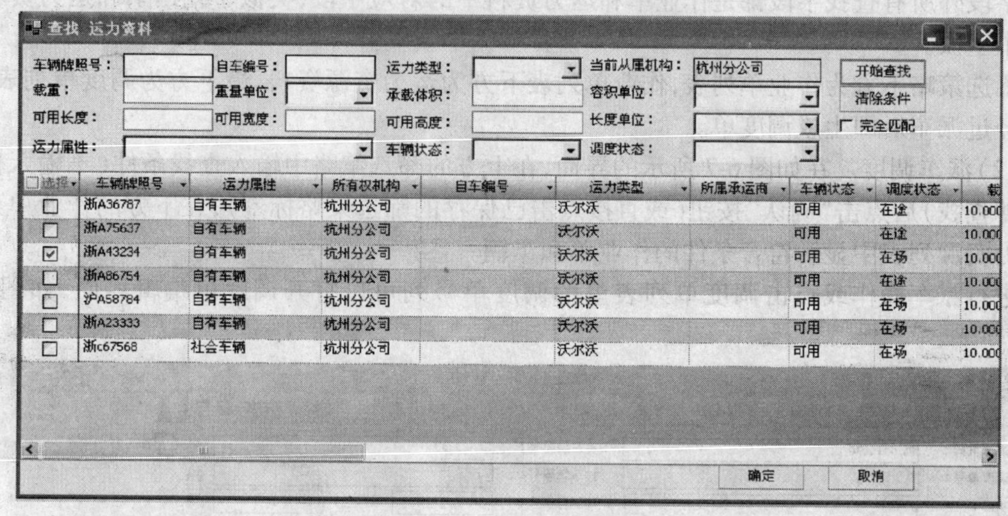

图 6-9 运力资料查询界面

3. 对已派车的作业单进行装货确认

(1)进入作业单装货确认界面。首先，登录进入 TMS 系统，然后选择“运输管理”→“调度管理”→“作业单装货确认”进行数据维护，如图 6-10 所示。

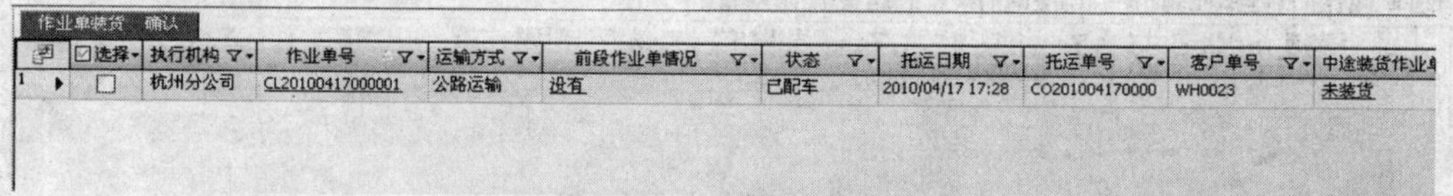

图 6-10 作业单装货确认主界面

该列表界面是所有已经派车的作业单列表。

(2)确认作业单装货。在图 6-10 所示的界面，点选列表中的作业单号栏，进入作业单装货信息确认界面，如图 6-11 所示。

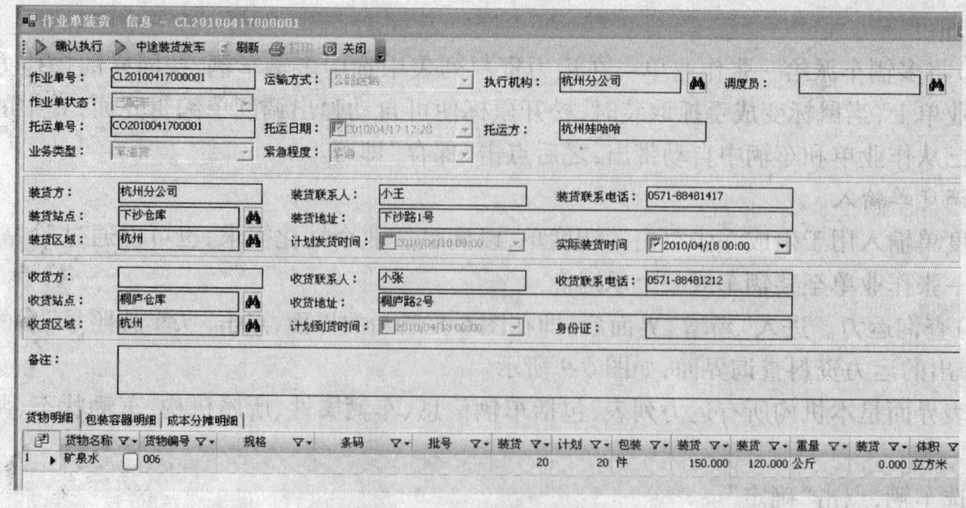

图 6-11 作业单装货信息确认界面

如果实际装货量和计划量一致，则可直接在如图6-10所示的列表界面中勾选对应的确认栏，点击工具栏中的“执行”按钮，则该张作业单的状态从“已配车”变为“已装”，同时确认栏中保持勾选。

如果实际装货量和计划量不一致，则点击作业单列表的作业单号列进入作业单装货确认界面，如图6-11所示，在货物明细中修改装货数量、装货体积、装货毛重、装货净重等字段，之后点击工具栏中的“确认执行”。

(3)取消装货。在如图6-10所示的界面中，直接在列表界面中取消勾选对应的确认栏，点击工具栏中的“执行”按钮，则该张作业单的状态从“已装”变为“已配车”，同时确认栏中为未勾选状态。

4. 对待确认的调度单进行发车确认

只有一张调度单下的所有作业单状态都为“已装货”时，才能进行发车确认。

(1)进入调度单发车确认界面。首先，登录进入TMS系统，然后选择“运输管理”→“调度管理”→“调度单发车确认”进行数据维护，如图6-12所示。

列表界面是所有的调度单列表。

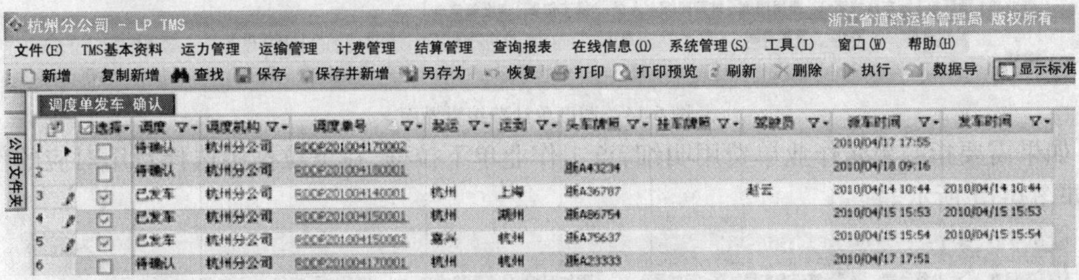

图6-12　调度单发车确认主界面

(2)确认调度单发车。在图6-12所示界面中，直接在列表界面中勾选对应的确认栏，点击工具栏中的“执行”按钮，则该张调度单的状态从“待确认”变为“已发车”，同时确认栏中保持勾选。

(3)取消发车。在图6-12所示界面中，直接在列表界面中取消勾选对应的确认栏，点击工具栏中的“执行”按钮，则该张调度单的状态从“已发车”变为“待确认”，同时确认栏中为未勾选状态。

5. 录入调度单自车费用

对企业自有车辆进行费用核算，主要针对自有车辆的桥渡路费、装卸费等，应精确到每一票运输业务的费用，并能在费用录入的同时，将费用具体到某张作业单上。

(1)进入调度单自车费用录入界面。首先，登录进入TMS系统，然后选择“运输管理”→“调度管理”→“调度单自车计费”进行数据维护，如图6-13所示。

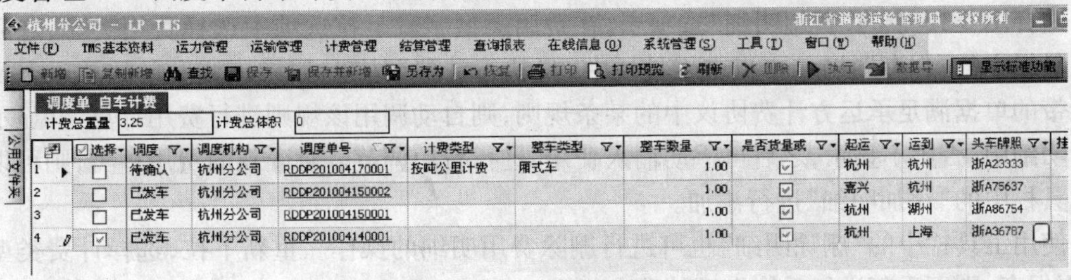

图6-13　调度单自车费用录入列表界面

该列表界面是调度单列表，其中各个列除已计费和已结算列外都是调度单编辑中的对应字段。已计费列表示该张调度单是否已经计费完成，由系统根据用户操作自动生成；已结算列表示该张调度单是否已经结算完毕，由系统根据用户操作自动生成。

(2)调度单计费。在图6-13所示的界面，点选列表中的调度单号栏进入调度单计费编辑界面，如图6-14所示。

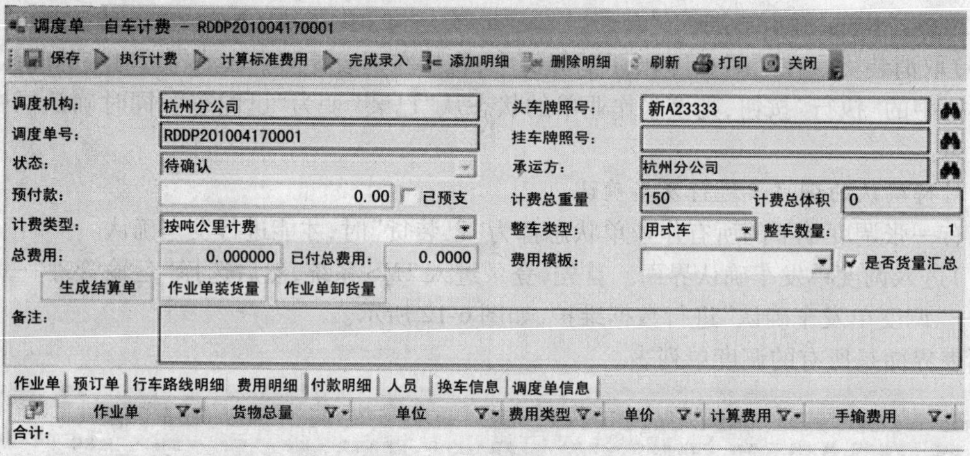

图6-14　调度单计费编辑界面

如果需要指明单张作业单费用明细，点击作业单下拉框，在下拉框中选择费用对应的作业单，如图6-15所示。

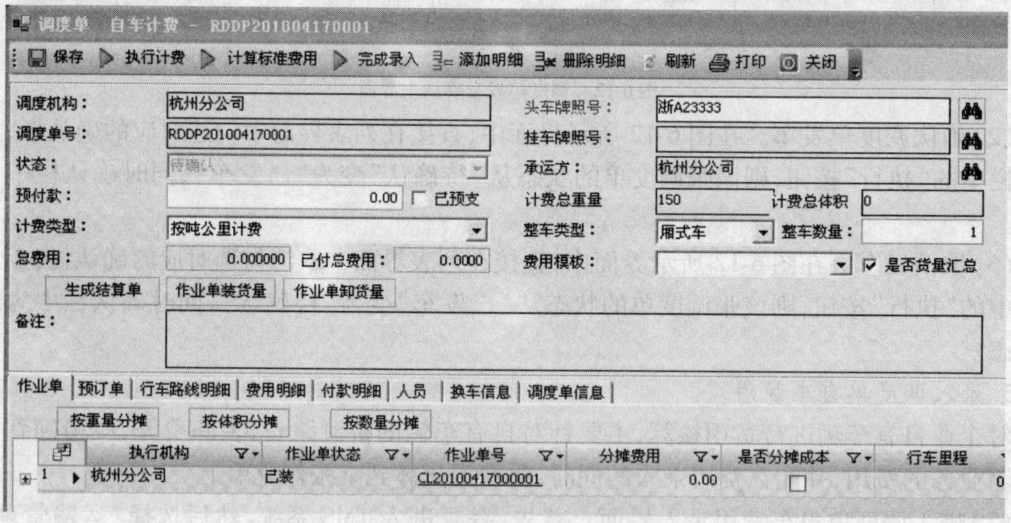

图6-15　单张作业单计费界面

选择图6-15中的“费用明细”选项卡，在费用类型字段下拉选项中选择费用类型，之后点击工具栏中的“保存”按钮，再点击工具栏中的“执行计费”按钮，如果该调度单的承运方及其下所带的单据满足承运方计费协议中的某条规则，则自动调用该规则进行费用计算，并显示在费用明细中，否则不显示，之后可手动输入费用，进行费用调节。对于新的费用种类，则可以点击工具栏中的“添加明细”进行添加。

使用工具栏中的“删除明细”也可进行删除费用明细的操作。重新下拉，选择计费类型字段，再保存，则可重新进行系统自动计费。

选择分摊策略，进行作业单费用分摊。

三、作业单卸货确认

1. 对已发车到货的作业单进行卸货确认

(1)进入作业单卸货确认界面。首先，登录进入 TMS 系统，然后选择“运输管理”→“调度管理”→“作业单卸货确认”进行数据维护，如图 6-16 所示。

图 6-16 作业单卸货确认主界面

该列表界面是所有已发车的作业单列表。

(2)确认卸货。在如图 6-16 所示的界面，点选列表中的作业单号栏进入作业单卸货确认界面，如图 6-17 所示。

如果实际卸货量和装货量一致，则可在界面中直接在列表界面中勾选对应的确认栏，点击工具栏中的“执行”按钮，则该张作业单的状态从“已发”变为“已卸”，同时确认栏中保持勾选。

如果实际卸货量和装货量不一致，则点击作业单列表的作业单号列进入作业单卸货确认界面，在货物明细中修改卸货数量、卸货体积、卸货毛重、卸货净重等字段，之后点击工具栏中的“确认执行”即可。

图 6-17 作业单卸货确认界面

(3)取消卸货。在界面中直接在列表界面中取消勾选对应的确认栏，点击工具栏中的“执行”按钮，则该张作业单的状态从“已卸”变为“已发”，同时确认栏中为未勾选状态。

2. 对所有已卸货的作业单进行回单签收

首先，登录进入 TMS 系统，然后选择“运输管理”→“调度管理”→“作业单签收”进行数据维护，如图 6-18 所示。

该列表界面是所有已卸货的作业单列表。

若收货人已签收货物，则需要进行回单签收操作。直接在列表界面中勾选对应作业单的确认栏,点击工具栏中的“执行”按钮,则该张作业单的状态从“已卸”变为“已签收”,同时确认栏中保持勾选。

若因错误操作使未签收货物为“已签收”,可取消回单签收。在界面中,直接在列表界面中取消勾选对应的确认栏,点击工具栏中的“执行”按钮,则该张作业单的状态从“已签收”变为“已卸”,同时确认栏中为未勾选状态。

杭州分公司 - LP TMS　　浙江省道路运输管理局 版权所有

文件(F)　TMS基本资料　运力管理　运输管理　计费管理　结算管理　查询报表　在线信息(O)　系统管理(S)　工具(T)　窗口(W)　帮助(H)

新增　复制新增　查找　保存　保存并新增　另存为　恢复　打印　打印预览　刷新　删除　执行　数据导　显示标准功能

作业单 签收

	选择	执行机构	作业单号	托运单号	客户单号	纸质托运	运输方式	状态	应提货日	装货方	装货区域	装货站点
1	☑	杭州分公司	CL20100409000001	CO201004090			公路运输	已签收			杭州	德芙杭大
2	☑	杭州分公司	CL20100414000001	CO201004140			公路运输	已签收			杭州	德芙杭大
3	☑	杭州分公司	CL20100415000001	CO201004150			公路运输	已签收			杭州	下沙站
4	☑	杭州分公司	CL20100415000002	CO201004150			公路运输	已签收			嘉兴	嘉兴站
5	☐	杭州分公司	CL20100417000001	CO201004170	WH0023		公路运输	已卸		杭州分公司	杭州	下沙仓库

图 6-18　作业单回单签收界面

3. 确认车辆已经回场

当运输车辆完成整车直发业务后,需要进行调度单任务完成的操作,以确认车辆已经回场完成了运输作业。

首先进入调度单完成确认界面,对已经完成整个调度任务的调度单进行状态确认。依次点击“运输管理”→“调度管理”→“调度单完成确认”,在弹出的查询对话框中,选择筛选策略,如图 6-19 所示。

列表界面上方为筛选策略,可以通过调度单号、承运方、头车牌照等查询需要进行确认的调度单。

杭州分公司 - LP TMS　　浙江省道路运输管理局 版权所有

文件(F)　TMS基本资料　运力管理　运输管理　计费管理　结算管理　查询报表　在线信息(O)　系统管理(S)　工具(T)　窗口(W)　帮助(H)

新增　复制新增　查找　保存　保存并新增　另存为　恢复　打印　打印预览　刷新　删除　执行　数据导　显示标准功能

调度单完成 确认

	选择	调度	调度机构	调度单号	起运	运到	头车牌照	挂车牌照	驾驶员	派车时间	发车时间	任务完成时
1	☐	已发车	杭州分公司	RDDP201004170002						2010/04/17 17:55	2010/04/18 09:53	
2	☐	已发车	杭州分公司	RDDP201004180001			浙A43234			2010/04/18 09:16	2010/04/18 09:33	
3	☐	已发车	杭州分公司	RDDP201004140001	杭州	上海	浙A36787		赵云	2010/04/14 10:44	2010/04/14 10:44	
4	☐	已发车	杭州分公司	RDDP201004150001	杭州	湖州	浙A86754			2010/04/15 15:53	2010/04/15 15:53	
5	☐	已发车	杭州分公司	RDDP201004150002	嘉兴	杭州	浙A75637			2010/04/15 15:54	2010/04/15 15:54	
6	☑	任务完成	杭州分公司	RDDP201004170001	杭州	杭州	浙A23333			2010/04/17 17:51	2010/04/18 09:56	2010/04/18 1C

图 6-19　调度单任务完成确认界面

在筛选出的调度单列表中,选中需要确认的调度单,点击工具栏的“执行”按钮。调度单“任务完成”确认完毕。

四、对已回单的托运单进行记录

当整个运输任务完成后,需要对已回单的托运单进行记录,并完成该托运单的整个流程。

1. 进入托运单回单界面

首先,登录进入 TMS 系统,然后选择“运输管理”→“托运单管理”→“托运单回单”进行数据维护,如图 6-20 所示。

该界面为托运单回单列表的概要信息。

2. 确认托运单回单

对于回单内容与托运单一致的情况,直接勾选“确认”框,点击工具栏中的“执行”按钮即可;反之,需要点击“托运单号”链接到托运单回单输入编辑界面,输入相关信息后点击“保存”。

3. 取消确认

勾选“确认”框，点击工具栏中的“取消执行”按钮。

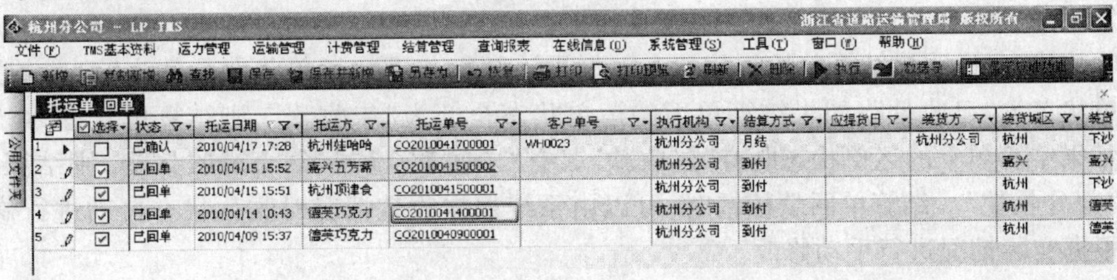

图 6-20　托运单回单维护界面

五、结算单(应收)输入并确认执行

1. 生成应收结算单

完成客户的托运工作后，需要将上游公司的托运单进行分组汇总，生成应收结算单，并计算出汇总结算金额，以便于后面的发票开具、客户对账，以及费用的核销。

(1)进入结算单(应收)输入界面。首先，登录进入 TMS 系统，然后选择“结算管理”→“托运方结算单”→“结算单(应收)输入”进行数据维护，如图 6-21 所示。

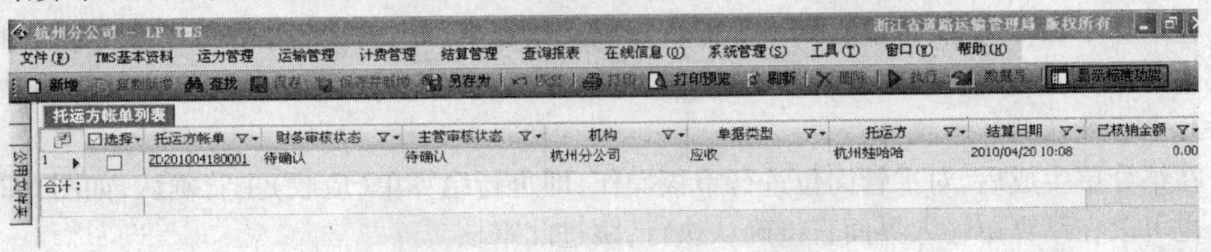

图 6-21　托运方结算维护列表

该列表界面中的所有字段均为编辑界面中对应的字段。

(2)编辑托运方账单。点击托运方账单编号列进入托运方账单编辑界面，如图 6-22 所示。

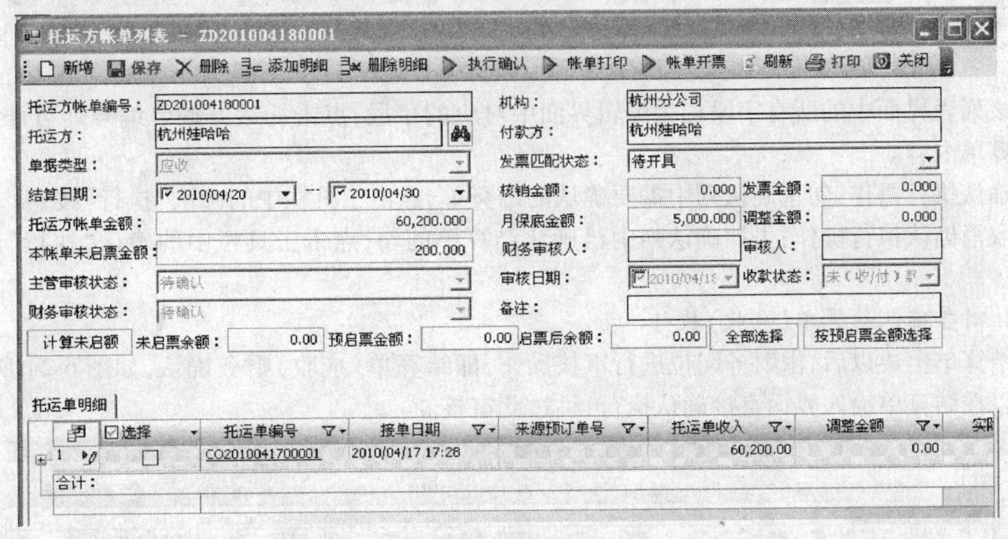

图 6-22　托运方账单编辑界面

发票匹配状态：结算单是否已经与发票匹配。如果结算单下运单与发票全部匹配(“是否匹配”选“是”)，则结算单状态为“完全开具”；如果结算单下运单全部没有与发票匹配(“是否匹配”选“否”),则结算单状态为“待开具”;如果结算单下运单只有部分与发票匹配,则结算单状态为“部分开具”。匹配状态在结算单核销时与相应的发票组匹配后自动修改。结算单不开发票时,选“不开具”。

收款状态:说明该结算单的收款状态。如果该结算单下的运单状态全部为“已收款”,则结算单状态为“已收款”;如果结算单下的运单状态全部为“未收款”,则结算单状态为“未收款”,如果结算单下的运单状态既有“已收款”又有“未收款”(或者“部分收款”),则结算单状态为“部分收款”。结算单回款核销时,可以由系统根据收款情况对收款状态自动进行修改,也可根据实际情况进行手动修改。

(3)生成结算单。点击工具栏中的“添加明细”进入托运单查找界面,该界面中的托运单为所有已经计费完成,但还未结算的托运单。

点击如图6-21所示列表中的“新增”按钮,选择托运方客户和结算日期,通过“添加明细”选择该客户已经“计费完成”但是还没有结算的托运单,填写到结算单明细中。并可以对“未确认”的结算单进行继续添加(点击工具栏中的“添加明细”按钮)、删除(点击工具栏中的“删除”按钮)、修改操作。明细中的托运单都是“已计费”状态的托运单,在结算单保存后,这些托运单的状态修改为“已结算”,结算单的发票匹配状态为“待开具”。

2. 确认结算单执行

在结算单保存之后,可以在同一界面直接确认结算单。已确认的结算单不能再被编辑,如需再编辑,则需要取消确认,已确认的结算单将在发票组匹配界面及回款核销界面显示。

3. 主管确认结算单执行

在结算单生成后,对主管岗位进行审核操作,即进行结算单(应收)主管确认,如图6-23所示。也可以在结算单输入界面直接确认执行,跳过此审核。

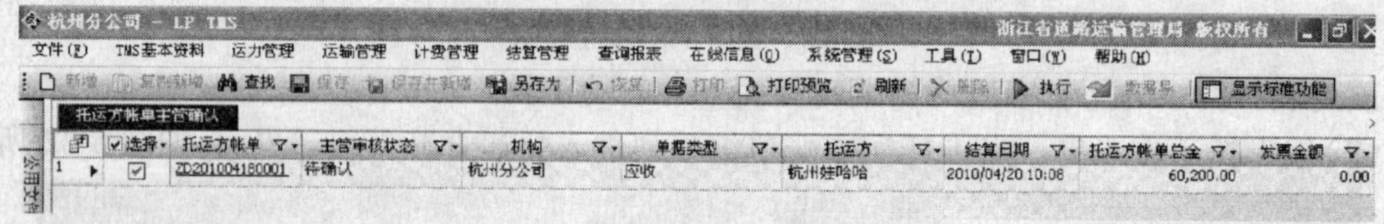

图6-23 托运方结算确认界面

该列表界面中的所有字段均为编辑界面中对应的字段,点击托运方账单编号列可详细查看结算单内容。

确认执行操作:勾选确认列中需要确认的结算单,点击工具栏中的确认“执行”按钮。

取消确认执行操作:去掉确认列中已确认结算单的勾,点击工具栏中的确认“执行”按钮即可。

4. 财务确认结算单(应收)执行

结算单生成以后,由财务岗位进行审核操作,即结算单(应收)财务确认,如图6-24所示。也可以在结算单输入界面直接确认执行,跳过此审核。

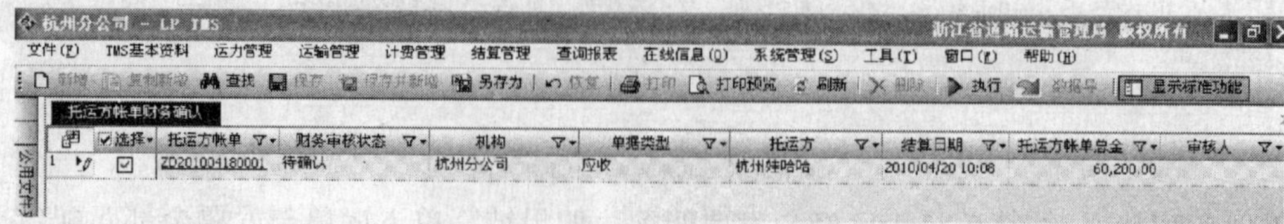

图6-24 托运方账单财务确认界面

列表界面所有字段均为编辑界面中对应的字段，点击托运方账单编号列可详细查看结算单内容。

确认执行操作：勾选确认列中需要确认的结算单，点击工具栏中的确认“执行”按钮即可。

取消确认执行操作：去掉确认列中已确认结算单的勾，点击工具栏中的确认“执行”按钮即可。

六、账单开票

1. 对已经确认的托运方账单进行开票

(1)进入结算单(应收)生成发票组界面。首先，登录进入TMS系统，然后选择“结算管理”→“托运方结算单”→“结算单(应收)生成发票组”进行数据维护，如图6-25所示。

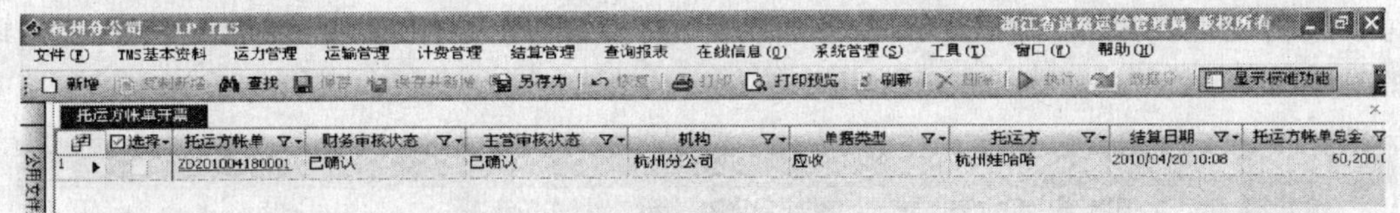

图6-25　托运方结算生成发票主界面

(2)账单开票。在图6-25所示的界面，点击“托运方账单编号”列进入托运方账单开票编辑界面，如图6-26所示。

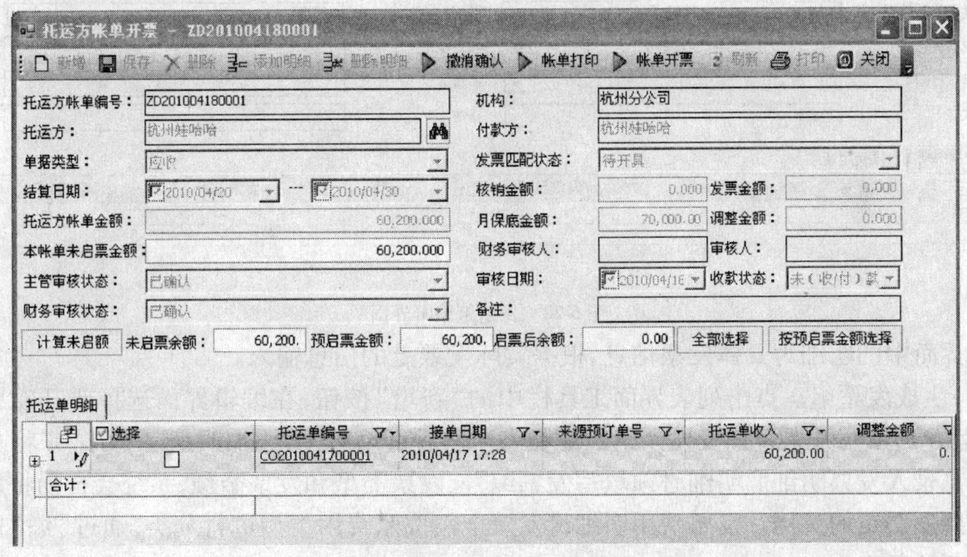

图6-26　托运方账单开票编辑界面

第一步，选中托运单明细里开票的运单，点击“全部选择”，选择全部，也可点击“按预启票金额选择”选择对应金额的运单。

第二步，选好运单后，点击工具栏中的“账单开票”，进入托运方账单开票新增界面，选择对应开票日期和发票业务类型。

第三步，点击发票明细，根据实际发票输入信息，点击发票费用明细，将发票金额按费用类型分类输入。

最后点击“保存”。

2. 汇总录入发票组

财务部门将开具给同一客户的发票进行汇总，形成发票组，并录入至系统，以便于将来与结算单进行匹配。

(1)进入发票组(应收)输入界面。首先,登录进入 TMS 系统,然后选择“结算管理”→“托运方结算单”→“发票组(应收)输入”进行数据维护,如图 6-27 所示。

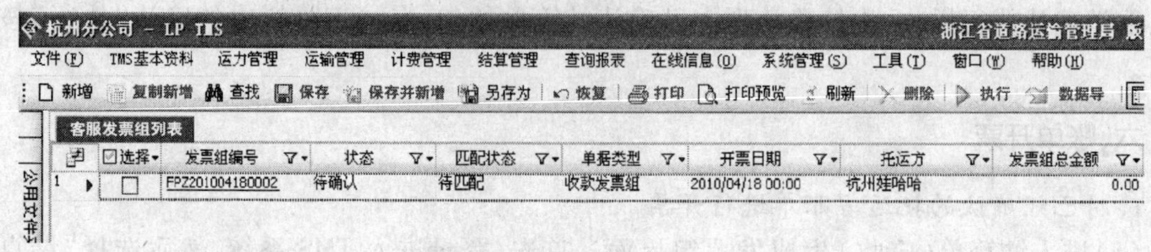

选择	发票组编号	状态	匹配状态	单据类型	开票日期	托运方	发票组总金额
1	FPZ201004180002	待确认	待匹配	收款发票组	2010/04/18 00:00	杭州娃哈哈	0.00

图 6-27　发票组列表界面

(2)编辑处理发票组。在图 6-27 所示的界面,点击“发票组编号”列进入发票组编辑界面,如图 6-28 所示。

托运方发票组 - FPZ201004180002

新增 保存 删除 添加明细 删除明细 刷新 打印 关闭

发票组编号:	FPZ201004180002	机构:	杭州分公司
托运方:	杭州娃哈哈	税号:	单据类型: 收款发票组
发票组总金额:	0.000	开票日期:	2010/04/18
发票业务类型:	常温货　会计期:	匹配状态:	待匹配
收款状态:	未(收/付)款　已收金额: 0.00	收货单位:	
审核日期:	2010/04/18	审核人:	
状态:	待确认	备注:	

发票明细 | 发票费用明细

发票序号	发票编号	发票日期	金额	发票类型	红字/蓝字
合计:					

图 6-28　发票组编辑界面

该界面中的明细为具体发票信息,根据实际发票上的信息输入。

(3)生成发票组。点击列表界面工具栏中的“新增”按钮,在编辑界面选择要开发票的对象(托运方),填写开票日期及发票组匹配状态。然后可以通过“添加明细”的方式来将具体的发票信息录入发票明细。明细必须填写发票编号、发票类型和发票金额,系统会自动将发票金额汇总到发票组的头档。发票费用明细将发票金额按照费用类型进行分类,通过“添加明细”一项一项地录入。

3. 由财务主管确认发票的正确性

发票组生成之后,由财务上级主管对发票的正确性进行确认。如果发票是由业务人员交到客户手中的,也可以由业务人员确认表示客户已经收到了发票。

(1)进入发票组(应收)确认界面。首先,登录进入 TMS 系统,然后选择“结算管理”→“托运方结算单”→“客服发票组(应收)确认”进行数据维护,如图 6-29 所示。

(2)确认发票执行。勾选确认列中需要确认的发票组,点击工具栏中的确认执行按钮即可。

(3)取消确认。去掉确认列中已确认结算单的勾,点击工具栏中的确认执行按钮即可。

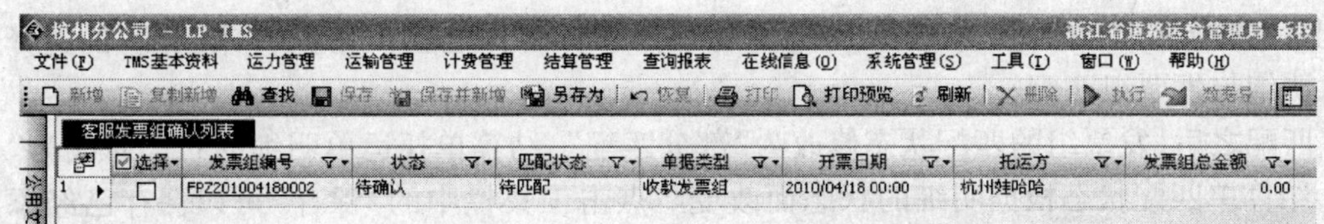

图 6-29　发票组确认界面

七、回款与发票组核销

1. 核销结算单(应收)与发票

将发票组与结算单进行核对,以知道哪些结算单开了发票,哪些没有开发票,防止重复开票。也可以确认该发票到底是针对哪些结算单而开的。

(1)进入结算单(应收)与发票核销界面。首先,登录进入 TMS 系统,然后选择"结算管理"→"托运方结算单"→"托运方账单(应收)与发票核销"进行数据维护,如图 6-30 所示。

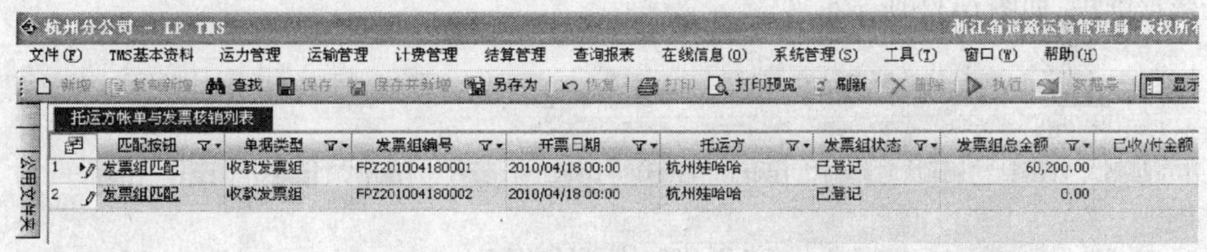

图 6-30　托运方账单与发票核销列表界面

(2)匹配账单与发票。点击"发票组匹配运单"按钮列进入托运方账单与发票核销编辑界面,如图 6-31 所示。

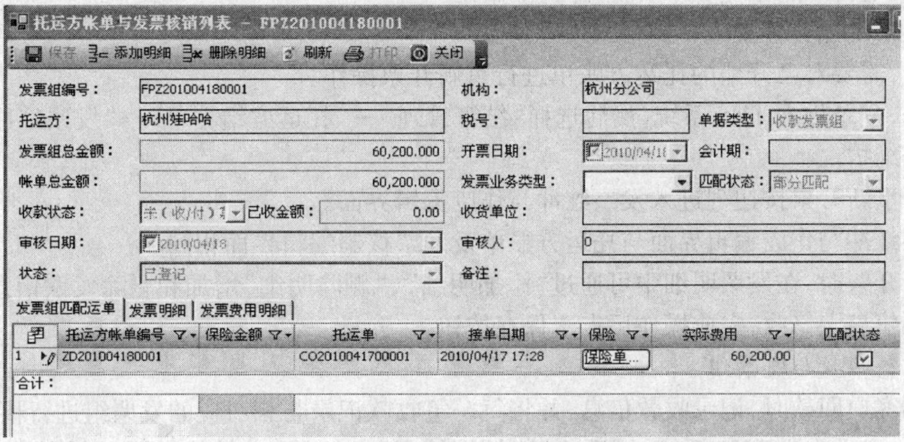

图 6-31　托运方账单与发票核销编辑界面

托运方账单与发票核销编辑界面头档信息中即为发票组(应收)输入界面的头档。

编辑界面明细分为发票组匹配运单明细、发票明细和发票费用明细,其中发票明细和发票费用明细即为发票组(应收)输入编辑界面的明细。

发票组匹配运单明细,该界面显示的是结算单下状态为未匹配的托运单,选择出来的托运单的匹配状态自动变为勾选。

要匹配账单与发票,需要在列表界面中点击"匹配"按钮进入匹配界面,匹配时使用编辑界面工具栏的"添加明细"按钮打开结算单的查找窗口,此选择窗口可以将结算单状态为"未匹配”、“部分匹配”的结算单选择出来，并将结算单明细下托运单状态为“未匹配”的选择出来添入明细与发票组匹配。

匹配之后，发票组的匹配状态修改为“部分匹配”，结算单托运单明细的状态修改为“已匹配”，结算单匹配状态根据明细的状态而改变。点击工具栏中的“保存”可以保存已经添加的匹配情况，并可修改发票组状态，如果发票组明细中已经有匹配的托运单，则发票组的匹配状态修改为“部分匹配”，否则仍然为“未匹配”。

若错误操作匹配，可删除匹配托运单。点击编辑界面工具栏中的“删除明细”按钮，即可删除已匹配的托运单。

在业务操作中，结算单可以先和收款销账，然后再来匹配发票。

2. 复核发票(应收)

发票核销之后，需要将托运方账单与发票核销结果进行审核确认。

首先，登录进入TMS系统，然后选择“结算管理”→“托运方结算单”→“发票(应收)复核”进行数据维护，如图6-32所示。

托运方帐单与发票复核

	选择	匹配按钮	单据类型	发票组编号	开票日期	托运方	发票组状态	发票组总金额	已收/付金额	机构
1	☑	发票组匹配	收款发票组	FPZ200906150001	2009/06/15 00:00	湖州彩蝶纺织有限...	已确认	1,000.00	0.00	湖州鑫达国际物流...
2	☑	发票组匹配	收款发票组	FPZ200906150002	2009/06/15 00:00	湖州彩蝶纺织有限...	已确认	4,800.00	0.00	湖州鑫达国际物流...
3	☑	发票组匹配	收款发票组	FPZ200906150003	2009/06/15 00:00	湖州晶品粉体材料厂	已确认	1,200.00	0.00	湖州鑫达国际物流...
合计：								7,000		

图6-32　发票复核界面

在该界面下可以进行发票的确认执行操作，勾选确认列中需要复核的核销单，点击工具栏中的确认执行按钮即可。也可以取消确认执行，去掉确认列中已确认核销单的勾，点击工具栏中的确认执行按钮。

3. 发票红冲与作废

有时，需要对已开票的托运方账单进行重新开票操作。

首先，登录进入TMS系统，然后选择“结算管理”→“托运方结算单”→“发票红冲与作废”进行数据维护。

点击重新开票按钮列进入发票红冲与作废编辑界面。

发票红冲与作废编辑界面与托运方账单及发票核销编辑界面相同。

重新开票时，在发票明细中可通过“添加明细”、“删除明细”增加和删除发票信息，或直接在原发票信息上修改，完成操作后点击保存按钮。

4. 核销回款与发票组

收到客户回款时，记录收款信息，并将每一笔收款记录与相对应的发票组进行核对。

首先，登录进入TMS系统，然后选择“结算管理”→“托运方结算单”→“回款与发票组核销”进行数据维护，如图6-33所示。

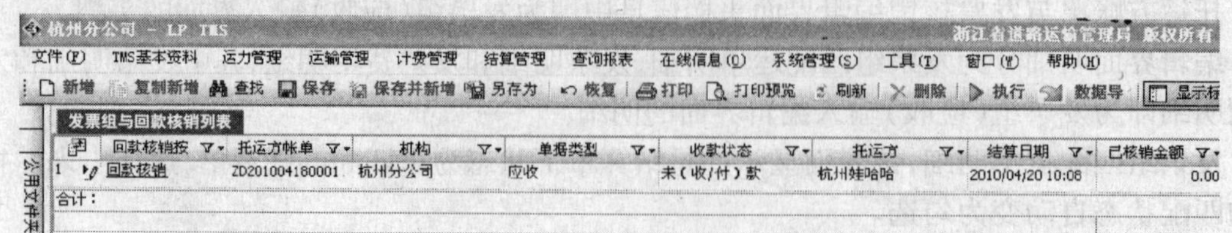

	回款核销按	托运方帐单	机构	单据类型	收款状态	托运方	结算日期	已核销金额
1	回款核销	ZD201004180001	杭州分公司	应收	未(收/付)款	杭州娃哈哈	2010/04/20 10:08	0.00
合计：								

图6-33　回款与发票组核销列表界面

点击“回款核销”按钮列进入发票组与回款核销界面，如图6-34所示。

在该核销界面中，头档信息即为结算单(应收)输入界面的头档。

编辑界面明细分为托运单明细和发票组明细，其中发票组明细即为发票组(应收)输入编辑界面的明细。

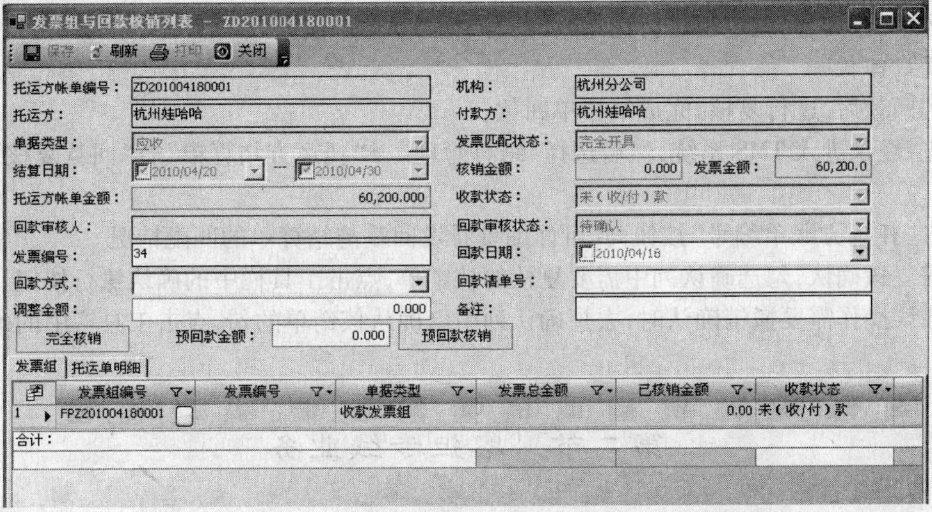

图6-34　发票组与回款核销界面

托运单明细的信息即为结算单(应收)输入编辑界面的明细，可点击 可展开查看费用明细。

当收到客户回款，核销发票时，点击列表界面中的“回款核销”按钮列进入发票组与回款核销界面，在其中手动填写“已核销金额”，表示已经回款，手动修改收款状态(托运单的状态可以是“完全收款”、“未收款”、“部分收款”)。

整个结算单的状态根据发票组的收款状态的不同而改变，如果发票组为“完全收款”，则结算单的收款状态为“完全收款”；如果发票组为“未收款”，则结算单的收款状态为“未收款”；除此之外，结算单的收款状态为“部分收款”。也可以通过“完全核销”按钮将整张结算单状态都改为“完全收款”。

5. 核销回款与结算单

收到客户的回款后，记录收款信息，并将每一笔收款记录与相对应的结算单(应收)进行核对，并对结算单下的每一票托运单单独进行销账处理。

首先，登录进入TMS系统，然后选择“结算管理”→“托运方结算单”→“回款与结算单核销”进行数据维护。

点击“回款核销”按钮列，进入回款与结算单核销界面。

编辑界面明细分为托运单明细和发票组明细，其中发票组明细即为发票组(应收)输入编辑界面的明细。

托运单明细的信息即为结算单(应收)输入编辑界面的明细，可点击 可展开查看费用明细。

当收到回款后，核销结算单时，点击列表界面中的“回款核销”按钮列进入回款与结算单核销界面，在其中手动填写“已核销金额”，表示已经回款，手动修改收款状态(托运单的状态可以是“完全收款”、“未收款”、“部分收款”)。

整个结算单的状态根据托运单明细的收款状态的不同而改变，如果明细都为“完全收款”,则结算单的收款状态为“完全收款”;如果明细都为“未收款”,则结算单的收款状态为“未收款”;除此之外,结算单的收款状态为“部分收款”。也可以通过“完全核销”按钮将整张结算单状态都改为“完全收款”。在核销过程中,可以点击“回款核销”的超链,进入运单界面,对该托运单的每次回款过程进行记录,并填写“回款人”、“核销人”。

6. 复核回款

收到回款后,进行复核,完成结算单回款。

首先,登录进入 TMS 系统,然后选择“结算管理”→“托运方结算单”→“回款复核”进行数据维护。

点击“托运方账单编号”按钮列,可详细查看发回款与结算单的匹配情况。

如需复核确认,勾选确认列中需要复核的核销单,点击工具栏中的确认执行按钮。

当错误操作需要撤销确认时,去掉确认列中已确认核销单的勾,点击工具栏中的确认执行按钮即可。

第二节　零担专线业务

针对客户的零担货物运输,需要运输企业到客户处接货后,运回运输企业的配送仓库,或客户直接送到运输企业的配送仓库后,再整车直发送到收货人所在地的配送仓库。

若客户自行将零担货物直接送到运输企业的配送仓库后,再整车直发送到收货人处,与第一节整车直发业务的操作相同。这里主要介绍由运输企业到客户处接货后运回运输企业的配送仓库,再进行整车发运的操作。

一、预订单输入并确认执行

由于本业务中需要运输企业到客户处接运零担货物,因此,首先要进行预订单的录入并确认执行,然后派车去客户处接货,再回到运输企业的配送仓库进行卸货,将预订单转为托运单,之后的业务同整车直发。

1. 输入新的预订单

运输企业接受零担货物托运的请求时,首先要输入新的预订单。

(1)进入预订单输入界面。首先,登录进入 TMS 系统,然后选择“运输管理”→“预订单”→“预订单输入”进行数据维护,如图 6-35 所示。

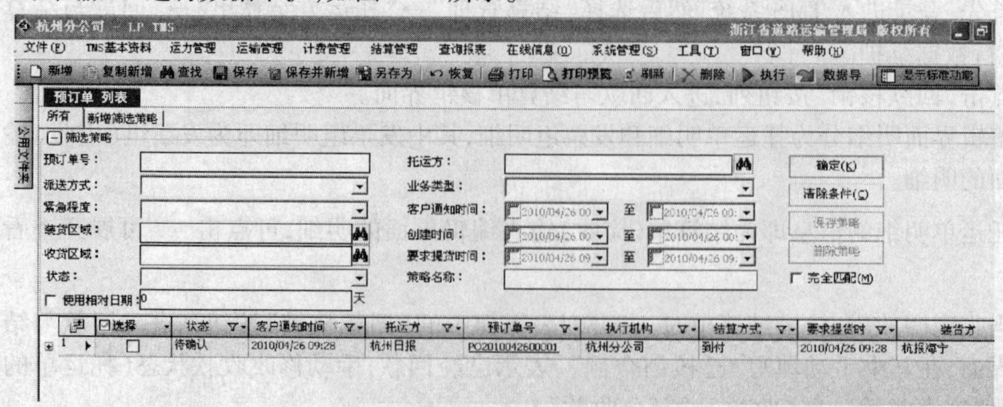

图 6-35　预订单列表界面

预订单列表的头档是一个筛选窗口，可以自定义筛选策略并保存，列表的下面是预定单列表的详细信息。

(2)新增预订单。在图6-35所示的界面，点击左上工具栏中的“新增”按钮，生成一张空白的预订单输入界面，如图6-36所示，输入相应信息(预订单号、客户通知时间、托运方、业务类型、装货地址、装货区域、要求提货时间、计划到货时间必输)，输入完成后点击“保存”按钮。由于要派车接货，然后回场，这里的是否回场要勾选。

(3)修改预订单。在图6-35所示的界面，点击预订单列表中的“预订单号”，进入预订单输入的编辑界面，如图6-36所示，可在该界面上进行修改，修改完成后点击“保存”。

(4)删除预订单。勾选选择列，点击工具栏中的删除按钮即可完成删除。

图6-36　预订单输入编辑界面

2. 确认预订单

预订单输入无误的话，需要进行确认，可以同时确认一张或多张预订单。预订单确认执行后，不能修改。如果要修改的话，必须先取消确认，只有经过确认的预订单才能流转到下一个流程。

(1)进入预订单确认界面。首先，登录进入TMS系统，然后选择“运输管理”→“预订单”→“预订单确认”进行数据维护，如图6-37所示。

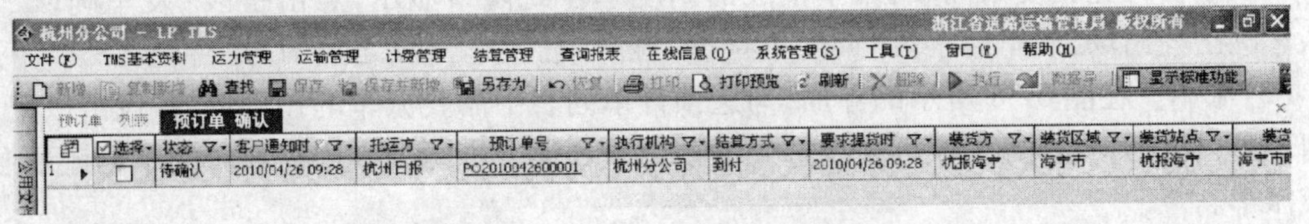

图6-37　预订单确认界面

该界面为预订单确认列表。

(2)确认预订单。在如图6-37所示的界面，勾选“确认”框，点击工具栏中的“确认执行”按钮，即可完成确认，如果有多条预订单记录，可以先选中所有需要确认的预订单，再点击“确认执行”按钮，以实现批量确认；也可以点击预订单号，进入预订单输入的编辑界面，如图6-36

所示，点击该界面工具栏中的“确认执行”按钮。

二、预订单派车并发车确认

1. 对预订单进行派车调度

预订单确认后，运输企业需要到客户处接运零担货物，即对预订单进行派车调度。一张预订单可以多次派车，全部派车完毕后点击“派车完成”，可以关闭该张预订单的派车作业。

(1)进入用户预订单派车界面。首先，登录进入 TMS 系统，然后选择“运输管理”→“预订单”→“预订单派车”进行数据维护，如图 6-38 所示。

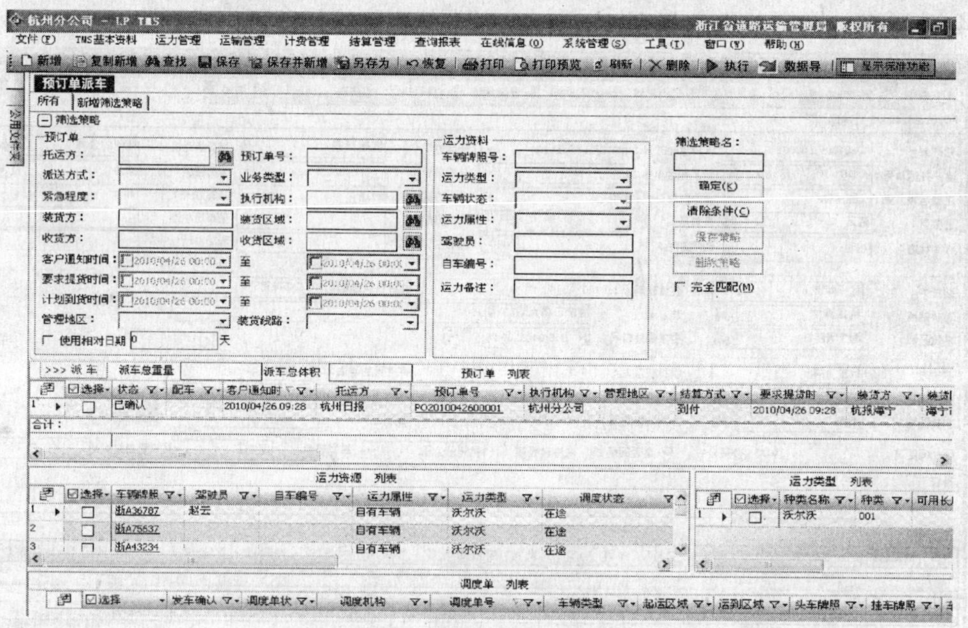

图 6-38　预订单派车主界面

在图 6-38 中，最上方一个窗口为筛选策略，可以在此设置个性化的筛选策略并保存，策略的各个字段均取自预订单，可以通过点击该窗口左上角的按钮来隐藏策略。

第二个窗口为预订单列表，所有符合筛选策略的预订单都在此显示，其中字段“状态”显示的是预订单的当前状态，字段“配车”显示的是预订单的配车情况。

第三个窗口是运力资源和运力类型列表，所有符合筛选条件的可用运力以及运力类型都在此显示，可以通过点击字段“车辆牌照号”自动连接到该车辆上，查看车辆信息。

第四个窗口是调度单列表，派车生成的调度单在此窗口显示，点击字段“发车确认”可以确认车辆已经出场，发车后字段“调度单状态”显示“已发车”，反之显示为“待确认”。

(2)派车。在图 6-38 所示的界面，勾选预订单列表中需要派车的预订单，并点击该记录的任何一列以激活该记录，用鼠标拖曳选中的预订单到运力资源列表中需要派的车辆记录上，即完成派车。

此时会弹出调度单编辑窗口，如图 6-39 所示，可以添加调度单的备注信息，添加完毕后点击“保存”。

(3)取消派车。选中调度单列表中需要取消派车的调度单，点击工具栏中的“删除”按钮。

2. 预订单派车完成

当派车业务完成后，需要确认预订单已经完全完成了派车作业。

首先，登录进入 TMS 系统，然后选择“运输管理”→“预订单”→“预订单派车完成”进行数据维护，如图 6-40 所示。

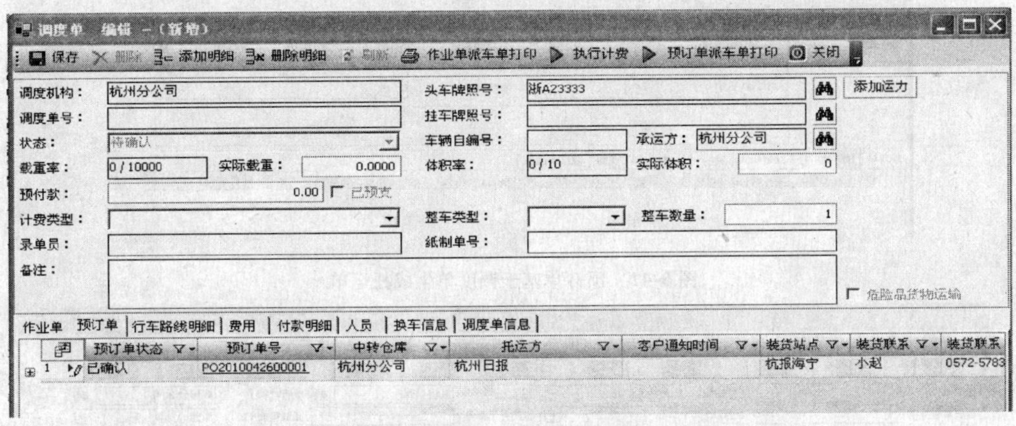

图 6-39　预订单派车生成调度单编辑界面

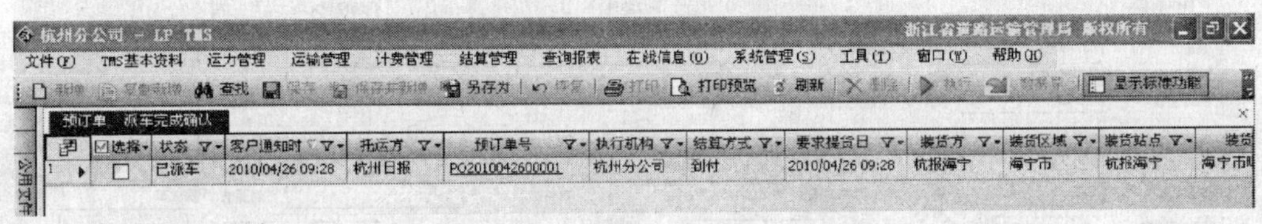

图 6-40　预订单派车完成确认列表

确认预订单已经完全完成了派车作业，选中“确认”框，点击工具栏中的“执行”按钮。

取消确认，勾选中“确认”框，点击工具栏中的取消执行按钮即可。

三、预订单转托运单

预订单完成后，必须生成托运单，才能对该票运输执行计费，因此需要将预订单转为具有运输合同意义上的托运单。

1. 进入预订单转托运单界面

首先，登录进入 TMS 系统，然后选择“运输管理”→“预订单”→“预订单转托运单(按车)”进行数据维护，如图 6-41 所示。

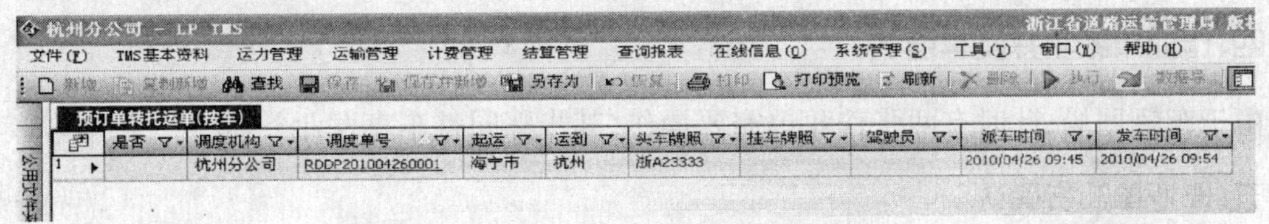

图 6-41　预订单转托运单主界面

预订单转托运单列表，显示了所有待转单的预订单。

2. 预订单转托运单操作

在图 6-41 所示的界面中，点击预订单转托运单界面列表的“调度单号”链接，打开相应的调度单，如图 6-42 所示。

由于预订单是基于调度单生成托运单的，所以必须显示待转单的调度单。

点击调度单信息界面工具栏中的“生成托运单”按钮，弹出托运单编辑界面，如图 6-43 所示，录入完成后点击“保存全部”。

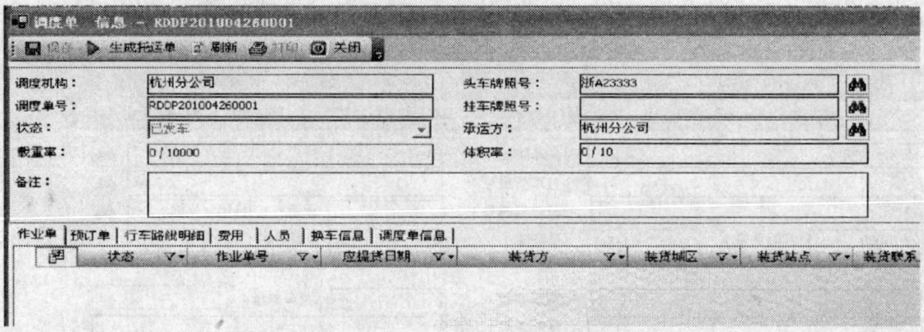

图 6-42　预订单基于调度单生成托运单

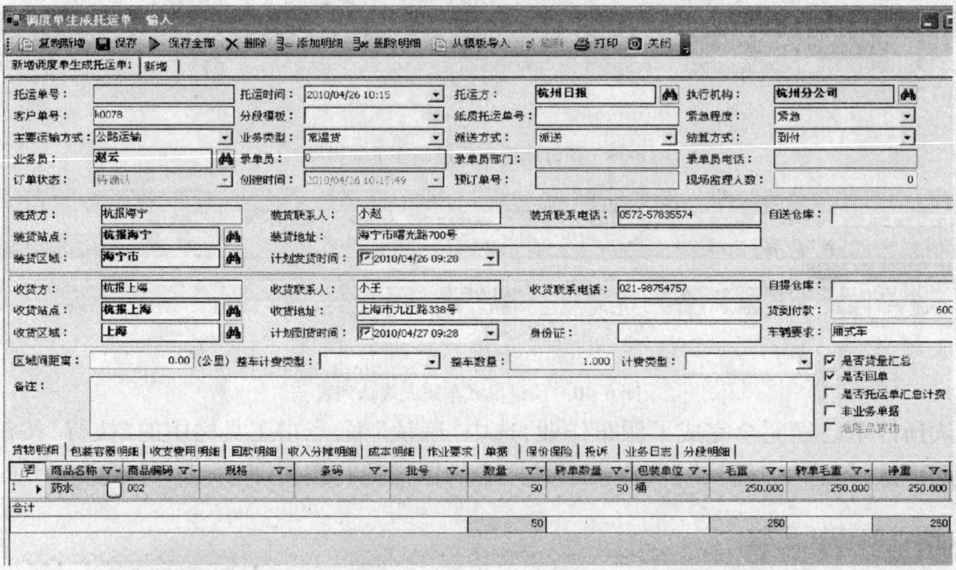

图 6-43　托运单编辑界面

托运单的编辑界面与托运单输入界面完全相符。录入完整的信息，点击“保存全部”，将生成两张作业单，其中一张是接货作业单，另一张是托运作业单。

3. 确认托运单

生成托运单后要进行托运单的确认，操作步骤同整车直发业务。

四、作业单派车并发车确认

由于车辆回场，此时有两张作业单需要操作，其步骤同整车直发业务。

五、作业单卸货确认

同整车直发业务。

六、托运单回单

同整车直发业务。

七、费用结算管理

同整车直发业务。

第三节 零担配送业务

零担配送业务是针对运输企业到客户处接货后，回运输企业的配送仓库，或客户直接送到运输企业的配送仓库后，再将同一路线的货物配载至同一辆车上，运至收货人处的配送运输模式。

其操作流程同“零担专线业务”，但在作业单派车时，可以选择“线路”一栏，系统会自动过滤出该线路上的所有作业单，可将其相关货物进行配载，供调度派车之用。

一、预订单输入并确认执行

同零担专线业务。

二、预订单派车并发车确认

同零担专线业务。

三、作业单卸货确认

此处作业单卸货指客户门点到配送仓库后的卸货。
同零担专线业务。

四、预订单转托运单

以上 3 个步骤是针对需要到客户门点接货后回配送仓库的情况。
同零担专线业务。

五、作业单派车并发车确认

在作业单派车时，选择“线路”一栏，系统会自动过滤出该线路上的所有作业单，将其相关货物进行合理配载，再生成相应的调度单进行派车。
操作步骤同零担专线业务。

六、作业单卸货确认

此处作业单卸货指配送仓库整车运到客户处后的卸货。
同零担专线业务。

七、托运单回单

同零担专线业务。

八、费用结算管理

同零担专线业务。

第四节 客户自提业务

客户自提业务指针对运输企业将货物运送至某一配送仓库后，客户上门提货的运输模式。

一、托运单输入并确认执行

客户自提业务的操作步骤同整车直发业务。

需要注意的是，在新增托运单的时候，派送方式选“自提”，且必须选择“自提仓库”，如图6-44所示，然后再确认执行。

托运单号：CO2010042600002　托运时间：2010/04/26 11:45　托运方：杭州娃哈哈　执行机构：杭州分公司
主要运输方式：公路运输　业务类型：常温货　派送方式：自提　结算方式：到付
订单状态：已确认　创建时间：2010/04/26 11:47:06
装货联系人：小王　装货联系电话：0571-88481417
装货站点：下沙仓库　装货地址：下沙路1号　装货区域：杭州　计划发货时间：2010/04/26 00:00
收货方：杭州分公司　收货联系人：杭州分公司　收货联系电话：杭州分公司　自提仓库：杭州分公司
收货站点：杭州分公司　收货地址：杭州分公司　收货区域：杭州　计划到货时间：2010/04/26 00:00
区域间距离：0.00（公里）　整车数量：1.000

	商品名称	商品编码	规格	条码	批号	数量	包装单位	毛重	净重	重量单位	商品价值
1	矿泉水	006				100	件	0.000	0.000	公斤	0.0000
合计						100					

图6-44　客户自提业务的托运单输入界面

二、作业单派车并发车确认

同整车直发业务。

三、作业单卸货确认

同整车直发业务。

四、处理自提托运单

对需要客户自提的托运单可以进行单个或者批量处理。

首先进入托运单自提界面，如图6-45所示。

	选择	自提	托运日	托运方	托运单号	执行机构	结算方式	应提货日	装货方	装货区域	装货站点
1	□	未提	2010/04/26 1	杭州娃哈哈	CO2010042600002	杭州分公司	到付			杭州	下沙仓库

图6-45　托运单自提列表界面

在托运单自提界面将会出现相对应的自提列表，在列表里可以选中一个或者多个托运单，点击“执行”按钮即可实现托运单自提，同时列表界面也会标注为“自提”。

当收货人对于货物要分批自提时，需要对自提情况进行记录，来修改自提量。点击列表最

左端的 ➕ ,可以显示出该托运单对应的作业单信息,修改自提数量并录入自提人资料。

五、托运单回单

同整车直发业务。

六、费用结算管理

同整车直发业务。

第五节　回程业务处理

针对货物运至收货人处后,有货物可以跟车回场的运输模式,可以由该操作软件进行回程业务处理。其操作流程及步骤同整车直发业务。

一、托运单输入并确认执行

同整车直发业务。

二、作业单派车并发车确认

同整车直发业务。

三、作业单卸货确认

同整车直发业务。

四、托运单回单

同整车直发业务。

五、费用结算管理

同整车直发业务。

复习思考题

1. 杭州市安洋食品有限公司(联系人 Jack),委托我公司运输一批茶叶,一个 6.1m(20ft)标准集装箱,内装 10 小包,共 100kg,集装箱标记唛码为 DB35/T91-19,该批货物从杭州运到西安,成交运费单价为 100 元/kg。

该批货发货人:安洋食品有限公司

收货人:西安福客隆商业集团

要求:根据此业务在 TMS 系统中进行整车直发的操作,将货物运送给收货人,并对客户开出发票,进行财务结算。

2. 杭州市宝加捷科技有限公司(位于拱墅区长板巷),委托我公司运输一批无线射频识别器,4 个木箱,毛重 800kg,计长 48cm、宽 40cm、高 32cm,标记唛码 RFID12345。客户要求我公司上门取货,走我公司的杭州—温州专线,成交运费单价为 10 元/kg。

该批货发货人:宝加捷科技有限公司

收货人:温州和宁电子有限公司

要求:根据此业务在TMS系统中进行零担专线的操作,将货物运送给收货人,并对客户开出发票,进行财务结算。

3. 杭州市宝加捷科技有限公司(位于拱墅区长板巷),委托我公司运输一批无线射频识别器,4个木箱,毛重800kg,计长48cm、宽40cm、高32cm,标记唛码为RFID12345。客户要求我公司上门取货,货物运到金华,成交运费单价为10元/kg。

该批货发货人:宝加捷科技有限公司

收货人:金华贝乐电子有限公司

要求:根据此业务在TMS系统中进行零担配送的操作,将货物运送给收货人,并对客户开出发票,进行财务结算。

4. 杭州市德富贸易有限公司(位于西湖区三墩镇),委托我公司运输一批进口口香糖,一个12.2m(40ft)高柜,内装1 000个小木箱,10 000kg,25m^3,标记唛码为CD128/T129,该批货从杭州运到德清,客户自提货物,成交运费单价为2 000元/m^3。

该批货发货人:杭州市德富贸易有限公司

收货人:德清丝乐贸易有限公司

要求:根据此业务在TMS系统进行客户自提业务的操作,并对客户开出发票,进行财务结算。

5. 我公司货车将货物运到德清后承揽到回程货物,德清丝乐贸易有限公司委托我公司运输一批进口书籍,一个12.2m(40ft)高柜,内装100包,毛重12 000kg,25m^3,标记唛码为CD128/T129,成交运费单价为2 500元/m^3。

该批货发货人:德清丝乐贸易有限公司

收货人:杭州市博文贸易有限公司

要求:根据此业务在TMS系统中进行回程业务的操作,并对客户开出发票,进行财务结算。

第三篇

小件快运业务信息化

第七章 软件安装与参数配置

第一节 小件快运软件安装

一、数据库软件安装

准备一张浙江交通物流公共信息系统“小件快运通用软件”光盘，或者访问 http://www.logink.org，下载小件快运通用软件到电脑中。

将小件快运通用版安装光盘放入光驱后自动播放，或运行硬盘目录内的 autorun.exe 文件，出现安装选择画面。点击“数据库软件安装”按钮，出现 Microsoft SQL Server 2008 Express 准备安装界面。

安装 Microsoft SQL Server 2008 Express 的先决条件有：Microsoft .net Framework 2.0/SP2，Windows Installer 4.5。安装程序将自动安装以上软件，并且有可能需要重启计算机。

首先安装 Microsoft .net Framework 2.0，然后安装 Microsoft .net Framework 2.0 SP2，Microsoft.net Framework 2.0 安装完成后，程序继续安装 Microsoft .net Framework 2.0 SP2。

Microsoft .net Framework 2.0 SP2 安装完成后，点击屏幕右下角的 Exit 按钮，接着选择是否重新启动电脑对话框，这时，如果点击 Restart Now，电脑会重新启动，并自动继续安装 Windows Installer 4.5；也可以选择 Restart Later，待后面再重新启动电脑，出现 Windows Installer 4.5 安装界面。在 Windows Installer 4.5 安装界面，点击右下角的“安装”按钮，开始安装 Windows Installer 4.5。Windows Installer 4.5 安装完毕后，电脑会自动重新启动，进入 Windows 桌面后，会出现 Microsoft SQL Server 2008 Express 的安装界面。

在 Microsoft SQL Server 2008 Express 的安装界面，点击右下角“安装”按钮，程序开始安装 Microsoft SQL Server 2008 Express。安装 Microsoft SQL Server 2008 Express 过程中会出现 DOS 提示符界面，是正常安装进程，不用关闭。直到上述窗口自动关闭，跳出安装完成对话框，点击“完成”按钮，关闭 Microsoft SQL Server 2008 Express 安装进程。

二、小件快运通用软件安装

将小件快运通用版安装光盘放入光驱后自动播放，或运行硬盘目录内的 autorun.exe 文件，出现安装选择画面。点击“客户端安装”按钮，开始准备安装小件快运通用版软件，随后出现小件快运通用版软件安装向导，这时点击“下一步”，出现许可证协议界面，选择“我接受该许可证协议中的条款”，点击“下一步”按钮，出现用户信息输入界面。这时输入自己的姓名和单位名称，点击“下一步”，出现小件快运通用版软件安装类型选择界面。选择“完整安装”，点击“下一步”，出现小件快运通用版软件安装界面。这时点击 “安装”按钮，开始安装小件快运通用版软件，直到出现小件快运通用版软件安装完成界面，点击“完成”按钮，完成小件快运通用版软件的安装进程。

第二节　小件快运通用版软件参数配置

点击 Windows“开始”→“程序”→“小件快运通用版”程序组里的“部署向导”快捷方式，出现小件快运通用版部署工具选择界面。

选择“分布式部署”，点击“下一步”按钮，出现图 7-1 所示的小件快运通用版数据库连接配置界面。

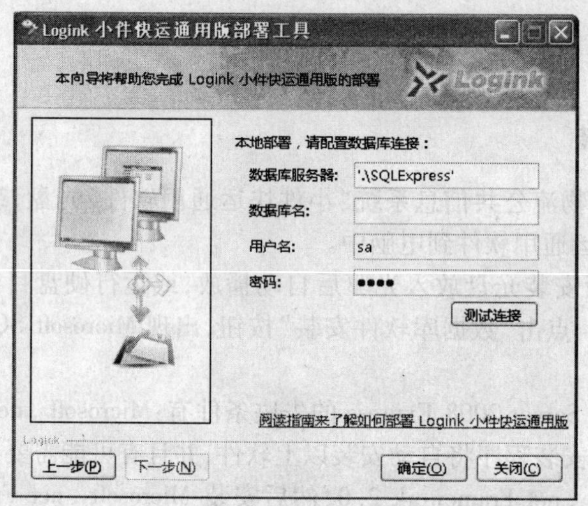

图 7-1　小件快运通用版数据库连接配置界面

如图 7-1 所示，数据库服务器用缺省的“.\SQLExpress”或服务器所在计算机的 IP 地址，数据库名可以留空，用户名为 sa，密码用缺省的 easy，不要修改。点击“测试连接”按钮，显示“连接成功”。点击“确定”按钮，提示“保存成功”。再点“确定”按钮，即完成小件快运通用版软件部署，可退出小件快运通用版软件部署向导。

复习思考题

1. 请在电脑中安装 Microsoft .net Framework2.0。
2. 请用小件快运通用版软件光盘安装小件快运通用版软件。
3. 请用分布式部署方式配置小件快运通用版数据库。
4. 请按教材步骤测试小件快运通用版数据库连接是否成功。

第八章　系统数据维护

第一节　小件快运通用版系统管理

双击桌面上的“Logink 小件快运通用版”图标，或者点击 Windows“开始”→“程序”→“小件快运通用版”程序组里的“Logink 小件快运通用版”快捷方式，出现小件快运通用版软件登录对话框。首次登录时，用户名输入 admin，密码空白，点击“确定”按钮，进入图8-1所示的小件快运通用版软件操作界面。

点击“系统管理”按钮，出现小件快运通用版软件系统管理菜单。

点击系统管理菜单中的“单位及用户管理”，进入图 8-2 所示的小件快运通用版软件单位及用户管理界面。

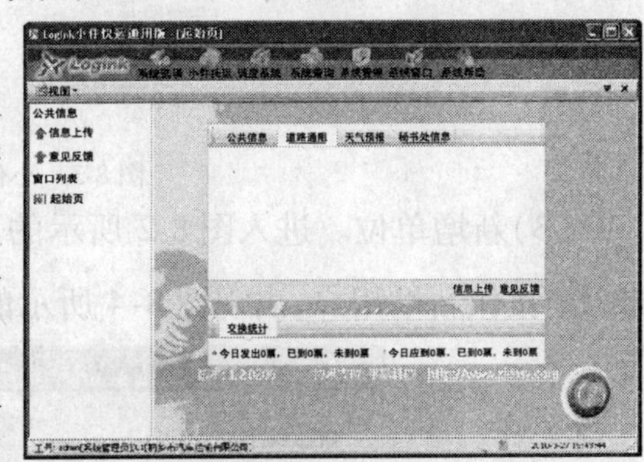

图 8-1　小件快运通用版软件操作界面

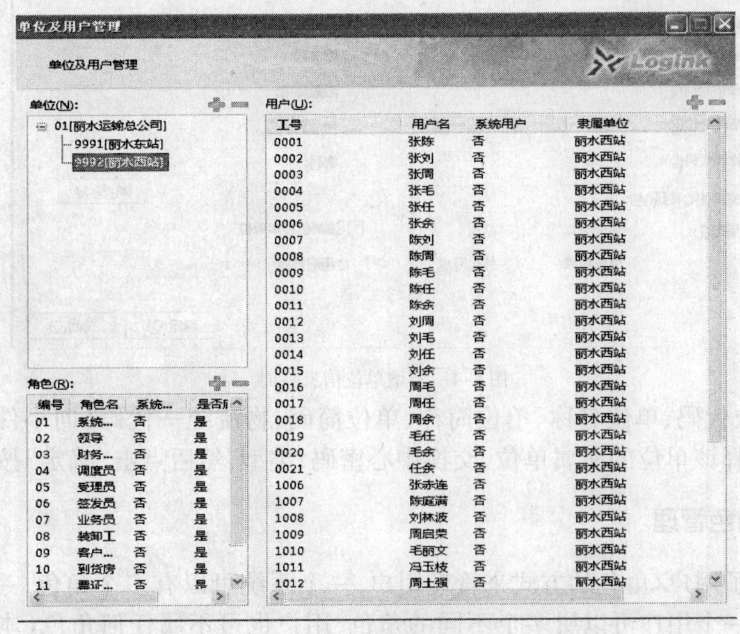

图 8-2　小件快运通用版软件单位及用户管理界面

一、单位管理

(1)进入单位及用户管理界面，可以看到一个默认的集团公司名称，双击该单位，然后出现图 8-3 所示小件快运通用版单位信息修改界面。

(2)填写单位物流代码和交换中心密码，修改好后点击“确定”按钮即可。

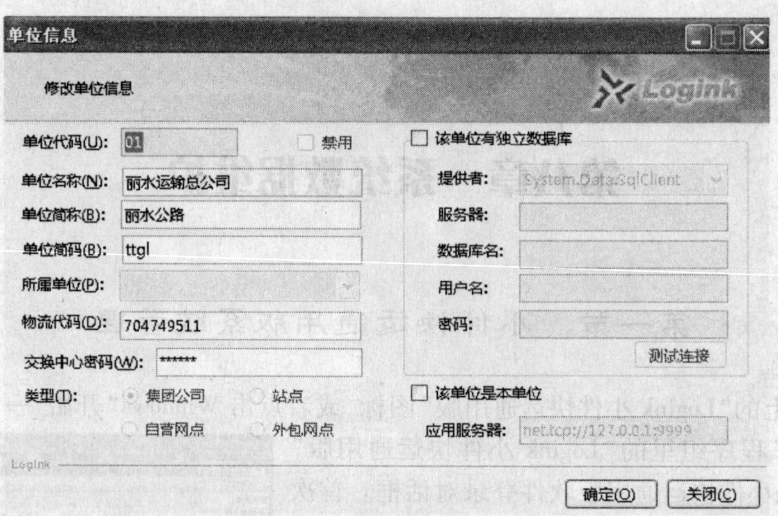

图 8-3　小件快运通用版单位信息修改界面

（3）新增单位。进入图 8-2 所示的小件快运通用版软件单位管理界面，在单位管理旁边点击 按钮新增用户，出现图 8-4 所示的新增单位信息界面。

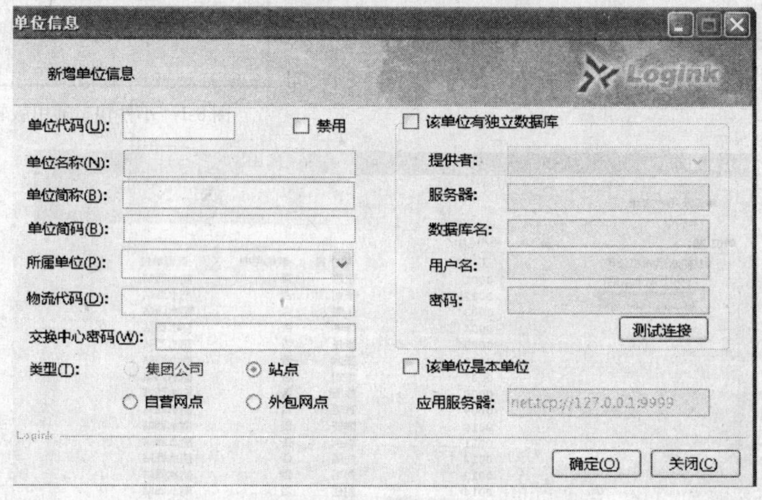

图 8-4　新增单位信息界面

（4）输入单位代码、单位名称、单位简称、单位简码、物流统一代码（向小件秘书处申请的物流子代码），选择该单位的所属单位、交换中心密码、类型，然后点击“确定”按钮。

二、用户和角色管理

本系统采用了用户/角色的方式来管理用户，一个系统可以有多个角色，一个角色可以有多个用户。而且一个用户可以属多个不同的角色，用户也可不属任何角色（本系统的用户都隶属于单位）。

（1）在菜单“系统管理”下选中“单位及用户管理”，出现图 8-5 所示的单位及用户管理界面。

（2）在用户列表选中一个用户，点击鼠标右键，可进行用户的修改（双击也可）、新增、删除操作，新增用户界面如图 8-6 所示。

在新增用户界面中，工号和用户名必填的，选择该用户属于哪个单位，然后选择事先定义好的角色，在角色列表勾选角色。填写完毕，按“确定”按钮即可。

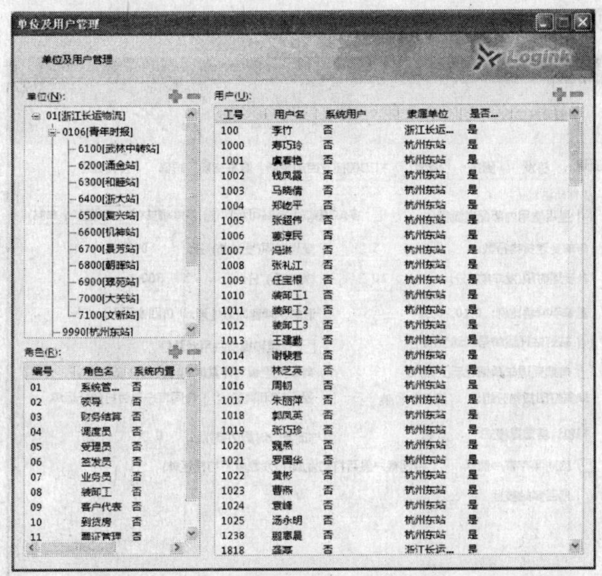

图 8-5　单位及用户管理界面

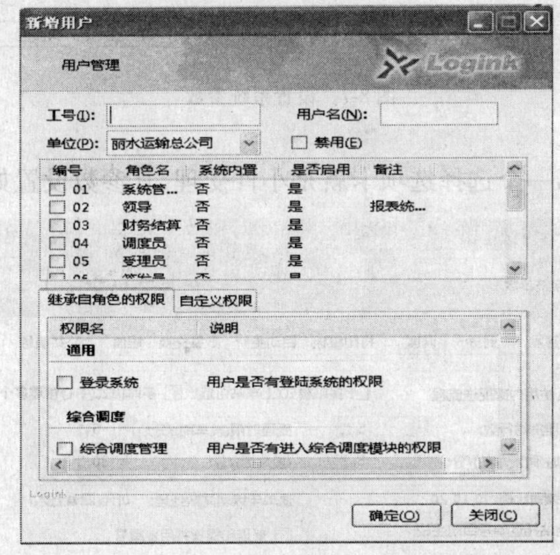

图 8-6　新增用户界面

三、日志管理

用户登录 Logink 系统时，系统自动记录用户的登录信息，包括用户 ID、登录计算机名（IP 地址）、登录时间等信息。删除登录日志可从左边“删除”单中点击或右键选“删除”，便可删除选中的登录日志。

四、数据交换日志

数据交换日志主要包括托运单、作业单、中转发货通知单、到货通知单、提货通知单等单据信息的发送与接收两部分日志。

五、设置系统参数

设置系统参数是对系统进行管理和必要的设置。选择“系统管理”菜单下的“系统参数”

菜单项，弹出如图 8-7 所示的窗口。

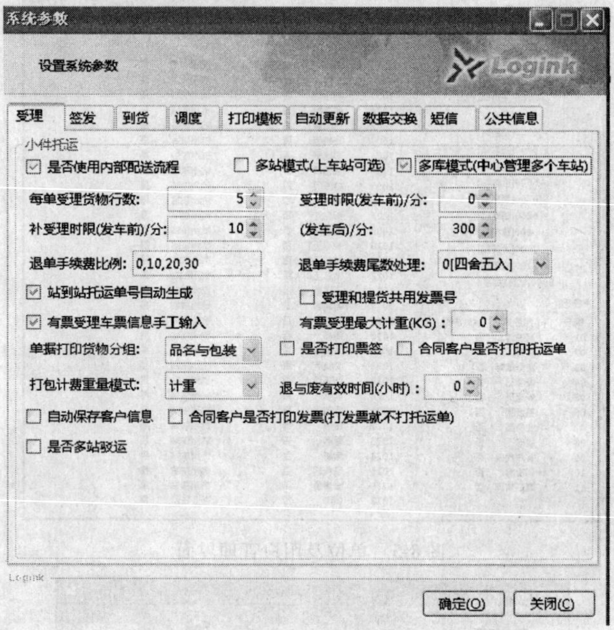

图 8-7　设置系统参数

1. 小件受理设置

设置系统参数下的第一个选择选项卡就是小件受理，其参数设置如图 8-8 所示。

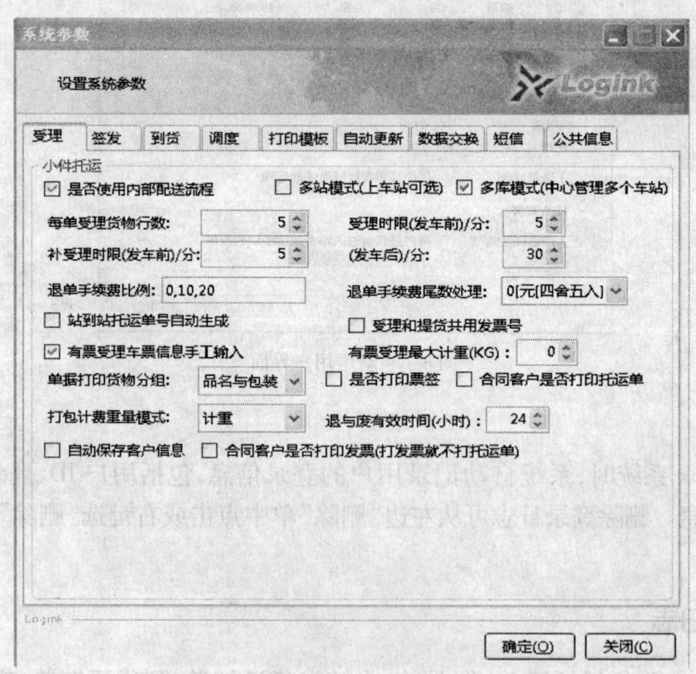

图 8-8　小件受理设置

2. 小件签发设置

小件签发设置是对小件托运进行管理的必要设置。选择“系统参数”菜单下的“签发”选项卡，进行如图 8-9 所示的设置。

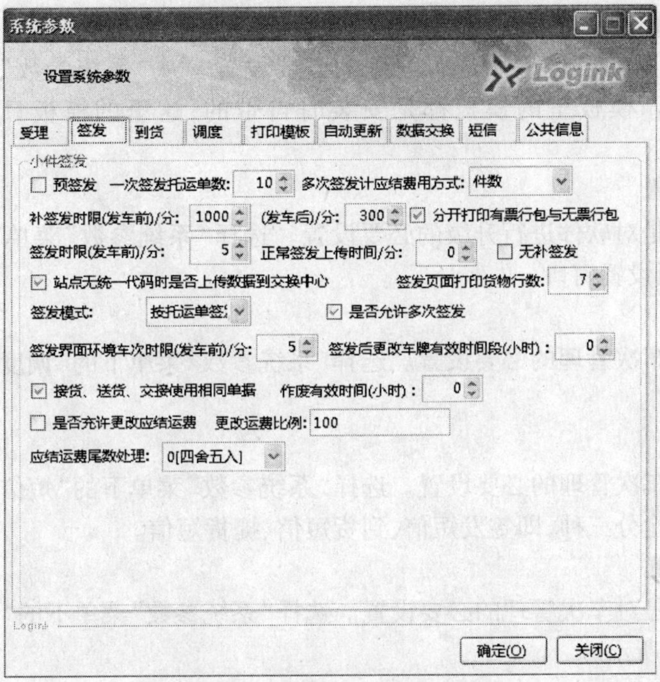

图 8-9　小件签发系统参数设置

3. 小件到货设置

小件到货设置是对小件托运进行管理的必要设置。选择“系统参数”菜单下的“到货”选项卡,设置如图 8-10 所示。

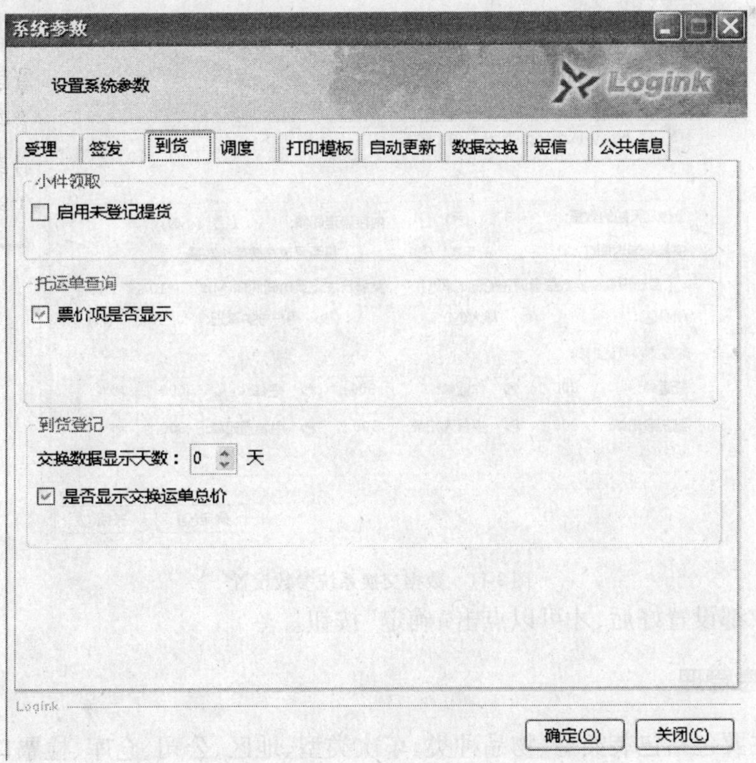

图 8-10　小件到货系统参数设置

4. 打印模板设置

打印模板设置是对打印模版进行管理的必要设置。从“系统参数”菜单下打开“打印模板”选项卡。打印模板里的模板都是安装时自带的,这里的模板只允许更新,不允许删除。

5. 自动更新设置

自动更新设置是对软件进行升级的必要设置。选择“系统参数”菜单下的“自动更新”选项卡,弹出自动更新设置窗口。

6. 调度设置

调度设置是对车次管理的必要设置。选择“系统参数”菜单下的“调度”选项卡,弹出调度设置窗口。

7. 短信设置

短信设置是对车次管理的必要设置。选择“系统参数”菜单下的“短信”选项卡,弹出短信设置窗口。短信用途分三种,即签发短信、到货短信、提货短信。

8. 数据交换设置

数据交换设置是对车次管理的必要设置。选择“系统参数”菜单下的“数据交换”选项卡,弹出窗体如图8-11所示。

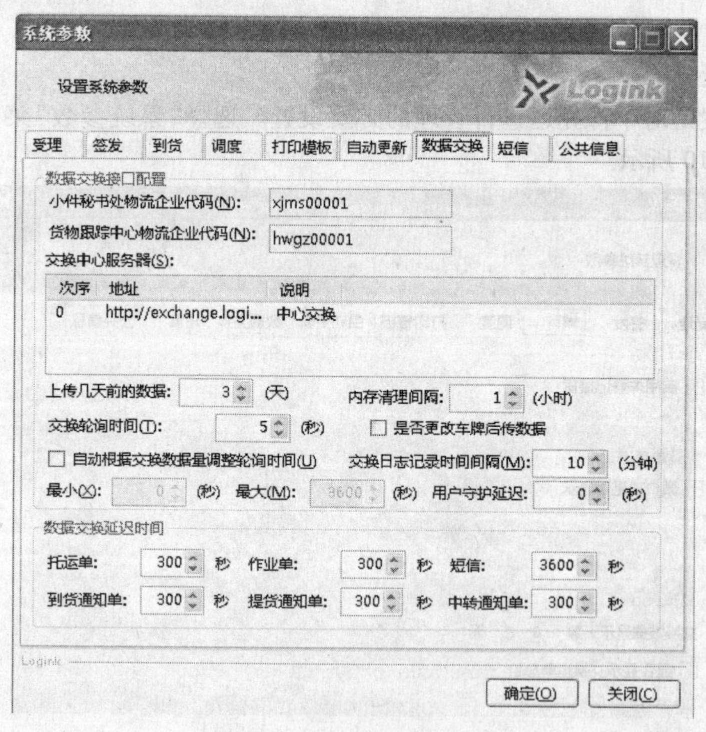

图8-11 数据交换系统参数设置

把所有参数都设置好后,才可以点击“确定”按钮。

六、基本信息管理

基本信息主要包括包装类型、物品种类、车次类型、地区、公司、仓库、检票口信息。

在“系统管理”中选择“基本信息”,然后出现物品分类、包装种类等选项卡,其中物品分类和包装类型是不可进行新增、删除的，只允许修改。选中一条记录，右键“属性”，即可出现如图 8-12 所示窗口。

1. 新增仓库

在基本信息主界面上选择“仓库”选项卡，右键“新增”或者点击左边工具栏“新增”，如图 8-13 所示。

图 8-12　修改物品类别属性 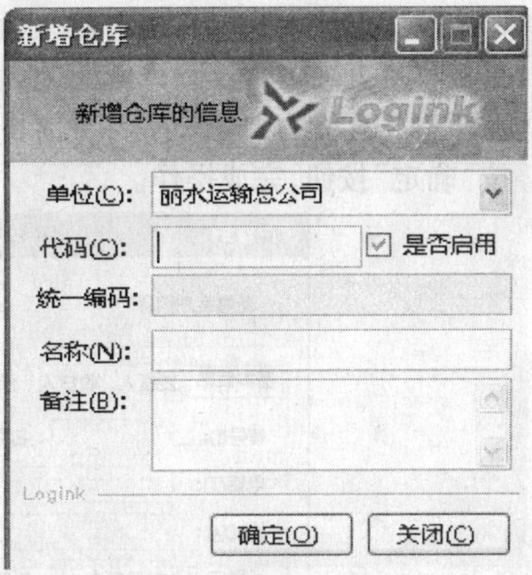　　图 8-13　新增仓库信息

输入仓库代码，选择仓库的所属单位及名称，然后点击“确定”即可。

2. 新增检票口信息

在基本信息主界面上选择“检票口信息”选项卡，然后右键“新增”或者在左边工具栏点击“新增”，如图 8-14 新增检票口信息所示。

图 8-14　新增检票口信息

输入检票口代码和检票口名称，选择该检票口的所属单位，然后点击“确定”即可。

七、统一代码管理

统一代码管理是对新增的企业站点物流统一代码快捷设置的窗体。在菜单项“系统管理”中选“统一代码管理”就出现物流统一代码设置界面。在本地站点列中单击下拉框，选择与当前物流统一代码的站点相对应的本地站点信息，点击“确定”按钮，即完成操作。

八、客户信息管理

客户信息管理是对合同客户及批量客户信息的管理,包括新增、删除、修改功能。在菜单项“系统管理”中选“客户信息管理”,出现管理界面。在客户信息列表框处,点击右键“新增”或者在左边工具栏点击“新增”,出现如图8-15所示的新增客户信息。

输入客户编号、名称、电话、类型、所属单位等基本信息。

输入发货人姓名、电话、身份证、地址等信息。

输入收货人姓名、电话、身份证、地址等信息。

在预置托运货物中输入品名与包装。

按“确定”按钮,完成操作。

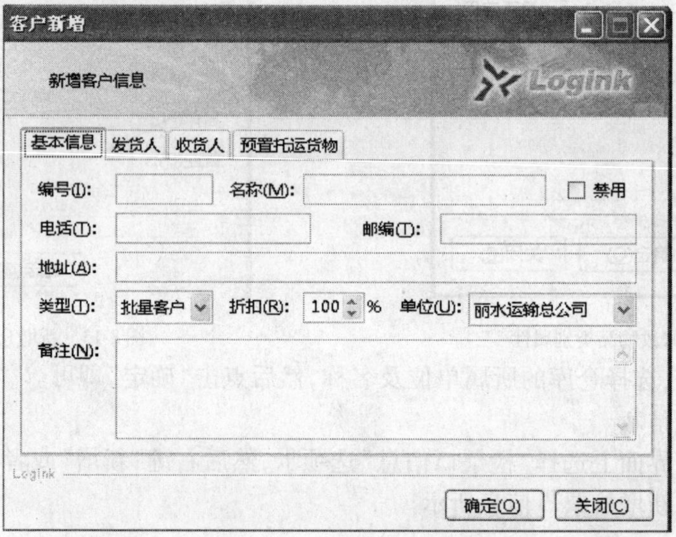

图8-15 新增客户信息

第二节 票 价 管 理

一、票价项管理

票价项包括由系统自动生成的15个项,这15个项不允许删除和新增,只能修改。其主要分为同城配送、随行、门到门发货、门到站发货、站到门发货、站到站发货、门到门到货、站到站到货等15个项。

在菜单项“系统管理”选“票价项”就出现如图8-16所示的界面。

对于各类型的票价项名称的修改,只需修改“同城配送”类型的名称即可完成全部类型的名称修改。类型中的基本运价项主要是用于结算费用,也即车辆所承运的费用;是否计入总价项表示当前票价项是否算在托运票款总额里面;票价项设置的值可以选择是否保存到数据库中。可以对列表框的名称进行修改,双击要修改的列表框,然后输入名称。可以对类型进行修改,单击类型列中的数据,就出现下拉框,有3个选项可供选择:同城配送、门到门到货、站到站到货。也可以对状态进行修改,单击状态列中的数据,就出现下拉框,有4个选项可供选择:启用但不可修改、启用且可修改、启用但不可见、未启用。设置每项票价项是否记入总价,设置每项票价项值是否保存到数据库中，按“确定”按钮即完成操作。

小件收费项

管理小件收费项

同城配送 | 随行 | 门到门发货 | 门到站发货 | 站到门发货 | 站到站发货 | 门到门到货 | 站到站到货

序号	名称	类型	状态	计入总价	保存
1	运费	其他	未启用	☐	☑
2	装卸费	其他	未启用	☐	☑
3	搬运费	其他	未启用	☐	☑
4	票签费	其他	未启用	☐	☑
5	服务费	其他	未启用	☐	☑
6	超重费	其他	未启用	☐	☑
7	接送服务费	其他	启用且可修改	☑	☑
8	保管费	其他	未启用	☐	☑
9	票价项9	其他	未启用	☐	☑
10	票价项10	其他	未启用	☐	☑
11	送货费	其他	未启用	☐	☑
12	保价费	其他	未启用	☐	☑
13	票价项13	其他	未启用	☐	☑
14	票价项14	其他	未启用	☐	☑
15	票价项15	其他	未启用	☐	☑

Loginik

确定(O) 关闭(C)

图 8-16　管理小件收费项界面

二、票价基本公式

票价基本公式是为用户提供的，是对各票价项算法进行公式配置的，公式配置分为两大块，即发送与到达。在菜单项“系统管理”选“票价基本公式”就出现如图 8-17 所示的界面。

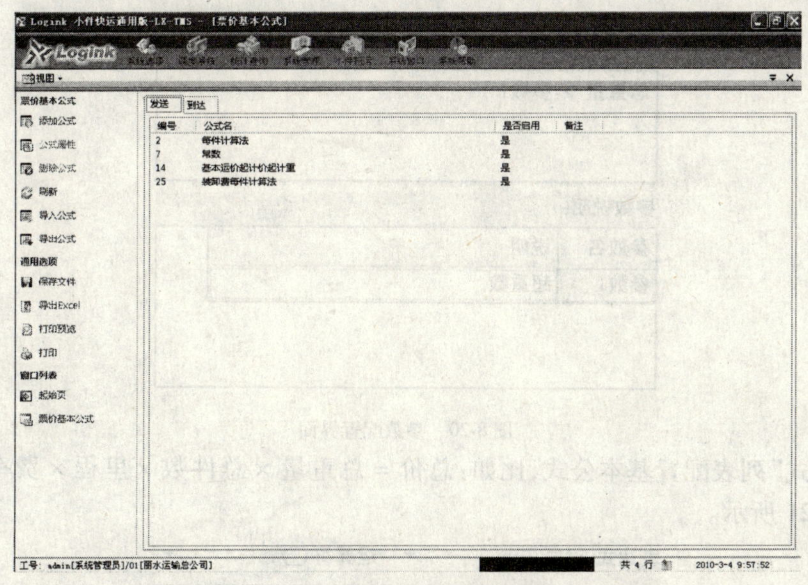

图 8-17　票价基本公式界面

在公式列表里右键“添加公式”或在票价公式工具栏里点击“添加公式”，如图 8-18 所示。

输入公式名称，再点击 ➕ 图标按钮，在条件表达式列表出现一个如图 8-19 所示的初始化的公式窗口。

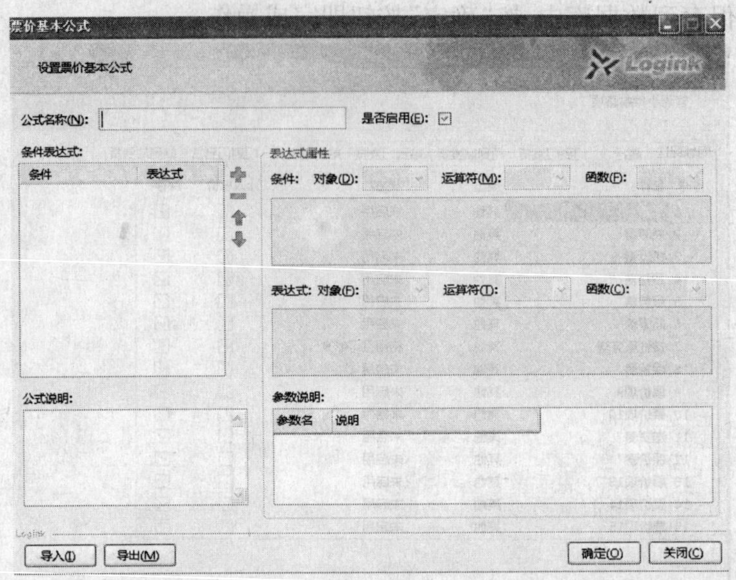

图 8-18　设置票价基本公式界面

条件	表达式
未设置	未设置

图 8-19　初始化公式界面

如果该公式有条件限制，就在右边“条件”列表中进行配置，比如总重量超过多少为超重，并对其参数 1 进行说明，如图 8-20 所示。

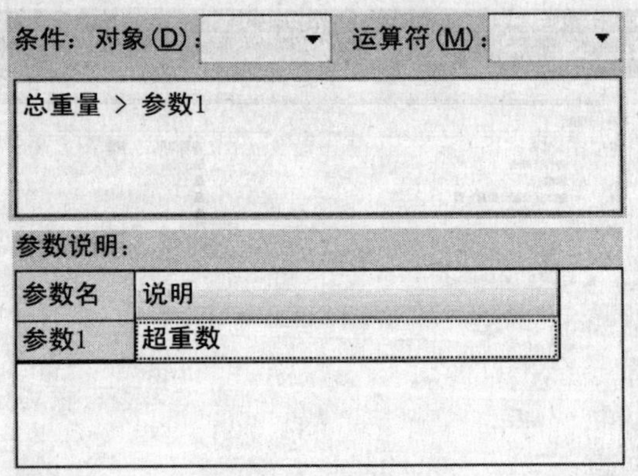

图 8-20　参数配置界面

在“表达式”列表配置基本公式，比如：总价 = 总重量 × 总件数 × 里程 × 费率。参数 1 为费率，如图 8-21 所示。

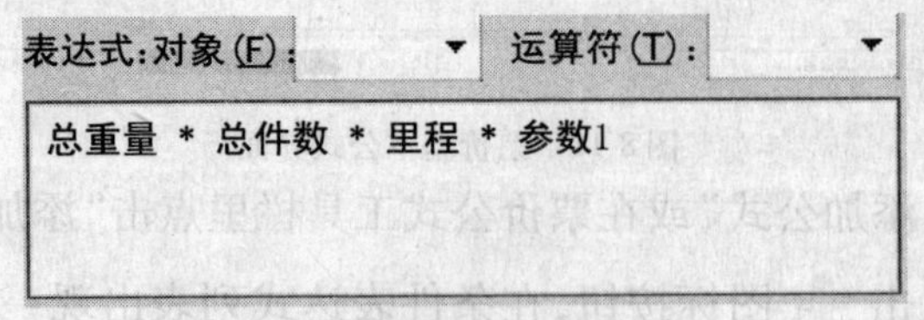

图 8-21　配置基本公式界面

三、票价公式

对基本票价公式中的参数进行赋值设置，分为发送与到达两块公式的设置。

在菜单项“系统管理”选“票价公式”就出现如图 8-22 所示的界面。

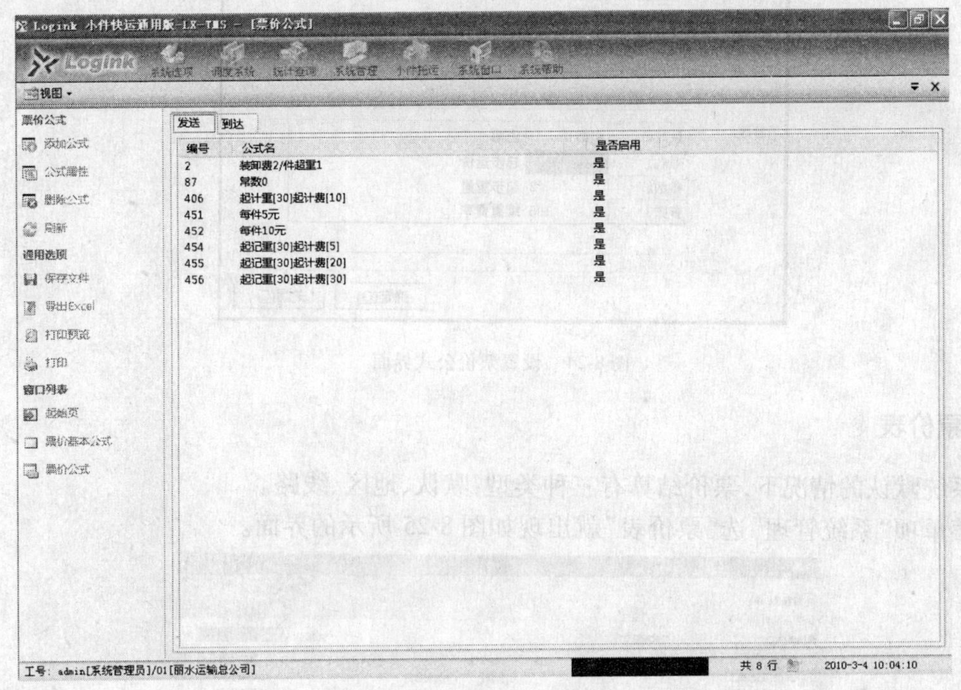

图 8-22　票价公式界面

在公式列表里右键“添加公式”或在票价公式工具栏里点击“添加公式”，如图 8-23 所示。

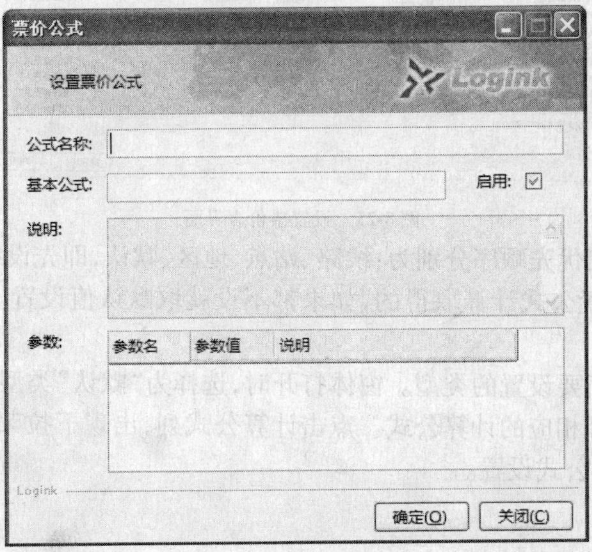

图 8-23　设置票价公式界面

输入公式名称，选择一个基本公式，然后在参数列表中出现参数，并给参数赋值。点击“确定”即可，如图 8-24 所示。

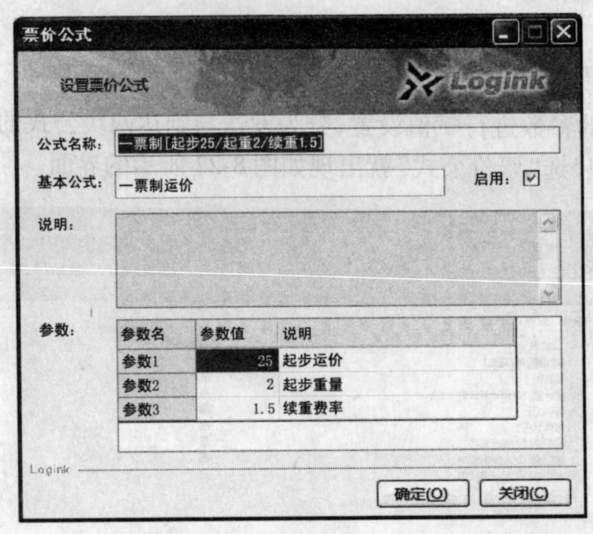

图 8-24　设置票价公式界面

四、票价表

在系统默认的情况下，票价结算有三种类型：默认、地区、线路。

在菜单项"系统管理"选"票价表"就出现如图 8-25 所示的界面。

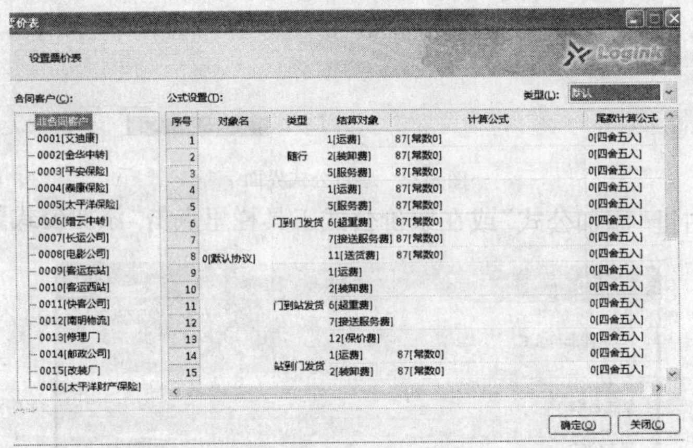

图 8-25　设置票价表界面

票价公式计算取值优先顺序分别为：线路、站点、地区、默认，即先设线路再设站点，票价计算值是按线路公式设置公式计算取得的，如果都不设就取默认值设置。对默认公式，必须要设置。

在类型中选择好所要设置的类型。窗体打开时，选择为"默认"类型。

在计算公式列选择相应的计算公式。点击计算公式列，出现下拉菜单，选择计算公式，点击"确定"按钮，即完成公式设置。

五、尾数计算公式

尾数计算公式主要是用于票价公式、退票手续费等需要用到某种尾数算法而设置的计算公式。

在菜单项"系统管理"选"尾数计算公式"，在公式列表里右键"添加公式"或在票价公式工具栏里点击“添加公式”，如图 8-26 所示。

图 8-26　添加尾数计算公式界面

输入公式名称。选择需要进位到的位置，比如“角”。点击 图标按钮，在条件表达式列表中出现一个初始化的公式窗口，如图 8-27 所示。

条件	表达式
未设置	未设置

图 8-27　初始化公式窗口

如果该公式有条件限制，就在右边“条件”列表中进行配置，比如总尾数小于 0.5 元为 0 元，如图 8-28 所示。

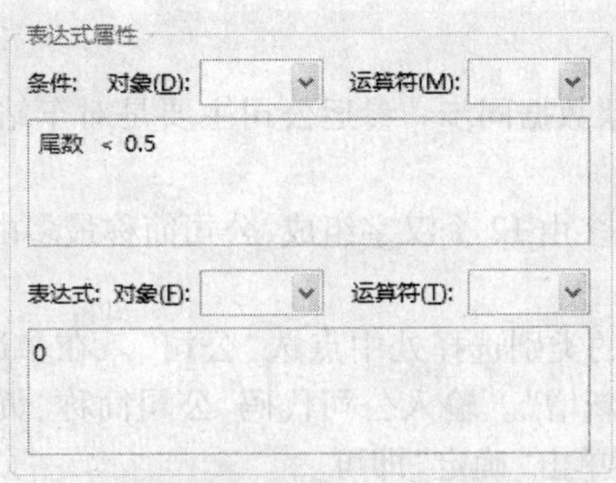

图 8-28　尾数配置界面

如果要删除已配置好的公式，点击 ，再点击“确定”即可。

复习思考题

1. 请在小件快运通用软件中添加一家快运企业，并为其添加系统管理员、调度员、受理员、签发员、业务员、装卸工。

2. 请在小件快运系统中设置票价基本公式的基本属性为“起步运价为 10，起步重量为 1，续重费率为 1”。

第九章　调度业务操作

第一节　基本信息管理

在系统顶部菜单上点击“系统管理”，选择“基本信息管理”即可进行基本信息管理。

一、地区管理

地区管理是管理与本站站点相关的地区。一般地区分成以下几类：先是安排本地级市下属的所有的县，接下来安排本省的其他所有的地级市，再接下来安排与本公司有业务往来的其他省。地区的变动将影响站点的管理。只有新增了地区，才能新增该地区的站点、线路。新增地区的地区代码不能与系统中已有地区代码重复。为了统一地区代码，新增地区时，有地区统一代码。

在“基本信息管理”窗口的“类别选择”处中点选“地区”选项卡。在地区列表中单击右键选择“新增”，或在工具条上选择“新增”。输入地区代码、名称、位置、统一代码、简码、注释后单击“确定”按钮即可。

二、参运公司管理

参运公司的数据要与售票数据同步。参运公司主要是对车站与参运公司协议、参运公司车辆进行管理。

公司代码不能重复，且最多由 12 个汉字组成，公司简称最多由 5 个汉字组成，公司名称最多由 15 个汉字组成。

在“基本信息管理”窗口的类别选择处中点选“公司”。在参运公司列表中单击右键选择“新增”，或在工具条上选择“新增”。输入公司代码、公司简称、负责人、结算率、是否启用、是否为本公司、联系方法、注释，单击“确定”即可。

三、车辆管理

车辆管理是调度系统中用于管理车辆的一个模块，其主要功能是车辆在系统中的新增、删除、复制及与车辆相关的车主、参运公司管理、车辆的停复班等。“车辆管理”在系统管理中，点击“车辆信息管理”。

“新增车辆”是调度系统中最基本的操作之一，只有新增了车辆并设置了相应的车辆信息，该车辆应班的车次才会生效。车辆信息与车主、参运公司有密切的联系。

车辆代码不能重复，否则系统将提示“车辆已存在，不能新增”。车辆代码最长允许 7 位。新增车辆所需的参运公司、拆账公司、车辆车主可通过下拉框来选择。车辆的拆账公司会在“统计分析”中用到，因为有可能车辆属于 A 公司，而拆账到 B 公司中去拆，所以需要设置车辆的参运公司及拆账公司。干线车辆是用于本站到其他地区之间的车辆，如果是自备车辆，则不需要打钩,也就是在本地区内运行的车辆。GPRS 码可用于货物跟踪。

在菜单“系统管理”中点选“车辆基本信息”。在车辆列表中单击右键选择“新增”,或在工具条上选择“新增”。车辆代码、车辆车牌、参运公司、拆账公司、车辆车主为必填。输入“参运公司”、“拆账公司”、“车辆车主”、“干线车辆”。若有关于该车备注方面的信息,可在“备注”中注明。单击“确定”即完成该次操作。

车辆停班指停开某一车辆,并且该车辆相对应的日期车次停止托运。停班后的车辆将不再托运小件。在“车辆管理”窗口中选择其中一辆车进行“停班”。在选中后选择“停班”或在左边工具栏中选择“停班”即可。

让停班后的车辆恢复运行,称为车辆复班。在“车辆管理”中,设定车辆复班将在生成环境后才生效。在“车辆管理”窗口中选择其中一辆已停班状态的记录进行复班。选中后,右键点击“复班”即可。

车辆复制是为了减少客户的输入信息量而设计的功能。在“车辆管理”中,车辆编号不能重复。在“车辆管理”窗口中选择一辆车的记录,然后右键点击“复班”即可。

在车辆复制对话框里输入车辆编号,点击“确定”即可。

四、车次类型

车次类型名称最多由 25 个汉字组成。

在“基本信息管理”窗口的类别选择处中点选“车次类型”。在车次类型列表中单击右键选择“新增”,或在工具条上选择“新增”,输入车次类型代码、名称、备注,单击“确定”即可。

第二节　线路管理

线路管理主要是添加线路的方向及起终点。线路的信息来源由两部分组成,即本地和售票。来自售票的只能修改该线路的线路费率。

在系统顶部菜单上点击“调度系统”,选择“线路站点管理”,再选择“线路管理”。

一、新增线路

线路的代码是唯一的。

在“调度系统”窗口中点选“线路管理”。在线路列表中单击右键选择“新增”,或在工具条上选择“新增”,便进入如图 9-1 所示的界面。

输入线路代码、线路名称、备注、全程用时,再通过 ✚ 按钮进入途经站检索界面,在站点下拉框里选择相应的途经站,检索到该站点的地区信息,并输入里程,然后点击“选择”就会添加到途经站列表框里。如果要删除途经列表框里的站点信息,可先在途经站窗体里选择一条记录,然后单击 ▬ 即可。如果是修改途经站的里程数,先选中要修改的记录,双击修改记录,出现途经站信息的界面,在里程列对里程进行修改,然后点击“选择”即可。都输入完整后,再单击“确定”按钮即可保存。

二、站点管理

小件托运数据要在各站间交换,故必须要统一站点编码,由中心服务器统一管理,各站定时将站点信息下载至本站及时更新。

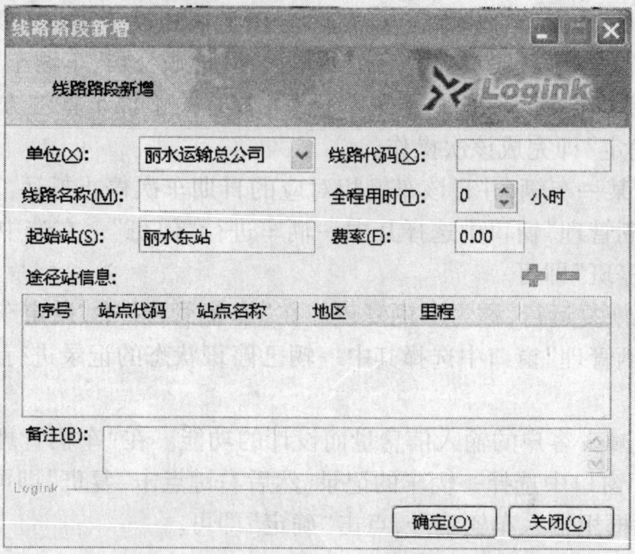

图 9-1　线路路段新增界面

在系统顶部菜单上点击“调度系统”,选择“线路站点管理”,再选择“站点管理”。

站点编码不能重复。站点码由两部分组成,建议不得少于 7 位,前 4 位为省(直辖市)或县(市)在该地区的某一站点的序号。站点的删除会影响通过该站点的线路、车次。站点输入码重复时显示该输入码的所有站点信息。站点信息由本地小件数据和售票系统数据组成。对站点中售票系统的数据只允许修改统一代码。

再进入图 9-1 的界面,在站点信息列表右键点击“新增”,或在左边工具栏里选择“新增站点”就可以弹出新增窗口。输入站点代码、统一编码、站点名称、输入码、地区、里程、到达时限、上车站,选择是否中转与是否可售。点击“保存”即新增完毕。

第三节　计划车次管理

在车站日常调度业务中,常规调度主要是对车次计划进行调整,并安排计划中相应的车次以及车次的属性,如发车时间、车次运营线路和在该车次上运行的车辆。若已启用客运售票系统的,可与客运售票系统中的车次数据保持同步。

计划车次管理主要是安排某一段时间内运行的车次。用户可以对车次进行新增、删除、停班、复班等基本的调度操作。对计划车次的调度将影响实际运行环境中的车次运行情况,但是否立即影响环境可以由调度员来决定。

在系统顶部菜单上点击“调度系统”,选择“计划车次信息”。

在“条件输入”处可以通过车次代码、上车站、车次线路、途经站、地区、开始时间(默认状态下是灰色,如果要激活该项,对开始时间打钩即可)查找车次,输入的车次代码可以是车次的前几位,系统将按照模糊查询的方式查询出所有的车次,如输入“12”按回车键后将显示所有以 12 开头的车次。在“线路代码”框中输入选择线路代码可以作为线路条件查询某一车次。当车次代码、线路代码和站点代码中都有条件时,系统将查询其组合的车次。

对于查询后列出来的车次可单击鼠标右键,通过弹出菜单使用相关功能,如新增车次、删除车次,车次停(复)班,车次的复制等。

一、计划车次停班

计划车次管理中车次停班操作需要人工去完成。

若要对预售日内的车次停班，则需要到“环境”中操作(参见“环境车次停班”)。如果在“计划”中停班，停班包括环境的停班，则系统会提示调度员是否停班环境中的车次。

在计划车次主界面的车次列表中选择某一车辆，右键选“停班”或在左边工具栏中选择“停班”，同时会弹出对话框提示是否同时更改环境车次中的车次状态。如果是，则同时改变环境车次中的状态；反之，环境车次中的状态不变。

在车次列表中选中多条记录，右键点击“停班”即可进行批量停班，同时系统会询问用户是否改变环境车次的状态。

二、计划车次复班

在计划车次管理中，车次复班的操作就是取消停班而使车次转入正常运行。

车次复班可以对计划车次复班，同时根据调度员的要求也可以对该计划车次的环境车次进行复班。

在“车次代码”中可以输入要复班的车次。在车次列表框里选中车次，右键选“复班”或在左边工具栏里点击“复班”，系统会提示“环境车次是否要复班”，点“确定”就会同时对计划车次和环境车次进行复班；反之，计划车次复班，环境车次不复班。批量复班也是如此。

三、计划车次属性

“计划车次属性”菜单项是将所有与车次相关功能组合在一起的集合，它包括安排车次的运行车辆、发车时间、运行线路等功能。用户可通过相应的功能按钮完成对车辆的管理、运行周期、车辆的新增、线路、发车时间等的修改。

选中车次后，在计划车次工具条中选择“车次属性”或单击鼠标右键在弹出的菜单上选中“车次属性”或双击选中的记录，这时会弹出如图 9-2 所示的窗口。

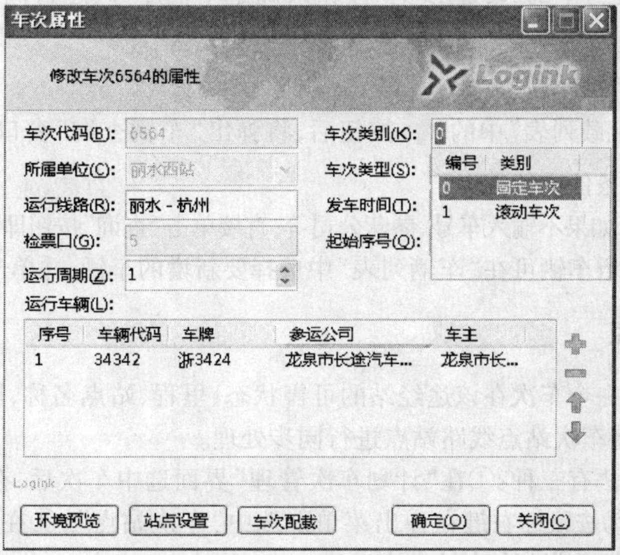

图 9-2　车次属性窗口

1. 更改发车时间

在“车次配载”窗口中的发车时间列表中输入发车时间,单击“确定”按钮即可。

2. 更改车次类别

用户可以设定车次类别,如固定车次,滚动车次等。滚动车次是指每隔一段时间(如15min)就需发车的车次,没有具体的发车时间,并且车次的车辆不确定,谁先到谁发班。其他车次则为已确定了车辆和发车时间的车次。

在“车次属性”窗口,用鼠标点击“车次类别”下拉框,选取车次类别,单击“确定”按钮即可保存。

3. 更改车次类型

车次类型一般分为以下几种:0-高速,1-快速,2-普通,其他可根据需要而定。

在“车次属性”窗口,点击“车次类型”下拉框,选取车次类型,单击“确定”按钮即可保存。

4. 更改运行线路

在“车次属性”窗口中点击“运行路线”编辑框,出现下拉框,选择路线,单击“确定”按钮即可保存。

5. 设定车次的运行周期和起始序号

设定车次的运行周期和起始序号主要是用于实现对开车次和循环车次。在车辆列表中列出了车次的所有车辆和车辆序号。

用户可以通过“车辆配载表”中的(递增)和(递减)按钮修改车辆的序号,用以调整车次车辆的运行。再通过设定车次的运行周期和起始序号确定每日所发车辆。运行车辆的确定通过以下公式计算:

车辆序号={[(运行日期-“2003-01-02”) Mod 运行周期+起始序号-1] Mod}
运行周期+1

将计算出的车辆序号与列表中的车辆序号进行比较。如果有相同的车辆序号,则车次在运行日期就会安排该车辆运行;如果没有,则车次在当日停班。当下一次打开该窗体时,用户可通过“车次属性”中的“环境预览”按钮来确定车辆序号、运行周期、起始序号是否设定正确。

6. 增加车次中车辆

用户单击“车辆配载列表”中的按钮后,将弹出“车辆查询”窗口。可以车辆代码、参营公司、车牌、车主等条件进行查询。

单击“查询”按钮,如果不输入车号、参营公司等,直接单击“查询”按钮即可显示所有车辆。

若要向车次中新增车辆可在“车辆列表”中选择要新增的车辆,并单击“选择”按钮即可。

四、计划车次站点

该功能用于查询一个车次在该途经站的可售状态、里程、站点名称,同时也可以设置其售票状态,另外还可以将车次站点线路站点进行同步处理。

进入本窗口的方法有三种:①在“计划车次管理”界面选中车次后,在“计划车次工具条”中选择“车次站点”;②按鼠标右键在弹出菜单上选中“车次站点”;③在“车次属性”窗口,单击“站点设置”按钮,即可进入车次站点窗口。

在“车次站点属性”窗口,可查看车次信息和站点列表信息,对列表信息的可售状态进行修改，将修改的结果保存，点击“保存”即可。如果跟线路站点进行同步，则点击“同步”按钮即可。

五、生成环境预览

通过生成环境预览可查看某段时期车次中车辆的运行状态，并能生成该车次在某段时间内的运行环境。

进入本窗口方法：在“车次属性”窗口，单击“环境预览”按钮，即可进入环境预览窗口。

1. 预览某段时间内的全部信息

选择“预览某段时间内的全部信息”，可“预览”按钮，即可出现预览信息。

2. 预览某日时间车辆运行信息

选中“预览某日时间车辆运行信息”，可“预览”按钮，出现预览信息，预览后的信息是用户所需要的，就可以直接生成环境车次，可“生成环境”，即可出现如图 9-3 所示的界面。

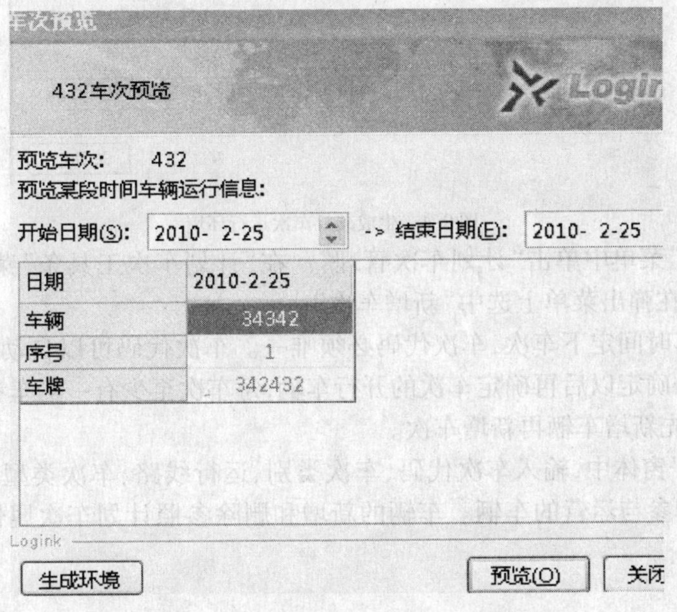

图 9-3　某段时间车辆运行信息预览窗口

六、生成环境

从计划车次中可生成相应的环境车次。

在菜单“调度系统”中选择“生成环境”，根据系统参数判断是否生成计划车次中已停班的车次。根据系统参数决定生成运行环境车次的天数。

在“生成运行环境”的窗口选择生成运行环境的车次日期；在生成车次列表中选中要生成的车次，如果是全部需要生成，就在“全部车次”前面打钩，再点击“生成”，即可出现如图 9-4 所示的界面。

图 9-4 是对生成环境车次的描述，同时显示进程条。如果在生成的中途要停止生成环境，点击“停止”即可。

七、计划新增车次

“计划车次管理”中的新增车次功能就是在计划中新增车次。新增后，该车次将永久有效,如果要临时增加车次(如加班,因为加班车都只运行一天,故加班后的第二天该车将不运行),可在“环境车次”中操作。

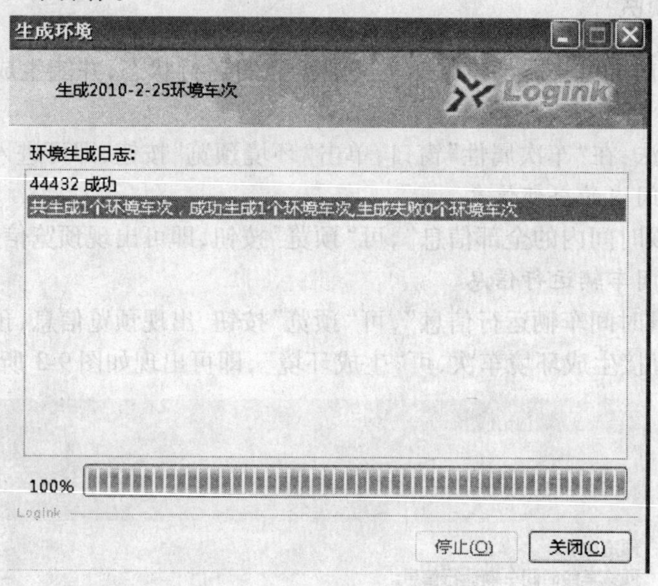

图9-4 生成某日车次运行环境

在“车次管理”菜单中单击“计划车次管理”。在“计划车次工具条”菜单中单击“新增车次”或按鼠标右键在弹出菜单上选中“新增车次”。

由线路和发车时间定下车次,车次代码必须唯一。车次代码可以自动生成且位数有一定的限制。车次代码确定以后再确定车次的开行车辆,每车次至少有一辆车参加营运,如果系统中没有该车辆,需先新增车辆再新增车次。

在“车次新增”窗体中,输入车次代码、车次类别、运行线路、车次类型、发车时间、起始序号、运行周期,选择参与运营的车辆。车辆的新增和删除参照计划车次属性。点击“确定”按钮即可。

复习思考题

1. 为你所在的快运公司新增加一个有业务往来的地区,添加车辆信息。

2. 请在小件快运通用软件中新增一条“杭州—无锡”的线路,并为这条线路新增3个站点。

3. 请为“杭州—无锡”线路新增5个车次。

第十章　托运业务处理

第一节　小件受理与签发

一、相关参数设置

在“系统参数”中点击“签发”选项卡，下面有“接货、送货、交接使用相同单据”复选框选项。该参数可确定接货清单的类型，选中则标识驳运清单、接货清单、送货清单使用同一系列票据，否则使用独立票据。系统参数的设置方法可参考系统参数模块。

驳运清单：货物进行内部转运时使用的，包含货物信息、车辆信息的交接清单。

接货清单：业务员上门收货时携带的，由调度网点打印的业务信息清单。

送货清单：业务员送货上门时携带的，需要客户签收的货物交接清单。

二、启动预受理登记

登录成功后，单击主窗体上方的“小件托运”菜单，选择“预受理登记”或者直接使用快捷键“F3”，弹出“更改预受理单号”，预受理登记单是为唯一标识每单预受理业务而设置的，并没有实际单据，此处确认显示票号为本人领用票段即可。

预受理登记单可由前缀和多位数字编号组成(比如 Y1001，“Y”即是前缀，1001 是数字编号)，也可不使用前缀，具体视各单位实际使用情况而定。此处截图采用无前缀预受理单。

起始受理单号不能大于结束受理单号。

起始票号、结束票号均为 0，允许进入系统，但不能进行登记操作。

预受理单的前缀和数字编号位数在“票证管理”子系统中设定，具体设定参见操作手册票证管理部分。

操作：初次进入系统时会自动弹出“更改预受理单号”窗口，用户根据实际情况核对、修改票号信息后单击“确定”按钮进入预受理界面。如单击“关闭”按钮，则退出预受理登记界面。

在使用过程中如需即时修改票号(票号出现重复时需要此操作)可在快捷工具栏中选择“更改单号”，弹出更改单号窗口，用户可对当前票号进行修改。单击“确定”保存修改，单击“关闭”终止修改，退出修改界面。

三、预受理登记

预受理登记是所有预受理业务的起始步骤，经预受理登记将相关业务信息录入系统，该信息是业务员上门取货的依据，其信息主要来源于网络及客户电话。

进入系统后，显示界面即为小件预受理主界面。预受理登记是新增预受理记录的操作，主要完成客户预约信息录入。

在记录列表区域，单击鼠标右键，在弹出快捷菜单中选择“登记”或点击快捷工具栏中的

“登记”(快捷键 Insert),弹出预受理登记窗体,如图 10-1 所示。

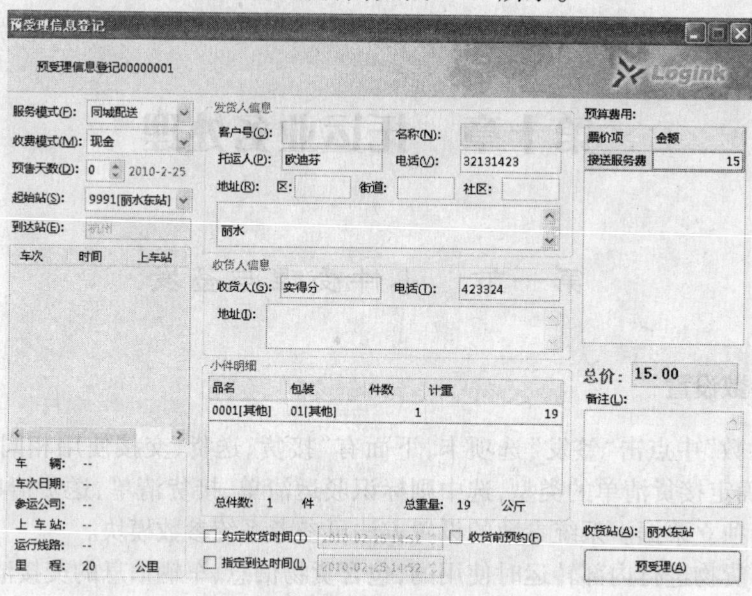

图 10-1 预受理信息登记界面

客户姓名支持 20 个汉字或 40 个英文字母;联系电话支持所有电话号码格式,多个电话号码之间以“,”隔开;联系地址支持 100 个汉字输入;备注信息支持 100 个汉字输入;种类相同且包装相同的多件物品登记时自动合并为一条记录。收货站的选取遵循就进优先原则,按各单位规定选择。

四、预受信息修改

在记录列表区域选中要修改的记录,在弹出快捷菜单中选择“属性”或点击快捷工具栏中的“属性”按钮或直接双击该记录,弹出记录修改窗体,如图 10-2 所示。

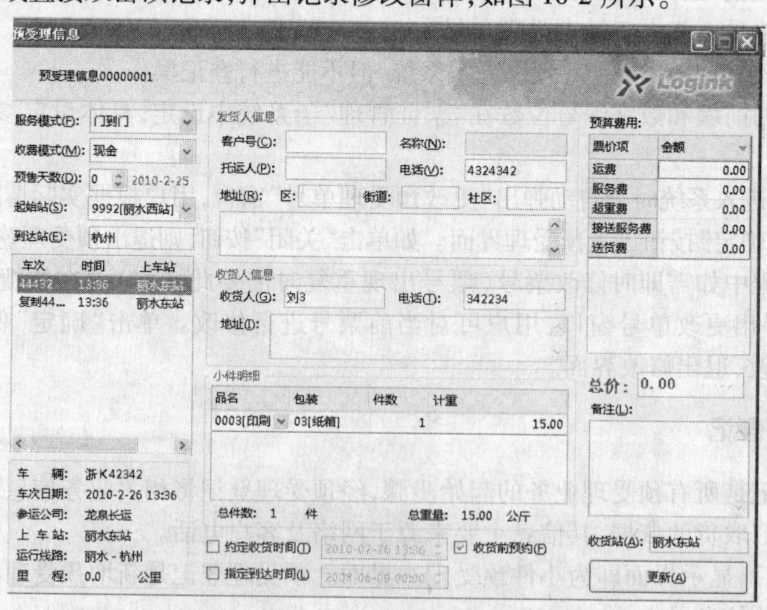

图 10-2 预受理信息修改界面

五、启动预受理调度

登录成功后，单击主窗体上方的“小件托运”菜单，选择“预受理调度”或者直接使用快捷键“F4”，弹出“更改驳运单号”，操作员需核对窗口显示的起始票号是否与打印机上的票号一致，如果不一致需修改使其一致，否则会造成错号，结束票号为当前所领票的结束票号。

此处弹出的更改单号窗口与系统参数设置有关，如系统设置“收货清单”、“驳运清单”、“配送清单”使用相同票据，则弹出窗口名为“更改驳运单号”，否则名为“更改收货清单号”。

此处系统设置为“收货清单”、“驳运清单”、“配送清单”使用相同票据，故弹出窗体为“更改驳运单号”。

收货清单号（或驳运单号）可由前缀和多位数字编号组成（比如 D1001，“D”即是前缀，1001是数字编号），也可不使用前缀，具体视各单位实际使用情况而定。起始单号不能大于结束受理单号。起始票号、结束票号均为 0，允许进入系统但不能进行登记操作。收货清单（或驳运单）的前缀和数字编号位数在“票证管理”子系统中设定，具体设定参见操作手册票证管理部分。

操作：初次进入系统会自动弹出“更改驳运单号”窗口，用户根据实际情况核对、修改票号信息，单击“确定”按钮进入预受理界面。起始票号、结束票号均为 0，允许进入系统但不能进行登记操作，该设置是为方便临时查看业务。如单击“关闭”按钮，则退出预受理调度界面。

在使用过程中如需即时修改票号（提示票号重复或打印机故障）可在快捷工具栏中选择“更改单号”弹出更改单号窗口，用户可对当前票号进行修改。单击“确定”保存修改，单击“关闭”放弃修改并退出界面。

六、预受理调度

预受理调度在各收货站进行，经预受理调度将业务分派给指定的业务员来完成。

预受理调度界面集成了 3 个标签，形成 3 个功能不同的界面。进入系统后，显示界面为已登记标签，该界面显示信息为指派给本站未经调度的预受理信息。已登记列表分为上下两部分，上部为待调度业务信息，下部为已选中调度信息，如图 10-3 所示。

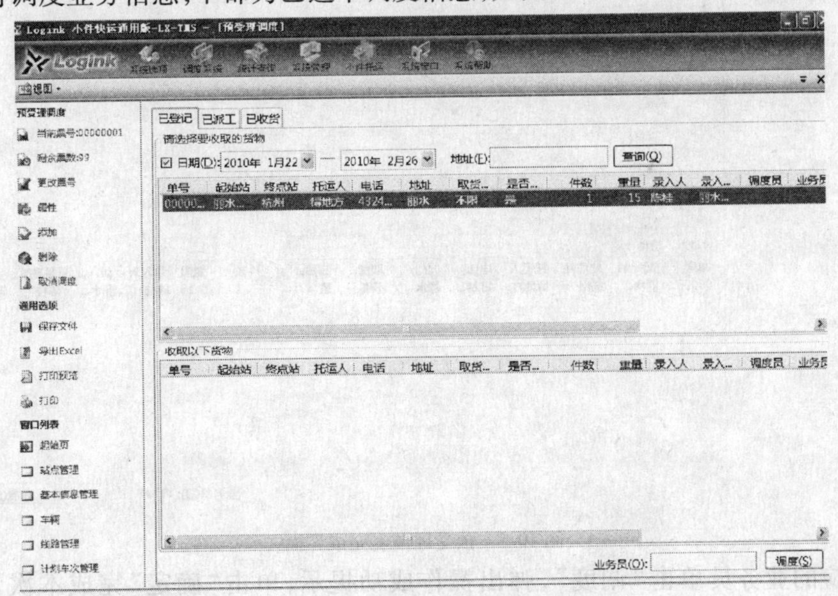

图 10-3　预受理调度界面

已登记标签显示记录为经预受理指派至本网点待调度的预受理信息。单击“已派工”、“已收货”分别可以切换至已派工、已收货标签,这两个标签列表在形式上基本一致,已派工标签列表显示信息为已经指定业务员的预受理信息,已收货标签列表显示为业务员已完成的预受理业务,如图 10-4 所示。

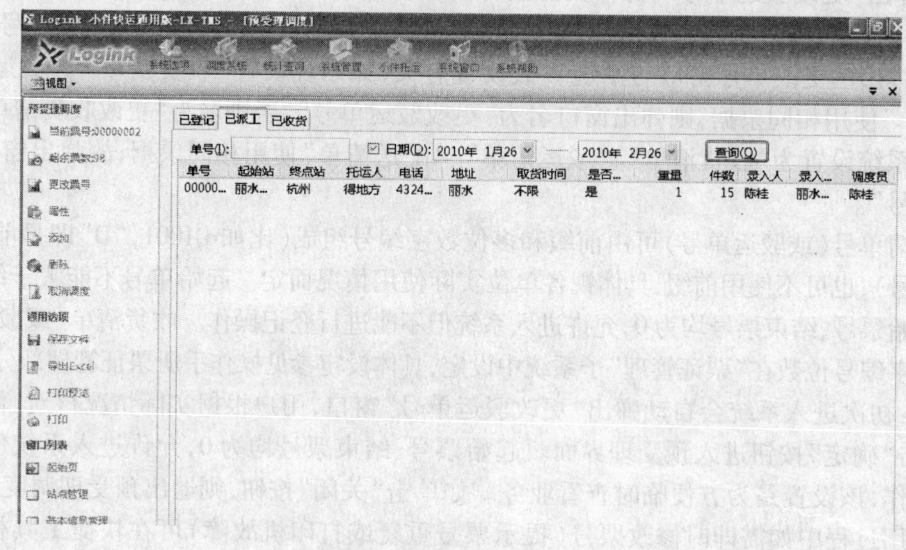

图 10-4 预受理调度已派工界面

经调度操作后的预受理信息将不能被修改。调度操作可取消。原则上按相近地址调度。

切换至待发送标签,选择合适的查询条件,单击“查询”按钮;选中要发送的货物信息,双击或右键选择“添加”或者单击左边快捷工具栏“添加”(该操作对应热键 Ctrl + ↓),将该信息添加至下放列表中。该操作可一次选中多条记录进行批量处理,如图 10-5 所示。

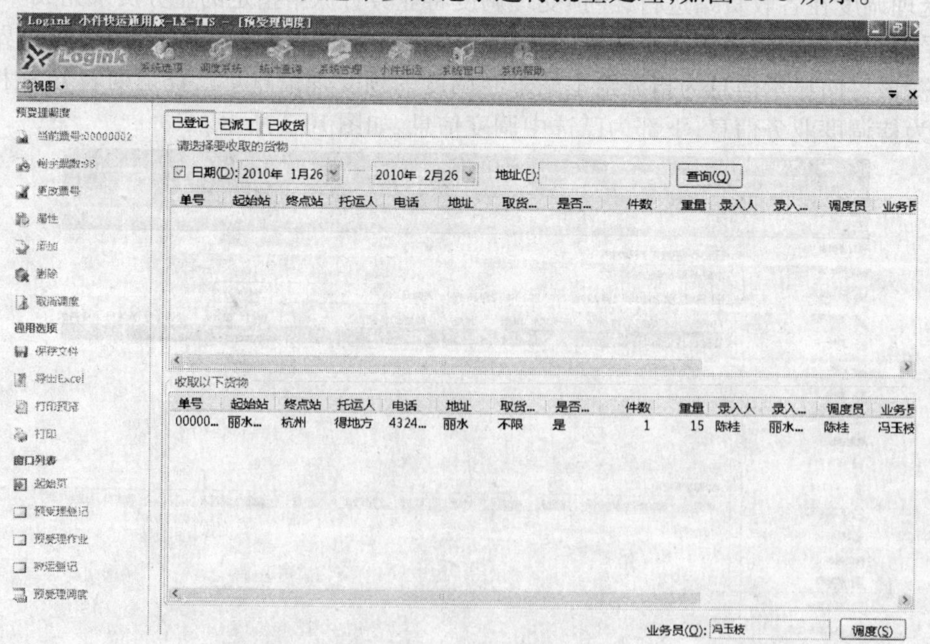

图 10-5 预受理调度完成界面

选择相应的业务员单击“调度”,弹出操作成功提示,单击“确定”完成本次预受理调度操作。

七、启动预受理作业

登录成功后，单击主窗口上方的“小件托运”菜单，选择“预受理作业”或者直接使用快捷键“F5”进入预受理作业界面。预受理作业是对上门收货作业结果的确认步骤，业务员在完成作业以后再次反馈作业结果，并修正业务信息，如图10-6所示。

预受理作业界面集成显示收货网点为本网点的所有业务信息，界面提供了组合条件搜索。

已收货完成的预受理信息不能修改；客户撤单一经撤销，则不能恢复；日期筛选条件默认为当天；业务信息修改录入规则同预受理登记。

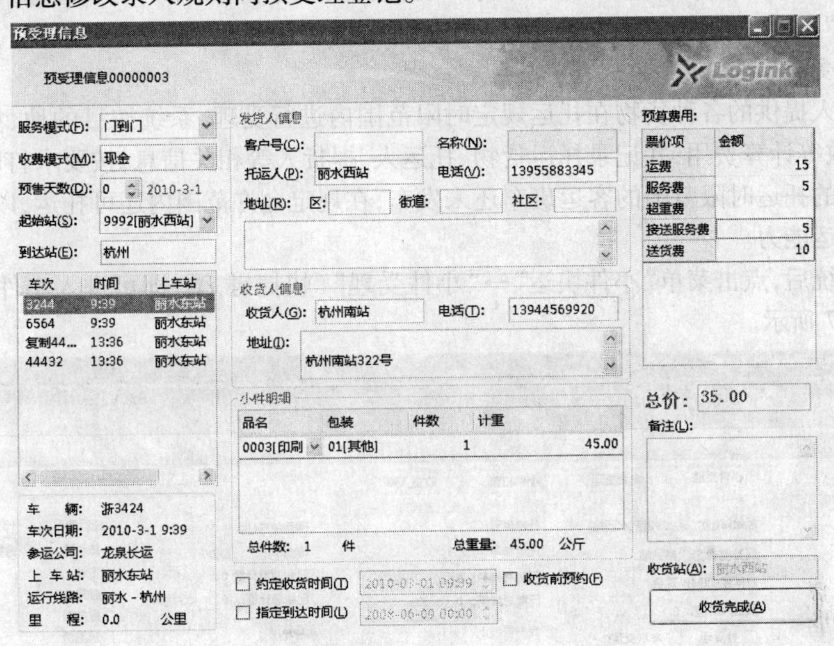

图10-6 预受理信息界面

操作：

①进入预受理作业界面，选择合适的查询条件单击“查询”按钮。

②选中要完成作业的业务信息双击或右键选择“属性”或者单击左边快捷工具栏“属性”，弹出业务属性窗体，如该条信息状态为“已派工”，如图10-6所示。

③如该业务信息状态不为“已派工”，则业务信息不能被修改。

④按实际情况修改相关业务信息，单击“收货完成”完成该笔业务作业。

本系统提供了两处修改业务信息的步骤，本操作即为第一处，另一处在收货入库。各单位可按实际情况选取修改步骤，当前介绍的为在预受理作业处修改，如果选择在收货入库处修改则①、②、③操作步骤可简化为④；选中要完成作业的业务信息双击或右键选择“收货完成”或者单击左边快捷工具栏“收货完成”，弹出确定窗体，单击“确定”完成该笔业务作业。

八、小件受理

1. 进入系统

登录成功后，点击主窗口上方的“小件托运”，依次选择“小件受理(A)”、“受理”，弹出起止票号输入框，小件受理员输入的开始票号必须与打印机上的票号一致，如果不一致会造成错号，结束票号为当前所领票的结束票号。

受理单发票号(托运单号)是由前缀和多位数字编号组成,计算机中的受理单发票号,其前缀和数字都必须和受理单固有票号相同,比如 S0000084,“S”即是前缀,0000084 是数字编号。起始受理单号不能大于结束受理单号。

更改起始票号:系统要求受理单固有票号和打印票号必须一致,可能由于意外情况导致打印机上当前票号与系统不一致。此时,受理员必须修改起始票号。

受理单的前缀和数字编号位数在“票证管理”子系统中设定,具体设定参见操作手册票证管理部分。

操作:在快捷工具栏中选择“更改票号”,弹出更改单号窗体,用户可直接输入前缀和数字部分。单击“确定”,保存修改,进入系统,单击“取消”,终止修改,退出受理界面。

2. 小件受理

对托运人提供的各种货物在托运规定时限范围内进行受理,系统按目的地、货物重量、货物体积、件数等计算费用,并记录托运货物、托运人、提货人等相关信息,按要求打印出托运单。若超过规定的托运时限范围的客运班车还未发车,在规定允许范围内还可托运,以提高客运班车的实际托运能力。

进入系统后,点击菜单“小件快运”→“小件受理”(快捷键 F6)即可进入小件受理窗口界面,如图 10-7 所示。

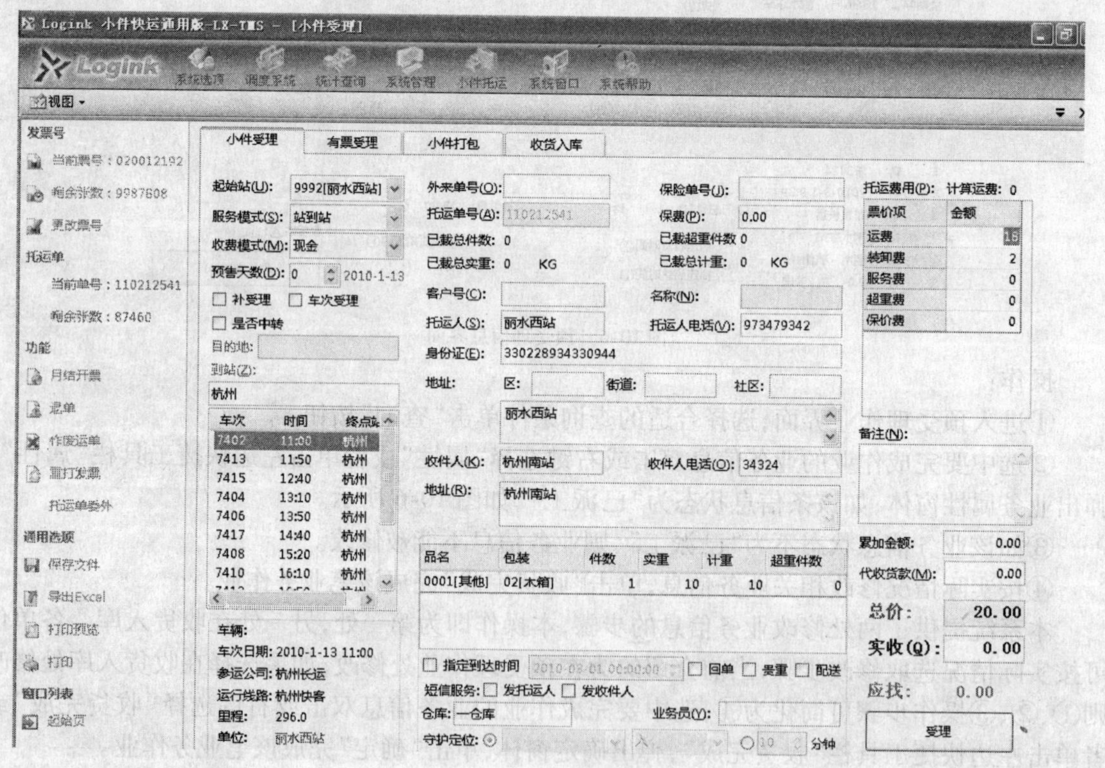

图 10-7 小件受理界面

系统能实时显示客运站内的班车信息,用户可以选择最适合的(或根据到达站选择相应的车次托运)班车进行托运。

系统支持预托运,即在当天无车次或车次已受理满的情况下,可以把货物预托运到明后天(具体预托运天数由系统设置)。

系统允许指定不同的用户有不同的预托运天数。系统具有程序计算功能,在输入实收款后能自动显示出应找款数额。

系统能根据设定的计算公式自动算出托运费用,并允许给用户在不同的权限范围内进行打折。

允许代收运费,到达站代起运站收取运费,是在提货人取货时收取的,到时统一返回给起运站,这一服务为客户提供了方便。

允许根据不同客户采取不同的费用支付方式,如现金支付、信用卡支付、到付、月结。

允许托运时选择不同的服务方式,如站到站、站到门、门到门、门到站,系统根据不同的服务方式计算不同的托运费用。

对由于不可抗力或其他原因造成车次延迟发班,超过规定的正常托运时限且仍在补托运时限范围内的车次,允许补受理。

支持无车次托运,即只要在托运日期内有班次在运营的就可以办理托运,在受理时不指定托运车次,在签发时指定具体哪趟车次。

多站系统时,可以代受理兄弟单位的小件。

可以按受理的是否为急件而根据费用公式的设定加上一定的费用。

可以受理合同客户或批量打折客户。

受理时,对所算票款可以根据系统参数的设置,作出相应的调整。

受理后自动打印货物票签(根据系统参数可打或不打)。

受理后货物自动入库。

操作:用户先选择服务模式、收费模式和预售天数,可使用鼠标直接选取或使用快捷键结合方向键进行选择。服务模式、收费模式、预售天数对应的快捷键分别为:Alt + S、Alt + M、Alt + D。

对由于不可抗力或其他原因造成车次延迟发班,超过规定的正常托运时限且仍在补托运时限范围内的车次,可选择补受理(Alt + A)。补受理可突破车次列表中显示车次的时间限制,可选择的时间差范围在系统参数中进行设置,设置方法可参考系统设置章节。

需要中转的,选中"是否中转"项,在"目的地"下拉列表中选择到达站,选取方式同上。选中后,重点站将以红色显示。

完成上述步骤,设置选取到达站(Alt + Z),到达站的选取除可用鼠标点选、方向键选取外,还支持简拼选取,只需要在输入框输入相应站点的简拼,系统就能够自动选取相应站点(如"nb"对应"宁波")。到达站选择界面如图 10-8 所示。

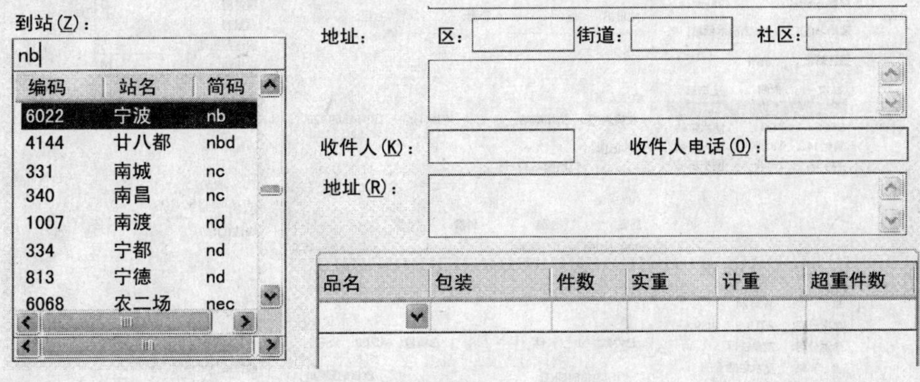

图 10-8 到达站选择界面

选中到达站后,用鼠标单击或者按回车键(Enter),将在到达站下方的车次列表中显示符合托运条件的车次,可根据实际情况选取相应车次后,该车次的详细信息将在列表下方显示。

其效果图如图 10-9 所示。

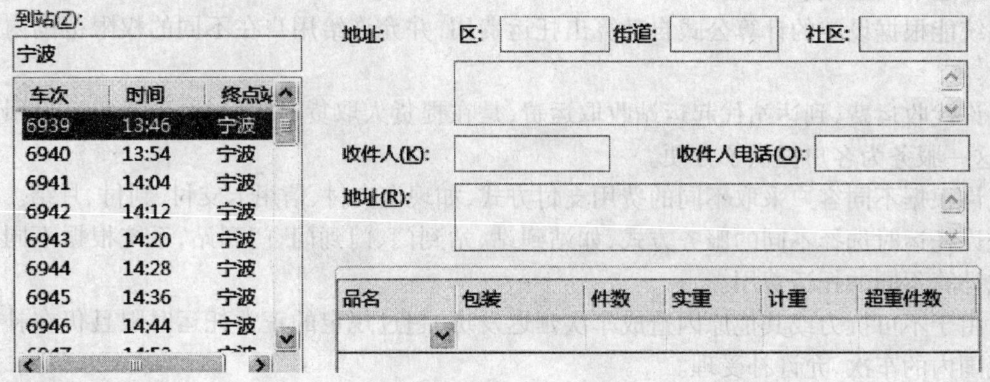

图 10-9 到达站车次选择界面

外来单号和保险单号可根据实际情况填写(可为空)。

外来单号是指从其他物流企业转运过来的托运业务,需记录其单号,已备参考。

对合同客户和批量客户进行业务受理,在客户编号文本框处按回车键“Enter”,弹出选择客户界面。

在预置发货人列表中选取记录;在预置收货人列表中选取记录;在预置托运货物列表中选取记录。点击“确定”按钮(快捷键为 Alt + O),将自动填充预置好的托运人、收件人、货物等信息,并自动计算票价。

完成上述操作后,接下来需录入货物详细信息,录入过程可使用回车键完成固定项的选择及各列之间的切换,每完成一行录入,可使用回车键“Enter”换行。

接下来录入托运人及收货人信息,填写托运人姓名(Alt + S)完毕后按回车键,继续输入托运人电话、身份证、地址等信息,再依次填写收件人信息,其次输入货物信息,包括货名、包装、件数、计重、实重、超重件数等信息,当按回车键“Enter”后,系统会自动算出此单票款。如图 10-10 所示。

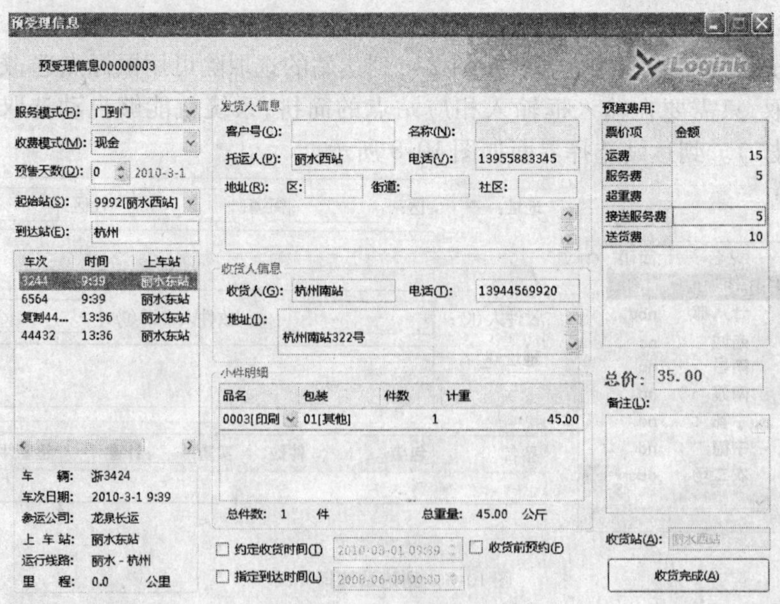

图 10-10 小件受理完成界面

核对无误后单击“受理”按钮，提交受理信息，并打印受理单，即完成受理操作。

需要注意的是，小件受理的托运单号，分为需手工输入单号与系统自动填充单号两种模式。

3. 有票受理

有票受理是指受理随行客户托运的行包，在该服务模式下，旅客行包由其本人负责处理，无需打包、指定车次信息，托运车次安排与旅客所持车票应一致。

进入系统后，显示界面为小件受理窗口界面，点击“有票受理”选项卡，进入有票受理窗口界面。

有票受理客户需持有有效车票。行李跟着托运人同车次出发，由托运人自行看管并卸货。同张车票所受理重量不能超过系统参数所设置的最大值。无需登记托运人与收件人信息。

操作：输入车次代码及确定车次日期，按下回车键“Enter”，显示当前车次可售站点信息。选择当前车票的到达站，按回车键“Enter”即可。输入当前车票号码。录入货物详细信息等详细操作可参考小件受理的相关步骤。输入实收金额系统自动计算应找零金额。至此，受理录入信息填写完成，整体界面如图 10-11 所示。

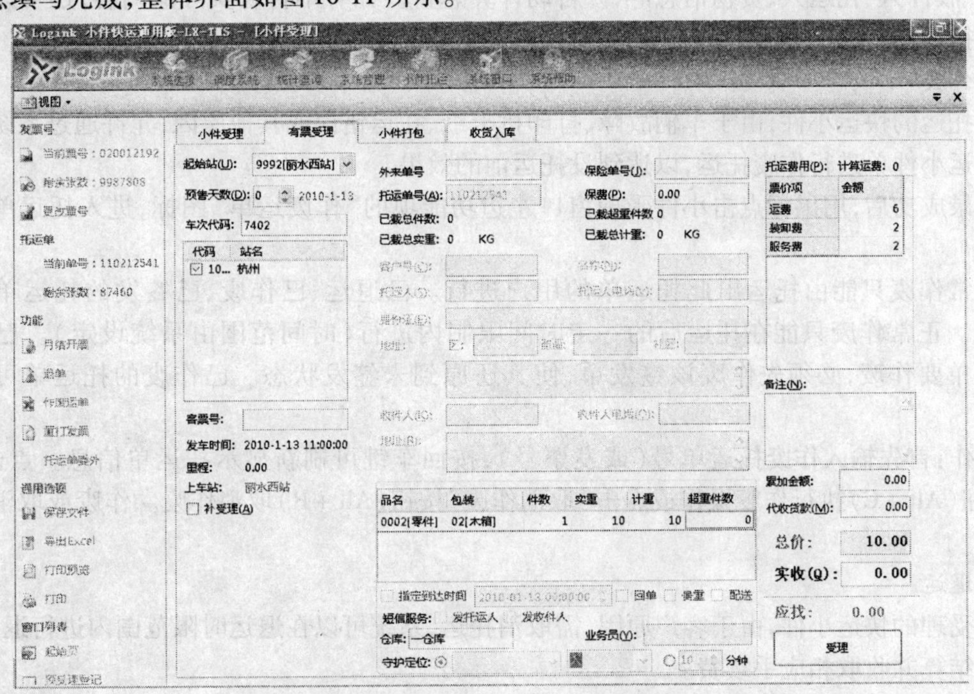

图 10-11　有票受理完成界面

4. 小件打包

系统可以将同一到达站（或同一车次）的 n 件小件打包成 m 件（$1<m<n$）。打包后，生成新的托运单，并自动入库。

进入系统后，显示界面为小件受理窗口界面，点击“小件打包”选项卡，进入小件打包窗口界面。

不同到达站的货物不能打包。不同时间的车次不能打包。打包后，原有小件标记为已签发状态。打包后的托运单不允许再次打包。打包后的件数要小于被打包的总件数。中转站的货物不能与非中转的货物进行打包。

操作:可先按托运单号、受理车次、站点、品名、包装类型进行查询。各查询条件为空时,则显示全部。在托运单列表中选择需打包的托运单,上方将显示打包后的打包单信息。确定被打包后的件数、托运人、收件人、托运单号、品名、包装等信息。单击打包按钮或快捷键(Alt + P)完成打包操作。当不能与上次所选托运单打包时,上次所选托运单将会自动被取消选中。

5. 收货入库

收货入库是预受理的后继处理过程,将上门收取的货物进行登记并入库,主要是为门到门、门到站、同城配送服务。

进入系统后,显示界面为小件受理窗口界面,点击“收货入库”选项卡,进入收货入库窗口界面。

根据预受理所选服务模式,自动选择服务模式。信息录入同小件受理。

操作:在预受理文本框处按回车键“Enter”,弹出未登记的预受理单界面。选取所要入库的托运单记录,按回车键“Enter”。关闭“预受理”窗口,同时,系统自动填充完受理界面,包括到达站、收件人、托运人、货物信息等,并自动计算总价。如有不符合实际的内容,还可以进行修改。按“受理”键完成收货入库操作。详细操作可参照小件受理。

6. 作废

已托运的快运小件,由于车辆故障、打印机卡纸、托运错误或其他原因,允许通过系统对托运的快运小件单进行作废托运,以达到没托运前的效果。

登录成功后,用鼠标点击小件受理窗口左边功能项的“作废运单”图标,进入托运单作废界面。

正常作废只能由托运出此托运单的用户进行。已退运、已作废、已签发的托运单不允许作废。正常作废只能在托运后的一定时间限制内进行(时间范围由系统设定)。已签发的托运单要作废,必须先作废该签发单,使其还原到未签发状态。已作废的托运单可取消作废。

操作:首先输入作废托运单号(或发票号),按回车键可刷新显示托运单信息。点击“废票”按钮(Alt + C)执行作废操作或点击“取消作废”按钮(Alt + R)取消作废。作废或取消作废完成。

7. 退运

已受理的快运小件,由于客户原因,需取消托运,系统可以在退运时限范围内进行退运,根据规定结算并收取相应手续费。

登录成功后,用鼠标点击小件受理窗体左边功能项的“退单”图标,进入托运单退运界面。

已退运、已作废、已签发的托运单不允许退运。退运完成后应打印退运手续费单据。退运时可以选择退运手续费。若已签发的托运单要退运,必须先作废该签发单,使其还原到未签发状态,方可取消退运。

操作:首先输入要退运或取消退运的托运单号(或发票号),按回车键可刷新显示托运单信息。在“手续费比例”栏处选择退款手续比例。凭证号自动为当前票号(可不输)。点击“退运”按钮(Alt + R),则退运成功。打印退票手续费单据或点击“取消退运”按钮(Alt + C)取消退运。操作完成。

8. 重打发票

因打印机卡纸等原因不能打印出正常的发票内容时,可以采用重打发票的方法快速简便地把当前托运单再次打印一次。

登录成功后,用鼠标点击小件受理窗口左边功能项的“重打发票”图标,进入托运单重打发票界面。

已退运、已作废、已签发的托运单不允许再次重打。被重打的发票将被作废。

首先输入要重打的托运单号(或发票号),按回车键可刷新显示托运单信息。点击“重打”按钮(Alt + P),重打成功,打印出新的发票,操作完成。

第二节　小件签发与登记

一、进入系统

登录成功后,点击主窗口上方的“小件托运”,依次选择“小件受理(C)”→“签发”,弹出起止票号输入框,小件签发员输入的开始票号必须与打印机上的票号一致,如果不一致会造成错号,结束票号为当前所领票的结束票号,如图 10-12 所示。

图 10-12　更改签发单号

签发单票号是由前缀和多位数字编号组成,计算机中的签发单票号,其前缀和数字都必须和签发单固有票号相同,比如 C20000,“C”即是前缀,20000 是数字编号。起始签发单号不能大于结束受理单号。

更改起始票号:系统要求受理单固有票号和打印票号必须一致,可能由于意外情况导致打印机上当前票号与系统不一致时,受理人员必须修改起始票号。

受理单的前缀和数字编号位数在“票证管理”子系统中设定,具体设定参见操作手册票证管理部分。

操作:在快捷工具栏中选择“更改票号”,弹出更改单号窗口,用户可直接输入前缀和数字部分,单击“确定”保存修改进入系统,单击“关闭”终止修改,退出签发界面。

二、签发

在签发时限内将已受理的小件确认发货,已托运的快运小件只能签发一次,本软件具有两种签发模式,即按托运单与按车次签发。

进入系统后即为签发界面,如图 10-13 和图 10-14 所示。

系统签发时,货物自动出库。已出库的货物不允许签发。

系统能实时显示客运站内待签发的托运小件信息，工作人员可以根据实际情况选择要出发的班车进行签发。

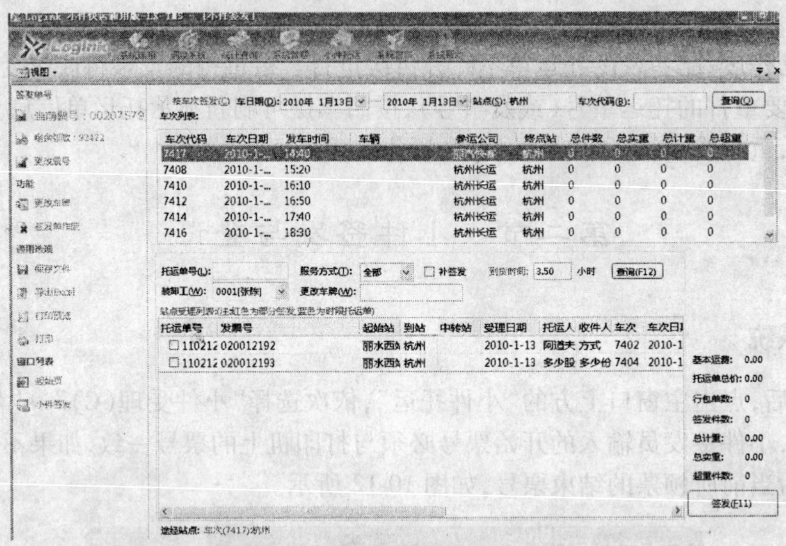

图 10-13 小件签发（按车次签发界面）

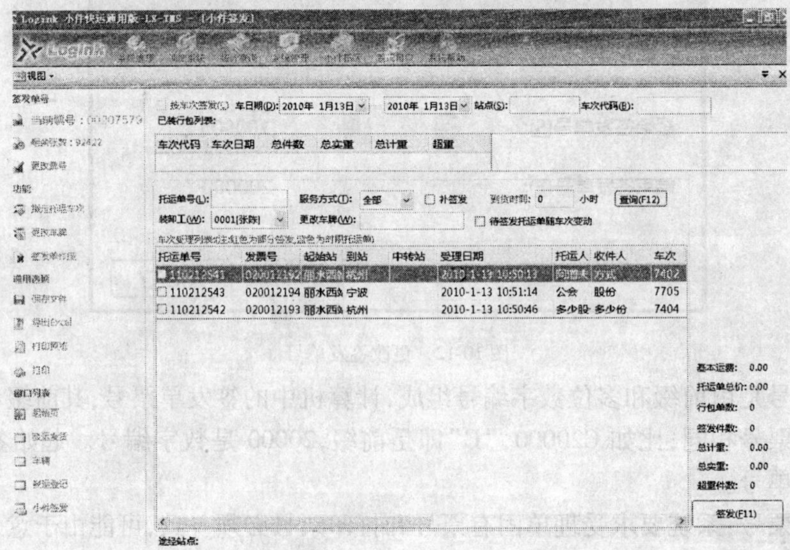

图 10-14 小件签发（按托运单签发界面）

系统根据选择的待签发车次显示该车次已签发的总件数、总计重、总实重，提醒工作人员是否还可以进行签发，避免车辆超重。

系统支持预签发，即在当天无车次或车次已受理满的情况下，可以把货物签发到明后天（具体预签发天数由系统设置）。

签发前指定票号，为计算机所用，此票号要与签发单上所预先印上的签发单号相对应。系统以后自动计数，但在发生打印故障后要重新确认两票号是否一致。

系统能根据设定自动调整打印签发单内容。

系统自动计算同车次待签发的小件托运单对应几张签发单，一张签发单中最多允许多少张托运单由系统参数控制。

操作（按车次签发）：输入到达站，按回车键“Enter”，查询出所选时间段内的车次。选择所要签发的车次，同时托运单列表将会自动显示出经过所选车次可售站点的托运单。勾选所要签发的托运单。按“签发”或快捷键“F11”，签发货物。

操作（按托运单签发）：勾选所要签发的托运单，按“签发”或快捷键“F11”，签发货物。

注意：“待签发托运单随车次变动”，其功能类似于指定车次，但此功能在签发时可以灵活使用。使用方法：先勾选某个托运单，再勾选“待签发托运单随车次变动”，然后勾选经过同一到达站的其他托运单。

操作（补签发）：当所勾选托运单在按“签发”键后，如果提示“已过正常签发时间”时，将要勾选 ☑ 补签发 。按“签发”或快捷键“F11”，补签发货物完成。

三、作废

由于车辆故障、打印机卡纸、签发错误或其他原因，允许通过系统对已签发的快运小件单进行作废签发，以达到没签发前的效果。

登录成功后，用鼠标点击主窗口上方的“小件签发”图标，依次选择“小件受理（C）”→“作废”，进入签发单作废界面。

正常作废只能由签发出此托运单的用户进行。正常作废只能在签发后的一定时间限制内进行（时间范围由系统设定）。已作废的签发单不允许作废。强行作废不受时间约束，但需已授权的用户才能进行该操作。签发单作废后，原先参与签发的托运小件可以再一次被签发。签发单作废时，允许部分托运单作废，此时将会打出新的签发单，原先的签发单被作废。

操作：输入需要作废的签发单号，按回车键“Enter”显示该签发单的详细信息。勾选所要作废的托运单（或自动勾选全部托运单，需设置系统参数“是否允许多次签发”），点击“作废”按钮（快捷键 Alt + C）完成作废。

四、指定托运车次

当托运的快运小件对应的车次由于故障临时停班或已超重时，快运小件单在旅客手中不能退或废。通过系统可以为这些快运小件单重新指定托运车次，同时将更改记录，并在系统中进行存储。

登录成功后，用鼠标点击主签发窗口左边功能项的 指定托运车次 图标，进入指定托运车次界面。指定的托运车次必须经过原先车次受理的目的地，也就是有停靠点（或强制指定到不是途经站的车次）。指定的托运车次必须是在当前时间之后的，并且是站内正常运营的班次。在当天无其他车次的情况下，允许指定明后天的车次进行托运。可以查看指定的托运车次当前已受理的小件数量，以判断是否会超载。

操作：选取需要指定车次的托运单，这里可以通过日期、站点、受理车次、行包单号等进行查询。选择指定的车次可通过预售天数、站点、车次代码进行查询。按下“确定”按钮（Alt + O）提交指定。操作完成。

五、更改车牌

当环境车次中的运行车辆车牌与实际运行车辆的车牌不符时，需进行更改车牌操作，以保证统计结算时报表数据正常。

登录成功后，用鼠标点击签发窗口左边功能项的 更改车牌 图标，进入更改车牌界面。

所要更改的车牌号须在客运数据库中存在。选取车牌号时，可以进行模糊查询，如“浙A123”，只需输入“123”即可。

操作：输入签发单号，按回车键“Enter”，显示当前签发单的详细信息。按回车键“Enter”后，输入车牌号，再按回车键“Enter”，将以下拉框形式来显示车辆信息，双击所选车辆或按回车键“Enter”来选取车辆。可以更改货物装车时间（或到货时间）。按“确定”，完成车牌更改。

六、小件登记

货物到达时，根据提供的单据号自动登记货物和客户等相关信息，用以确定到达的货物是否符合同时入库，通过该操作将到达本站的货物信息转入本地，并将到货信息反馈给发货站。

登录成功后，用鼠标点击主窗口上方的“小件托运”图标，依次选择“小件登记（D）”进入小件登记界面。

注意：显示到货记录中红色记录为有处理时限要求的货物，应尽可能地安排处理。点击左边快捷工具栏的“刷新”按钮可显示所有到货记录。

小件登记分为两种，一种是终点站到货，即以本站为终点站的登记后运输，流程完成可通知客户提货；另一种是中转到货，即以本站为中转站登记后转入发货仓库准备进行下一阶段的运输。

未登记：所有到货但未进行登记的货物信息。

已登记：对于分多次到货的，在货物没有全部到达本站前显示为已登记。

全部入库：对以单件货物或者分多次到货的单笔托运在全部到达后显示为全部入库。

在记录列表区域单击鼠标右键，在弹出快捷菜单中选择“登记”或点击快捷工具栏中的“登记”命令，如本站为到达站，弹出窗口如图 10-15 所示。

图 10-15　托运单信息界面

如本站为中转站，则弹出窗口如图 10-16 所示。

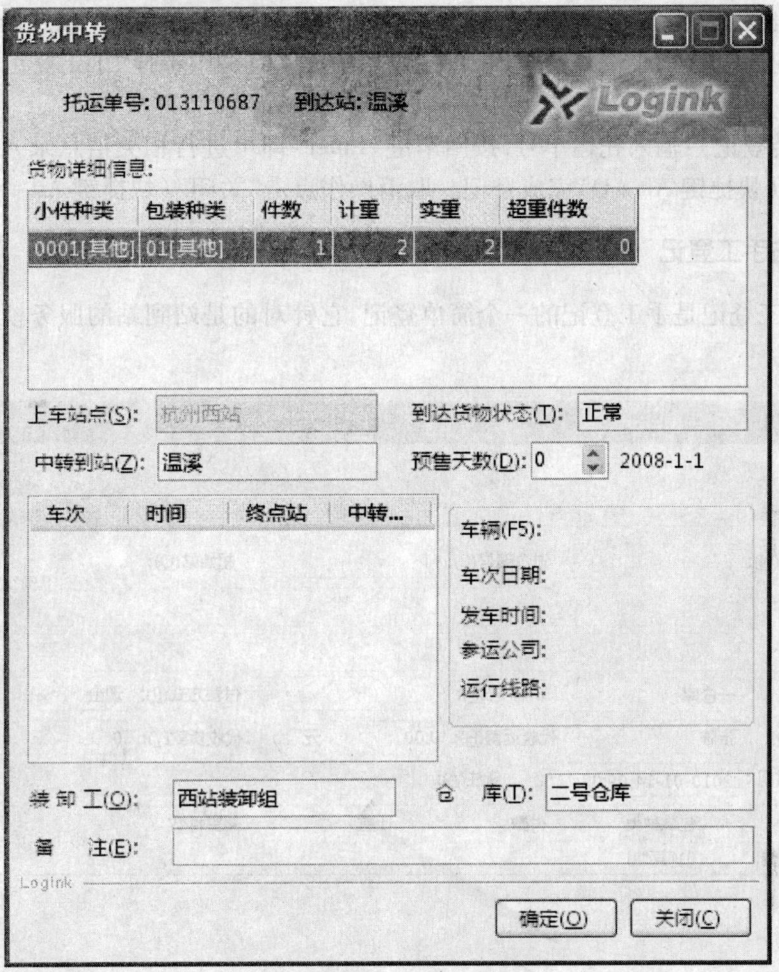

图 10-16　货物中转界面

到货登记后，若信息有误，可以在权限范围内进行修改。

打包的托运单内部的明细托运单在未拆包时不允许登记。

到达登记可以直接输入托运单信息，这样，在网络故障时或起始站数据未发送过来时，业务流程也可以正常继续进行。

登记后自动进行入库操作。

操作（到货登记）：选择搬运工和到货仓库，各输入框之间可使用“Tab”键进行顺序切换，也可以使用快捷键直接进行切换。点击“入库”按钮（快捷键 Alt + R）完成登记。取消操作点击“关闭”（快捷键 Alt + C）。

操作（中转登记）：选择到达站、预受理天数，按回车键“Enter”，网格中显示相应车次信息，选中查看车次详细信息。选择搬运工和到货仓库，各输入框之间可使用“Tab”键进行顺序切换，也可以使用快捷键直接进行切换。点击“确定”按钮（快捷键 Alt + Q）完成登记。取消操作点击“关闭”（快捷键 Alt + C）。

七、手工登记

手工登记只能在数据交换中心发生严重故障时应急使用。如果是站到站的服务模式，而且不是中转,建议用站到站的手工登记。

在记录列表区域单击鼠标右键,在弹出快捷菜单中选择“到货登记”或点击快捷工具栏中的“到货登记”按钮,进入小件登记页面,在左边的快捷工具栏中选择“手工登记”,便会弹出手工登记窗口。

操作(中转登记):输入托运单号,按回车键“Enter”即可进行相关信息录入。完成录入点击“入库”按钮(快捷键 Alt + Q)完成登记。取消操作点击“关闭”(快捷键 Alt + C)。

八、站到站手工登记

站到站手工登记是手工登记的一个简单登记,它针对的是站到站的服务模式,如图 10-17 所示。

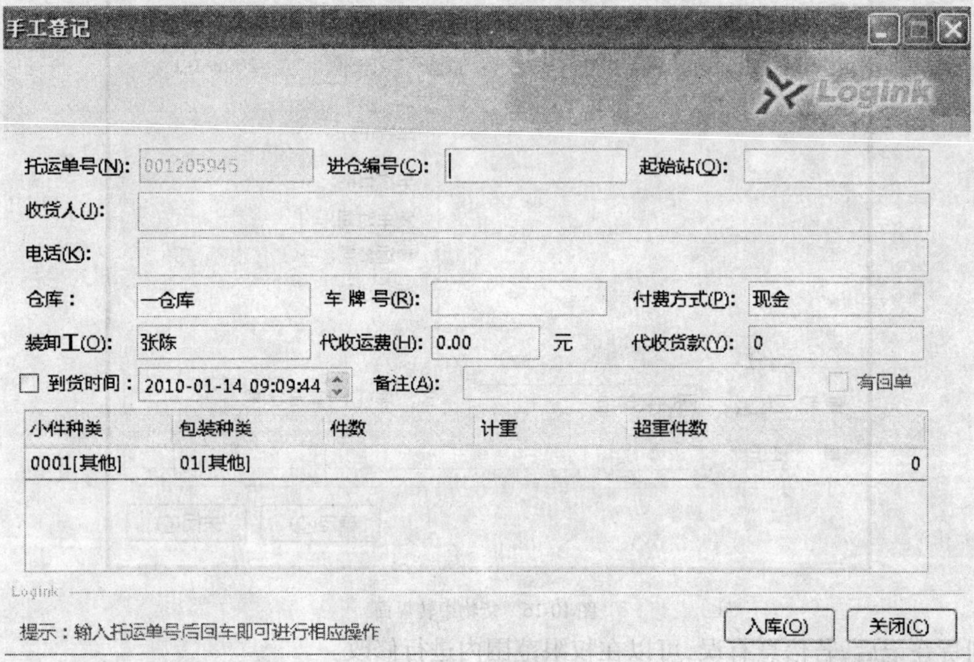

图 10-17　站到站手工登记界面

操作(站到站手工登记):如果有进仓编号,就输入;如果没有就直接按回车键“Enter”跳到起始站。起始站是一定要输入的。收货人信息和电话一般都是需要填的,不需要时也可以不填。只要进入“系统选项”菜单中选“系统选项”的小件托运选项卡,在里面把提货人信息是否必填的打钩即可。小件的件数和计重是必填的。完成录入后,点击“入库”按钮(快捷键 Alt + Q)完成登记。取消操作点击“关闭”(快捷键 Alt + C)。

建议:这里的操作推荐用键盘来完成,用户使用回车键“Enter”来调光标。

九、小件拆包

此功能只适合于对从交换平台过来的打包数据进行拆包。手工登记和站到站手工登记不具有这个功能。

操作(小件拆包):一开始的操作和登记一样,跳出界面如图 10-18 所示。选择好装卸工和仓库,点击“入库”按钮即可入库。

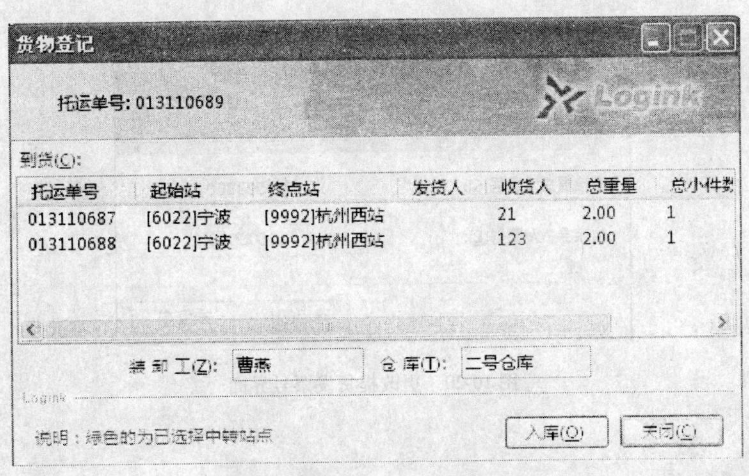

图 10-18　小件拆包货物登记界面

第三节　小件领取、配送与跟踪

一、小件领取

根据提货人的身份进行提货确认，根据当前提取时间确定是否收取保管费，打印提货发票，并对信息进行存储记录，同时发送到货提取信息到运管的数据中心，通过数据中心传送到发货地的托运点，告知货物已经提取，完成此笔交易。

登录成功后，用鼠标点击主窗口上方的“小件托运”图标，依次选择“小件领取(F7)”进入小件领取界面，如图 10-19 所示。

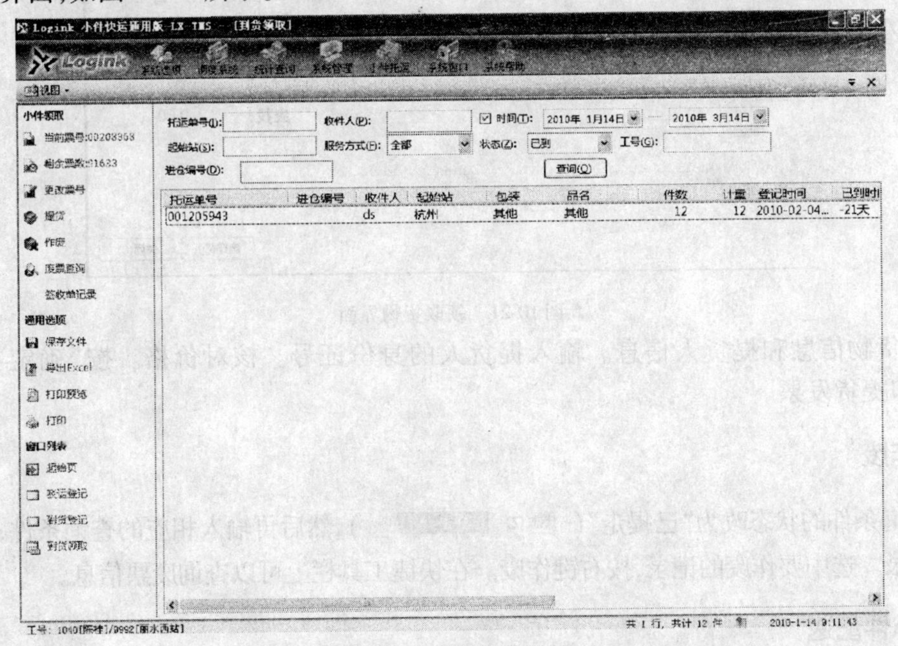

图 10-19　到货领取界面

核对当前票号，如果和实际票号不一致，则在快捷工具栏上点击“更改票号”，查询客户提供的条件，查询相关货物信息，如图 10-20 所示。

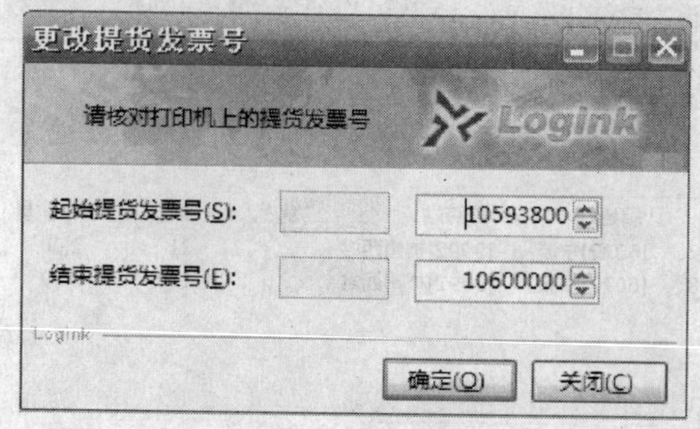

图 10-20　更改提货发票号界面

二、提货

由提货人到相应站点支付相应费用后提取货物，并打印提货单。

在记录列表区域单击鼠标右键，在弹出快捷菜单中选择“提货”，或点击快捷工具栏中的“提货”，或者选择一条记录按回车键或双击选中记录，弹出窗口如图 10-21 所示。

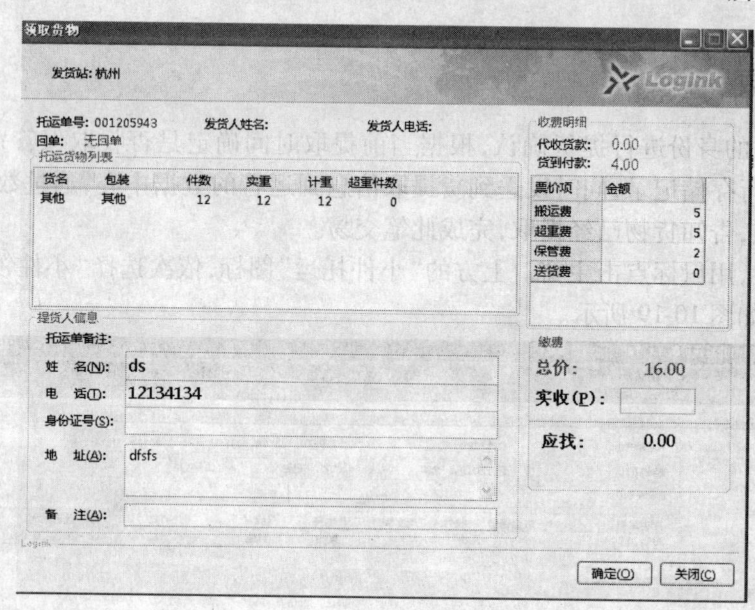

图 10-21　领取货物界面

核对货物信息和提货人信息。输入提货人的身份证号。核对价格。按“确定”，提货完成，并打印提货发票。

三、作废

把查询条件的状态改为“已提走”（状态(Z) 已提走），然后再输入相应的查询条件，找到将要作废的记录。选中要作废的记录，按右键作废。在快捷工具栏上可以查询废票信息。

四、小件配送

登录成功后，点击主窗体上方的“小件托运”，选择“配送调度”，弹出起止票号输入框，小件配送员输入的开始票号必须与打印机上的票号一致，如果不一致会造成错号，结束票号为当前所领票的结束票号，如图 10-22 所示。

更改驳运清单号

请核对打印机上的驳运清单号

起始驳运清单号(S):　0

结束驳运清单号(E):　0

确定(O)　关闭(C)

图 10-22　更改驳运清单号界面

配送单票号是由前缀和多位数字编号组成，计算机中的配送单票号，其前缀和数字都必须和配送单固有票号相同，比如 P10000，“P”即是前缀，10000 是数字编号。起始配送单号不能大于结束配送单号。

更改起始票号：系统要求受理单固有票号和打印票号必须一致，可能由于意外情况导致打印机上当前票号与系统不一致时，受理员必须修改起始票号。

受理单的前缀和数字编号位数在“票证管理”子系统中设定，具体设定参见操作手册票证管理部分。

操作：核对当前票号和实际票号，如果和时间票号不一样，则应该把当前票号修改成时间票号，单击“确定”进入配送窗口，如图 10-23 所示。

进入配送窗口后，如果要修改票号，在快捷工具栏中选择“更改票号”，弹出更改单号窗口，用户可直接输入前缀和数字部分。

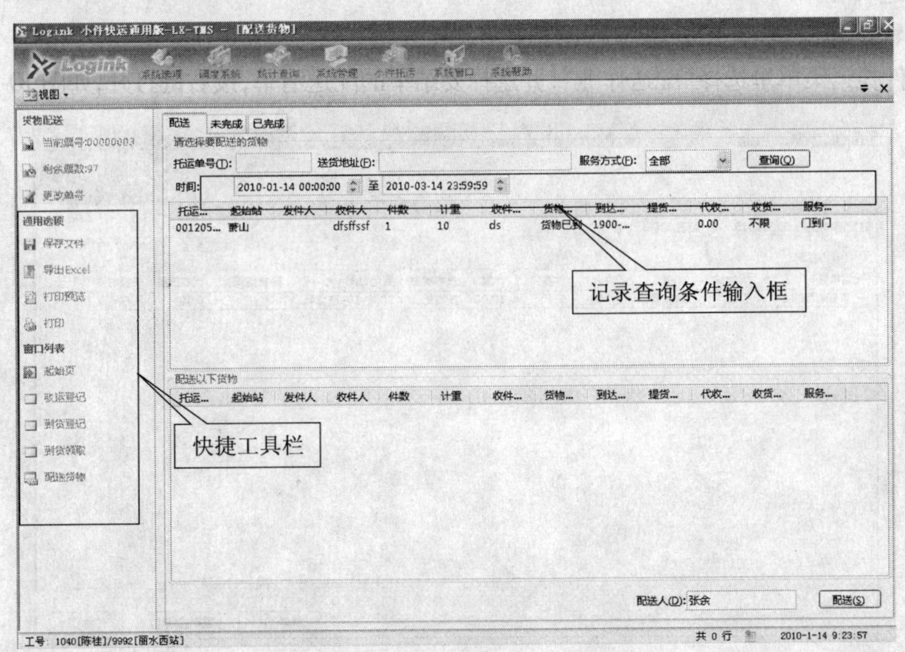

图 10-23　配送货物界面

1. 配送调度

在记录查询条件输入框中输入对应的查询条件，单击“查询”按钮（快捷键 Alt + Q）查询需配送的货物记录。双击要配送的货物，记录会移动到清单中去，如图 10-24 所示。

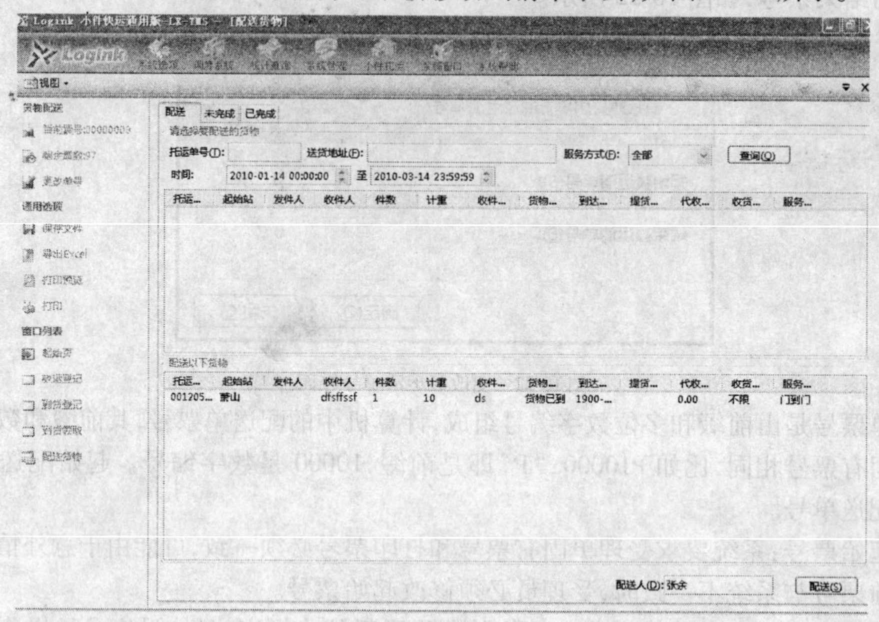

图 10-24　配送调度界面

如添加错误，可在配送清单中选择对应记录，双击该条记录，该记录就会在配送清单里移除。检查配送清单无误后，点击"配送"按钮(快捷键 Alt + S)打印配送清单。如果要作废配送清单，单击"未完成"选项卡，显示配送中货物记录。

根据配送清单号找到要作废的配送清单，按右键点击"撤销"。

2. 配送作业

当货物配送完成后，用户需进行结单操作。

在小件托运菜单里选择"配送作业"，并选择要结单的配送清单，按右键打开，如图 10-25 所示。

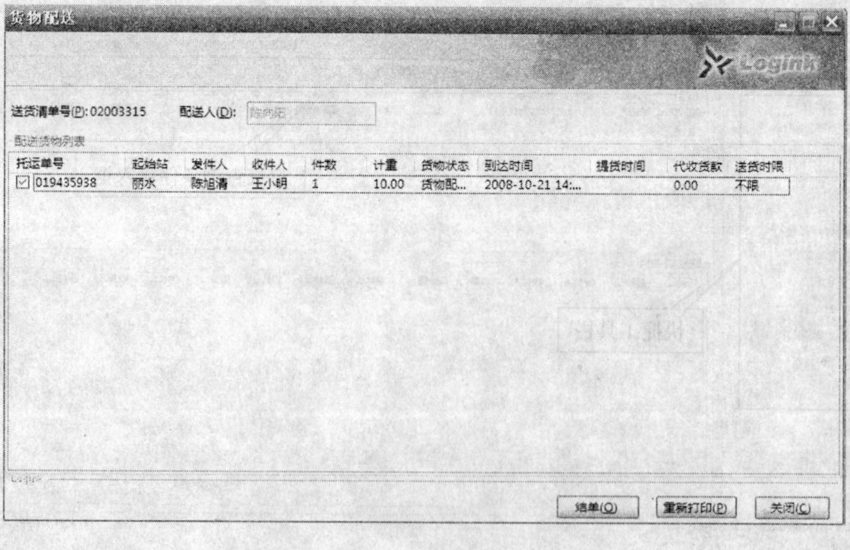

图 10-25　货物配送界面

双击货物配送界面中的记录。确认收货人的信息，如有不符，可以进行修改。确认完毕后，单击"结单"按钮，配送流程结束。

五、托运单查询

登录成功后，点击主窗口上方的“小件托运”，选择“托运单查询”，显示货物跟踪界面，如图 10-26 所示。

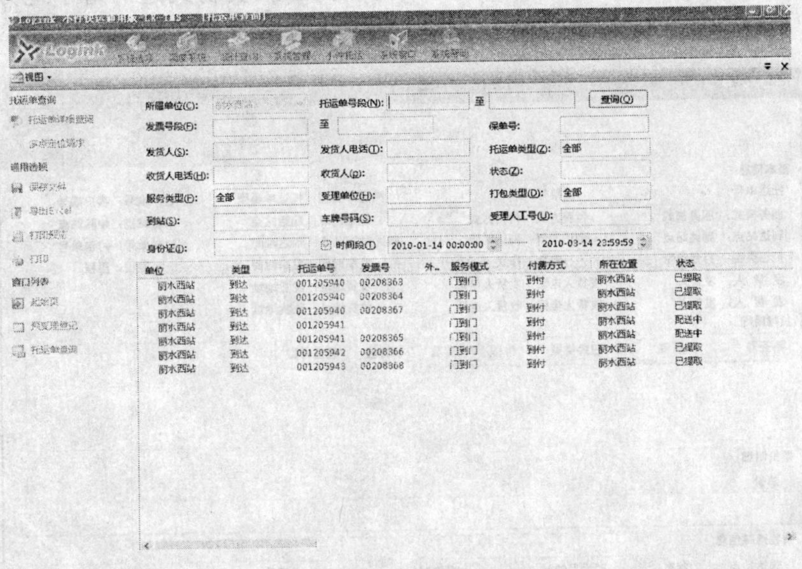

图 10-26　托运单查询界面

在“托运单号（N）”文本框中输入要查询货物的托运单号，单击“查询”按钮（快捷键 Alt + Q）或者回车键（Enter）即可查询该托运单当前的状态。双击列表中的记录，可显示详细信息，如图 10-27 所示。

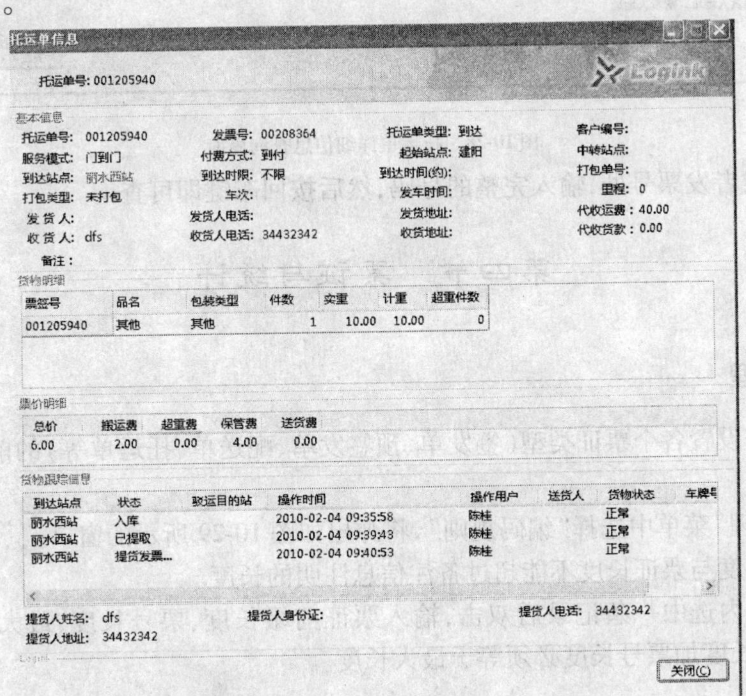

图 10-27　托运单信息界面

点击“关闭”按钮（快捷键 Alt + C）关闭窗口。

六、托运单详细查询

托运单详细查询主要用于客户服务，它有两个查询条件，即托运单号和发票号两个查询条件，主要有托运单的基本信息、托运单的票价和货物，以及货物到过的每个地方的操作，如图10-28所示。

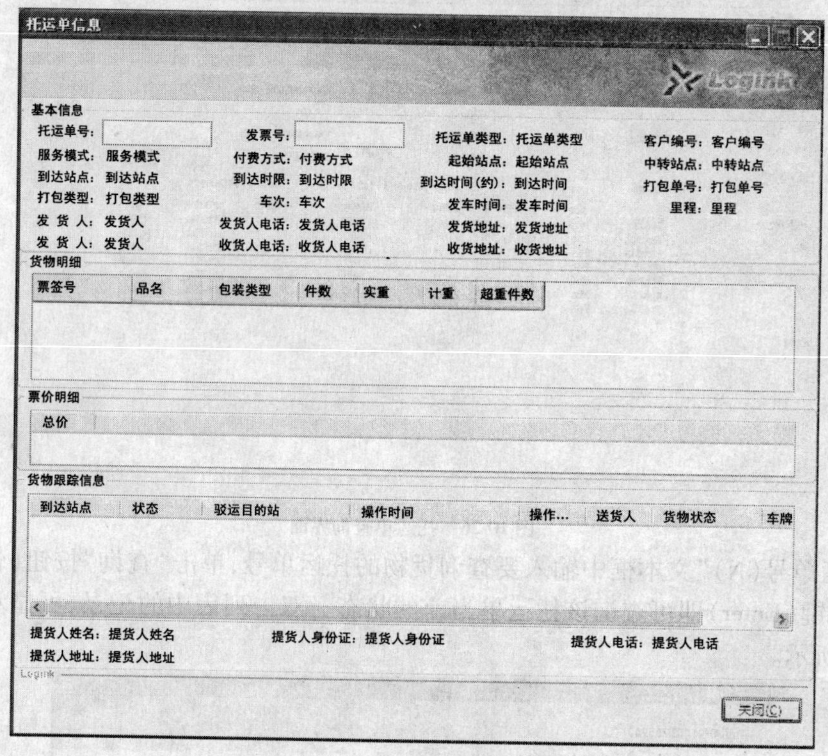

图10-28　托运单详细信息查询界面

在托运单或者发票号处，输入完整的号码，然后按回车键即可查询。

第四节　票证与统计

一、票证管理

票证管理需设置各个票证类型（签发单、预签发单、配送单、托运单等）的前缀长度与票证长度。

从“系统管理”菜单中选择“编码规则”，将弹出如图10-29所示的窗口。

票证前缀长度与票证长度不能超过备注信息注明的长度。

在票证列表内选中一条记录后双击，输入票证前缀长度、票号长度、最大长度，点击“确定”即可。前缀长度加票号长度必须等于最大长度。

二、票证领用

从“系统管理”菜单中选择“票证领用”。

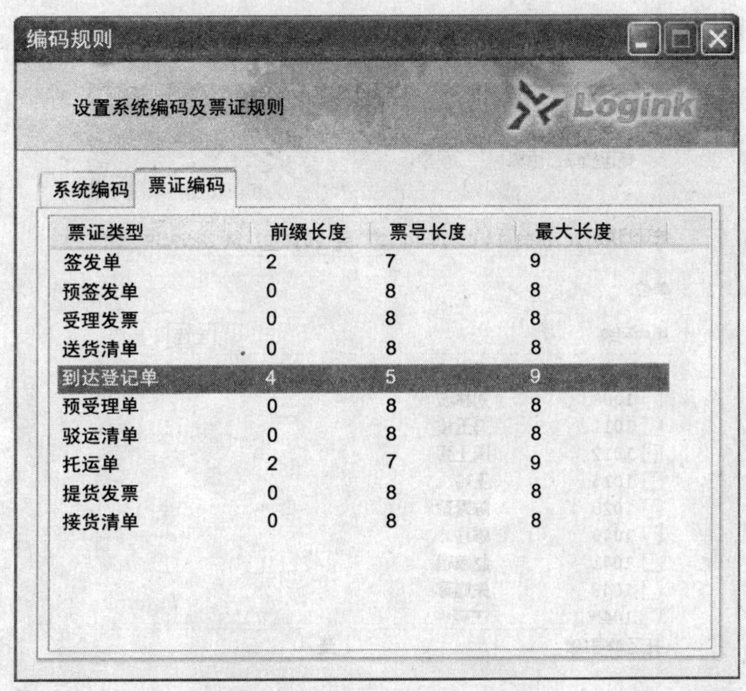

票证类型	前缀长度	票号长度	最大长度
签发单	2	7	9
预签发单	0	8	8
受理发票	0	8	8
送货清单	0	8	8
到达登记单	4	5	9
预受理单	0	8	8
驳运清单	0	8	8
托运单	2	7	9
提货发票	0	8	8
接货清单	0	8	8

图 10-29　设置系统编码及票证规则界面

1. 领票登记

点击“系统管理”里面的“票证领用”或在左侧功能栏中点“领用”。在领票人框中，点击选择领票人。下拉票证类型框，选择该领票人所要领取的票证类型，确定当前领票时间，输入前缀、起始票号、结束票号，其长度不能超过“票证管理”中所设置的长度及备注信息。按“确定”保存完成操作，按“关闭”按钮关闭本窗口。

2. 编辑票证信息

在票证信息列表中选中某条票证信息，双击或点击鼠标右键或单击左边的工具条“票证领用”编辑图标，弹出编辑窗口。只能编辑起始票号、结束票号、备注文本框。按“确定”按钮保存修改的信息，同时关闭编辑窗口完成操作。

3. 删除票证信息

当该票证处于启用状态时，票证管理员不能删除该条票证信息。

在票证信息列表中选中一条或多条要删除的信息，点击鼠标右键或点击左边票证领用管理中的“删除”，弹出系统提示框窗口，确定是否要删除，按“是”删除此信息，按“否”返回原窗口。

三、查询票证

在“票证类型”列表中选择某一票证类型，默认是“全部”。在“领票员”列表中选择某一用户名，默认是“全部”。在票号文本框中输入票号。在领票时间处选择起始时间与结束时间。按“查询”按钮查询票证信息，数据将显示在票证数据列表中。

四、受理员每日结算

登录成功后，在主窗口上方的“统计查询”菜单中选择“营收报表”下的“受理员每日结算”,可以弹出如图10-30所示的界面。

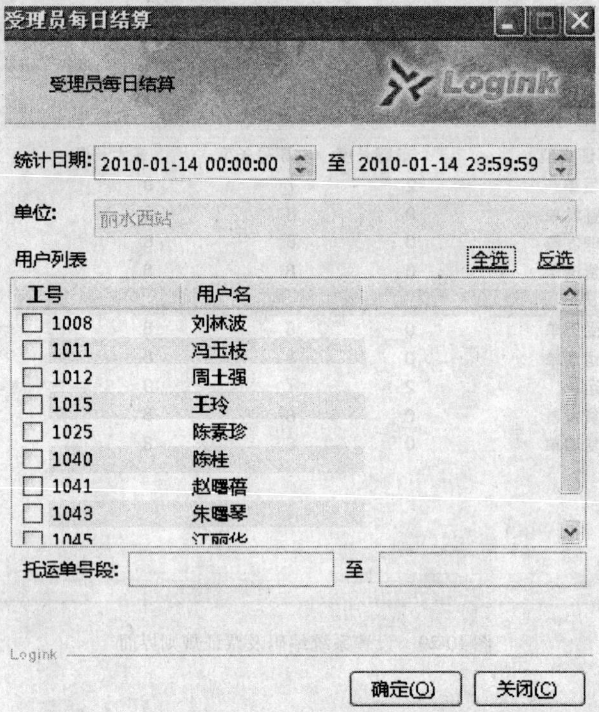

图10-30 受理员每日结算界面

选择要查询的日期段。选取单位,用户列表跟随所选单位进行筛选。选择需要结算的受理员,如果是选全部受理员,则点击按钮“全选”(“反选”即与当前的选择相反),如果要选择部分行包员,则在未选中行包员中选择部分行包员。点“确定”进行查询,点“关闭”退出该界面。

五、受理员受理营收简报

受理员受理营收简报分别列出每个行包员的受理单,受理明细收费项及退、废单的票款。其界面及操作方法与“受理员每日结算”相同。

六、营收汇总报表

营收汇总报表是集受理员受理营收与到货营收于一体的报表。其界面及操作方法与“受理员每日结算”相同。

七、受理营收分类查询简报

受理营收分类查询简报与受理员受理营收简报一样,只是其更加详细,可按业务类别、车票类别、收款类别、客户分类、计重分类进行查询,如图10-31所示。

其操作与“受理员每日结算”大致相同,区别在于要选择“项目分类”项,按不同的条件查询出相应的报表。注意:按“计重分类”查询时,需输入起始重量与结束重量,例如1-10,11-20。

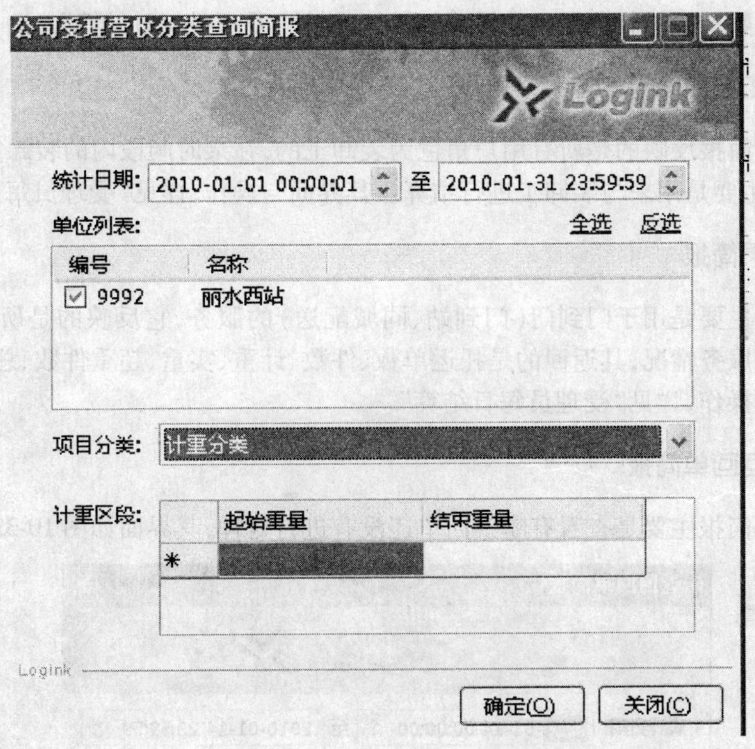

图 10-31　受理营收分类查询简报界面

八、到货营收分类查询简报

到货营收分类查询简报与到达受理营收简报一样,只是其更加详细,可按始发站分类、计重分类进行查询。其界面与操作,详见“受理营收分类查询简报”。

九、签发员签发简报

签发员签发简报反映的是签发员签发情况,它返回的是签发件数、退单数、废单数、应结费用及签发明细收费项,包括签发单数、作废单数、托运单数、件数、计重、实重、超重、应结运费等。其界面与操作,详见“受理员每日结算”。

十、签发员每日签发简报

签发员每日签发简报可查询出签发员当天或某一天所签发的签发单详细信息,包括签发单数、签发单票号段、作废单数、作废签发单票号、托运单数、件数、计重、实重、超重、应结运费等。其界面与操作,详见“受理员每日结算”。

十一、到达受理员每日结算

到达受理员每日结算反映的是受理员当前受理的营收情况及交款金额,它返回的是站点的受理件数、退单数、废单数、件数及明细收费项。其界面与操作,详见“受理员每日结算”。

十二、到达受理营收简报

到达受理营收简报反映的是受理员办理的到货营收情况,它返回的是站点的受理件数、退单数、废单数、件数及明细收费项。其界面与操作，详见“受理员每日结算”。

十三、装卸工装卸简报

装卸工装卸简报反映的是所有用户角色为装卸工的，在某时间段内的装卸货物的情况，它返回的是件数，主要是用来与装卸工进行结算。其界面与操作，详见“受理员每日结算”。

十四、业务员简报

业务员简报主要是用于门到门（门到站、同城配送）的服务，它反映的是所有业务员在某时间段内的上门服务情况，其返回的是托运单数、件数、计重、实重、超重件数、总票款及明细收费项。其界面与操作，详见“受理员每日结算”。

十五、未返回回单简报

未返回回单简报主要是查看有哪些回单还没有进行处理，其界面如图 10-32 所示。

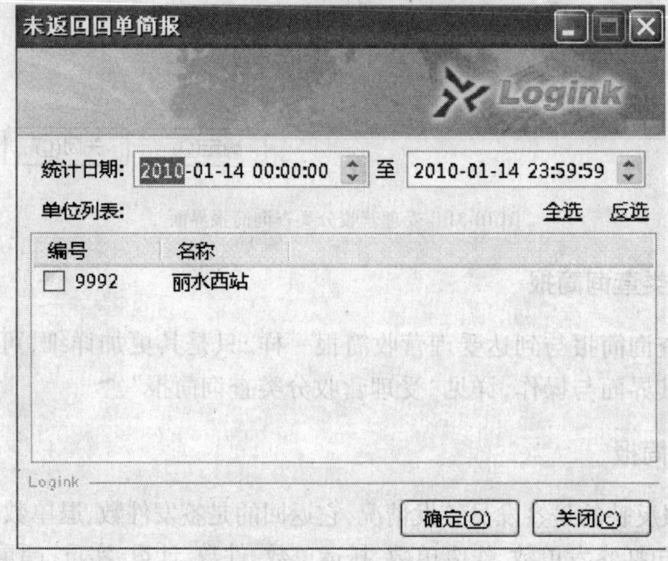

图 10-32　未返回回单简报界面

十六、破损货物统计简报

破损货物简报主要是统计到站里的货物哪些是破损的。其界面与“未返回回单简报”一样。

十七、清仓简报

清仓简报主要是针对到达货物、受理货物及同城配送的货物，是否已提走、发走，或是否已送到客户家里。

十八、延迟简报

延迟简报主要是针对在某段延迟时间内没有完成的货物，主要是送货和发运的货物信息，其界面如图 10-33 所示。

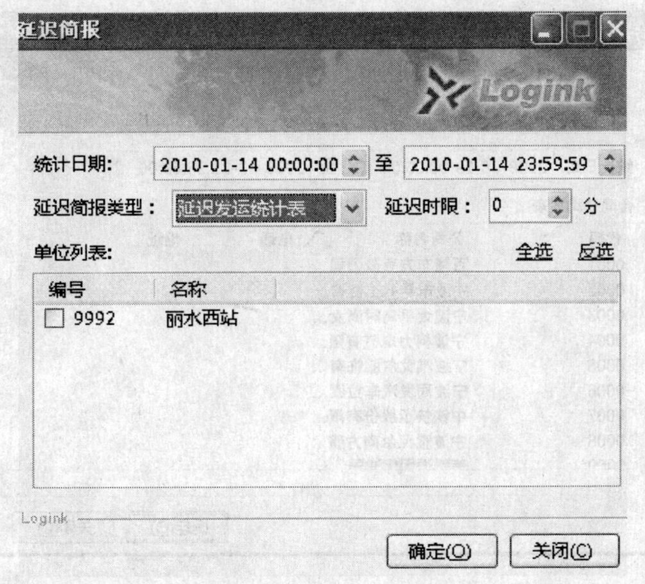

图 10-33　延迟简报界面

十九、票证领用汇总简报

票证领用汇总简报是为了统计在某个时间段内,有哪些用户领了票证。其界面与“未返回回单简报”一样,如图 10-34 所示。

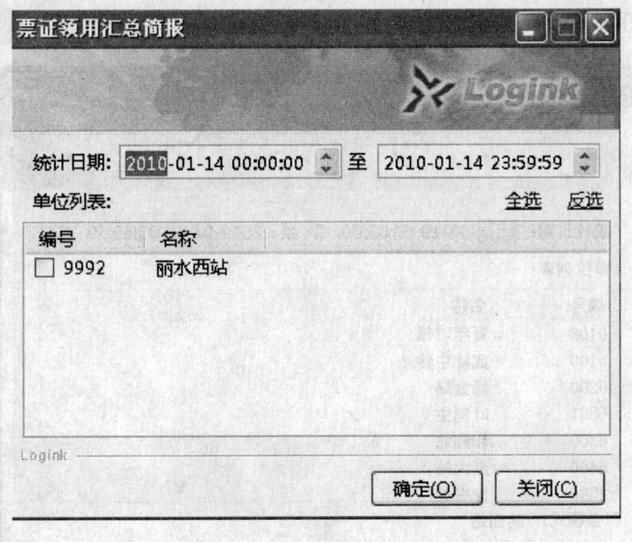

图 10-34　票证领用汇总简报界面

二十、合同客户简报

合同客户简报反映的是所有合同客户所托运的货物清单,它返回是的到达站、收货人(单位)、件数、实重、体积、运费、其他费等。其主要用于合同客户月底结算。

在登录成功后,在主窗口上方的“统计查询”菜单中选择“统计报表”下的“合同客户简报”,可以弹出如图 10-35 所示的界面。

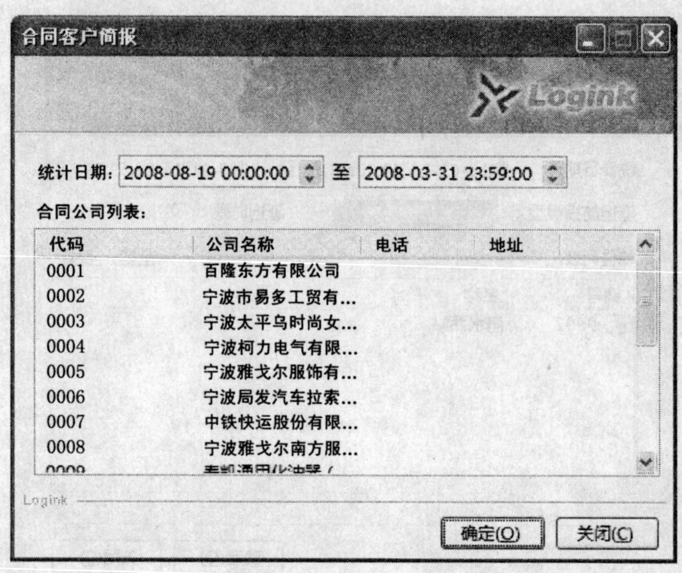

图 10-35　合同客户简报界面

二十一、到货入出库清单

到货入出库清单反映的是站点或网点到达货物的入出库情况，它返回的是始发站、品名、包装、件数、重量、收货人信息、入库时间、仓位、托运单号等。

在登录成功后，点击主窗口上方的“统计查询”菜单，选择“统计报表”下的“到货入出库清单”，可以弹出如图 10-36 所示的界面。

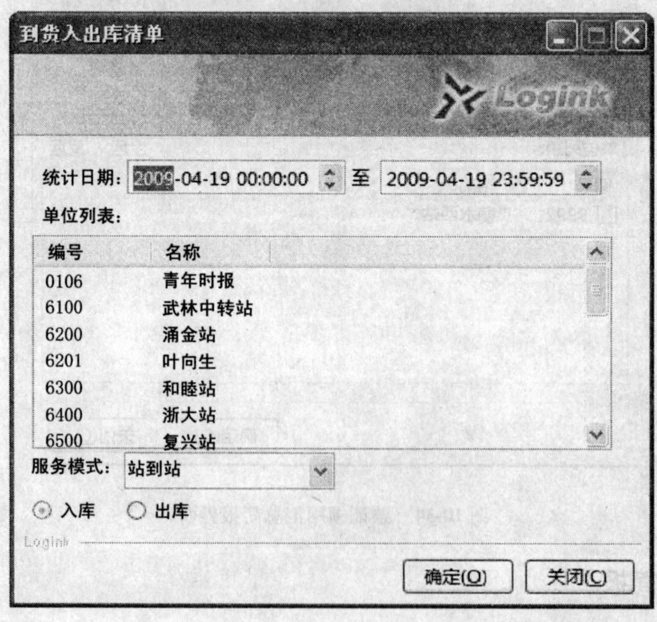

图 10-36　到货入出库清单界面

二十二、到货站点提取简报

到货站点提取简报反映的是所有站点的小件到货登记入库情况，它返回的是受理单数、件数、实重、计重、超重件数。其界面与操作，详见“受理员每日结算”。

二十三、站点受理简报

站点受理简报反映的是所有站点的小件受理情况，它返回的是受理单数、件数、实重、计重、超重件数、总票款及受理明细收费项。其界面与操作，详见“受理员每日结算”。

二十四、站点签发简报

站点签发简报反映的是所有站点的小件签发情况，它返回的是签发单数、签发托运单数、件数、实重、计重、超重件数及应结运费等信息。其界面与操作，详见“受理员每日结算”。

二十五、车辆受理简报

车辆受理简报反映的是车辆的小件受理情况，它返回的是车辆的受理件数、退单数、废单数、应结费用及签发明细收费项。其界面与操作，详见“受理员每日结算”。

二十六、车辆签发简报

车辆签发简报反映的是车辆的行包签发情况，它返回的是车辆的签发件数、退单数、废单数、应结费用及签发明细收费项。其界面与操作，详见“受理员每日结算”。

二十七、参运公司受理简报

参运公司受理简报反映的是参运公司受理的小件情况，它返回的是受理单数、件数、实重、计重、超重件数、总票款及受理明细收费项。其界面与操作，详见“受理员每日结算”。

二十八、参运公司签发简报

参运公司签发简报反映的是参运公司签发的小件情况，它返回的是签发单数、签发托运单数、件数、实重、计重、超重件数及应结运费等信息。其界面与操作，详见“受理员每日结算”。

二十九、拆账公司受理简报

拆账公司受理简报反映的是拆账公司受理的小件情况，它返回的是受理单数、件数、实重、计重、超重件数、总票款及受理明细收费项。其界面与操作，详见“受理员每日结算”。

三十、拆账公司签发简报

拆账公司签发简报反映的是拆账公司签发的小件情况，它返回的是签发单数、签发托运单数、件数、实重、计重、超重件数及应结运费等信息。其界面与操作，详见“受理员每日结算”。

三十一、线路受理简报

线路受理简报反映的是线路受理的小件情况，它返回的是受理单数、件数、实重、计重、超重件数、总票款及受理明细收费项。其界面与操作，详见“受理员每日结算”。

三十二、线路签发简报

线路签发简报反映的是线路签发的小件情况，它返回的是签发单数、签发托运单数、件数、实重、计重、超重件数及应结运费等信息。其界面与操作,详见“受理员每日结算”。

三十三、车次受理简报

车次受理简报反映的是车次受理的小件情况,它返回的是受理单数、件数、实重、计重、超重件数、总票款及受理明细收费项。其界面与操作,详见“受理员每日结算”。

三十四、车次签发简报

车次签发简报反映的是车次签发的小件情况,它返回的是签发单数、签发托运单数、件数、实重、计重、超重件数及应结运费等信息。其界面与操作,详见“受理员每日结算”。

三十五、参运公司结算简报

参运公司结算简报反映的是各个承运公司与车站方的折算比例及他们应得的应结费用的简报。其界面与操作,详见“受理员每日结算”。

三十六、配送公司结算简报

配送公司结算简报反映的是各个配送公司与车站方的接送费的结算简报。业务类型分受理与到货,报表类型分汇总与明细。其界面与操作,详见“受理员每日结算”。

三十七、站点结算简报

站点结算简报反映的是门到门(站到门)服务的各站点的送货费、中转费的结算简报。结算类型分受理与到货,报表类型分汇总与明细。其界面与操作,详见“受理员每日结算”。

三十八、网点结算简报

网点结算简报反映的是代理网点的应结接送货费的结算简报。业务类型分受理与到货,报表类型分汇总与明细。其界面与操作,详见“受理员每日结算”。

三十九、装卸结算简报

装卸工结算简报反映的是各站点(或网点)的装卸工在托运与到达时装卸货物费用的结算简报。报表类型分汇总与明细。其界面与操作,详见“受理员每日结算”。

复习思考题

1. 客户李斯有一件货物从汽车西站托运,收货人是衢州的王伍,要求当天送达。请在小件快运系统中为这一笔托运进行预受理登记。
2. 请在小件快运通用软件中为李斯的货物托运进行预受理调度操作。
3. 李斯托运的小件货物发运后,请对其进行签发。
4. 假设李斯托运的小件货物指定车次出现了故障,请为其重新指定托运车次。
5. 请在小件快运通用软件中完成收货人王伍的提货操作。
6. 请查询李斯托运的货物提货情况。
7. 请在小件快运通用软件中查询受理营收分类查询简报。
8. 请在小件快运通用软件中查询到货入出库清单。

第四篇

集装箱运输业务信息化

第十一章　集装箱运输软件安装与交换配置

第一节　集装箱运输软件安装及配置

本节主要进行集装箱运输软件的安装，并进行数据库、服务器、客户端的配置，为企业应用集装箱运输软件打好基础，以提高企业的物流信息应用能力和自身经营水平。

一、插入安装光盘执行自动安装

插入安装光盘，点击 run. bat 批处理文件，弹出安装界面，如图 11-1 所示。

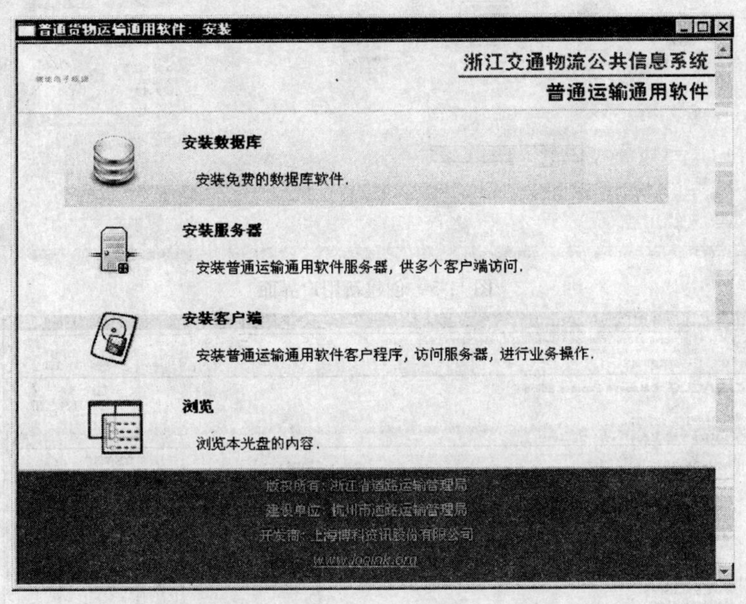

图 11-1　安装界面

二、执行安装数据库

在如图 11-1 所示的界面，点击“安装数据库”，弹出数据库安装界面，点击“OK”进行安装。

三、配置数据库用户

启用数据库主页，如图 11-2 所示。输入相应的用户名、密码，登录数据库系统。在管理功能中，点击创建新用户，如图 11-3 所示。出现新的数据库用户创建界面，如图 11-4 所示，填入信息，创建新的数据库用户。

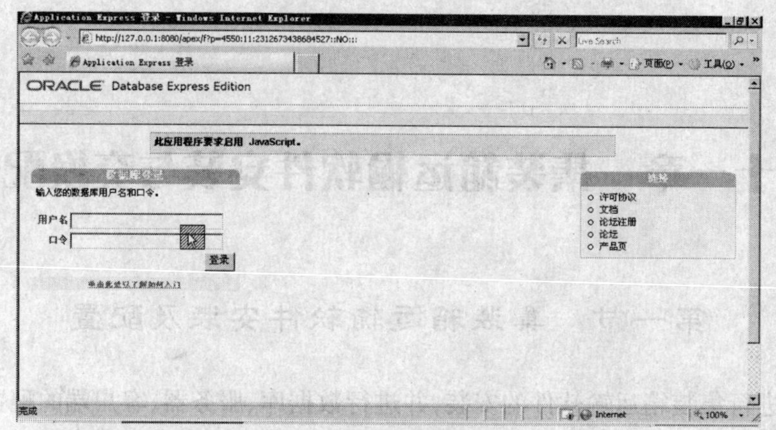

图 11-2　启用数据库主页

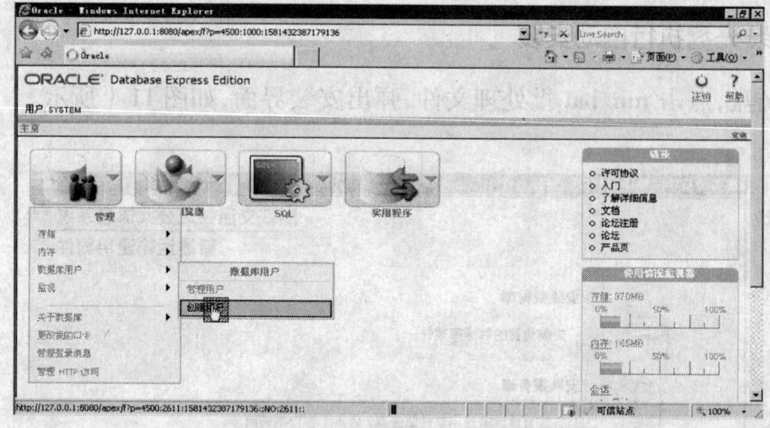

图 11-3　创建新用户界面

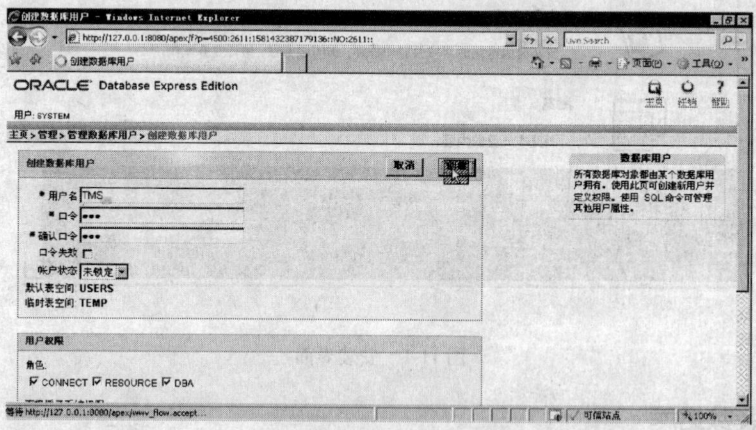

图 11-4　创建新的数据库用户界面

四、执行安装服务端

在如图 11-1 所示的界面，点击“安装服务器”，弹出服务器安装界面，点击“OK”进行安装。可修改安装路径，也可以默认路径，点击“安装”。

五、设置服务端配置参数

服务器安装完毕后需要进行服务器的配置，以便和数据库连接并为客户端提供服务。在如图 11-5 所示的界面，配置服务器，默认数据库名为 XE，用户名、密码为第三步中所创建的数据库用户名和密码，并点击“测试”，确定连接成功。

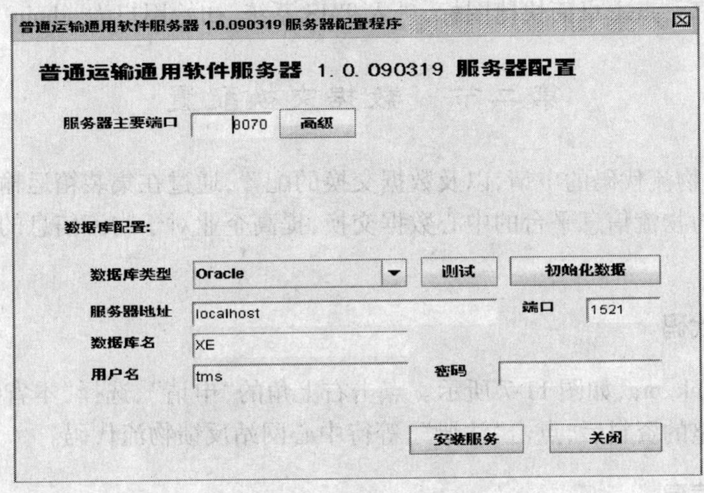

图 11-5　服务器配置界面

六、初始化数据库

测试连接成功后，点击“初始化数据”按钮，等待数据库初始化。

七、启动应用服务

完成初始化后，点击“安装服务”按钮，安装完后点“确定”，系统会自动启动应用服务。

八、执行安装客户端

在如图 11-1 所示的界面，点击“安装客户端”，弹出客户端安装界面，点击“OK”进行安装，可修改安装路径，也可默认安装路径。

九、设置客户端配置参数

客户端安装完毕后，需要进行客户端的配置，如图 11-6 所示。

图 11-6　客户端配置界面

十、进入 TMS 系统

完成全部安装后，点击桌面快捷图标，进入 TMS 系统，初始用户为 admin，密码为 000。

第二节　数据交换配置

本节主要进行物流代码的申请，以及数据交换的配置，通过在集装箱运输软件中进行数据交换配置，进而参与物流信息平台的中心数据交换，提高企业对于物流信息的应用能力和自身经营水平。

一、申请物流代码

登录 www. logink. org，如图 11-7 所示。点击右上角的“申请”，选择“本省物流企业”，进入注册页面，填写完整的资料后，点击“注册”，等待中心网站反馈物流代码。

二、下载首页信息

首页信息下载完成后，可以显示出行业新闻、天气预报，以及道路通阻情况。

进入中心网站，点击“登录”，如图 11-8 所示，进入用户界面，选择“栏目订阅”，打开想要订阅的栏目，勾选后保存即可。

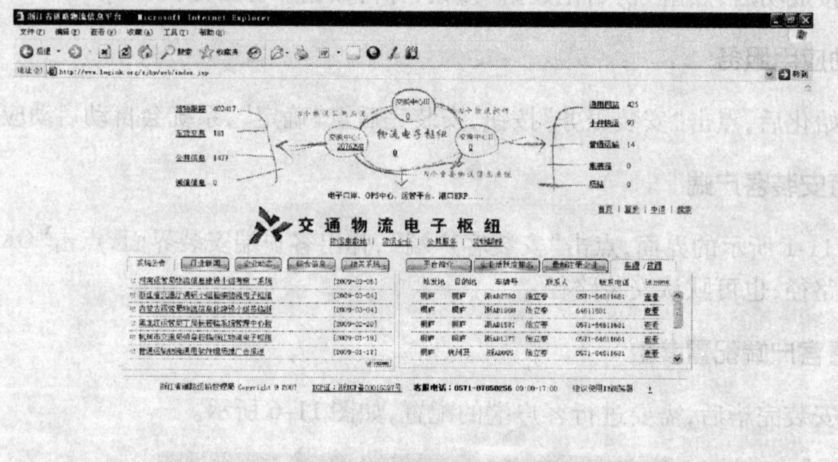

图 11-7　www. logink. org 首页

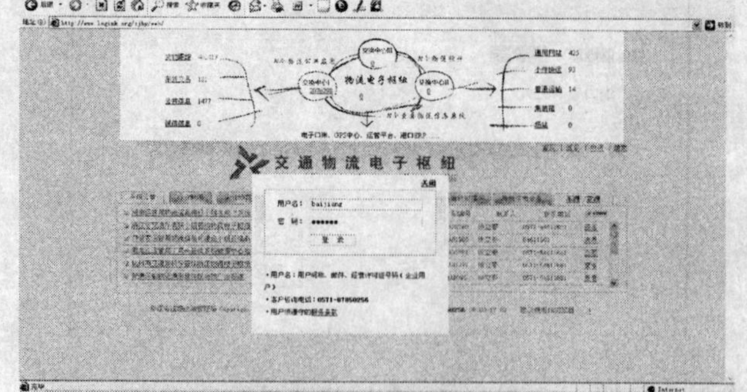

图 11-8　用户界面

三、系统配置

只有在集装箱运输软件中进行了系统配置，才能参与物流信息平台的中心数据交换，交换过程中，仅仅交换特殊加密的代码，并不交换直接的数据。

登录系统后，在工具菜单中，选择"数据交换"→"系统交换配置"，进入交换地址设定界面，如图 11-9 所示，系统已自带默认交换地址。

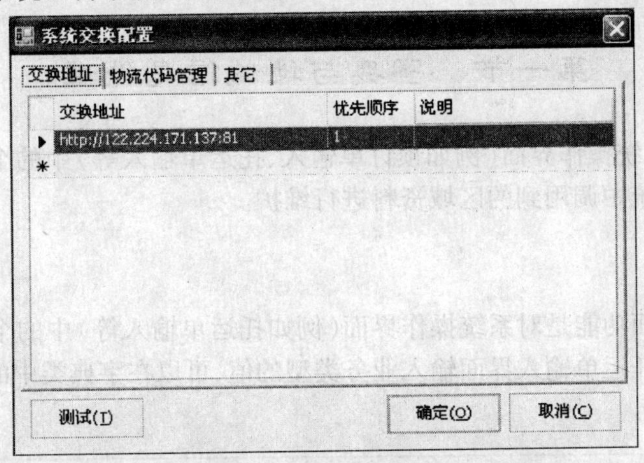

图 11-9 交换地址设定界面

在如图 11-10 的"物流代码管理"界面，可以管理物流代码及子代码，并选择主代码。

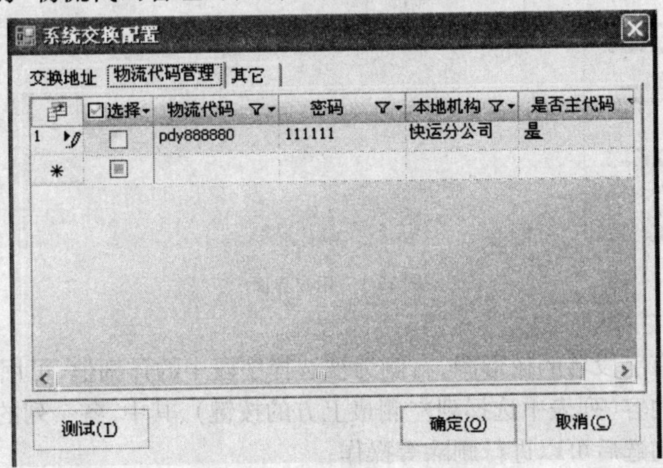

图 11-10 物流代码管理界面

完成配置后，即可参与数据交换。

复习思考题

安装集装箱运输软件，并进行相应的配置。

第十二章 基础资料与系统维护

第一节 字典与地域信息处理

本节主要是对系统操作界面(例如预订单输入、托运单输入等)中的个别字段值的可选项进行定义,以及对系统中调用到的区域资料进行维护。

一、字典类

功能描述:该界面功能是对系统操作界面(例如托运单输入等)中的个别字段值的可选项进行定义。例如,在托运单输入界面输入业务类型的值,可以在字典类中的业务类型中进行维护,如图 12-1 所示。

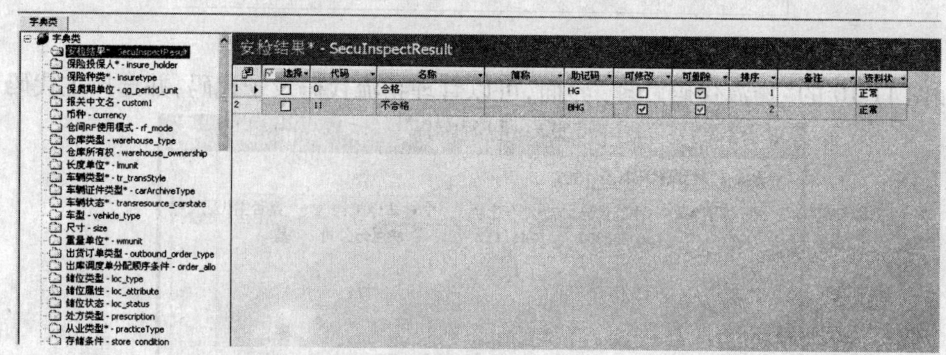

图 12-1 用户界面

1. 用户界面

界面左侧为所有字段名的树形图,右侧为被选择字段中的详细值,可用最左上角的自定义显示列定义显示的内容(列表中选择列左侧最上方的按键),其中,各个列的作用为:

选择:可勾选,勾选后可以进行删除等操作;

代码:自定义输入,不可重复且必输;

名称:该字段值的名称,不可重复且必输;

简称:自定义输入,如果不输入,保存时自动保存为和名称一致;

助记码:一般由系统根据名称自动生成,也可手工输入;

可修改:可勾选,选择并保存后则可对这条记录进行修改,不选则保存后不可修改;

可删除:可勾选,选择并保存后则可对这条记录进行删除,不选则保存后不可删除;

排序:可输入数字,数字越小则在该列表界面的位置越靠前;

备注:自定义输入;

资料状态:可下拉选择为“正常”或“删除”,选择“正常”则在该字段被调用时能选择到该值,反之则不能。

2. 操作方法

在左侧的树状结构中选择需要新增、修改或删除的字段名。

新增操作：点击左上工具栏中的“新增”按钮，生成一行空白的字段值，输入相应信息（代码和名称必输），输入完成后点击“保存”按钮即可。

修改操作：对于一条保存为可修改状态的数据（即勾选了可修改列）可在原有数据上进行修改，修改完成后点击“保存”即可。如果修改错误，可点击工具栏中的“恢复”按钮还原到修改前的数据。

删除操作：勾选选择列，点击工具栏中的“删除”按钮即可完成删除。

二、地域信息资料

功能描述：该界面的功能是对系统中调用到的区域资料进行维护，如图 12-2 所示。

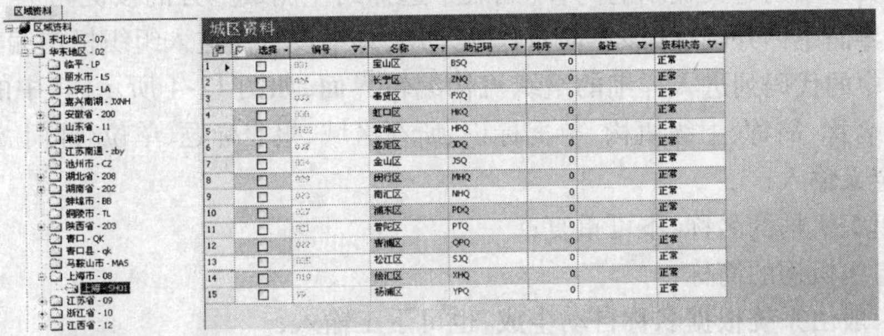

图 12-2　功能界面

1. 用户界面

界面左侧为地域资料的树形图，分为四级：区域、省份、城市、城区；右侧为被选择地域的下级（例如选择了一个城市，则右侧界面显示的即是它的下级城区），可用最左上角的自定义显示列定义显示的内容（列表中选择列左侧最上方的按键），其中各个列的作用为：

选择：可勾选，勾选后可以进行删除等操作；

编号：限定为不可输；

名称：该地域的名称，必输；

排序：可输入数字，数字越小则在该列表界面的位置越靠前；

备注：自定义输入；

资料状态：可下拉选择为“正常”或“删除”，选择“正常”则在该地域被调用时能选择到该值，反之则不能。

2. 操作方法

在左侧的树状结构中选择需要新增、修改或删除的地域的上级地域。

新增操作：点击左上工具栏中的“新增”按钮，生成一行空白的字段值，输入相应信息（名称必输），输入完成后点击“保存”按钮即可。

修改操作：可在原有数据上进行修改，修改完成后点击“保存”即可。如果修改错误可点击工具栏中的“恢复”按钮还原到修改前的数据。

删除操作：勾选选择列，点击工具栏中的“删除”按钮即可完成删除。

三、组织机构资料

功能描述：该界面功能是对使用 CTMS 系统的公司进行组织机构设置，如图 12-3 所示。

图 12-3　组织机构设置界面

1. 用户界面

列表界面左侧为组织机构的树形图,可分为多级;右侧为被选择机构的下级机构,可用最左上角的自定义显示列定义显示的内容(列表中选择列左侧最上方的按键),其中各个列的含义在详细编辑界面中一并阐述(该界面只作显示用,详细设置需进入组织机构编辑界面)。

点选列表中的代码列进入详细的组织机构编辑界面,如图 12-4 所示,其中的字段含义如下(其中代码、名称、简称、上级机构、单据标识、所在区域、报表标题、单位/部门、性质必输):

代码:自定义输入;

名称:该组织机构的名称,不可重复;

简称:该组织机构的简称;

助记码:一般由系统根据名称自动生成,也可手工输入;

英文名称:该组织机构的英文名称;

上级机构:默认已选,一般不用调整;

单据标识:自定义输入;

打印名称:自定义输入;

所在区域:该组织机构所在城市,输入后按回车键,会自动和区域资料进行匹配;

报表标题:打印调度单等单据时调用的字段;

单位/部门:选择该组织机构为单位或部门;

地址:该组织机构所在地址;

性质:该组织机构的性质;

邮编:该组织机构的邮编;

网址:该组织机构的网址;

联系人部分:可输入该组织机构联系人的名字、电话、传真和电子邮件等信息;

税号:该组织机构的税号;

排序:可输入数字,数字越小则在列表界面中该组织机构位置越靠前。

2. 操作方法

新增操作:点击左上工具栏中的"新增"按钮,弹出一张空白的组织机构编辑界面,输入相应信息(根据界面说明中的介绍),输入完成后点击"保存"按钮即可。

修改操作:点击要修改的组织机构的代码列,弹出组织机构编辑界面,在其中修改相关信息并保存即可。

删除操作:勾选选择列,点击工具栏中的"删除"按钮即可完成删除。

注意事项:如果一个组织机构已经在系统中被调用过,则不能被删除(例如,在预订单输入时建议执行机构字段中查找选了客服一部,则客服一部在组织机构信息中不能再被删除)。

系统中的组织机构可以和实际的组织机构不一致，系统强调的是功能的划分。

图 12-4　组织机构编辑界面

四、公司资料

功能描述：该界面功能是对货代、托运方、承运方进行维护，如图 12-5 所示。

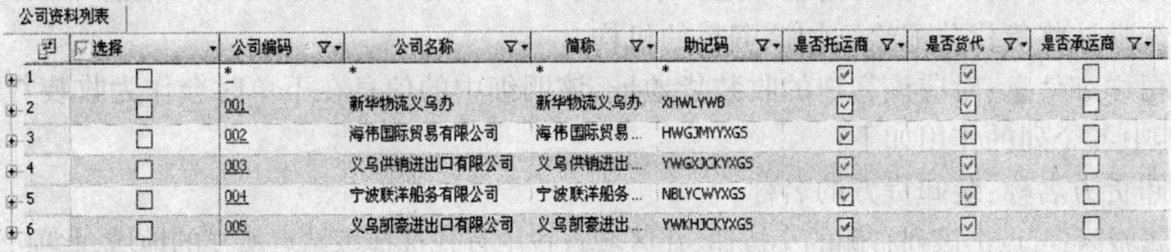

图 12-5　维护界面

1. 用户界面

列表界面是公司的概要信息，可用最左上角的自定义显示列定义显示的内容（列表中选择列左侧最上方的按键），其中各个列的含义在详细编辑界面中一并阐述（该界面只作显示用，详细设置需进入公司编辑界面）。

点选列表中的公司编码进入详细的公司编辑界面，如图 12-6 所示，其中的字段含义如下（其中编号、名称、简称必输）：

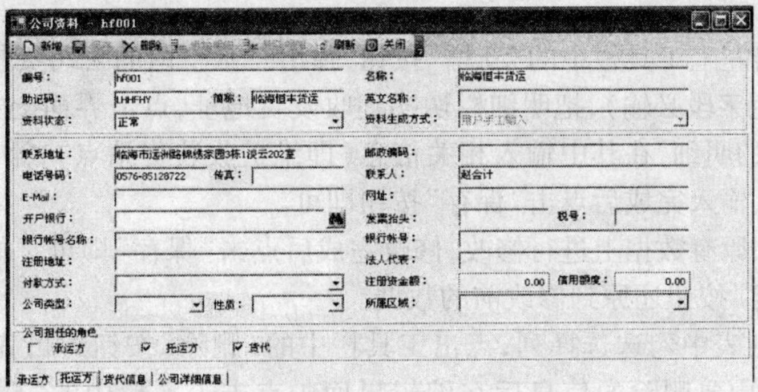

图 12-6　公司编辑界面

编号:输入名称后自动带出,可手动修改,不可重复。

名称:该客户的名称,不可重复。

助记码:由系统根据名称自动生成,可手动修改。

简称:由系统根据名称自动生成,可手动修改。

英文名称:该客户的英文名称。

资料状态:可下拉选择为"正常"或"删除",选择"正常"则在该字段被调用时能选择到该值,反之则不能。

资料生成方式:系统自动生成。

公司信息部分:主要包括联系地址、邮政编码、电话号码、传真、联系人、E-mail、网址、开户银行、发票抬头、税号、银行账号名称、银行账号、注册地址、法人代表、付款方式、注册资金额、信用额度、公司类型、性质、所属区域。这些信息可根据实际情况进行录入或者通过下拉菜单选择。

公司担任的角色:为复选项。

托运方明细:在公司担任的角色中选择了承运方,则保存时会根据已输入信息带出,反之则空。系统默认将托运方分配给添加该资料的机构。

承运方明细:在公司担任的角色中选择了承运方,则在保存时会根据已输信息带出,反之则空。系统默认将承运方分配给添加该资料的机构。

货代明细:在公司担任的角色中选择了货代,则在保存时会根据已输入信息带出,反之则空。系统默认将货代分配给添加该资料的机构。

公司详细信息:对应该客户的收装货地址,该明细中的信息在下单时会作为收装货地址可选择,其中各个列的作用如下:

装卸货方名称:装卸货方的名称;

所属城区:可点击该列右侧的小按钮,在区域查找中查找选择该站点所在的地域,此项必输;

地址业务类型:下拉选择为收货地址、装货地址,或两者皆是,选择之后该条记录就作为对应的地址类型在下单时可在对应位置选择(为收货地址即可在收货方中查找到,依此类推);

详细地址:收装货站点的详细地址;

联系人:收装货站点的联系人;

联系电话:收装货站点的联系电话;

邮政编码:收装货站点的邮政编码;

备注:附加信息输入。

2. 操作方法

新增操作:点击左上工具栏中的"新增"按钮,弹出一张空白的公司资料编辑界面,输入相应头档信息后(红色字段必输),把明细栏切换到收发货地址,点击界面上方的"添加明细"按钮会弹出一条空白的明细,在其中输入相关信息(即维护收装货站点),添加明细的操作也可以之后再进行维护,输入完成后点击"保存"按钮即可。

修改操作:可在原有数据上进行修改,修改完成后点击"保存"即可。如果修改错误,可点击工具栏中的"恢复"按钮还原到修改前的数据。

删除操作:在列表中勾选选择列,点击工具栏中的"删除"按钮即可完成删除;收发货地址的删除是通过选中要删除的信息后在编辑界面中点击工具栏中的"删除明细"按钮进行删除。

五、人员资料

功能描述:该界面的功能是对公司的人员进行维护,如图 12-7 所示。

1. *用户界面*

列表界面是人员的概要信息,可用最左上角的自定义显示列定义显示的内容(列表中选择列左侧最上方的按键),其中各个列的含义在详细编辑界面中一并阐述(该界面只作显示用,详细设置需进入人员编辑界面)。

人员资料列表

	选择	编号	机构	其他编码	姓名	助记码	英文名	性别	出生年月	部门	职务	职位
1	☐	01001	山东荣庆北方办客服一部		周富高	ZFG		男		客服一部		
2	☐	01002	山东荣庆北方办客服一部		姚大贺	YDH		男		客服一部		
3	☐	01003	山东荣庆北方办客服一部		王永朋	WYP		男		客服一部		
4	☐	01004	山东荣庆北方办客服一部		王丽娟	WLJ		女		客服一部		
5	☐	01005	山东荣庆北方办客服一部		谢进	XJ		男		客服一部		
6	☐	01006	山东荣庆北方办客服一部		季鑫	JX		女		客服一部		
7	☐	01007	山东荣庆北方办客服一部		李艳梅	LYM		女		客服一部		
8	☐	01008	山东荣庆北方办客服一部		刘伟	LW		男		客服一部		
9	☐	01009	山东荣庆北方办客服一部		董洋	DY		男		客服一部		
10	☐	01010	山东荣庆北方办客服一部		徐涛	XT		男		客服一部		
11	☐	10000	山东荣庆北方办客服一部		test	test		女		客服一部		

图 12-7　对公司人员进行维护界面

点选列表中的“编号”进入详细的人员资料界面,如图 12-8 所示,其中的字段含义如下:

编号:可自行定义,不可重复。

姓名:人员的名称,同一机构下的人员姓名不可重复。

其他编码:人员可能拥有的其他编码,可自行定义输入。

英文名:人员的英文名。

助记码:一般由系统根据姓名自动生成,也可手工输入。

性别:下拉,选择性别。

出生年月:下拉,选择出生年月。

学历:下拉,选择学历,该内容可在字典类中的学历中进行维护。

联系地址:人员的联系地址。

电话:人员的电话号码。

手机:人员的手机号码。

电子邮件:人员的电子邮件地址。

备注:附加信息输入。

照片:可点击添加人员图片。

机构:查找选择一个机构(在组织机构中已维护的),表明该人员隶属于这个机构,同时在该机构可以查找到该人。

部门:人员实际所属部门。

职位:人员所在职位。

职务:下拉,选择职务,该内容可在字典类中的职务中进行维护。

入公司年月:进入公司的年月,下拉选择。

职位状态:该人员现在所处的职位状态,该内容可在字典类中的职位状态中进行维护。

入职年月:担任该职位的年月。

资料状态:可下拉,选择为“正常”或“删除”,选择“正常”则在该字段被调用时能选择到该值,反之则不能。

生成方式:由系统自动生成。

人员资料 - 01001

新增 保存 删除 刷新 关闭

人员基本资料

编号：01001　姓名：周富高

其他编码：　英文名：

助记码：ZFG　性别：男

出生年月：2008/10/09　学历：大学专科

联系地址：　电话：021-52849273

手机：13361880811　电子邮件：

备注：

选择照片

所属机构部门

机构：山东荣庆北方办客服一部　部门：客服一部

职位：　职务：

入公司年月：2008/10/09　职位状态：正常

入职年月：2008/10/09

资料状态：正常　生成方式：用户手工输入

图 12-8　人员资料界面

2. 操作方法

新增操作：点击左上工具栏中的"新增"按钮，弹出一张空白的人员编辑界面，输入相应信息（红色必输），输入完成后点击"保存"按钮即可。

修改操作：可在原有数据上进行修改，修改完成后点击"保存"即可。如果修改错误，可点击工具栏中的"恢复"按钮还原到修改前的数据。

删除操作：在列表中勾选选择列，点击工具栏中的"删除"按钮即可完成删除。

六、运力类型

功能描述：该界面的功能是对公司的运力类型（即车型）进行维护，如图 12-9 所示。

运力类型列表

	选择	类型编号	类型名称	行驶载重	极限载重	助记码	重量单位	可用长度	可用宽度	可用高度	长度单位	承载体积	体积单位
1	□	0.9gx	0.9吨干厢	0.90	1.50	0.9DGX	吨	2.80	1.90	1.90	米	8.00	立方米
2	□	0.9pb	0.9吨平板	0.90	1.00	0.9DPB	吨	2.80	1.90	1.90	米	8.00	立方米
3	□	10dgx	10吨干厢	10.00	15.00	10DGX	吨	10.50	2.30	2.40	米	50.00	立方米
4	□	10dk	10吨冷藏	10.00	15.00	10DLC	吨	9.60	2.30	2.40	米	50.00	立方米
5	□	10dpb	10吨平板	10.00	15.00	10DPB	吨	10.50	1.90	2.50	米	50.00	立方米
6	□	10dwxp	10吨危险品	10.00	13.00	10DWXP	吨	8.70	1.90	2.50	米	50.00	立方米
7	□	1dgx	0.5吨干厢	0.50	0.50	0.5DGX	吨	2.00	1.80	1.50	米	4.00	立方米
8	□	20dgx	20吨干厢	20.00	25.00	20DGX	吨	12.50	2.30	2.40	米	65.00	立方米
9	□	20dk	20吨冷藏	20.00	25.00	20DLC	吨	12.50	2.30	2.40	米	65.00	立方米
10	□	20dpb	20吨平板	20.00	25.00	20DPB	吨	12.50	1.90	2.50	米	65.00	立方米
11	□	20dqshb	20吨前四后八	20.00	25.00	20DQSHB	吨	11.50	2.27	2.45	米	64.00	立方米
12	□	25dgc	25吨厢车	25.00	25.00	25DGC	吨	12.50	0.01	0.01	米	1.00	立方米
13	□	25dpb	25吨平板	25.00	30.00	25DPB	吨	12.50	1.90	2.50	米	70.00	立方米
14	□	25dszgx	25吨四轴干厢	25.00	28.00	25DSZGX	吨	12.50	2.40	2.45	米	74.00	立方米
15	□	28dwzgx	28吨五轴干厢	28.00	30.00	28DWZGX	吨	16.00	2.36	2.68	米	101.00	立方米
16	□	28dwzzl	28吨五轴制冷	28.00	30.00	28DWZZL	吨	13.00	2.27	2.45	米	72.00	立方米
17	□	2dk	2吨冷藏	2.00	2.50	2DLC	吨	5.20	1.90	1.90	米	10.00	立方米
18	□	2dpb	2吨平板	2.00	2.50	2DPB	吨	4.20	1.90	2.50	米	10.00	立方米

图 12-9　运力类型界面

1. 用户界面

列表界面是车型的概要信息，可用最左上角的自定义显示列定义显示的内容（在列表中选择列左侧最上方的按键），其中各个列的含义在详细编辑界面中一并阐述（该界面只作显示用，详细设置需进入车型编辑界面）。

点选列表中的编号，进入详细的车型编辑界面，如图 12-10 所示，其中的字段含义如下：

类型编号：可自行定义。

类型名称：输入车型名称，不可重复。

车辆类型：下拉，选择车辆类型，该内容可在字典类中的车辆类型中进行维护。

使用范围:下拉,选择车辆使用范围,该内容可在字典类中的使用范围中进行维护。

行驶载重:该车型的行驶载重。

重量单位:行驶载重和极限载重的单位,该内容可在基本资料中的重量单位中进行维护。

承载体积:该车型的承载体积。

体积单位:承载体积的单位,该内容可在基本资料中的体积单位中进行维护。

可用长度、可用高度、可用宽度:该车型的长、宽、高。

长度单位:可用长度、可用高度、可用宽度的单位,该内容可在基本资料中的长度单位中进行维护。

助记码:一般由系统根据类型名称自动生成,也可手工输入。

备注:附加信息输入。

资料状态:可下拉,选择为正常或删除,选择“正常”则在该字段被调用时能选择到该值,反之则不能。

资料生成方式:由系统自动生成。

运力类型 － 0.9gx

新增 保存 删除 刷新 关闭

类型编号:	0.9gx			类型名称:	0.9吨干厢		
车辆类型:	半封闭厢车			使用范围:	普货		
行驶载重:	0.90	重量单位:	吨	承载体积:	8.00	体积单位:	立方米
极限载重:	1.50						
可用长度:	2.80	可用高度:	1.90	可用宽度:	1.90	长度单位:	米
助记码:	0.9DGX			备注:			
资料状态:	正常			资料生成方式:	用户手工输入		

图 12-10　车型编辑界面

2. 操作方法

新增操作:点击左上工具栏中的“新增”按钮,弹出一张空白的车型编辑界面,输入相应信息(红色必输),输入完成后点击“保存”按钮即可。

修改操作:可在原有数据上进行修改,修改完成后点击“保存”即可。如果修改错误,可点击工具栏中的“恢复”按钮还原到修改前的数据。

删除操作:在列表中勾选选择列,点击工具栏中的“删除”按钮即可完成删除。

七、运力资料

功能描述:该界面的功能是对公司的运力资料进行维护,如图 12-11 所示。

运力资料列表

	选择	车辆牌照号	运力属性	所有权机构	当前所属机构	自车编号	运力类型	载重	重量单位	可用长度	可用宽度	可用高
1	☐	京B2238	自有车辆	荣庆物流(北京	北京荣庆北京办自有车辆调度科		0.9吨干厢	0.90	吨	2.80	1.90	
2	☐	京G27596	自有车辆	荣庆物流(北京	北京荣庆北京办分单中心		3吨冷藏	3.00	吨	5.20	1.90	
3	☐	京G27597	自有车辆	荣庆物流(北京	北京荣庆北京办分单中心		3吨冷藏	3.00	吨	5.20	1.90	
4	☐	京G29781	自有车辆	荣庆物流(北京	北京荣庆北京办分单中心		4吨冷藏	4.00	吨	6.20	1.90	
5	☐	京G29782	自有车辆	荣庆物流(北京	北京荣庆北京办分单中心		4吨冷藏	4.00	吨	6.20	1.90	
6	☐	京G41861	自有车辆	荣庆物流(北京	北京荣庆北京办分单中心		3吨冷藏	3.00	吨	5.20	1.90	
7	☐	京G42081	自有车辆	荣庆物流(北京	北京荣庆北京办分单中心		3吨冷藏	3.00	吨	5.20	1.90	
8	☐	京G42082	自有车辆	荣庆物流(北京	北京荣庆北京办分单中心		3吨冷藏	3.00	吨	5.20	1.90	
9	☐	京G42190	自有车辆	荣庆物流(北京	北京荣庆北京办分单中心		3吨冷藏	3.00	吨	5.20	1.90	
10	☐	京G42212	自有车辆	荣庆物流(北京	北京荣庆北京办分单中心		3吨冷藏	3.00	吨	5.20	1.90	
11	☐	京G43475	自有车辆	荣庆物流(北京	北京荣庆北京办分单中心		3吨冷藏	3.00	吨	5.20	1.90	
12	☐	京G43510	自有车辆	荣庆物流(北京	北京荣庆北京办分单中心		5吨冷藏	5.00	吨	7.20	2.30	
13	☐	京G50224	自有车辆	荣庆物流(北京	北京荣庆北京办分单中心		3.45吨冷藏	3.45	吨	5.20	1.90	
14	☐	京G50844	自有车辆	荣庆物流(北京	北京荣庆北京办分单中心		3.45吨冷藏	3.45	吨	5.20	1.90	
15	☐	京G50944	自有车辆	荣庆物流(北京	北京荣庆北京办分单中心		3.45吨冷藏	3.45	吨	5.20	1.90	
16	☐	京G50947	自有车辆	荣庆物流(北京	北京荣庆北京办分单中心		3.45吨冷藏	3.45	吨	5.20	1.90	
17	☐	京G50977	自有车辆	荣庆物流(北京	北京荣庆北京办分单中心		3.45吨冷藏	3.45	吨	5.20	1.90	
18	☐	京G50979	自有车辆	荣庆物流(北京	北京荣庆北京办分单中心		3.45吨冷藏	3.45	吨	5.20	1.90	

图 12-11　运力资料列表界面

1. 用户界面

列表界面是车辆的概要信息，可用最左上角的自定义显示列定义显示的内容（列表中选择列左侧最上方的按键），其中各个列的含义在详细编辑界面中一并阐述（该界面只作显示用，详细设置需进入车辆编辑界面）。

点选列表中的车辆牌照号，进入详细的车辆编辑界面，如图 12-12 所示，其中的字段含义如下：

车辆牌照号：车辆的实际牌照号，必输。

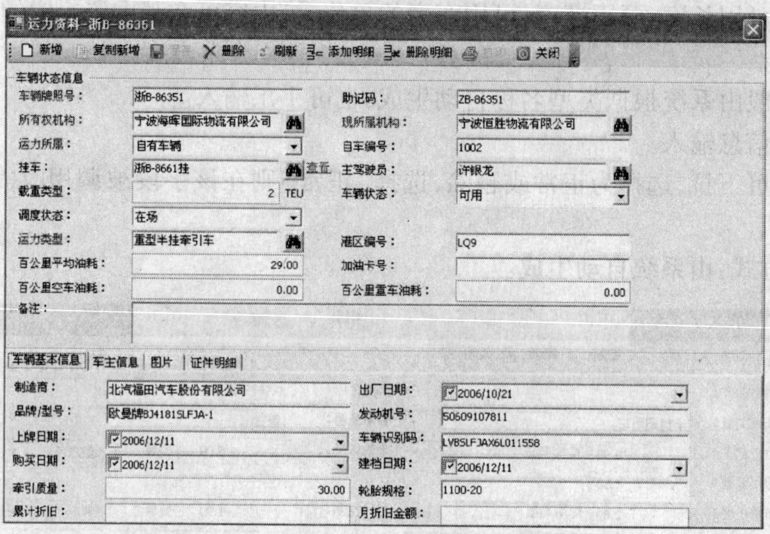

图 12-12　车辆编辑界面

运力所属：系统自动生成为自有车辆，必输。

助记码：一般由系统根据车辆牌照号自动生成，也可手工输入。

自车编号：如有自有套牌可输入。

所有权机构：车辆的所有权机构，默认为输入车辆信息人员的所在部门，可查找重新选择机构（需在组织机构里已维护的），必输。

现所属机构：车辆的调度机构，可以调度这辆车的机构，默认为输入车辆信息人员的所在部门，可查找重新选择机构（需在组织机构里已维护的），必输。

运力类型：查找选择一种运力类型（需在运力类型中已维护的），该运力的相关信息会被带出到后续几个字段中，必输。

挂车：该车辆的挂车信息，查找选择，需在车挂资料中已维护的。

主驾驶员：该车辆的主要驾驶员，可手输，也可查找选择，查找选择需是在人员资料里已维护的。

载重类型：该车能运载的标准箱数量。

百公里空车油耗：根据实际输入。

百公里重车油耗：根据实际输入。

车辆状态：默认为可用，根据系统实际情况会发生改变。

调度状态：默认为在场，根据系统调度实际情况会发生改变。

百公里平均油耗：根据实际输入。

备注：附加信息输入。

照片：可点击“增加图片”增加多张车辆图片，点击“删除图片”可删除。

车辆基本信息明细：车辆的附加信息，可根据实际输入。

证件明细：可输入车辆证件的年检、补办等信息。填写失效日期后，在运力列表界面，会有用颜色表示的预警。

2. 操作方法

新增操作：点击左上工具栏中的“新增”按钮，弹出一张空白的运力编辑界面，输入相应信息（红色必输），输入完成后点击“保存”按钮即可。

修改操作：可在原有数据上进行修改，修改完成后点击“保存”即可。如果修改错误，可点击工具栏中的“恢复”按钮还原到修改前的数据。

删除操作：在列表中勾选选择列，点击工具栏中的“删除”按钮即可完成删除。

八、挂车资料

功能描述：该界面的功能是对公司的挂车资料进行维护，如图 12-13 所示。

挂车资料列表

	选择	车挂牌照号	运力属性	所有权机构	自车编号	所属承运商	载重	重量单位	可用长度	可用宽度	可用高度	长度单
1	☐	浙B-9801挂	自有车辆	宁波恒胜物流有限公司			30.480	吨	12.400	2.500	1.680	米
2	☐	浙B-9593挂	自有车辆	宁波恒胜物流有限公司	1075		30.480	吨	12.400	2.500	1.680	米
3	☐	浙B-9583挂	自有车辆	宁波恒胜物流有限公司	1089		30.480	吨	12.400	2.500	1.680	米
4	☐	浙B-9582挂	自有车辆	宁波恒胜物流有限公司	1080		30.480	吨	12.400	2.500	1.680	米
5	☐	浙B-9581挂	自有车辆	宁波恒胜物流有限公司	1088		30.480	吨	12.400	2.500	1.680	米
6	☐	浙B-9580挂	自有车辆	宁波恒胜物流有限公司	1084		30.480	吨	12.400	2.500	1.680	米
7	☐	浙B-9579挂	自有车辆	宁波恒胜物流有限公司			30.480	吨	12.400	2.500	1.680	米
8	☐	浙B-9578挂	自有车辆	宁波恒胜物流有限公司			30.480	吨	12.400	2.500	1.680	米
9	☐	浙B-9577挂	自有车辆	宁波恒胜物流有限公司			30.480	吨	12.400	2.500	1.680	米
10	☐	浙B-9576挂	自有车辆	宁波恒胜物流有限公司	1082		30.480	吨	12.400	2.500	1.680	米

图 12-13　挂车资料列表界面

1. 用户界面

列表界面是挂车的概要信息，可用最左上角的自定义显示列定义显示的内容（列表中选择列左侧最上方的按键），其中各个列的含义在详细编辑界面中一并阐述（该界面只作显示用，详细设置需进入挂车编辑界面）。

点选列表中的“车挂牌照号”进入详细的挂车编辑界面，如图 12-14 所示，其中的字段含义如下：

车挂牌照号：车挂的实际牌照号。

自车编号：如有自有套牌可输入。

所有权机构：车辆的所有权机构，默认为输入车辆信息人员的所在部门，可查找重新选择机构（需是在组织机构里已维护的）。

挂车资料-浙B-9593挂
新增　复制新增　保存　删除　刷新　关闭
车挂信息
车挂牌照号：浙B-9593挂　助记码：
所有权机构：宁波恒胜物流有限公司　现所属机构：宁波恒胜物流有限公司
所属承运商：　运力类型：重型集装箱半挂车
自车编号：1075　运力所属：自有车辆
轮胎规格：1100-20　车辆识别码：LZIB52GE890803646
载重：30.48　重量单位：吨　承载体积：60.00　体积单位：立方米
可用长度：12.40　可用宽度：2.50　可用高度：1.68　长度单位：米
备注：

图 12-14　挂车资料界面

现所属机构：车辆的调度机构，可以调度这辆车的机构，默认为输入车辆信息人员的所在部门，可查找重新选择机构（需是在组织机构里已维护的）。

运力类型：查找选择一种运力类型（需是在运力类型中已维护的），该运力的相关信息会被带出到后续几个字段中。

载重：该车挂载重。

备注：附加信息输入。

2. 操作方法

新增操作：点击左上工具栏中的“新增”按钮，弹出一张空白的挂车编辑界面，输入相应信息（红色必输），输入完成后点击“保存”按钮即可。

修改操作：可在原有数据上进行修改，修改完成后点击“保存”即可。如果修改错误，可点击工具栏中的“恢复”按钮还原到修改前的数据。

删除操作：在列表中勾选选择列，点击工具栏中的“删除”按钮即可完成删除。

九、堆场资料

功能描述：该界面的功能是对堆场资料进行维护，如图 12-15 所示。

堆场列表

	选择	编号	名称	助记码	提箱地址	联系人	联系电话	区域	备注
1	□	玲隆	玲隆堆场	LL				宁波市北仑区	
2	□	亿流	亿流堆场	YL					
3	□	永大	永大堆场	YDDC					
4	□	亿顺	亿顺	YS					
5	□	义乌堆场	义乌堆场	YWDC					
6	□	安信二	安信二堆场	AXE			27698010	宁波市北仑区	
7	□	安信一	安信一堆场	AXY			27697928	北仑区	
8	□	安信三	安信三堆场	AXS			27688262	宁波市北仑区	
9	□	二期	二期码头	EQ			27697808	宁波市北仑区	
10	□	延伸	延伸堆场	YS			27697231	北仑区	

图 12-15　堆场列表界面

1. 用户界面

列表界面是堆场的概要信息，可用最左上角的自定义显示列定义显示的内容（列表中选择列左侧最上方的按键），其中各个列的含义在详细编辑界面中一并阐述（该界面只作显示用，详细设置需进入堆场编辑界面）。

点选列表中的“编号”进入详细的堆场编辑界面，如图 12-16 所示，其中的字段含义如下（其中编号、名称必输）：

堆场资料 － 大榭招商

新增　保存　删除　刷新　关闭

编号：	大榭招商	名称：	大榭招商码头
助记码：	DXZS	联系人：	
联系电话：	86719800	区域：	北仑区
里程：	10.	应收费用：	200.00
提箱地址：		资料状态：	正常
资料生成方式：	用户手工输入	备注：	

图 12-16　堆场资料界面

里程：特指从运输公司至该堆场的里程数，在调度时，可以将该段里程计算在车辆的调度里程中。

区域：该堆场所在的区域。

提箱地址：详细的地址信息。

2. 操作方法

新增操作：点击左上工具栏中的“新增”按钮，弹出一张空白的堆场编辑界面，输入相应信息，输入完成后点击“保存”按钮即可。

修改操作：可在原有数据上进行修改，修改完成后点击“保存”即可。如果修改错误，可点击工具栏中的“恢复”按钮还原到修改前的数据。

删除操作：在列表中勾选选择列，点击工具栏中的“删除”按钮即可完成删除。

十、箱呎箱型

功能描述：该界面的功能是对箱呎箱型资料进行维护，如图 12-17 所示。

箱呎箱型列表

	选择	代码	箱型	TEU	助记码	其他标准	皮重	重量单位	备注	资料状态
1	☐	001	20GP	1	20GP		2.2	吨		正常
2	☐	0011	22GS	1	22GS					正常
3	☐	0012	22GT	1	22GT					正常
4	☐	0013	22GW	1	22GW					正常
5	☐	0014	22GZ	1	22GZ					正常
6	☐	0015	22HY	1	22HY					正常
7	☐	0016	22PF	1	22PF					正常
8	☐	0017	22PL	1	22PL					正常
9	☐	002	40GP	2	40GP		3.8	吨		正常
10	☐	0020	42GP	2	42GP					正常

图 12-17　箱呎箱型界面

1. 用户界面

列表界面是箱呎箱型的主要信息，用最左上角的自定义显示列定义显示的内容（列表中选择列左侧最上方的按键），其中各个列的含义在详细编辑界面中一并阐述（该界面只作显示用，详细设置需进入箱呎箱型的编辑界面）。

点选列表中的“编号”进入详细的箱呎箱型编辑界面，如图 12-18 所示，其中的字段含义如下（其中编号、箱型、TEU 必输）：

TEU：指该箱型相当于几个标准箱。

箱呎箱型资料 - 0011

新增　删除　刷新　关闭

编号：0011　箱型：22GS

助记码：22GS　TEU：1

计费箱型：20GP

其他标准：　皮重：

备注：　资料状态：正常

图 12-18　箱呎箱型编辑界面

计费箱型：如果该箱型报价与其他箱型一样，则可以设定计费箱型。计算运费时，将取得计费箱型的报价。

2. 操作方法

新增操作：点击左上工具栏中的“新增”按钮，弹出一张空白的箱呎箱型编辑界面，输入相应信息（红色必输），输入完成后点击“保存”按钮即可。

修改操作:可在原有数据上进行修改,修改完成后点击“保存”即可。如果修改错误,可点击工具栏中的“恢复”按钮还原到修改前的数据。

删除操作:在列表中勾选选择列,点击工具栏中的“删除”按钮即可完成删除。

十一、线路里程

功能描述:该界面的功能是对线路里程资料进行维护,如图 12-19 所示。

路线里程列表

	选择	路线编码	助记码	名称	起点区域	终点区域	里程
1	☐	057	BL－YX	北仑-鄞州西	宁波市北仑区	鄞西	120.000
2	☐	055	BL-XG	北仑-小港	宁波市北仑区	小港	45.000
3	☐	021	BL-YQ	北仑-于潜	宁波市北仑区	于潜镇	550.000
4	☐	011	BL-CX	北仑-慈溪周巷	宁波市北仑区	周巷镇	210.000
5	☐	013	BL-SM	北仑-泗门	宁波市北仑区	泗门镇	240.000
6	☐	032	BL-LY	北仑-宁海力洋	宁波市北仑区	力洋镇	270.000
7	☐	030	BL-SP	北仑-石浦	宁波市北仑区	石浦镇	400.000
8	☐	031	BL-XSJX	北仑-象山爵溪	宁波市北仑区	爵溪街道	340.000
9	☐	028	BL-XZ	北仑-象山西周	宁波市北仑区	西周镇	260.000
10	☐	026	BL-JS	北仑-姜山	宁波市北仑区	姜山镇	110.000

图 12-19　路线里程列表界面

1. 用户界面

列表界面是线路里程的主要信息,用最左上角的自定义显示列定义显示的内容(列表中选择列左侧最上方的按键),其中各个列的含义在详细编辑界面中一并阐述(该界面只作显示用,详细设置需进入线路里程的编辑界面),如图 12-20 所示。

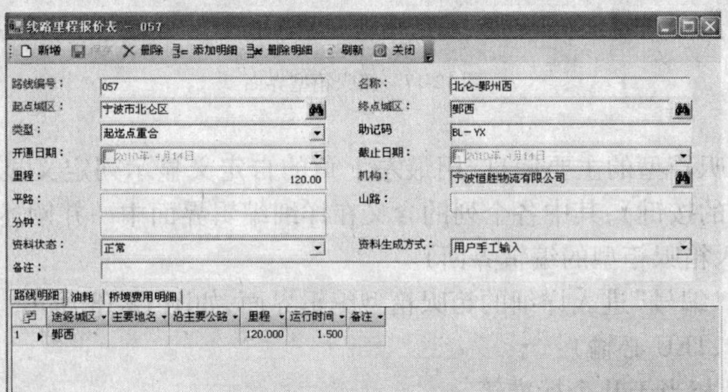

图 12-20　线路里程编辑界面

路线明细:可以填写该条路线途经的区域。

油耗:可以按车型、箱型设定该条路线的标准油耗。

桥境费用明细:设定该条路线的标准桥境费用。

2. 操作方法

新增操作:点击左上工具栏中的“新增”按钮,弹出一张空白的线路里程编辑界面,输入相应信息(红色必输),输入完成后点击“保存”按钮即可。

修改操作:可在原有数据上进行修改,修改完成后点击“保存”即可。如果修改错误,可点击工具栏中的“恢复”按钮还原到修改前的数据。

删除操作:在列表中勾选选择列,点击工具栏中的“删除”按钮即可完成删除。

十二、托运方报价

功能描述:该界面的功能是对托运方报价资料进行维护。该资料应用于自动计算托运方运费,如图 12-21 所示。

1. 用户界面

列表界面是托运方报价的主要信息，用最左上角的自定义显示列定义显示的内容（列表中选择列左侧最上方的按键），其中各个列的含义在详细编辑界面中一并阐述（该界面只作显示用，详细设置需进入托运方报价的编辑界面）。

托运方报价表列表

	选择	托运方	有效开始日期	有效结束日期	备注
1	□	浙江洋山货运代理			
2	□	老冯带纸	2010/03/23 00:00	2010/03/23 00:00	
3	□	杭州华光	2010/03/08 17:52		
4	□	临海恒丰货运	2010/03/08 17:52		
5	□	宁波均胜	2010/03/08 17:52	2010/03/25 00:00	
6	□	象山威霖	2010/03/08 17:52		
7	□	浙江泛海国际货运	2010/03/08 17:52		

图 12-21　托运方报价表列表界面

报价明细：按箱型、路线维护托运方报价，如图 12-22 所示。

托运方报价 — 浙江洋山货运代理

新增　复制新增　保存　删除　添加明细　删除明细　刷新　打印　关闭

托运方：浙江洋山货运代理

有效开始日期：2009/11/05 00:00　　有效结束日期：2010/04/14 00:00

备注：

报价明细 | 附加费用明细

	计费	空重	路线名称	起点地区	终点地	报价	加急费用	司机报价	业务员提成
1	20GP		北仑-义乌	宁波市北仑区	义乌市	1,350.000			
2	40GP		北仑-义乌	宁波市北仑区	义乌市	2,000.000			
3	20GP		北仑-余杭	宁波市北仑区	余杭区	1,450.000			
4	40GP		北仑-余杭	宁波市北仑区	余杭区	2,100.000			
5	20GP		北仑-武义	宁波市北仑区	武义县	1,700.000			
6	40GP		北仑-武义	宁波市北仑区	武义县	2,500.000			
7	20GP		北仑-浦江	宁波市北仑区	浦江县	1,550.000			
8	40GP		北仑-浦江	宁波市北仑区	浦江县	2,200.000			
9	20GP		北仑-磐安	宁波市北仑区	磐安县	1,650.000			
10	40GP		北仑-磐安	宁波市北仑区	磐安县	2,400.000			
11	20GP		北仑-椒江	宁波市北仑区	椒江区	1,275.000			

图 12-22　托运方报价编辑界面

附加费用明细：如该托运方进出码头（堆场）有额外的进港提箱费等，可以在此明细中进行维护，如图 12-23 所示。

托运方报价 — 外代新华箱运部

新增　复制新增　保存　删除　添加明细　删除明细　刷新　打印　关闭

托运方：外代新华箱运部

有效开始日期：2010/03/08 17:52　　有效结束日期：2010/04/14 00:00

备注：

报价明细 | 附加费用明细

	提箱地点	还箱地点	计费箱型	空重箱	提箱附加费	还箱附加费	实际费
1	东华甬港堆场	远东码头	*	*			
2	长胜永大堆场	远东码头	*	*			
3	永大堆场	远东码头	*	*			
4	铃与堆场	远东码头	*	*			
5	地中海堆场	远东码头	*	*			
6	福洋二堆场	远东码头	*	*			
7	宏达四堆场	远东码头	*	*			
8	安信三堆场	远东码头	*	*			
9	天翔三堆场	远东码头	*	*			
10	新霸达堆场	远东码头	*	*			
11	亿顺	远东码头	*	*			
12	中集五堆场	远东码头	*	*			
13	大榭和欣堆场	远东码头	*	*			

图 12-23　附加费用明细界面

2. 操作方法

新增操作：点击左上工具栏中的“新增”按钮，弹出一张空白的托运方报价编辑界面，输入相应信息（红色必输），输入完成后点击“保存”按钮即可。

修改操作：可在原有数据上进行修改，修改完成后点击“保存”即可。如果修改错误，可点击工具栏中的“恢复”按钮还原到修改前的数据。

删除操作：在列表中勾选选择列，点击工具栏中的“删除”按钮即可完成删除。

十三、节点设置

功能描述：该界面的功能是对调度流程节点进行设置。此处设定的节点，在调度单中可以选择，如图 12-24 所示。

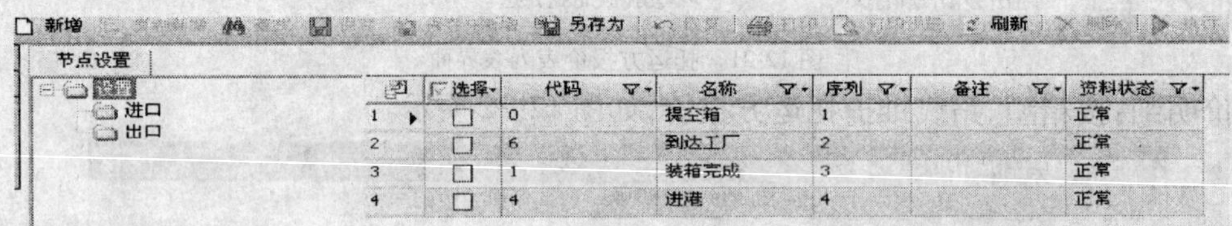

	选择	代码	名称	序列	备注	资料状态
1	☐	0	提空箱	1		正常
2	☐	6	到达工厂	2		正常
3	☐	1	装箱完成	3		正常
4	☐	4	进港	4		正常

图 12-24　节点设置界面

1. 用户界面

节点设置界面左侧是可以维护的节点类型，目前支持进口和出口两种，选择其中一种，右侧会列出该种业务由哪几个节点组成。

2. 操作方法

新增操作：在左侧选中一种节点类型，点击左上工具栏中的“新增”按钮，则弹出一个选择流程节点的窗口，如图 12-25 所示。这些流程节点是在字典类中预设的，在此处选择若干节点，输入完成后点击“保存”按钮即可。

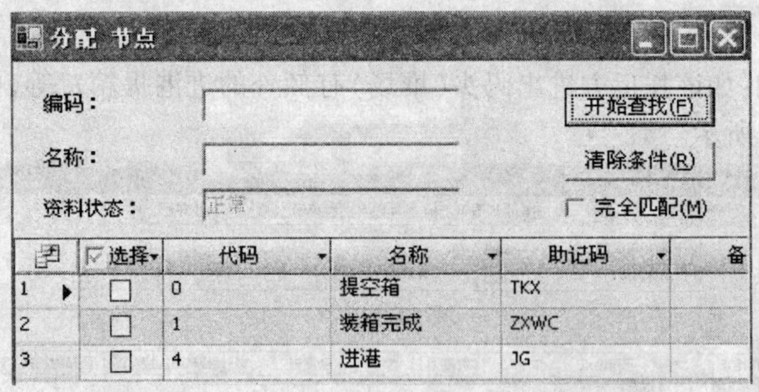

	选择	代码	名称	助记码	备
1	☐	0	提空箱	TKX	
2	☐	1	装箱完成	ZXWC	
3	☐	4	进港	JG	

图 12-25　分配节点界面

修改操作：节点设置不支持修改。如有变化，可删除已有节点，再添加新节点。

删除操作：在右侧列表中勾选选择列，点击工具栏中的“删除”按钮即可完成删除。

十四、轮胎位置

功能描述：该界面的功能是对轮胎位置进行设置。此处设定的位置，在换胎记录中可以选择，如图 12-26 所示。

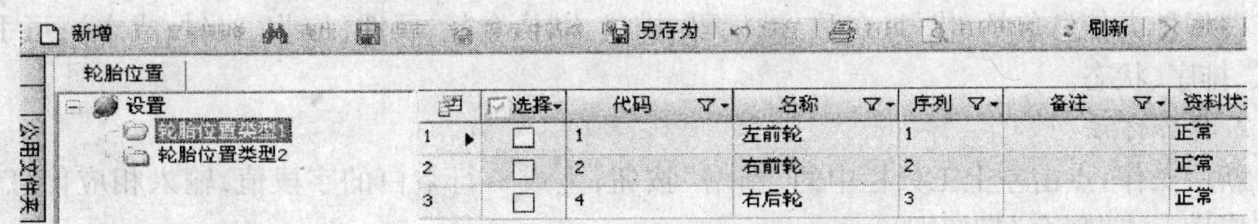

图 12-26　轮胎位置界面

1. 用户界面

轮胎位置界面左侧是可以维护的轮胎位置类型，该类型在字典类中维护，选择其中一种，右侧将列出该种轮胎位置由哪几个具体位置组成。

2. 操作方法

新增操作：在左侧选中一种轮胎位置，点击左上工具栏中的"新增"按钮，则弹出一个选择轮胎位置的窗口，如图 12-27 所示。这些位置是在字典类"轮胎维护"中预设的，在此处选择若干轮胎，输入完成后点击"保存"按钮即可。

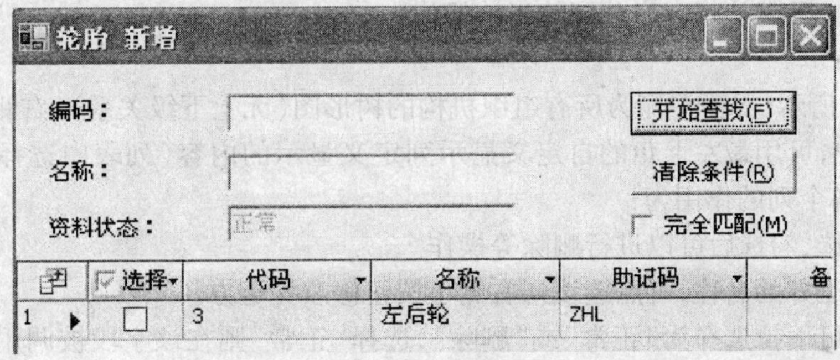

图 12-27　轮胎新增设置界面

修改操作：节点设置不支持修改。如有变化，可删除已有节点，再添加新节点。

删除操作：在右侧列表中勾选选择列，点击工具栏中的"删除"按钮即可完成删除。

十五、费用种类

功能描述：用户可使用此功能定义所有系统中的费用类型，如图 12-28 所示。

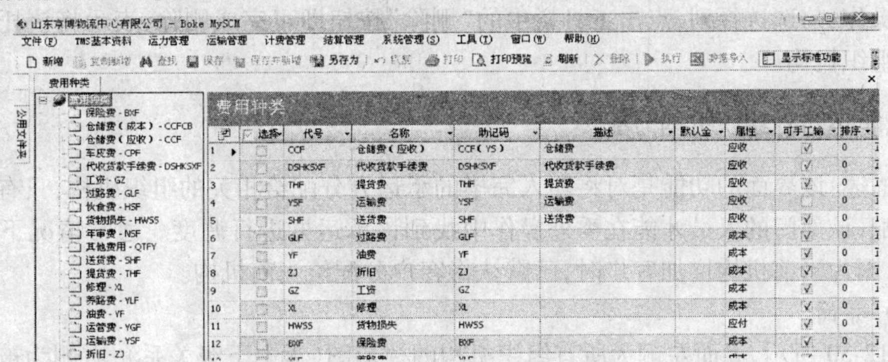

图 12-28　费用类型界面

1. 用户界面

界面分为左右两部分，左边是费用种类的树形结构，右边显示的是树形结构中当前数据的所有下一层费用列表，如果有权限的话，用户可以直接编辑。

费用种类信息包括：代号、名称、助记码、描述、默认金额、属性（应收、应付、成本）、可手工输入、排序、状态。

2. 操作方法

新增操作：点击左上工具栏中的“新增”按钮，生成一行空白的字段值，输入相应信息，输入完成后点击“保存”按钮即可。

修改操作：可在原有数据上进行修改，修改完成后点击“保存”即可。如果修改错误，可点击工具栏中的“恢复”按钮还原到修改前的数据。

删除操作：勾选选择列，点击工具栏中的“删除”按钮即可完成删除。

十六、托运方对组织机构分配

功能描述：该界面的功能是对将输入完毕的托运方分配给相关的组织机构（例如诺凡赛尔是北方办客服二部的客户，那么在系统中就要将诺凡赛尔分配给北方办客服二部），只有这样，该机构的人员才能在下单时查找到自己的客户。通常情况下不需要使用该功能，因为当前机构增加客户时，已默认将客户分配给当前机构。

1. 用户界面

如图 12-29 所示，界面左侧为所有组织机构的树形图（无上下级关系）；右侧为被选择组织机构的所有客户，可用最左上角的自定义显示列定义显示的内容（列表中选择列左侧最上方的按键），其中各个列的作用为：

选择：可勾选，勾选后可以进行删除等操作。

托运方：托运方的名称，可点选该列右侧小按钮修改托运方。

资料状态：可下拉选择为“正常”或“删除”，选择“正常”则在该字段被调用时能选择到该值，反之则不能。

2. 操作方法

在左侧的树状结构中选择需要新增、修改或删除客户的组织机构名。

新增操作：点击左上工具栏中的“新增”按钮，弹出托运方查找界面，点击“确定”进行无条件查找（或输入查找条件进行查找），找到需要的托运方后选中，确认，即可在右侧的列表中看到新选择的托运方，即表示将该托运方分配给了该组织机构。输入完成后点击“保存”按钮即可。

删除操作：勾选选择列，点击工具栏中的“删除”按钮即可完成删除，表示将该托运方不再分配给该组织机构。

十七、承运方对组织机构分配

功能描述：该界面的功能是对将输入完毕的承运方分配给相关的组织机构，只有将承运方进行了分配，该部门的人员才能在委外操作中找到该承运方进行调度。通常情况下不需要使用该功能，因为当前机构增加客户时，已默认将客户分配给当前机构。

1. 用户界面

如图 12-30 所示，界面左侧为所有组织机构的树形图（无上下级关系），右侧为被选择组织机构的所有的承运商，可用最左上角的自定义显示列定义显示的内容（列表中选择列左侧最上方的按键），其中各个列的作用为：

选择：可勾选，勾选后可以进行删除等操作。

承运方名称：承运方的名称，可点选该列右侧小按钮修改承运方。

资料状态:可下拉,选择为“正常”或“删除”,选择“正常”则在该字段被调用时能选择到该值,反之则不能。

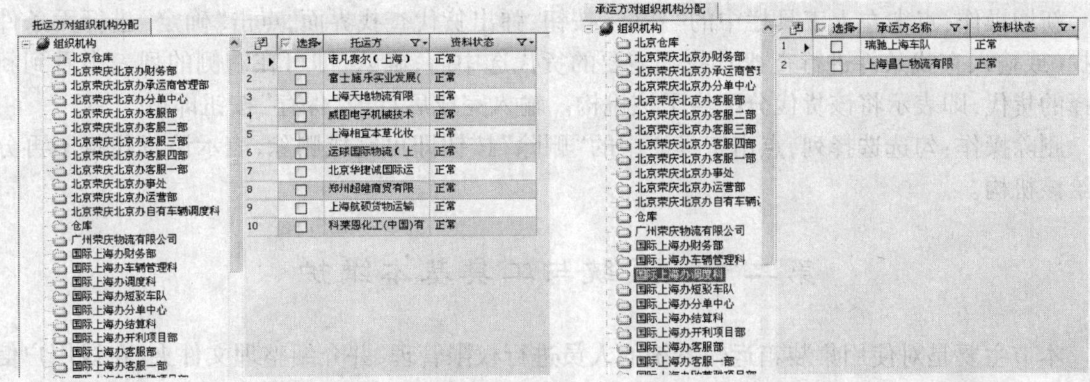

图 12-29　托运方对组织机构分配界面　　　图 12-30　承运方对组织机构分配界面

2. 操作方法

在左侧的树状结构中选择需要新增、修改或删除承运方的组织机构名。

新增操作:点击左上工具栏中的“新增”按钮,弹出承运方查找界面,点击“确定”进行无条件查找(或输入查找条件进行查找),找到需要的承运方后选中,确认,即可在右侧的列表中看到新选择的承运方,即表示将该承运方分配给了该组织机构。输入完成后点击“保存”按钮即可。

删除操作:勾选选择列,点击工具栏中的“删除”按钮即可完成删除,表示将该承运方不再分配给该组织机构。

十八、货代对组织机构分配

功能描述:该界面的功能是对将输入完毕的货代分配给相关的组织机构,只有将货代进行了分配,在下该货代的单子时才能在货代资料中查找到该货代。通常情况下不需要使用该功能,因为当前机构增加客户时,已默认将客户分配给当前机构。

1. 用户界面

如图 12-31 所示,界面左侧为组织机构的树形图,右侧为被选择的货代,可用最左上角的自定义显示列定义显示的内容(列表中选择列左侧最上方的按键),其中各个列的作用为:

选择:可勾选,勾选后可以进行删除等操作。

资料状态:可下拉,选择为正常或删除,选择“正常”则在该字段被调用时能选择到该值,反之则不能。

货代对组织机构分配

组织机构
- 宁波海晖国际物流有限公司
- 宁波恒胜物流义乌办
- 宁波恒胜物流有限公司

	选择	货代名称	货代可用运力数量	亏吨固定值	亏吨率	排序	资料状态
1	☐	杭州华光					正常
2	☐	临海恒丰货运					正常
3	☐	宁波均胜					正常
4	☐	象山威霖					正常
5	☐	浙江泛海国际货					正常
6	☐	温州润捷国际货					正常
7	☐	绍兴兴宇运输					正常
8	☐	天津泛艺国际货					正常
9	☐	义乌广迅					正常

图 12-31　货代对组织机构分配界面

2. 操作方法

在左侧的树状结构中选择需要新增、修改或删除货代的机构。

新增操作：点击左上工具栏中的“新增”按钮，弹出货代查找界面，点击“确定”进行无条件查找（或输入查找条件进行查找），找到需要的货代选中后，确认，即可在右侧的列表中看到新选择的货代，即表示将该货代分配给了该机构。输入完成后点击“保存”按钮即可。

删除操作：勾选选择列，点击工具栏中的“删除”按钮即可完成删除，表示该货代将不再分配给该机构。

第二节　系统与工具基本维护

本节主要是对使用集装箱运输系统的人员进行权限管理，并介绍整理文件夹、在线用户信息查询、工具功能等操作方法。

一、权限管理

功能描述：权限管理可用来设定登录到系统中人员的权限，一般由系统管理员来操作。权限管理可分为：用户、组、功能角色、数据角色、功能权限五大部分。

1. 用户

(1)用户界面。

建立与管理登录系统的用户，设置用户属性与口令。用户可以属于多个组、可以分配多个功能角色，如图12-32所示。

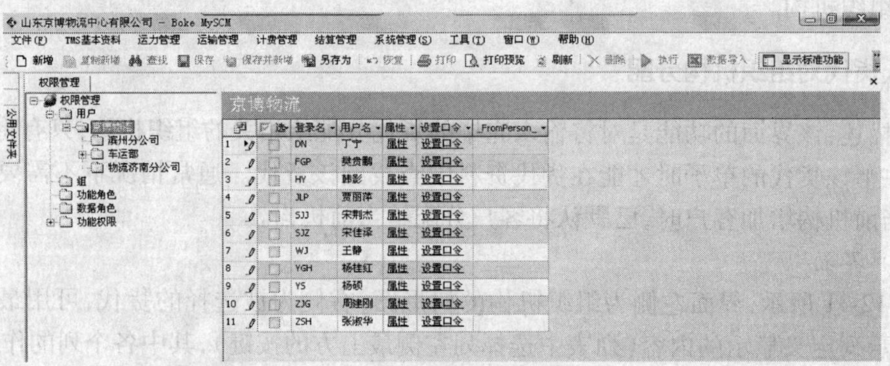

图12-32　权限管理界面

用户属性包括人员的登录名、用户名、所属机构以及允许登录的组织机构，如图12-33所示。

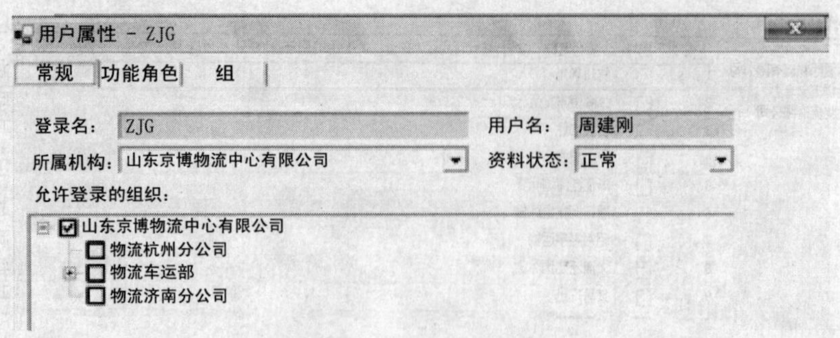

图12-33　用户属性界面

对用户所属的功能角色名称以及代号，系统已默认角色选择，如图 12-34 所示。

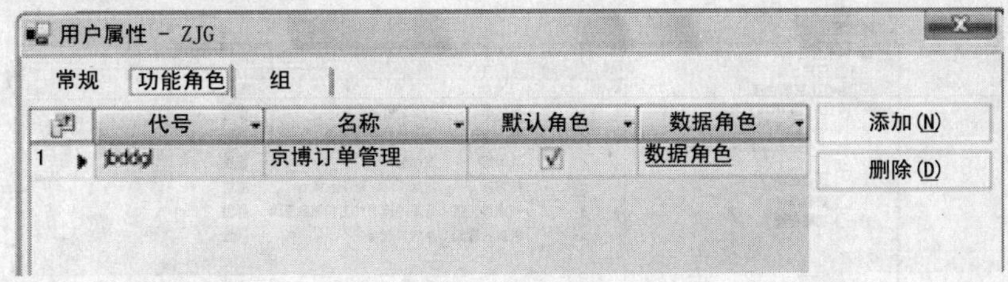

图 12-34　功能角色界面

可对用户进行分组归属，包括组代号及其名称，如图 12-35 所示。

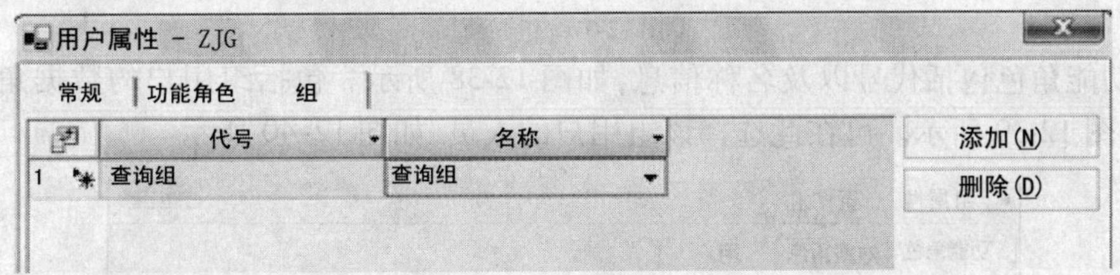

图 12-35　分组界面

可修改用户的口令，如图 12-36 所示。

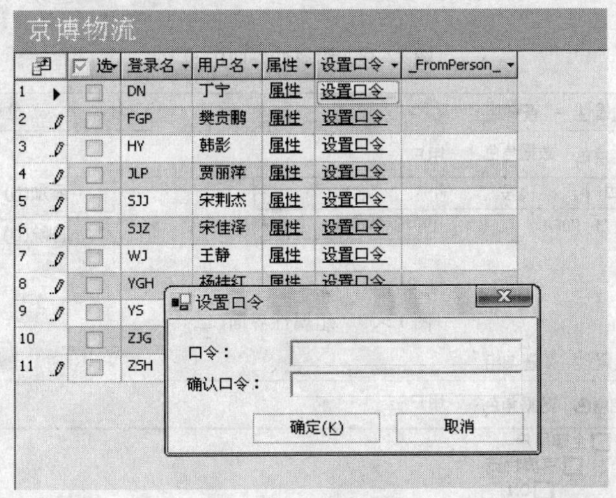

图 12-36　口令修改界面

(2)操作方法。

建立用户：在权限管理界面左侧选中要建立的人员所属的组织机构，并点击屏幕上方的“新建”按钮，列表内即新增了一条明细。点击“导入人员”，弹出人员查找界面，按需要输入条件后，点击“查找”，即列出人员列表。在所选人员明细前打钩后，点击“确认”。保存后，方可对人员属性进行编辑修改。

属性修改：点击人员明细后方的“属性”按钮，弹出基本属性对话框。首先选取人员允许登录的组织机构，则说明此人可切换所选的组织机构。点击“功能角色”标签页，点击“添加”，在名称栏中选择该用户的功能角色，并设置默认角色，点击“保存”。点击“数据角色”按钮，选择数据角色，保存即可。

2. 组

(1)用户界面。

建立与管理组，主要用于对用户进行分组。组可以分配多个功能角色和数据角色，如图

12-37 所示。

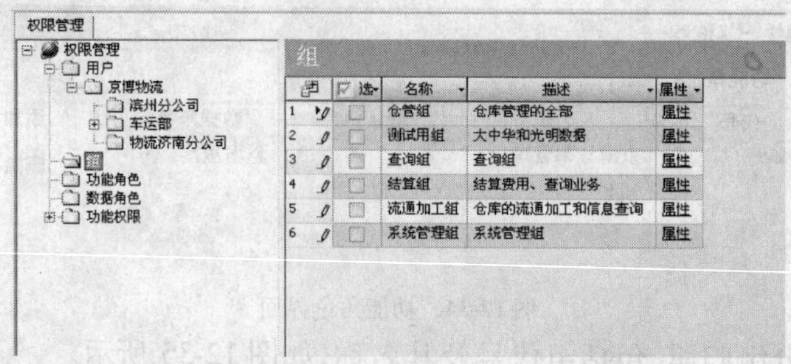

图 12-37　组界面

组的功能角色包括代号以及名称信息，如图 12-38 所示。包括组用户的数据角色以及代号名称，如图 12-39 所示。可在此选择该组用户的人员，如图 12-40 所示。

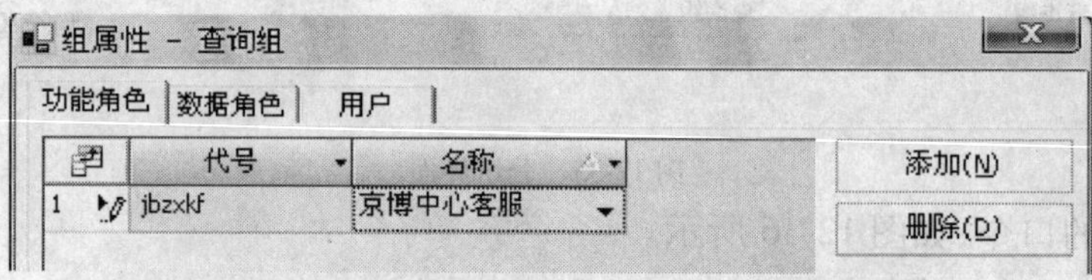

图 12-38　组属性界面(一)

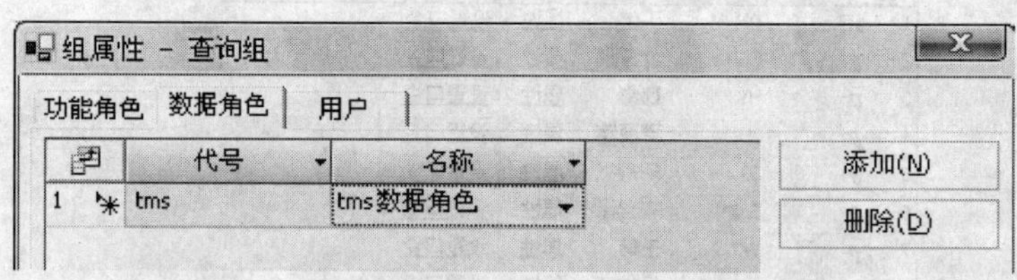

图 12-39　组属性界面(二)

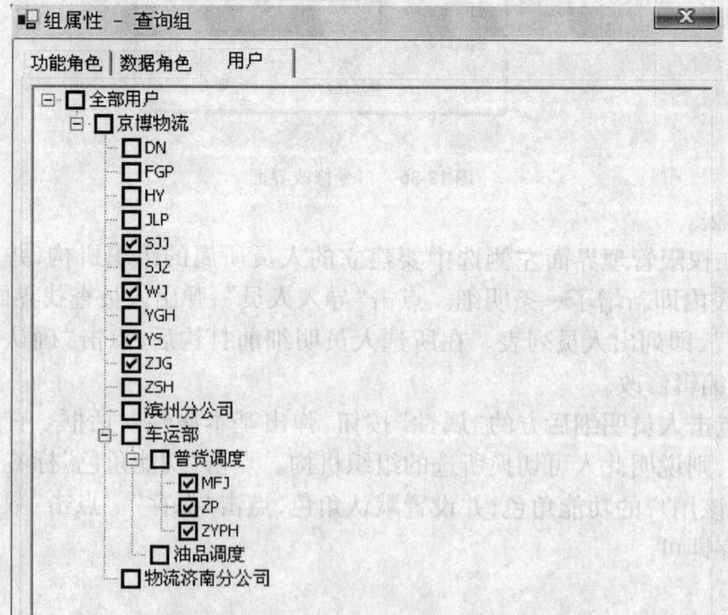

图 12-40　组属性界面(三)

(2)操作方法。

同上述用户操作。

3. 功能角色

(1)用户界面。

功能角色是一个或多个功能权限的集合，一般可以把不同的工作岗位需要的功能权限设为一个功能角色，如图 12-41 所示。可在此选择功能权限，在所需的权限动作节点前打钩，并确定保存，如图 12-42 所示。选择并查看具有该功能权限的用户，如图 12-43 所示。

(2)操作方法。

详见界面说明。

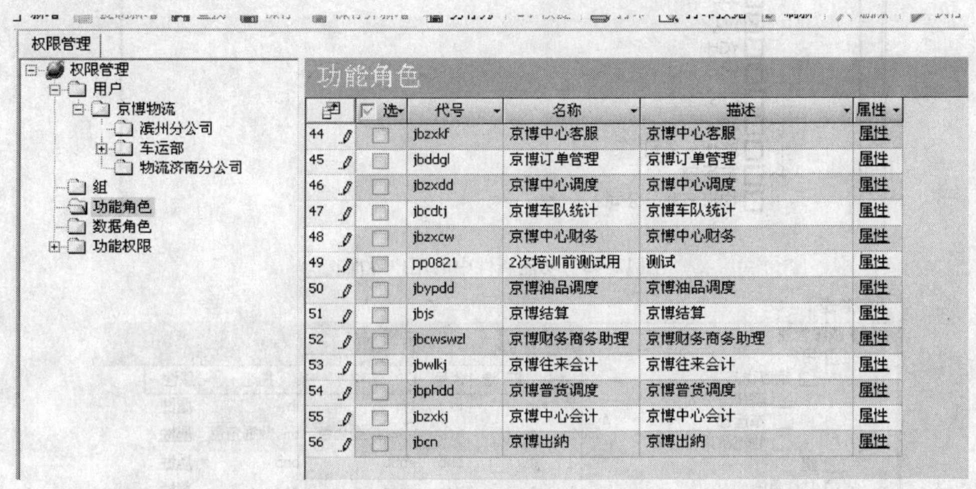

图 12-41　功能角色界面

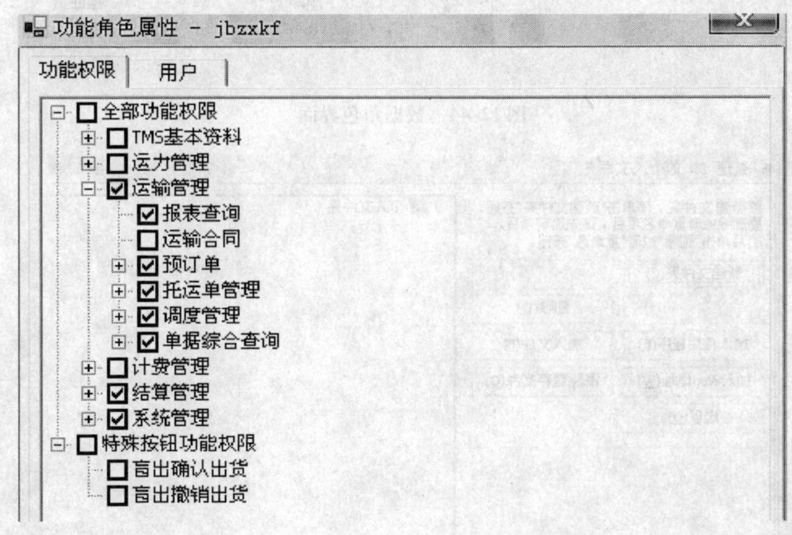

图 12-42　功能属性中的功能权限界面

4. 数据角色

(1)用户界面。

建立与管理数据角色。数据角色是一个或多个数据权限的集合。数据权限是系统能控制的界面中数据显示的最小数据实体类型，一个数据权限对应一种基本资料。依据不同的功能项，对这些数据权限的控制稍有不同。一般可以把不同性质的数据权限设为一个数据角色，如图 12-44 和图 12-45 所示。

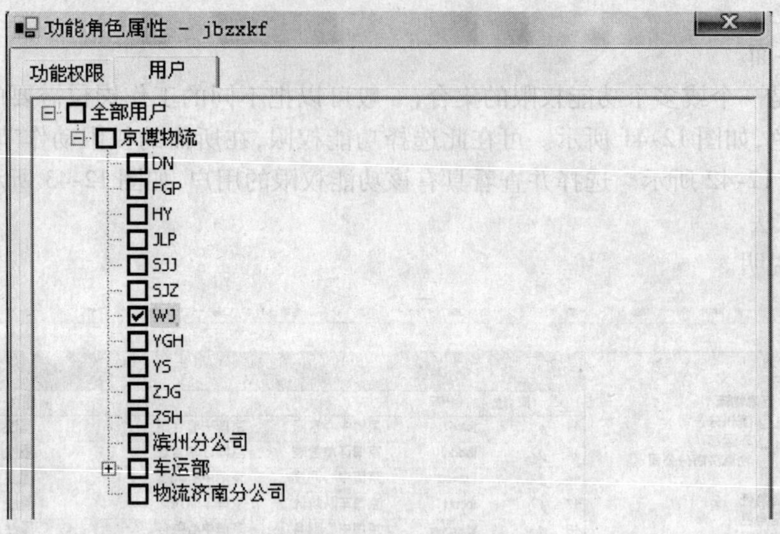

图 12-43　功能属性中的用户界面

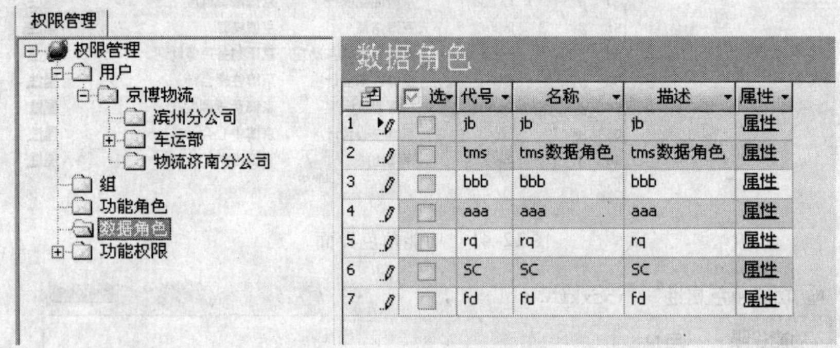

图 12-44　数据角色界面

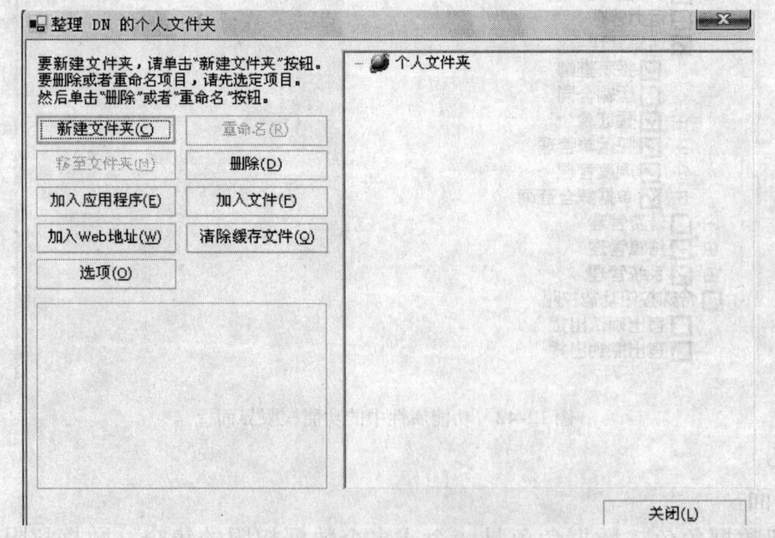

图 12-45　个人文件夹界面

(2)操作方法。

在数据角色列表里,可通过点击屏幕上方的“新增”按钮,新增数据角色。点击“属性”按钮,可修改该数据角色的数据权限。

二、整理个人文件夹

功能描述:用户可使用此功能整理个人客户端的缓存,设定系统的个性化风格,如图12-46所示。

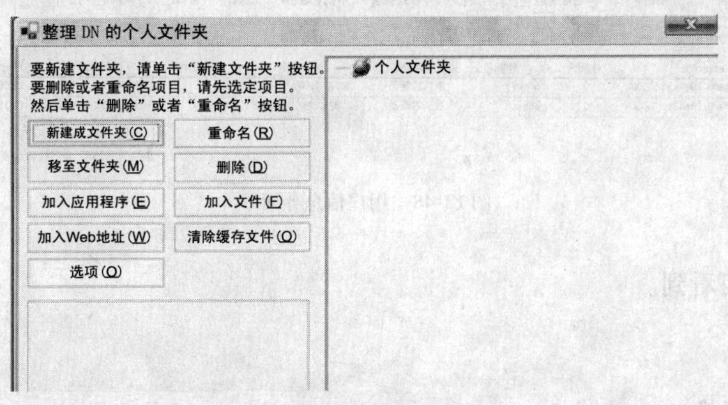

图 12-46　个人文件夹界面

1. 用户界面

该界面左边的“清除缓存文件”用来清除更新后残留的历史信息。

点击界面左边的“选项”按钮进入个性化设定界面,在其中的“列表外观”、“工具栏”和“杂项”中能设定用户系统的各种界面风格,如图 12-47 所示。

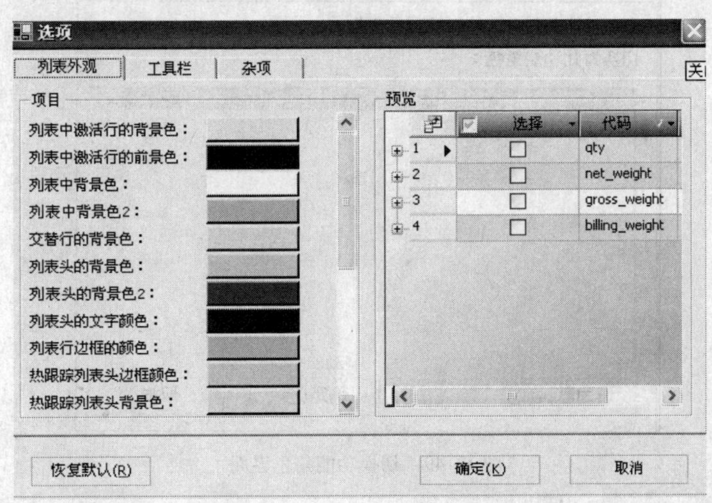

图 12-47　文件夹选项界面

2. 操作方法

在每次系统更新升级后,需要对原先系统中残留的缓存文件进行清除。点击“清除缓存文件”即可。

点击“选项”按钮进入风格化编辑菜单,根据左边项目选择的不同,能在右边的预览界面中看到自己的风格化界面。

三、在线用户信息查询

功能描述:查看系统当前所有在线用户的信息,包括用户名、登录名、登录时间、计算机名等。

1. 用户界面

用户界面如图 12-48 所示。

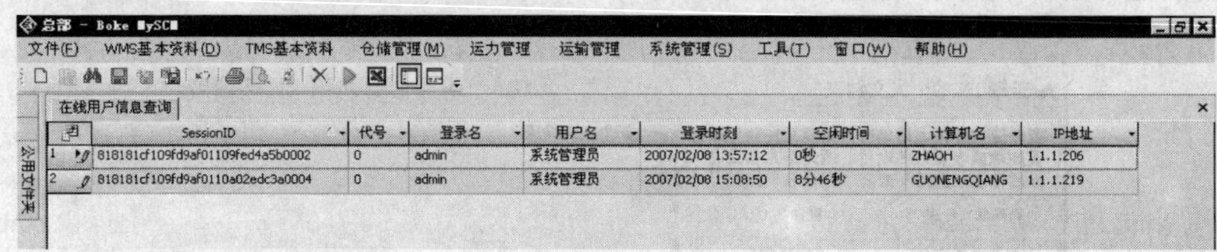

图 12-48　用户信息界面

2. 操作方法

点击界面即可看到。

四、工具功能

1. 切换功能角色

功能描述:在系统的工具菜单中提供用户切换角色的功能,使得用户无需退出应用系统即可使用不同的功能角色登录。切换功能角色界面如图 12-49 所示。

(1)用户界面。

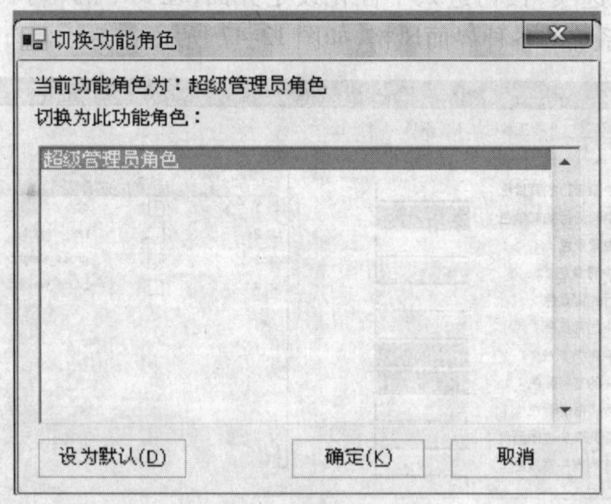

图 12-49　切换功能角色界面

(2)操作方法。

选择后确定即可,切换前必须手工关闭所有系统窗口。

2. 切换数据角色

功能描述:在系统的工具菜单中提供用户切换数据角色的功能,使得用户无需退出应用系统即可使用不同的数据角色。系统将自动保存用户当前在功能角色、菜单集合时的数据角色,下次访问同样窗口时可自动调取相同的数据角色。切换数据角色界面如图 12-50 所示。

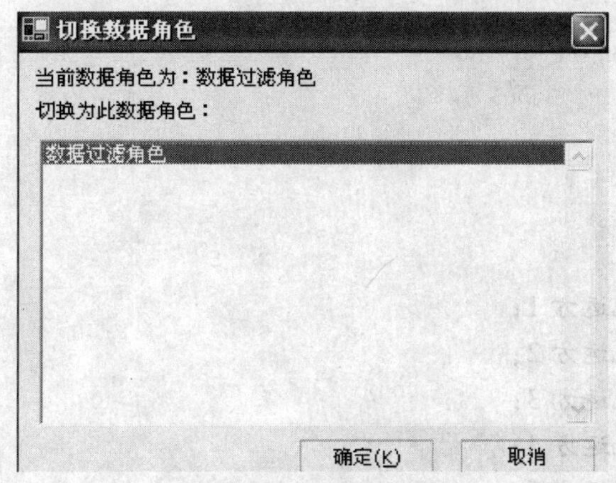

图 12-50　切换数据角色界面

(1)用户界面。

(2)操作方法。

选择后确定即可。

3. 切换组织机构

功能描述:在系统的工具菜单中提供用户切换机构功能,使得用户无需退出应用系统即可使用其他机构。切换组织机构界面如图 12-51 所示。

(1)用户界面。

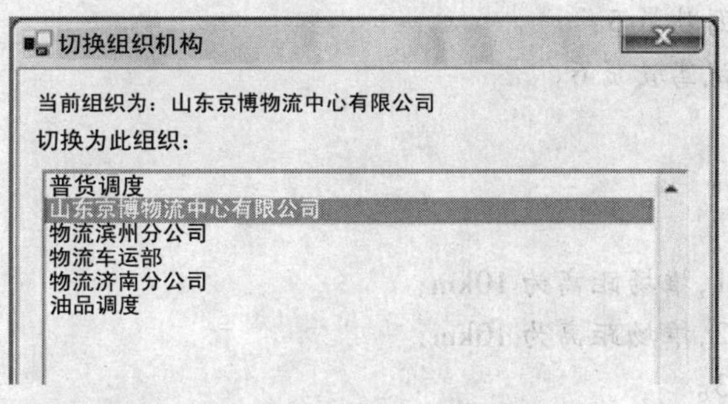

图 12-51　切换组织机构界面

(2)操作方法。

选择后确定即可,切换前必须手工关闭所有系统窗口。

五、单据打印

系统提供统一的标准单据打印格式,同时支持自定义格式。用户可以通过下载 i-report 来实现自定义设置。单据打印界面如图 12-52 所示。

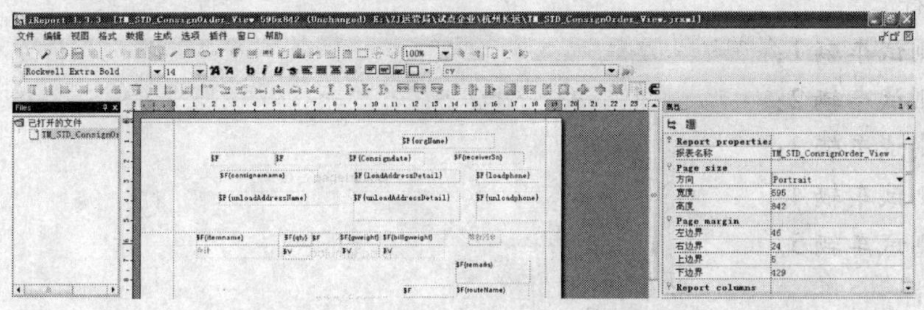

图 12-52　单据打印界面

复习思考题

1. 组织机构
(1)创建测试总部;
(2)创建测试分公司。
2. 公司资料
(1)总部创建测试托运方1;
(2)总部创建测试托运方2;
(3)总部创建测试托运方3;
(4)总部创建测试托运方4;
(5)总部创建测试托运方5;
(6)分公司创建测试托运方6;
(7)总部创建测试承运方1。
3. 人员资料
(1)总部创建测试驾驶员1;
(2)总部创建测试驾驶员2;
(3)总部创建测试驾驶员3;
(4)总部创建测试驾驶员4;
(5)总部创建测试驾驶员5;
(6)分公司创建测试驾驶员6。
4. 商品资料
总部创建测试商品。
5. 堆场
(1)创建测试堆场1,堆场距离为10km;
(2)创建测试堆场2,堆场距离为10km;
(3)创建测试堆场3。
6. 箱呎箱型
(1)创建6.096m(20ft)GP普柜箱型;
(2)创建12.192m(40ft)GP普柜箱型;
(3)创建12.192m(40ft)HQ高柜箱型,计费箱型为12.192m(40ft)GP普柜箱型。
7. 运力类型
创建测试运力类型。
8. 运力资料
(1)创建测试车辆1;
(2)创建测试车辆2;
(3)创建测试车辆3;
(4)创建测试车辆4;
(5)创建测试车辆5。
9. 挂车资料
(1)创建测试挂车1;

(2)创建测试挂车2;

(3)创建测试挂车3;

(4)创建测试挂车4;

(5)创建测试挂车5;

(6)创建测试挂车6。

10. 线路里程表

(1)创建宁波到绍兴的路线,过路过桥费为150元;

(2)创建宁波到萧山的路线,过路过桥费为80元;

(3)创建宁波到义乌的路线,过路过桥费为280元。

驾驶员提成比例为0~1000元提8%,1000元以上提7%。

11. 托运方报价

(1)创建宁波到绍兴的报价,6.096m(20ft)GP普柜箱为800元,12.192m(40ft)GP普柜箱为1500元;

(2)创建宁波到萧山的报价,6.096m(20ft)GP普柜箱为400元,12.192m(40ft)GP普柜箱为600元;

(3)创建宁波到义乌的报价,6.096m(20ft)GP普柜箱为1100元,12.192m(40ft)GP普柜箱为2000元;

(4)将以上报价复制新增到每个托运方;

(5)托运方1的宁波到绍兴报价中增加附加运费,堆场1提箱堆场2还箱额外收取50元;

(6)驾驶员报价在客户报价的基础上各减200元。

12. 对测试驾驶员1、测试驾驶员2、测试驾驶员3、测试驾驶员4、测试驾驶员5、测试驾驶员6进行分组,并进行功能角色分配,每个人员设定自己登录系统的名称和口令。

13. 测试驾驶员使用自己的名称和口令登录系统,设定自己的个人文件夹和个性化系统界面。

第十三章　企业运力信息管理

第一节　班次与安检信息维护

本节记录了驾驶员的班次安排、人员培训等信息，以及出车前安检、回场安检或定期检查的各种常用项目。

一、驾驶员班次

功能描述：该界面是用来记录驾驶员班次的资料，如图 13-1 所示。

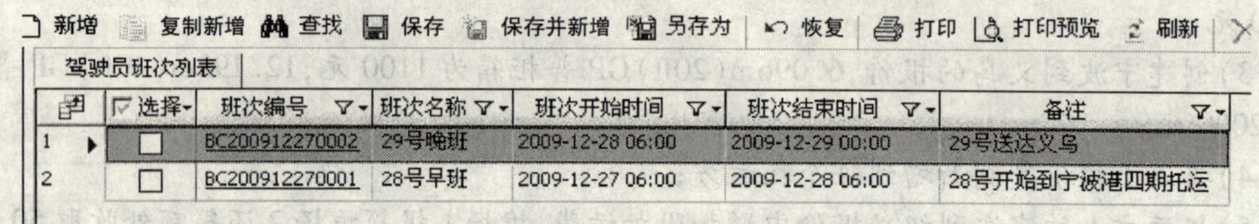

图 13-1　驾驶员班次界面

1. 用户界面

图 13-2 所示的列表界面是驾驶员班次的主要信息，点击“班次编号”可进入驾驶员班次的详细编辑界面。在详细界面中的班次明细中，可填写该班次由哪些驾驶员组成。

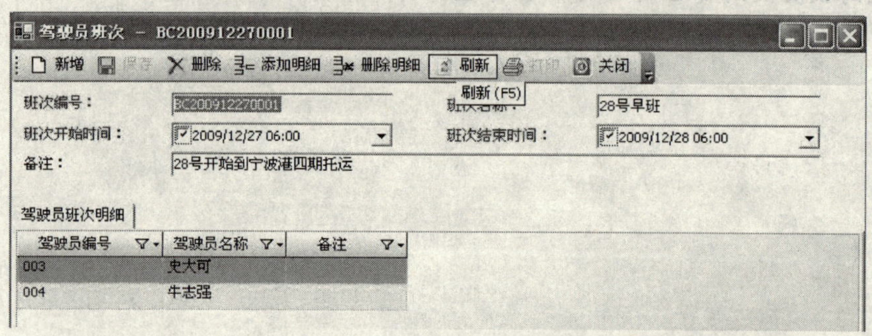

图 13-2　驾驶员班次编辑界面

2. 操作方法

新增操作：点击左上工具栏中的“新增”按钮，生成一个空白的驾驶员编辑界面，输入相应信息，其中红色为必输，输入完成后点击“保存”按钮即可。

修改操作：可在原有数据上进行修改，修改完成后点击“保存”即可。

删除操作：勾选选择列，点击工具栏中的“删除”按钮即可完成删除。

二、人员培训

功能描述：该界面用来记录人员培训的情况，如图 13-3 所示。

1. 用户界面

如图 13-4 所示，列表界面是人员培训的主要信息，点击培训“登记号”可进入人员培训的详细编辑界面。在详细界面的培训明细中，可填写该次培训的参与人员的培训情况。

图 13-3　人员培训界面

培训类型：该字段内容来源于字典类。

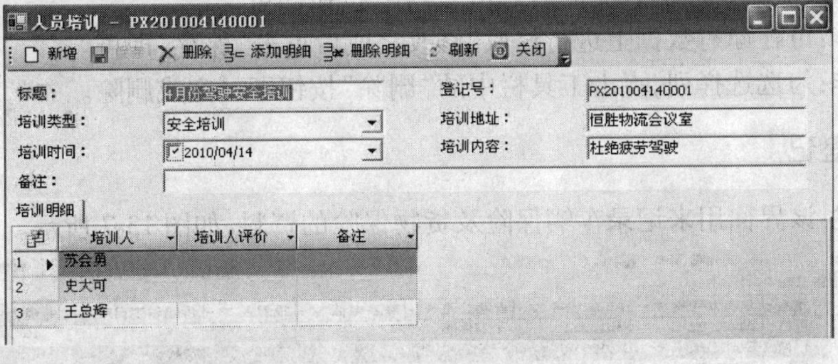

图 13-4　人员培训编辑界面

2. 操作方法

新增操作：点击左上工具栏中的“新增”按钮，生成一个空白的驾驶员编辑界面，输入相应信息，其中红色为必输，输入完成后点击“保存”按钮即可。

修改操作：可在原有数据上进行修改，修改完成后点击“保存”即可。

删除操作：勾选选择列，点击工具栏中的“删除”按钮即可完成删除。

三、安检登记

功能描述：该界面用来记录各种安检信息。通常的安检都是针对车辆进行检查，如图 13-5 所示。

1. 用户界面

列表界面是安检登记的主要信息，点击“车牌号”可进入安检登记的详细编辑界面，如图 13-6 所示。

在详细界面中的安检登记明细中，可填写该次安检人员的检查结果。

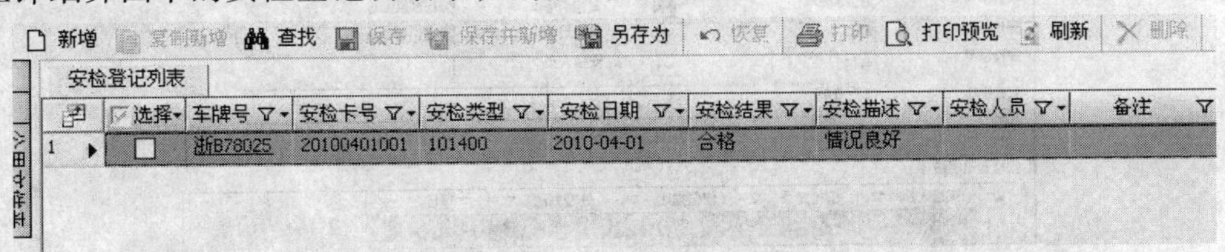

图 13-5　安检登记界面

安检类型：该字段内容来源于字典类。

2. 操作方法

新增操作：点击左上工具栏中的“新增”按钮，生成一个空白的安检登记编辑界面，输入相

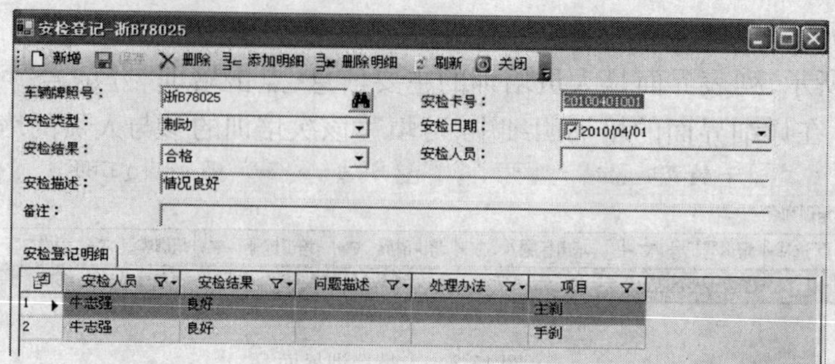

图 13-6 安检登记编辑界面

应信息，其中红色为必输，输入完成后点击“保存”按钮即可。

修改操作：可在原有数据上进行修改，修改完成后点击“保存”即可。

删除操作：勾选选择列，点击工具栏中的“删除”按钮即可完成删除。

四、保险登记

功能描述：该界面用来记录车辆保险及货物保险的资料，如图 13-7 所示。

	选择	车辆牌照号	挂车牌照号	保险公司	联系电话	投保人	保险结束日期	预通知天数
1		浙B78099	浙B12352	平安保险				15
2		浙B96446	浙B12352	平安保险		总部	2010-04-09	15
3		浙B78025	浙B12352	平安保险		总部	2010-05-14	15
4		浙B69231	浙B48714	平安保险			0002-01-01	15

图 13-7 保险登记界面

1. 用户界面

如图 13-8 所示，该列表界面是登记的主要信息，点击“车牌号”可进入保险登记的详细编辑界面。在列表界面中，可根据保险结束日期和预通知天数，做颜色预警，绿色表示安全，红色表示即将到期或已过期。

在详细界面中的保险明细中，可填写保险的具体险种。

保险公司：在基本资料保险公司中维护。

车辆牌照号：取自运力资料。

挂车牌照号：取自挂车资料。

保险种类：取自字典类。

图 13-8 保险登记编辑界面

2. 操作方法

新增操作：点击左上工具栏中的“新增”按钮，生成一个空白的保险登记编辑界面，输入相应信息，其中红色为必输，输入完成后点击“保存”按钮即可。

修改操作:可在原有数据上进行修改,修改完成后点击“保存”即可。

删除操作:勾选选择列,点击工具栏中的“删除”按钮即可完成删除。

第二节　事故与纠纷信息维护

本节主要针对物流业务中发生交通事故的相关信息,与该事故相关的理赔、纠纷及司法诉讼的情况。

一、事故信息

功能描述:该界面记录了车辆发生交通事故的相关信息,如图 13-9 所示。

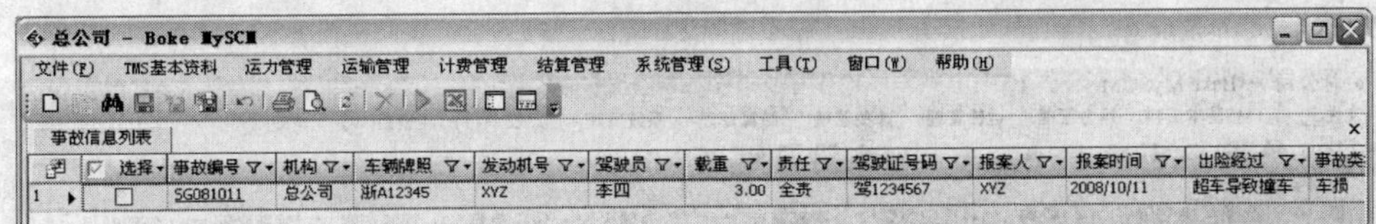

图 13-9　交通事故信息界面

1. 用户界面

图 13-10 所示为事故信息列表界面,其中各个列的作用为:

选择:可勾选,勾选后可以进行删除等操作。

事故类型:在下拉框中选择是车损还是人身伤害,在字典类的“事故类型”中维护出险地点、路况、天气、报案人、报案时间、出现经过,自定义输入。

责任描述:在下拉框中选择承担责任的程度,在字典类的“责任描述”中维护。

本车损失、第三者损失、轻伤人数、重伤人数、死亡人数:根据情况自定义输入,必输。

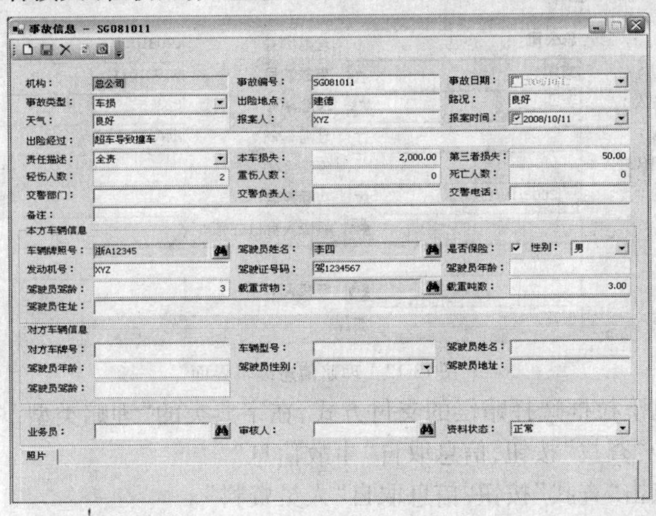

图 13-10　事故信息编辑界面

交警部门、交警负责人、交警电话、备注:自定义输入。

本方车辆信息:点击“查找”按钮选出发生事故的车辆以及驾驶员。

对方车辆信息:记录发生事故的车辆的具体信息,所有字段均自定义输入。

审核人、业务员:取自“人员资料”。

资料状态:可下拉,选择为“正常”或“删除”,选择“正常”则在该字段被调用时能选择到该值，反之则不能。

照片：系统支持通过点击增加图片按钮，上传与事故有关的照片信息。

2. 操作方法

新增操作：点击左上工具栏中的“新增”按钮，生成一个空白的事故信息编辑界面，输入相应信息，输入完成后点击“保存”按钮即可。

修改操作：可在原有数据上进行修改，修改完成后点击“保存”即可。

删除操作：勾选选择列，点击工具栏中的“删除”按钮即可完成删除。

二、理赔信息

功能描述：该界面用来记录车辆事故后发生的理赔信息，有赔偿金额、赔偿时间等，如图13-11所示。

	选择	理赔编号	机构	理赔类型	事故编号	保险办理人	保险单号	理赔车辆	理赔金额	领取时间	赔
1		LP001011	总公司	支票	SG001011	李四	B23566	浙A12345	500.00	2008/10/19	

图 13-11 理赔信息界面

1. 用户界面

如图13-12所示的界面为理赔信息的列表，其中各个列的作用为：

选择：可勾选，勾选后可以进行删除等操作。

理赔编号：自定义输入，不可重复且必输。

图 13-12 理赔信息编辑界面

理赔类型：通过下拉框选择赔偿的支付方式，在字典类的“理赔类型”中维护。

事故编号：点击“查找”按钮，信息取自“事故信息”。

保险办理人：点击“查找”按钮，信息取自“人员资料”。

保险单号：点击“查找”按钮，信息取自“保险登记”。

索赔时间：自定义输入。

理赔车辆：系统根据选择的保险单号，自动匹配到相应的车辆。

保险公司代理人：自定义输入。

索赔金额：自定义输入，必输。

领取时间、实际赔偿、领取人身份证号：自定义输入。

领取人：可通过点击“查找”按钮，查找“人员资料”中登记过的人员，也可以手工输入。

审核人、业务员：取自“人员资料”。

资料状态：可下拉，选择为“正常”或“删除”，选择“正常”则在该字段被调用时能选择到该值，反之则不能。

2. 操作方法

新增操作：点击左上工具栏中的“新增”按钮，生成一个空白的理赔信息编辑界面，输入相应信息，其中红色为必输，输入完成后点击“保存”按钮即可。

修改操作：可在原有数据上进行修改，修改完成后点击“保存”即可。

删除操作：勾选选择列，点击工具栏中的“删除”按钮即可完成删除。

三、货运纠纷

功能描述：该界面记录了由货运引起的各种纠纷信息，货运过程中的纠纷原因有交通事故、装卸、保管等，如图 13-13 所示。

1. 用户界面

图 13-14 所示的界面为货运纠纷列表，其中各个列的作用为：

选择：可勾选，勾选后可以进行删除等操作。

货运纠纷编号：自定义输入，不可重复且必输。

机构：系统默认为录入人员的所属机构。

车辆牌照号：点击“查找”按钮，信息取自“运力类型”。

事故编号：点击“查找”按钮，信息取自“事故信息”。

纠纷描述、报案人、保安电话、接案人：自定义输入。

货物名称：点击“查找”按钮，信息取自“商品资料”。

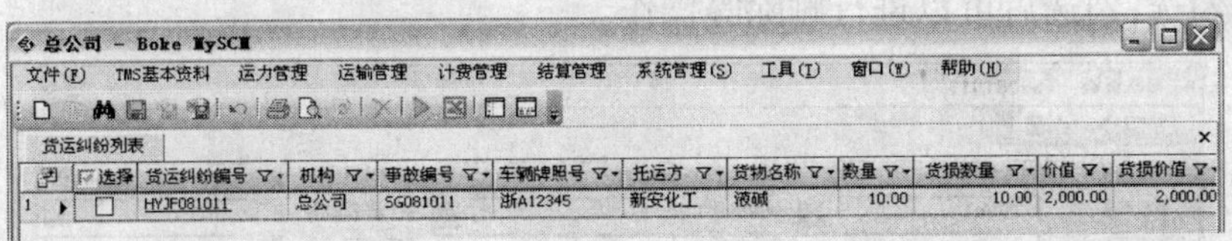
总公司 - Boke MySCM

文件(F) TMS基本资料 运力管理 运输管理 计费管理 结算管理 系统管理(S) 工具(T) 窗口(W) 帮助(H)

货运纠纷列表

	选择	货运纠纷编号	机构	事故编号	车辆牌照号	托运方	货物名称	数量	货损数量	价值	货损价值
1	☐	HYJF081011	总公司	SG081011	浙A12345	新安化工	液碱	10.00	10.00	2,000.00	2,000.00

图 13-13　货运纠纷信息界面

货运纠纷信息 - HYJF081011

货运纠纷编号：HYJF081011　机构：总公司　托运单号：
纠纷类型：事故纠纷　车辆牌照号：浙A12345　事故编号：SG081011
纠纷描述：
报案人：　报案电话：　接案人：
货物信息
货物名称：液碱　货物单位：　货物启运地：
数量：10.00　价值：2,000.00　货物目的地：
货损数量：10.00　货损价值：2,000.00　货损单位：
纠纷方
托运方：新安化工　托运人电话：　业务员：
承运方：　承运人电话：　审核人：
第三方：　第三方电话：　资料状态：正常
备注：

图 13-14　货运纠纷信息编辑界面

货物单位:指明货物的基本单位,通过下拉框选择,信息取自“商品资料”。

货物启运地、货物目的地:点击“查找”按钮,信息取自“地域信息资料”。

数量、价值、货损数量、货损价值:自定义输入,必输。

货损单位:同货物单位。

纠纷方:填写该次纠纷的双方当事人信息。

2. 操作方法

新增操作:点击左上工具栏中的“新增”按钮,生成一个空白的货运纠纷编辑界面,输入相应信息,其中红色为必输,输入完成后点击“保存”按钮即可。

修改操作:可在原有数据上进行修改,修改完成后点击“保存”即可。

删除操作:勾选选择列,点击工具栏中的“删除”按钮即可完成删除。

四、司法诉讼

功能描述:该界面记录了由事故、理赔、货运纠纷及其他原因引起的司法诉讼情况,不涉及诉讼流程,只记录不同阶段的信息,如图 13-15 所示。

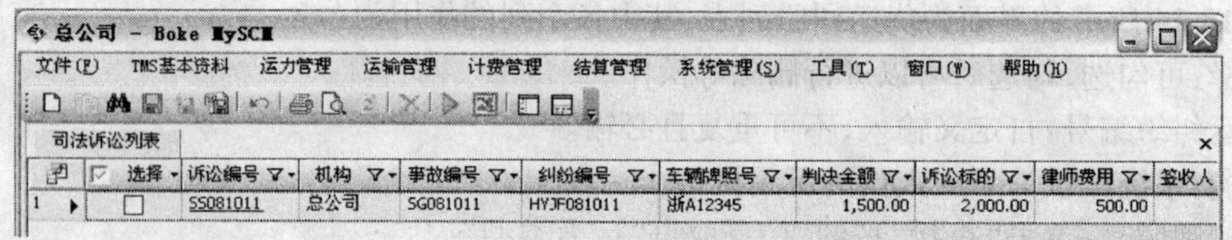

图 13-15 司法诉讼信息界面

1. 用户界面

图 13-16 所示的界面为司法诉讼的信息列表,其中各个列的作用为:

选择:可勾选,勾选后可以进行删除等操作。

图 13-16 司法诉讼信息编辑界面

诉讼编号:自定义输入,不可重复且必输。

机构:系统默认为录入人员的所属机构。

车辆牌照号:点击“查找”按钮,信息取自“运力类型”。

事故编号:点击“查找”按钮,信息取自“事故信息”。

纠纷编号:点击“查找”按钮,信息取自“货运纠纷”。

接到传票时间、签收人、应到处所、应到时间、律师联系电话、传唤事由、备注：自定义输入。

律师费用、诉讼标的：自定义输入，必输。

审判记录：根据实际情况，自定义输入，其中“判决金额”为必输。

审核人、业务员：取自“人员资料”。

资料状态：可下拉，选择为正常或删除，选择正常则在该字段被调用时能选择到该值，反之则不能。

2. 操作方法

新增操作：点击左上工具栏中的“新增”按钮，生成一个空白的司法诉讼编辑界面，输入相应信息，其中红色为必输，输入完成后点击“保存”按钮即可。

修改操作：可在原有数据上进行修改，修改完成后点击“保存”即可。

删除操作：勾选选择列，点击工具栏中的“删除”按钮即可完成删除。

第三节　维修与加油信息维护

该节主要对运输车辆运营中的加油及维修记录情况进行维护，以便分析车辆的吨公里油耗、磨损情况及车辆折旧的估算。

一、维修材料种类

功能描述：该界面记录了维修材料种类信息。维修材料种类在维修材料采购时可选择使用，如图 13-17 所示。

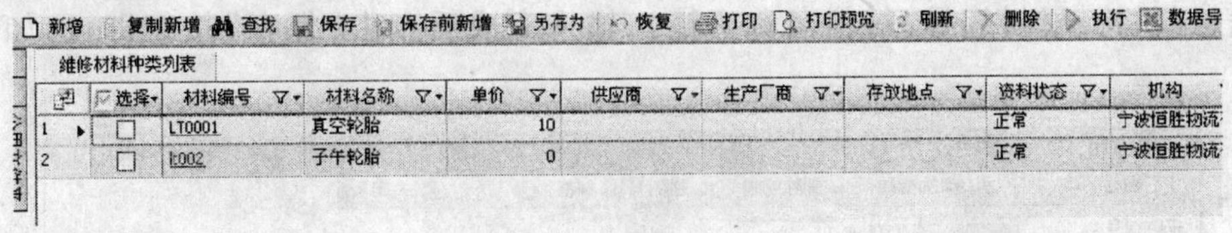

图 13-17　维修材料信息界面

1. 用户界面

该列表界面是维修材料种类的主要信息，点“材料编号”打开维修材料种类的编辑界面，如图 13-18 所示。

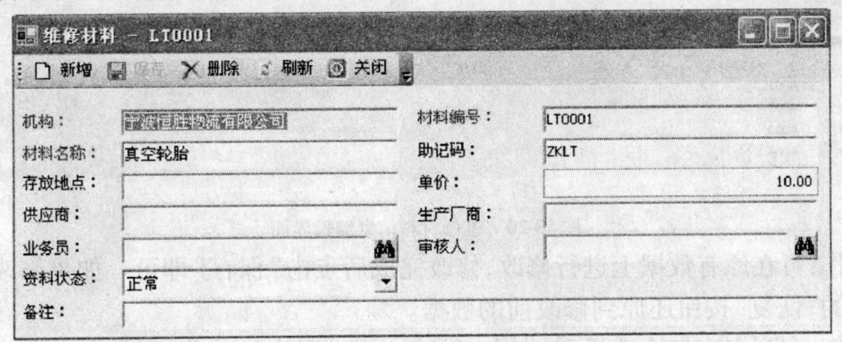

图 13-18　维修材料信息编辑界面

2. 操作方法

新增操作：点击左上工具栏中的“新增”按钮，弹出一个空白的维修材料种类编辑界面，输入相应信息(红色必输),输入完成后点击“保存”按钮即可。

修改操作:可在原有数据上进行修改,修改完成后点击“保存”即可。如果修改错误,可点击工具栏中的“恢复”按钮还原到修改前的数据。

删除操作:在列表中勾选选择列,点击工具栏中的“删除”按钮即可完成删除。

二、维修材料采购

功能描述:该界面记录了维修材料采购信息,购买的维修材料可在维修登记中使用,如图13-19所示。

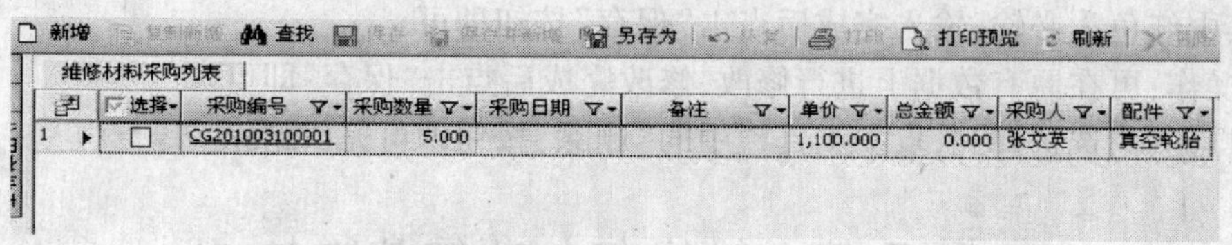

图13-19 维修材料信息界面

1. 用户界面

该列表界面是维修材料采购的主要信息,点击“材料编号”打开维修材料采购的编辑界面。

采购配件:取自维修材料种类。

支付方式:取自字典类。

2. 操作方法

新增操作:点击左上工具栏中的“新增”按钮,弹出一个空白的维修材料采购编辑界面,输入相应信息(机构、材料编号、材料名称必输),输入完成后点击“保存”按钮即可,如图13-20所示。

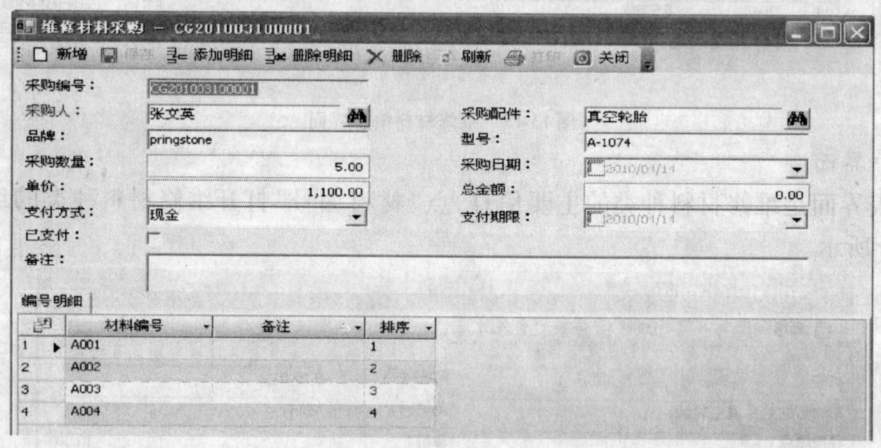

图13-20 维修材料信息编辑界面

修改操作:可在原有数据上进行修改,修改完成后点击“保存”即可。如果修改错误,可点击工具栏中的“恢复”按钮还原到修改前的数据。

删除操作:在列表中勾选选择列,点击工具栏中的“删除”按钮即可完成删除。

三、维修保养登记

功能描述:该界面是用来维护运输车辆的维修情况,如图13-21所示。

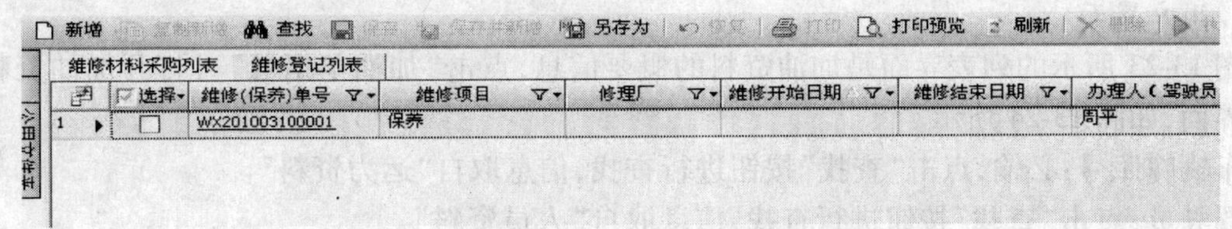

图 13-21　维修保养登记界面

1. 用户界面

图 13-21 所示的列表界面是维修登记的概要信息，点击维修(保养)单号，可打开维修登记的编辑界面，如图 13-22 所示。

维修(保养)单号：自定义输入，不可重复且必输。

维修项目：下拉框选择，在字典类的“维修项目”界面维护。

修理厂：自定义输入。

车辆牌照号：点击“查找”按钮进行查找，信息取自“运力资料”，必输。

驾驶员：点击“查找”按钮进行查找，信息取自“人员资料”。

维修原因：下拉框选择，在字典类的“维修原因”界面维护。

维修金额、维修开始日期、维修结束日期：根据实际情况自定义输入。

维修人：点击“查找”按钮进行查找，信息取自“人员资料”。

备注：自定义输入。

维修登记明细：记录维修所用的材料。

维修登记 － WX201003100001
保存　添加明细　删除明细　关闭
维修(保养)单号：WX201003100001　车辆牌照号：浙B-15031
维修项目：保养　修理厂：
维修里程：3,000.00　驾驶员：周平
维修原因：　维修金额：10.00
维修开始日期：2010/04/14　维修截止日期：2010/04/14
维修人：　预通知天数：
备注：
维修登记明细
材料编号　采购人　配件
1　A001　　真空轮胎

图 13-22　维修保养登记编辑界面

2. 操作方法

新增操作：点击左上工具栏中的“新增”按钮，弹出一个空白的维修登记编辑界面，输入相应信息后(红色必输)，在“维修登记”明细中点击编辑界面中工具栏里的“添加明细”按钮进行输入，输入完成后点击“保存”按钮即可。

修改操作：可在原有数据上进行修改，修改完成后点击“保存”即可。如果修改错误，可点击工具栏中的“恢复”按钮还原到修改前的数据。

删除操作：在列表中勾选选择列，点击工具栏中的“删除”按钮即可完成删除。

四、加油资料

功能描述：该界面是用来维护运输车辆的加油信息，如图 13-23 所示。

1. 用户界面

图 13-23 所示的列表界面是加油资料的概要信息，点击“加油单据号”可打开加油资料的编辑界面，如图 13-24 所示。

车辆牌照号：必输，点击“查找”按钮进行查找，信息取自“运力资料”。

驾驶员：点击“查找”按钮进行查找，信息取自“人员资料”。

加油时间、加油数量、单价：自定义输入，必输。

油号、加油类型：下拉框选择。

加油站：手工输入。

	选择	加油单据号	加油时间	车牌号	单价	加油数量	油号	金额
1		JY201003090001	2010年03月09	浙B-15031	6	120	柴油	720
2		JY201003090002	2010年03月09	浙B-17469	6	230	柴油	1380
3		JY201003030001	2010年03月03	浙B-86177	0	100	柴油	0
合计：						450		2100

图 13-23　加油资料信息界面

金额：系统会根据输入的单价和加油数量，自动计算出对应的金额。

上次加油里程、本次加油里程、备注：自定义输入。

调度单号：对于针对某次运输所加的油，系统支持对应到相应的调度单，点击“查找”按钮，可以查找该调度单。

图 13-24　加油资料信息编辑界面

2. 操作方法

新增操作：点击左上工具栏中的“新增”按钮，弹出一个空白的加油资料编辑界面，输入相应信息后，封号变动明细点击编辑界面中工具栏里的“添加明细”按钮进行输入，输入完成后点击“保存”按钮即可。

修改操作：可在原有数据上进行修改，修改完成后点击“保存”即可。如果修改错误，可点击工具栏中的“恢复”按钮还原到修改前的数据。

删除操作：在列表中勾选选择列，点击工具栏中的“删除”按钮即可完成删除。

复习思考题

1. 测试1～6号驾驶员的班次安排。
2. 测试1～3号驾驶员的安全培训记录。
3. 测试1～4号车辆、测试1～6号挂车的安检和保险登记。
4. 所有车辆发生的事故、理赔及货运纠纷处理的信息登记。
5. 登记所购维修材料。
6. 登记车辆发生的材料采购、维修保养登记、加油信息的处理。

第十四章　集装箱基本运输业务

第一节　外贸进出口业务

本节主要针对的是货代客户委托总部做外贸进出口业务。在该业务中通过集装箱运输软件来完成托运单输入、调度单录入、调度跟踪等业务流程。

一、托运单录入

功能描述：该界面用于输入新的托运单。

1. 用户界面

把运单查找界面，如图14-1所示，是列表界面的一个筛选窗口，用户可以自定义筛选。各字段含义参照托运单录入界面。

图14-1　托运单查找界面

列表界面录入的是托运单的一个概要信息，可用最左上角的自定义显示的内容（在列表中选择左侧最上方的按键），点选列表中的编号进入详细的托运单编辑界面（该界面只作显示用，如图14-2所示）。

	选择	编号	货代编号	货代名称	船名	航次	提单号	装货港名称	卸货港名称	起运城区
1	□	xyb201004060001		外代新华箱运部	CSCL NINGBO	V.PP635	CVAWC015037	NINGBO	LA GUAIRA	宁波市北仑区
2	□	xyb201004060003		外代新华箱运部	HANJIN SHANGH	110E	COSU602673690	NINGBO	NEWYORK,NY	宁波市北仑区
3	□	xyb201004060004		外代新华箱运部	MOL COSMOS	011W	APLU065213602A	NINGBO	TALLINN	宁波市北仑区
4	□	xyb201004060005		外代新华箱运部	MOL COSMOS	011W	APLU065213602A	NINGBO	TALLINN	宁波市北仑区
5	□	xyb201004060006		外代新华箱运部	MING ZHOU 22	E1019	SITNBTOG10310	NINGBO	TOKYO	宁波市北仑区
6	□	xyb201004060007		外代新华箱运部	CSCL LONG BEAC	0033W	NGBFXT036944	NINGBO	FELIXSTOWE	宁波市北仑区
7	□	ZJYSHYDL00120100406		浙江洋山货运代理	WAN HAI 501	0535	NBHAM0321703	NINGBO	HAMBURG	宁波市北仑区
8	□	ZJYSHYDL00120100406		浙江洋山货运代理	SICILIA	004	NBDAR0321712A/	NINGBO	DAR ES SALAAM	宁波市北仑区
9	□	tpy001201004060001		义乌太平洋	YM KAOHSIUNG	V.50W	Z232101510	NINGBO	BUSHEHR	宁波市北仑区
10	□	tpy001201004060002		义乌太平洋	YM AMERICA	V. 43W	Z232101136	NINGBO	KARACHI	宁波市北仑区
11	□	tpy001201004060003		义乌太平洋	YM AMERICA	V. 43W	Z232101258	NINGBO	NHAVA	宁波市北仑区
12	□	tpy001201004060004		义乌太平洋	GLEN CANYON B	V. 025W	M232083616	NINGBO	ASHDOD	宁波市北仑区
13	□	fh001201004070001		浙江泛海国际货运	SICILIA	V.004	NBMBA0183455	NINGBO	MOMBASA	宁波市北仑区

图14-2　托运单列表界面

点选列表中的托运编号进入托运单编辑界面,如图 14-3 所示,该页面分为主档信息和明细。其中,头档信息为托运单的信息。

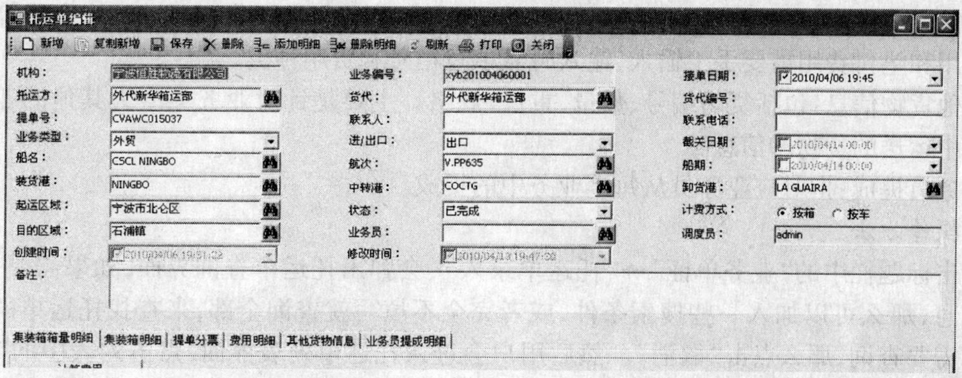

图 14-3　托运单编辑界面

首先,在各个头档信息中,带查找按钮的选项都带助记码,具体操作为输入部分信息,按 Tab 键离开,系统会根据输入的信息,带出与输入信息相关的该项所有信息,如果只有一个符合,那么该信息自动输入到该栏目中。

机构:(自动带出)指登录用户当前所属机构。

业务编号:指当前的托运单的编号。

接单日期:指生成当前托运单的日期时间。

提单号:指这票业务对应的提单号。

联系人、联系电话:从货代自动带出,也可人工输入保存。

业务类型:业务类型分为外贸、内贸、驳箱、甩挂、义乌驳箱。它们分别对应相应的业务,详见操作说明。

进出口:指进口贸易或出口贸易,其主要影响对应的运输是空箱还是重箱。

截关日期、船名、航次、船期:根据航次自动带出,如果没有就需要手工输入。

装货港(一般默认宁波),卸货港,中转港。

起运区域:是指一票业务对应的起始区域(各个业务类型的起止区域含义参见操作说明)。

目的区域:是指一票业务对应的目的区域(各个业务类型的起止区域含义参见操作说明)。

计费方式:按箱是指每票业务按照箱量来计费。按车是指按照 2TEU 算是一车来计费,多余的不足一车也按一车来计算。

明细信息为集装箱箱量明细、集装箱明细、提单分票、费用明细、其他货物信息、业务员提成。可用最左上角的自定义显示列定义显示的内容(列表中选择列左侧最上方的按键)。

集装箱箱量明细:是指每个提单下面对应的箱量箱型及空重信息,其对应的起始区域、目的区域、输入提箱码头,以及还箱码头。如果这票业务没有必要记录这些信息,可以不填写。一旦输入箱型以及箱量会自动按照一个箱子生成一条集装箱明细。明细上面对应的计算费用按钮是根据箱型箱量及起始目的区域,对照提箱堆场和进港来计算费用,生成的费用都属于标准费用,分别为进出港附加费和运费。每个箱子对应两条,如果没有进出港附加费就不加入费用明细中。

集装箱明细:此项是按照集装箱箱量明细自动生成的,有箱号、封号、回单人、调度单号、回单人、回单时间等,这几项可由调度单自动回写。

提单分票:指一个提单对照的分提单号,其主要记录分提单对应的箱号、分提单号、件数、毛重、体积等信息，仅作为记录统计信息用，对业务本身并没有实际的影响。

费用明细：指对照这笔业务产生的费用，包括运费、进出港附加费，以及一些在业务过程中产生的需要向客户收取的费用和垫付的费用。运费和进出港附加费可通过系统自动算出，其他的费用和垫付费用需要手工输入，输入时需填写箱号和费用种类。

其他货物信息：包括货物编号、数量、重量、规格。主要是针对业务类型为其他的业务，来记录其中运送的货物的信息。

业务员提成：指对应业务员从每笔业务中的提成。

2. 操作方法

点击标题栏中的“业务单证”→“托运单录入”，会弹出托运单查询界面，如果需要查询托运单信息，那么可以加入一些搜索条件，或者完全不填写就查询全部，来查找托运单的信息。如果不需要查询，那么点击“取消”。然后用户会进入托运单列表界面，点击列表中的“编号”栏，用户就会进入相应单据的托运单编辑页面，用户可以对此单据进行修改和删除。若新增，可直接在列表界面点击标题栏的“新增”按钮，用户则进入一个全新的托运单编辑界面。

录入一个全新托运单的操作：点击“新增”进入托运单编辑界面之后，输入相应的托运方、货代，以及提单号信息（业务编号、接单日期、托运方、提单号、业务类型必输）。其中业务类型分为5种，分别为外贸、内贸、驳箱、甩挂、短驳，其分别对应外贸业务、内贸业务、驳箱业务、甩挂业务，以及短驳业务。外贸、内贸、驳箱、甩挂都有相应的计费。进出口信息，仅对应外贸和内贸两种业务，其影响相应业务属于提重还空或提空还重。在输入完头档信息之后，点击“增加明细”，对该笔业务下的集装箱信息在集装箱箱量明细中进行记录，其会自动带出头档中的起始和目的地区，同时会根据相应的进出口带出空重箱。在输入箱型和数量之后，系统会自动在集装箱明细中生成对照数量的集装箱记录，具体内容参照实际操作显示。如果需要删除明细中的信息，可以用鼠标选中一行，直接点击标题栏中的“删除明细”，此操作会自动把明细已经对应的自动生成的明细也删除。

在填写完箱型、起始区域、提箱地点、还箱地点之后，点击“计算费用”，系统按照该箱型、对照的线路以及提、还箱地点，自动计算出每个集装箱的运费和进出港附加费。如果没有其他操作，在录入完集装箱箱量明细后，直接点击“保存”，系统会检查费用明细中有无记录，如果有记录，那么不进行操作，如果没有，就会自动算出并保存。如果在保存之后，在集装箱箱量明细中重新修改箱量，那么系统会自动覆盖集装箱明细中的信息。如果修改箱型、起止区域，以及提、还箱地点，且费用明细中已经有费用记录，那么需要点击“计算费用”来重新计算费用。如果没有，那么可以直接点击“保存”。在费用明细中，可以手动填写其他的费用，比如调箱费、熏箱费等。

在点击“计算费用”后，对照的业务员提成费用也会自动算出，保存在业务员提成栏明细下。

其他货物信息是对应业务类型为其他的，车辆带货中货物的详细信息。这个过程中产生的费用可以手动录入。

二、调度单录入

功能描述：该界面是对作业单进行调派车辆的操作，如图14-4所示。

1. 用户界面

列表界面上方为筛选策略，可以点击左上方的“加号/减号”进行“隐藏/显示”筛选策略，其中，策略名称字段外所有查找字段都是作业单和运力资料中的对应字段，类同于托运单中和运力资料各个字段，可查阅托运单输入界面和基本资料中的运力资料中的字段。

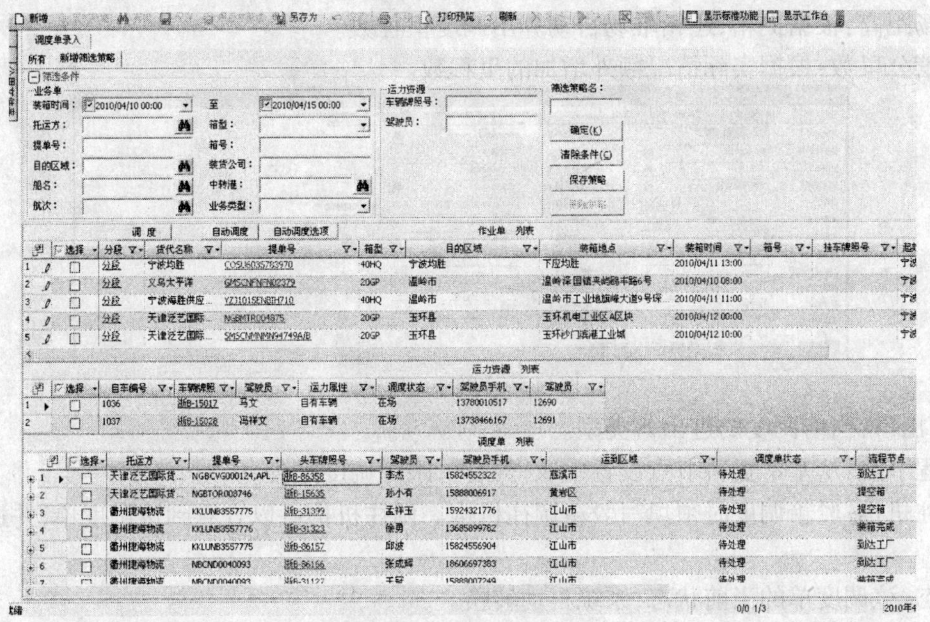

图 14-4 调度单信息界面

筛选策略名和其下的保存策略按钮组合使用，作为一种筛选策略的名称，手工输入界面左侧的按钮功能为：

确定按钮：点击按照输入的筛选策略进行查找。

清除条件按钮：清空所有筛选策略。

保存策略按钮：在输入完查找条件后，输入一个策略名称，点击该按钮就可以将查找条件及查找结果（即按这种条件得出的作业单）进行保存，以策略名称保存在上方标签栏，点击切换。

删除策略按钮：删除一个已保存的策略，切换到该策略，点击该按钮删除。

完全匹配：勾选框，勾选表示所有的查找字段都需完全匹配，不勾选表示能进行模糊查询。

筛选策略下方为作业单列表，可用最左上角的自定义显示列定义显示的内容（列表中选择列左侧最上方的按键），所有列的字段除了分段列都是作业单中的对应字段，类同于托运单中各个字段，请查阅托运单输入界面中的字段讲解，分段列的作用和托运单拆单中的分段操作一样。

作业单列表下方为运力资源资料，可用最左上角的自定义显示列定义显示的内容（列表中选择列左侧最上方的按键），所有列的字段都是基本资料中运力资源的对应字段。

最下方为调度单列表，作业单经过派车后即生成调度单，其中各个列的含义对应调度单编辑界面中的各个字段，在调度单编辑界面中介绍。

进行派车操作或点击调度单列表里的调度单号列可以打开调度单编辑界面，如图 14-5 所示，其中各个字段定义如下：

调度机构：此界面中为派车的机构，为登录人员当前所在部门，系统自动生成。

车辆牌照号：所派车辆的头车牌照号，进行派车操作时自动生成，也可手动查找修改。

调度单号：系统自动生成的调度单据号，系统唯一编号，可用作查找条件。

挂车牌照号：所派车辆的挂车牌照号，默认为空，可手动查找修改。

调度类型：包括正常调度、甩挂调度、驳箱调度三种，分别应用于不同的场景，具体调度场景描述见下文。

里程:根据调度的起始、终止地址自动计算调度的里程数。

堆场距离:根据提箱、还箱堆场自动算出调度里程数。

补偿公里数:根据实际情况额外增加的里程数。

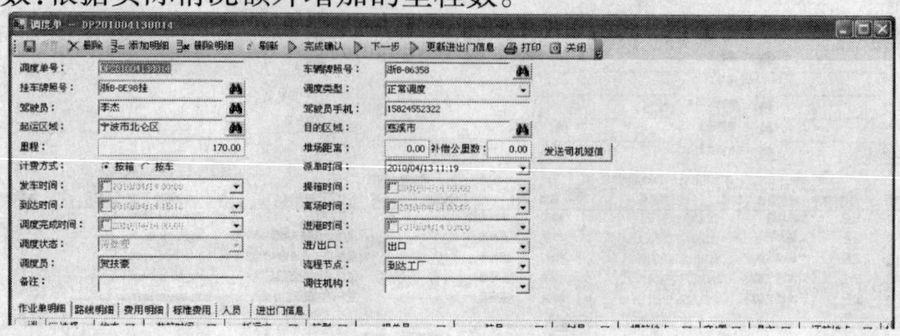

图 14-5　调度单编辑界面

进/出口:当前调度的进出口类型。

流程节点:从基本资料节点设置中取得数据,跟踪调度过程。

调往机构:驳箱调度时须填写驳箱调往机构。调往机构可以查看到该调度单,并进行完成确认。

状态:该调度单的当前状态,系统自动转换。

发送驾驶员短信:点击该按钮,将取得调度单上的调度单号、提单号、提箱地址、还箱地址等信息,拼成字符串后发往该调度单上记录的驾驶员手机。

作业单明细:派到该辆车上的作业单,所有列的字段都是作业单中的对应字段。

路线明细:车辆途经城市等的相关信息。

费用明细:可手动输入实际发生的成本及垫付类费用。

标准费用:根据报价、调度里程等信息,自动计算出调度的标准成本。

人员:调度的随车人员。

进出门信息:根据船名、航次、箱号,向 EDI 查询该车的进出码头信息。

调度单保存时,系统会自动将调度单明细中的箱号、箱封号等信息回写到托运单中。

2. 操作方法

在上方的筛选策略中输入查找条件(不输入代表无条件查找)后点击“确认”按钮(或直接点击已保存的筛选策略标签),则在下方的作业单列表和运力资源列表显示符合条件的作业单和车辆。

拖曳式实现为车辆分配作业单的操作为:在作业单列表中选中一张或多张作业单(在该作业单选择栏中打钩),激活其中一张单据(用鼠标点击一下单据中的状态栏,使得状态栏被虚线包围),再次按住鼠标左键不放,拖曳到运力资料中需要派的车辆上,当鼠标变成手抓取装时放开,便自动弹出调度单编辑界面,其中的相关信息都已从作业单和车辆中自动带出,之后点击“保存”即可。

直接点击“新增”按钮,打开一张空白调度单,选择车辆、待处理的作业单,完成一张调度单。

调度功能及场景描述如下:

正常调度:一个典型的外贸进出口运输业务,称之为正常调度。处理此种业务时,首先在托运单录入中录入客户委托情况,生成一张托运单,并自动生成作业单。然后在此调度界面,选择该作业单,指定车辆,由该车完成此次运输任务。此时调度业务类型应选择为正常调度。可在调度单上计算标准成本,并记录实际成本。

甩挂调度:如果一个运输业务需要甩挂,由不同的车辆分段运输完成,则先将托运单根据甩挂地点进行分段,将分段的作业单分别安排车辆,分别生成调度单。此时的调度单业务类型应选择为甩挂调度。甩挂调度在保存时,会将当前挂车号、箱号、箱封号回写到下一段运输的单据中。

驳箱调度:将一个箱子短驳到一个分公司,且由分公司来做箱子的接收,确认调度的完成,则在制作调度单时,应选择调度业务类型为驳箱调度,并填写调往机构,选择要驳往的分公司。

其他类型调度:如果企业还有其他类型调度,可以在字典类调度类型中维护。自定义的类型,系统不会做特殊处理,处理方式同正常调度。在查询报表中,可根据调度类型查看。

三、调度单跟踪

功能描述:该界面是对已经派车的调度车辆进行跟踪记录,可在此界面完成调度单,录入实际费用等,如图 14-6 所示。

调度跟踪

	选择	调度	调度单号	头车牌照	挂车牌照	托运方	箱号	驾驶员	提单号	起运	运到	派车时间
1	☐	待确认	DP201004140009	浙B-17605	浙B-3505挂	台州永强		张洪涛	559679294	宁波市...	临海市	2010/04/14 11:
2	☐	待确认	DP201004140008	浙B-12193	浙B-1603挂	台州永强		胡在圣	559679294	宁波市...	临海市	2010/04/14 11:
3	☐	待确认	DP201004140007	浙B-12403	浙B-1493挂	台州永强		胡金波	559679294	宁波市...	临海市	2010/04/14 11:
4	☐	待确认	DP201004140006	浙B-15302	浙B-2502挂	台州永强		胡方奇	559679294	宁波市...	临海市	2010/04/14 11:
5	☐	待确认	DP201004140005	浙B-15640	浙B-2710挂	台州永强		周小朋	559679294	宁波市...	临海市	2010/04/14 11:
6	☐	待确认	DP201004140004	浙B-26123	浙B-2433挂	台州永强		邵艳	559679294	宁波市...	鄞县西	2010/04/14 11:
7	☑	任务完成	DP201004140003	浙B-31323	浙B-9593挂	宁波海胜供应链管...	TGHU7953320	徐勇	555978541	宁波市...	岱山县	2010/04/14 10:
8	☐	待确认	DP201004140002	浙B-15472	浙B-2702挂	外代新华箱运部		祝世勇	APLU065212287A/B	宁波市...	萧山区	2010/04/14 10:
9	☐	待确认	DP201004140001	浙B-16739	浙B-3277挂	外代新华箱运部	APHU6348535	李正新	APLU065213737A/B	宁波市...	萧山区	2010/04/14 10:
10	☐	待确认	DP201004130024	浙B-30962	浙B-9582挂	外代新华箱运部	PCIU8757264	刘开军	APLU065212223A/B	宁波市...	萧山区	2010/04/13 22:
11	☐	待确认	DP201004130021	浙B-31276	浙B-9566挂	天津泛艺国际货运...	GLDU7189480	魏书锋	EGLV143080245838	宁波市...	鄞县西	2010/04/13 11:
12	☐	待确认	DP201004130020	浙B-26120	浙B-2283挂	外代新华箱运部	GATU8591130	贾连生	ESLNM14011A/B	宁波市...	萧山区	2010/04/13 11:
13	☐	待确认	DP201004130019	浙B-15675	浙B-2575挂	外代新华箱运部	MAXU4589464	朱汉喜	MOLU11002989291...	宁波市...	萧山区	2010/04/13 11:
14	☑	任务完成	DP201004130018	浙B-15472	浙B-2702挂	外代新华箱运部	CAXU7246427	祝世勇	MOLU11002989291...	宁波市...	萧山区	2010/04/13 11:
15	☐	待确认	DP201004130017	浙B-86166	浙B-8E86挂	衢州捷海物流	PCIU8451401	张成辉	NBCND0040093	宁波市...	江山市	2010/04/13 11:
16	☐	待确认	DP201004130016	浙B-86157	浙B-8E37挂	衢州捷海物流	KKFU7273181	邱波	KKLUNB3557775	宁波市...	江山市	2010/04/13 11:
17	☑	任务完成	DP201004130015	浙B-86171	浙B-8441挂	天津泛艺国际货运...	INBU3952170,E...	李坤	EGLV143080246001,...	宁波市...	鄞县西	2010/04/13 11:

图 14-6　调度单信息界面

1. 用户界面

列表界面为所有调度单的信息。可根据条件查找符合的调度单,点击调度单列表中的调度单号,打开调度单信息编辑界面,如图 14-7 所示。

调度单信息编辑界面的字段和功能与调度单录入中描述的调度单编辑界面相同。

2. 操作方法

在列表界面,根据条件查找到具体的调度单。打开调度单编辑界面,处理该调度单。可将跟踪到的车辆信息记录在单据上。车辆调度完成后,可以录入调度的实际费用。

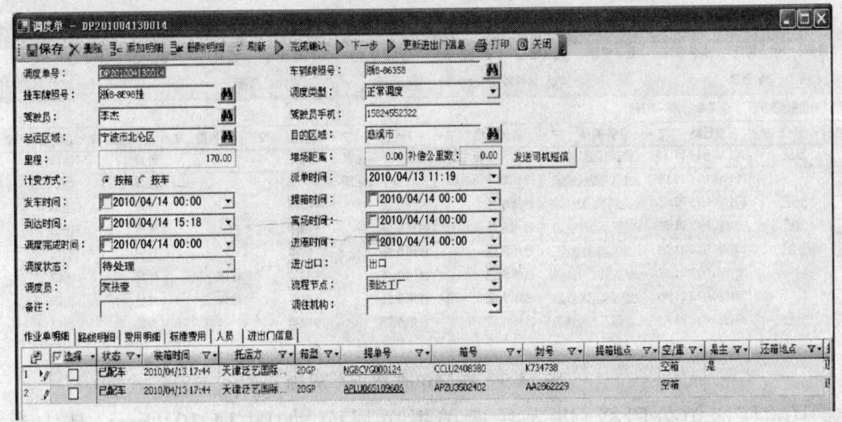

图 14-7　调度单信息编辑界面

第二节 甩挂业务

本节主要针对的是物流企业接到货代委托后，根据甩挂地点，将一张托运单分成多张，每张表示一段运输，由一辆或多辆车完成每段运输。在该业务中，通过集装箱运输软件来完成托运单输入、托运单拆单（根据甩挂地点将托运单拆为多张）、调度单录入、调度跟踪等业务流程。

一、托运单录入

参见外贸进出口业务的托运单录入操作。

二、托运单拆分

功能描述：该界面的功能是对已确认的托运单进行拆分（分段）。

1. 用户界面

查找界面是对托运单进行查找的一些搜索条件，其功能是对托运单的信息进行过滤，如图14-8所示。

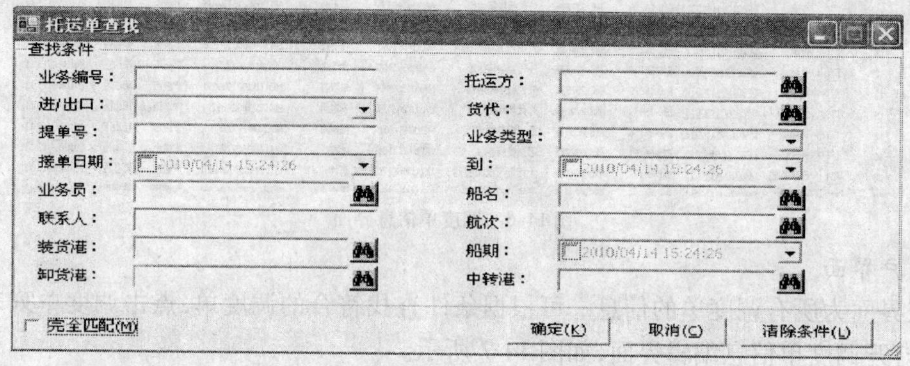

图 14-8 托运单查找界面

列表界面是执行机构为当前登录人员、部门的所有托运单的概要信息，可用最左上角的自定义显示列定义显示的内容（列表中选择列左侧最上方的按键），其中各个列的含义在托运单输入界面中一并阐述（该界面只作显示用），如图14-9所示。

宁波恒胜物流有限公司 - Boke MySCM

文件(F) 基本资料 运力管理 业务单证 业务管理 结算管理 查询报表 在线信息(O) 系统管理(S) 工具(T) 窗口(W) 帮助(H)

查找 另存为 刷新 显示标准功

首页 | 调度快速通道列表 业务单拆单 列表

	选择	分段	接单日期	业务编号	货代名称	托运方	联系人	业务员	业务类型	进/出口	提单号
1	☐	分段	2010/04/14 11:19	xyb20100414000	外代新华箱运部	外代新华箱运部			外贸	出口	NBO1BD1401
2	☐		2010/04/14 10:09	xyb20100414000	外代新华箱运部	外代新华箱运部			外贸	出口	APLU0652137
3	☐	分段	2010/04/13 22:06	yq002201004130	台州永强	台州永强	许柳萍		外贸	出口	552674101
4	☐	分段	2010/04/13 21:59	yq002201004130	台州永强	台州永强	许柳萍		外贸	出口	552674131
5	☐	分段	2010/04/13 21:54	yq002201004130	台州永强	台州永强	许柳萍		外贸	出口	552674131
6	☐		2010/04/13 21:52	yq002201004130	台州永强	台州永强	许柳萍	徐琳	外贸	出口	559679294
7	☐		2010/04/13 21:49	yq002201004130	台州永强	台州永强	许柳萍	徐琳	外贸	出口	559679294
8	☐	分段	2010/04/13 21:47	yq002201004130	台州永强	台州永强	许柳萍		外贸	出口	559679294

公用文件夹

图 14-9 托运单查找拆单界面

点选列表中的托运单分段栏，进入托运单拆单界面，如图14-10所示，其中头档信息为托运单的信息；明细信息为作业单明细，可用最左上角的自定义显示列定义显示的内容（列表中选择列左侧最上方的按键），作业单除分段列外其余各列的含义与托运单对应字段一致，分段为功能按钮，点击可执行分段操作。

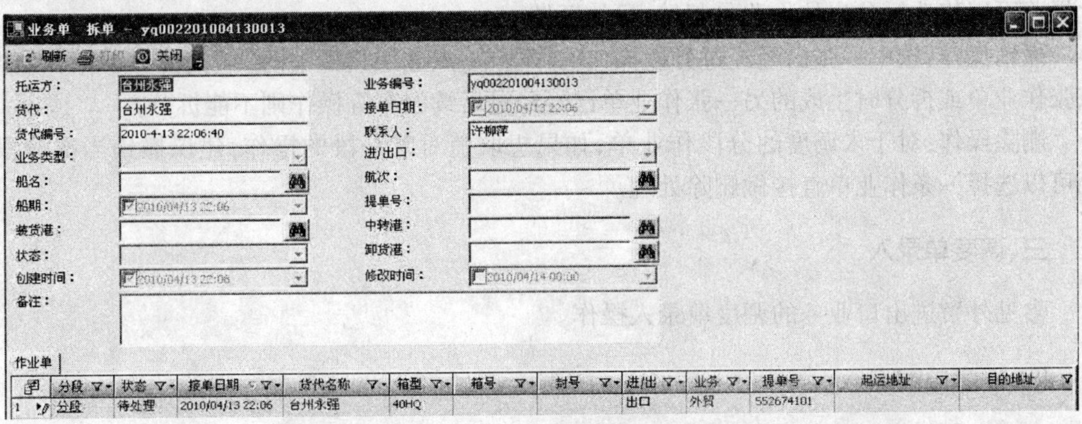

图 14-10　托运单查找拆单编辑界面

点选作业单明细中的分段栏，进入作业单分段界面，如图 14-11 所示。该界面上方列表为作业单列表；中间作业单信息为当前选中作业单的信息（即在列表中点选的作业单信息）；下方为作业单分段信息，其中各字段含义如下：

分段线路：选取一条线路，按照该条线路下的途经城区（分段点），并按照该线路下的线路段数进行分段。

分段地点：选取一个区域，该作业单原来的起止区域被该选取的区域一分为二。比如原来北仑—义乌的线路，选取义乌办，那么就分为北仑—义乌办和义乌办—义乌两个作业单。

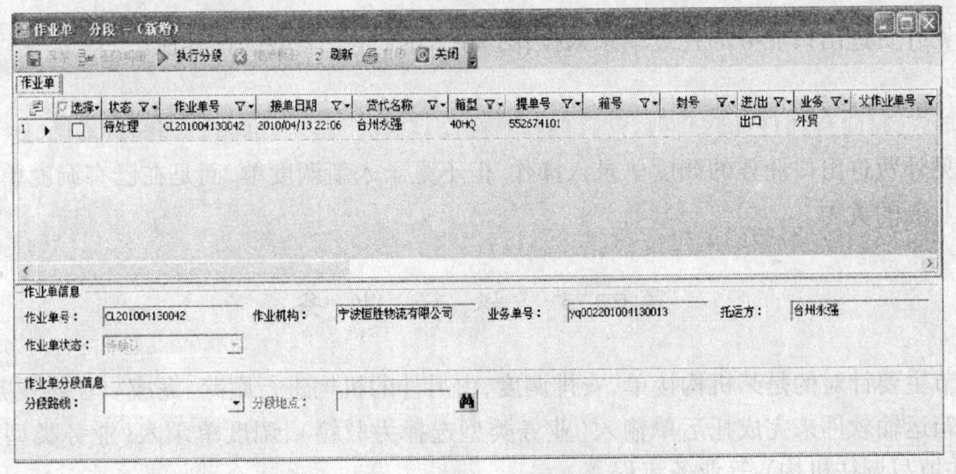

图 14-11　作业单分段界面

2. 操作方法

托运单分段操作：点选列表中的需要进行拆分的托运单分段栏进入“托运单拆单”→“作业单分段”界面中，点选“作业单”明细中的分段栏进入作业单分段界面，在上方的作业单列表界面选中要分段的作业单（只能拆分状态为待确认的作业单），在下方的分段线路中下拉选择一个分段线路，带出相关的信息（如需修改则修改），点击工具栏中的“保存”按钮，就会自动生成对照数量的作业单。一张作业单是从原起始区域到途经城区,另一张是从途经城区到原目的地。如果不按照线路而按照分段地点进行拆分,那么选取一个区域,然后点“执行分段”,生成两张作业单,一张作业单是从原起始区域到途经城区,另一张是从途经城区到原目的地。在此界面可以修改拆分出的作业单起始、目的区域。

撤销操作:选中一张已经经过分段操作的作业单,点选工具栏中的“撤销拆分”即可(如果该张作业单或拆分时生成的另一张作业单已经经过后续派车等操作则不能拆分)。

删除操作:对于未调度的分段作业单,如果想取消对某一段的操作,建议撤销当次分段。也可以选择一条作业单直接做删除处理。

三、调度单录入

参见外贸进出口业务的调度单录入操作。

四、调度单跟踪

参见外贸进出口业务的调度单跟踪操作。

第三节 带货业务

本节主要针对的是物流企业接到货代委托后,在一个集装箱业务调度过程中,捎带进行的普货零担业务。在该业务中,通过集装箱运输软件来完成托运单输入(业务类型选择为其他,填写货物信息,不再填写集装箱明细)、调度单录入等业务流程。

一、托运单录入

参见外贸进出口业务的托运单录入操作。录入时,业务类型选择其他。

二、调度单录入

参见外贸进出口业务的调度单录入操作,但不是录入新调度单,而是在已有调度单上加入该带货业务的货物。

第四节 驳箱业务

本节主要针对的是某机构接单、安排调度,由另外的机构进行跟踪、完成。在该业务中,通过集装箱运输软件来完成托运单输入(业务类型选择为驳箱)、调度单录入(业务类型选择为驳箱,并填写调往机构)等业务流程。

一、托运单录入

参见外贸进出口业务的托运单录入操作,录入时,业务类型选择驳箱业务。

二、调度单录入

参见外贸进出口业务的调度单录入操作,录入时,调度类型为驳箱。

三、调度单跟踪

参见外贸进出口业务的调度单跟踪操作。

第五节　委 托 业 务

本节主要针对的是总公司不能完成的业务,委托给其他承运商完成。在该业务中通过集装箱运输软件来完成总公司托运单录入、托运单委托等业务流程。

一、托运单录入

参见外贸进出口业务的托运单录入操作,录入时,业务类型选择驳箱业务。

二、托运单委托

功能描述:该界面的功能是完成将某托运单委托给其他承运商。

1. 用户界面

托运单委托界面上方为筛选策略,可以点击左上方的"加号/减号"进行"隐藏/显示"筛选策略,其中策略名称字段外所有查找字段都是托运单明细和承运方资料中的对应字段,类同于托运单中和运力资料各个字段。

筛选策略名:和其下的保存策略按钮组合使用,作为一种筛选策略的名称,手工输入。

界面左侧的按钮功能为:

确定按钮:点击按照输入的筛选策略进行查找。

清除条件按钮:清空所有筛选策略。

保存策略按钮:在输入完查找条件后,输入一个策略名称,点击该按钮就可以将查找条件及查找结果(即按这种条件得出的作业单)进行保存,以策略名称保存在上方标签栏,点击切换。

删除策略按钮:删除一个已保存的策略,切换到该策略点击该按钮删除。

完全匹配:勾选框,勾选表示所有的查找字段都需完全匹配,不勾选表示能进行模糊查询。

筛选策略下方为作业单列表,可用最左上角的自定义显示列定义显示的内容(列表中选择列左侧最上方的按键),所有列的字段都是托运单中的对应字段,可查阅托运单输入界面中的字段讲解。

作业单列表上的委托按钮,是在选中作业单和委托方之后,点击该按钮,会弹出调度单窗口,把该作业单委托给相应的委托方。调度单的相关操作可参照调度单编辑。

委托方列表上的添加委托方按钮,是对本机构添加委托方,具体操作可参照公司资料部分编辑。

2. 操作方法

托运单委托操作:托运单委托主要分为两个步骤,第一步是点击系统标题栏选择业务单证→托运单委托,然后弹出托运单委托界面,如图 14-12 所示。第二步是把相应的托运单对照选取承运方,点击"委托",弹出托运单委托调度单,如图 14-13 所示,然后对调度单进行正常的操作,最后进行保存,这时整个委托动作全部完成。

撤销操作:选中一张委托生成的调度单,点选工具栏中的"删除"即可。

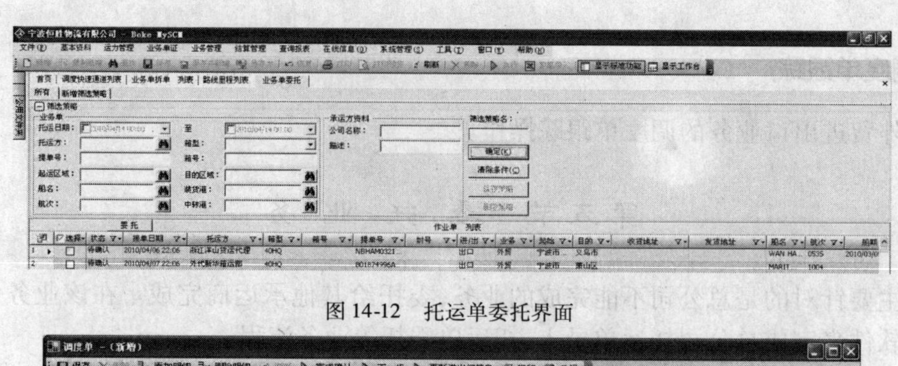

图 14-12　托运单委托界面

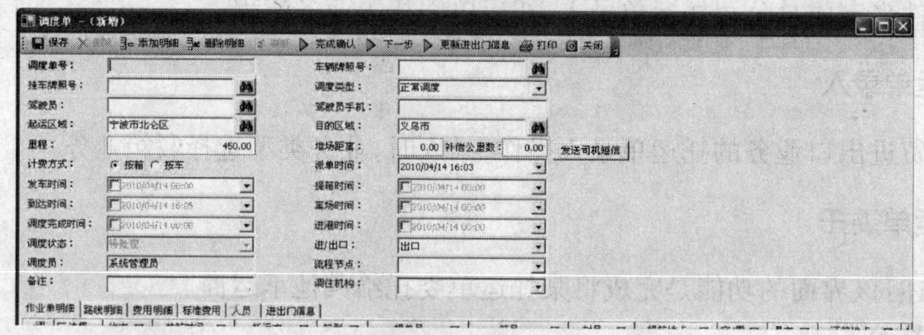

图 14-13　托运单委托调度单界面

第六节　调度快速通道

本节主要针对的是对于一单一箱一车的业务，可以在此界面中完成接单、调度的全过程操作。在该业务中，通过集装箱运输软件来完成调度快速通道业务流程。

功能描述：该界面用于输入新的托运单，并在此页面中直接进行调度。

一、用户界面

查找界面，如图 14-14 所示，是列表界面的一个筛选窗口，用户可以自定义筛选。各列各字段含义参照托运单录入界面。

调度快速通道查找
查找条件
业务编号：　托运方：
进/出口：　货代：
提单号：　业务类型：
接单日期：2010/04/14 14:04:30　到：2010/04/14 14:04:30
业务员：　船名：
联系人：　航次：
装货港：　船期：2010/04/14 14:04:30
卸货港：　中转港：
完全匹配(M)　确定(K)　取消(C)　清除条件(L)

图 14-14　调度快速通道查找界面

列表界面录入的托运单信息是一个概要信息，可用最左上角的自定义显示列定义显示的内容（列表中选择左侧最上方的按键），点选列表中的编号进入详细的托运单编辑界面（该界面只作显示用，如图 14-15 所示）。

点选列表中的编号进入调度快速通道编辑界面，如图 14-16 所示，该页面分为主档信息及其明细、中间的车辆信息，以及对应的调度单信息，如果该托运单内没有进行调度，那么该列表中没有信息。

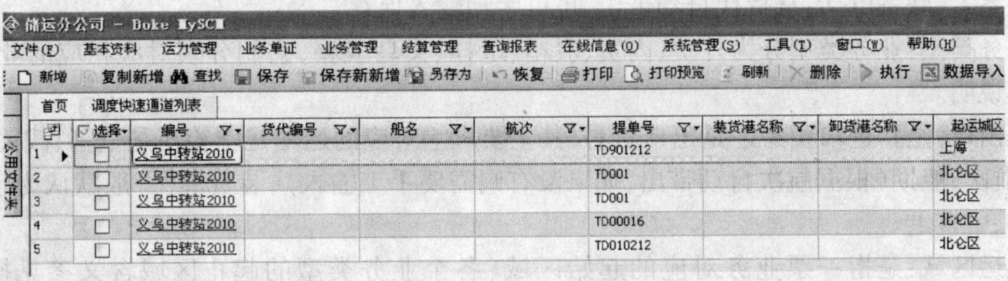

图 14-15　托运单编辑界面

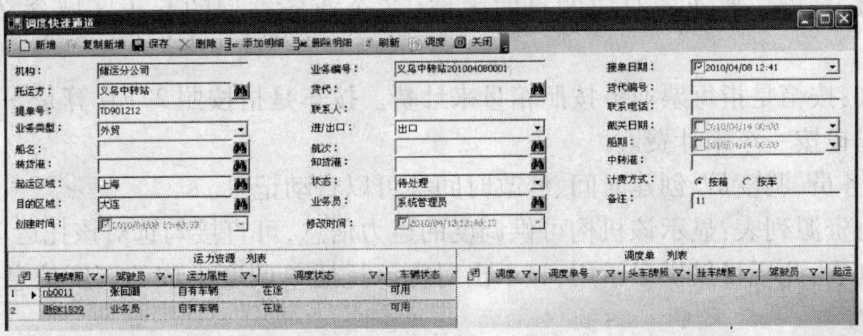

图 14-16　调度快速通道编辑界面

在保存完托运单的信息之后，在运力资料列表里勾选一辆车，然后点击标题栏的“调度”按钮，根据车辆状态会弹出调度窗口，如图 14-17 所示。在图示的页面中，开始直接对调度单进行计费和保存，并把此托运单的集装箱直接配给选中的车辆进行调度。

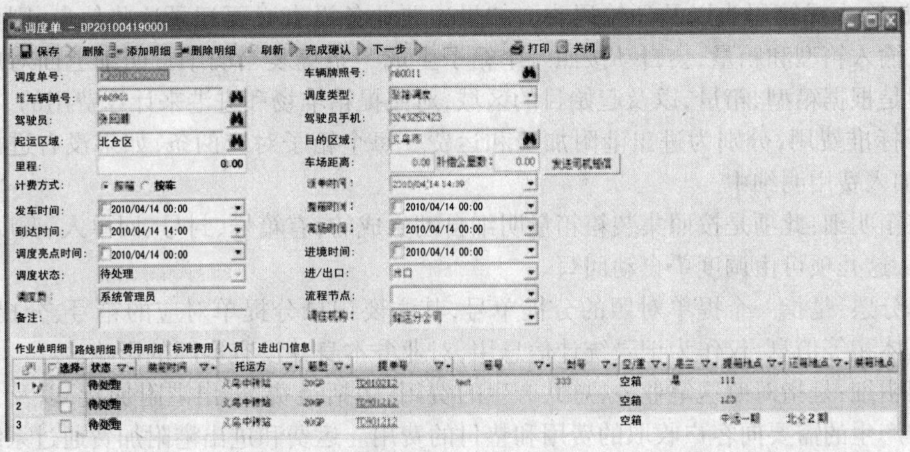

图 14-17　车辆调度窗口

其中，头档信息为托运单的信息。

首先，在各个头档信息中，带查找按钮的选项都带助记码，具体操作为：输入部分信息，按 Tab 键后会根据输入的信息，带出与输入信息相关的该项所有信息，如果只有一个符合，那么自动输入到该栏目中。

机构：（自动带出）是指登录用户当前所属机构。

业务编号：是指当前的托运单的编号。

接单日期：是指生成当前托运单的日期时间。

提单号:是指这票业务对应的提单号。

联系人、联系电话:从货代自动带出,也可手动输入保存。

业务类型:业务类型分为外贸、内贸、驳箱、甩挂、义乌驳箱,它们分别对应相应的业务,详见操作说明。

进出口:是指进口贸易还是出口贸易,其主要影响对应的运输是空箱还是重箱,截关日期,船名,航次,船期(根据航次自动带出,如果没有则需要手工输入),装货港(一般默认为宁波),卸货港,中转港。

起运区域:是指一票业务对应的起始区域(各个业务类型的起止区域含义参见操作说明)。

目的区域:是指一票业务对应的目的区域(各个业务类型的起止区域含义参见操作说明)。

计费方式:按箱是指每票业务按照箱量来计费。按车是指按照2TEU算是一车来计费,多余的不足一车也按一车来计费。

状态、业务员、调度员、创建时间、修改时间等可以自动记录。

中间运力资源列表:显示该机构可供调度的运力信息,可直接勾选对该托运单进行调度。

调度单列表:此栏目仅供显示用,显示出对应该托运单调度生成的调度信息,如果没有则不显示内容。

明细信息:明细信息为集装箱箱量明细、集装箱明细、提单分票、费用明细、其他货物信息、业务员提成,可用最左上角的自定义显示列定义显示的内容(列表中选择列左侧最上方的按键)。

集装箱箱量明细:是指每个提单下面对应的箱量、箱型、空重信息,以及对应的起始区域、目的区域,输入提箱码头以及还箱码头。如果这票业务没有必要记录这些信息,则可以不填写。一旦输入箱型和箱量,会自动按照一个箱子生成一条集装箱明细。明细上面对应的计算费用按钮是根据箱型、箱量,以及起始目的区域,对照提箱堆场和进港来计算费用的,生成的费用都属于标准费用,分别为进出港附加费和运费。每个箱子对应两条,如果没有进出港附加费,就不加入费用明细中。

集装箱明细:此项是按照集装箱箱量明细自动生成的,有箱号、封号、回单人、调度单号、回单时间等,这几项可由调度单自动回写。

提单分票:是指一个提单对照的分提单号,其主要记录分提单对应的箱号、分提单号、件数、毛重、体积等信息,仅作为记录统计信息用,对业务本身并没有实际的影响。

费用明细:是指对照这笔业务,总共产生的费用,包括运费、进出港附加费,以及一些在业务过程中产生的需要向客户收取的费用和垫付的费用。运费和进出港附加费通过系统可自动算出,其他的费用和垫付费用需要填写箱号和费用来对应。

其他货物信息:包括货物编号、数量、重量、规格。主要是针对业务类型为其他的业务,来记录其中运送的货物的信息。

业务员提成:是指对应业务员从每笔业务中的提成。

二、操作方法

点击标题栏中的业务单证→托运单录入,会弹出托运单查询界面,如果需要查询托运单信息,则可以加入一些搜索条件,或者完全不填写查询全部,来查找托运单的信息。如果不需要查询,那么点击“取消”。然后用户会进入托运单列表界面,点击列表中的编号栏,用户就会进入相应单据的托运单编辑页面,用户可以对此单据进行修改和删除。若是新增,则直接在列表界面点击标题栏的“新增”按钮,那么用户就进入一个全新的托运单编辑界面。

录入一个全新托运单的操作:点“新增”进入托运单编辑界面之后,输入相应的托运方以及货代,提单号信息。其中业务类型分为5种,分别为外贸、内贸、驳箱、甩挂、短驳,其分别对应外贸业务、内贸业务、堆场码头间驳箱业务、甩挂业务以及短驳业务。外贸、内贸、驳箱、甩挂都有相应的计费,其中短驳业务并没有计费。进出口信息,仅对应外贸和内贸两种业务,其影响相应业务属于提重还空,还是提空还重。在输入完头档信息之后,点击“增加明细”,对该笔业务下的集装箱信息在集装箱箱量明细中进行记录,其会自动带出头档中的起始、目的地区,同时会根据相应的进出口带出空重箱。在输入箱型和数量之后,系统会自动在集装箱明细中生成对照数量的集装箱记录,具体内容参照实际操作显示。如果需要删除明细中的信息,可以用鼠标选中一行,直接点击标题栏中的“删除明细”,此操作会自动把明细中已经对应的自动生成的明细也删除。

在填写完箱型、起始区域、提箱地点、还箱地点之后,点击计算费用,系统会按照该箱型、对照的线路以及提、还箱地点,自动计算出每个集装箱的运费和进出港附加费。如果没有其他操作,在录入完集装箱箱量明细后,直接点击“保存”,系统会检查费用明细中有无记录,如果有记录,那么不进行操作,如果没有,就会自动算出并保存。如果在保存之后,在集装箱箱量明细中重新修改箱量,那么系统会自动覆盖集装箱明细中的信息。如果修改箱型、起止区域,以及提、还箱地点,且费用明细中已经有费用记录,那么需要点击“计算费用”来重新计算费用。如果没有,那么可以直接点击“保存”。在费用明细中,可以手动填写其他的费用,比如吊箱费、熏箱费等。

对照的业务员提成费用,在点击“计算费用”后,也会自动算出,保存在业务员提成栏明细下。

其他货物信息是对应业务类型为其他的,车辆带货中货物的详细信息。这个过程中产生的费用可以手动录入。

保存之后,如果该单据可以一个调度单完成,那么勾选中要配的车辆,然后点击“调度”,会弹出调度编辑页面,如果选中的车辆已经有调度任务,那么系统会提示是否把该单加入,如果需要给该车辆新增一个调度任务,那么点击“否”,则新增加一张调度单,否则把改托运单下的明细,加入到此车辆原有的调度单下。

复习思考题

1. 外贸出口

(1)业务描述:货代客户委托总部做外贸出口业务。

(2)系统流程:托运单录入(录入时,业务类型选择外贸出口)→调度单录入(调度类型为正常调度)→调度跟踪。

(3)练习资源:

测试托运方1、测试车辆1、测试挂车1、测试驾驶员1、提箱地点测试堆场1、还箱地点测试堆场2、路线为宁波到绍兴6.096m(20ft)GP普柜箱两个。

(4)练习要点:

①托运单自动生成集装箱明细;

②运单自动生成作业单；

③托运单费用计算，其中运费为每箱800元，额外运费为50元；

④调度成本费用计算；

⑤已调度箱在托运单上删除；

⑥调度里程计算；

⑦调度状态变化、作业单状态变化、托运单状态变化；

⑧箱号箱封号回写。

2. 外贸进口

(1) 业务描述：货代客户委托总部做外贸进口业务。

(2) 系统流程：托运单录入（录入时，业务类型选择外贸出口）→调度单录入（调度类型为正常调度）→调度跟踪。

(3) 练习资源：

测试托运方2、测试车辆2、测试挂车2、测试驾驶员2、提箱地点测试堆场1、还箱地点测试堆场2、路线为宁波到绍兴12.192m(40ft)HQ高柜箱1个。

(4) 练习要点：

①托运单自动生成集装箱明细；

②托运单自动生成作业单；

③托运单费用计算，其中运费为每箱1600元，额外运费为50元；

④调度成本费用计算；

⑤已调度箱在托运单上删除；

⑥调度里程计算；

⑦调度状态变化、作业单状态变化、托运单状态变化；

⑧箱号箱封号回写。

3. 甩挂业务

(1) 业务描述：一段运输分成几段完成。例如，分公司接到客户委托后，安排车辆在分公司堆场提空箱，然后甩挂在客户那里，等该箱装货完成后，再有车辆将箱拉回堆场，最后由车辆完成从堆场到宁波港的第三段运输。

(2) 系统流程：分公司托运单录入→托运单分段，拆为三段，分别是义乌堆场到客户工厂，客户工厂至义乌堆场，义乌堆场至宁波→调度单录入（第一段调度安排一辆车，调度类型选择为甩挂调度，此调度提的箱为测试3中驳来的空箱，调度明细中，填写箱号时，点击按钮选择空箱。第二段再安排一辆车，调度类型选择为甩挂调度，第三段使用测试3中的驳箱而来的车辆，类型选择为驳箱调度，驳往机构为总部，由总部完成第三段的调度完成）。

(3) 练习资源：测试托运方5、测试车辆3、测试车辆4、测试车辆5、测试挂车3、测试驾驶员3、测试挂车4、测试挂车5、提箱地点测试堆场1、还箱地点测试堆场2、路线为宁波到义乌12.192m(40ft)GP普柜箱1个。

(4) 练习要点：

①托运单分段；

②甩挂调度保存时，挂车号、箱号、箱封号写入后几段；

③驳箱记录中的空箱被选择应用于调度单，并回写驳箱记录状态。

4. 带货业务

(1)业务描述:接普通客户的委托,集装箱带普通货物。

(2)系统流程:托运单录入(录入时,业务类型选择其他)→调度单录入(不是录入新调度,而是在已有调度单上加入此货物,可以结合驳箱业务一起测试)。

(3) 练习资源:测试托运方4。

(4) 练习要点:

①托运单不计算费用;

②调度单添加明细。

5. 驳箱业务

(1)业务描述:分公司委托总公司驳一个空箱到分公司。

(2)系统流程:托运单录入(录入时,业务类型选择驳箱业务,字典类中义乌驳箱跟驳箱业务合并,统一叫驳箱业务,驳箱业务不自动计算费用)→调度单录入(调度类型为驳箱,调往机构选择分公司)→协同测试带货业务→调度跟踪(由分公司做调度完成,并填写箱号、箱封号)。

(3)练习资源:测试托运方3、测试车辆3、测试挂车3、测试驾驶员3、提箱地点测试堆场1、还箱地点测试堆场2、路线为宁波到义乌12.192m(40ft)GP普柜箱1个。

(4)练习要点:

①托运单不计算费用;

②分公司做调度完成;

③驳箱记录表。

6. 委托业务

(1)业务描述:总公司不能完成的业务,委托给其他承运商完成。

(2)系统流程:总公司托运单录入→托运单委托。

(3)练习资源:

测试托运方6、测试承运方1、提箱地点测试堆场1、还箱地点测试堆场2、路线为宁波到萧山12.192m(40ft)GP普柜箱1个。

(4)练习要点:

托运单委托给其他承运商。

7. 利用快速通道功能进行外贸进口业务

(1)业务描述:货代客户委托总部做外贸进口业务。

(2)系统流程:快速通道→调度跟踪。

(3)练习资源:

测试托运方2、测试车辆2、测试挂车2、测试驾驶员2、提箱地点测试堆场1、还箱地点测试堆场2、路线为宁波到绍兴12.192m(40ft)HQ高柜箱1个。

(4)练习要点:

快速通道功能。

第十五章　业务结算与报表制作

第一节　合同账款结算

本节主要用于应收、应付结算，以及发票信息录入。

一、应收结算单

功能描述：该界面的功能是将上游公司的托运单进行分组汇总，生成应收结算单，并计算出汇总结算金额，以便于后面的发票开具、客户对账，以及费用的核销，如图 15-1 所示。

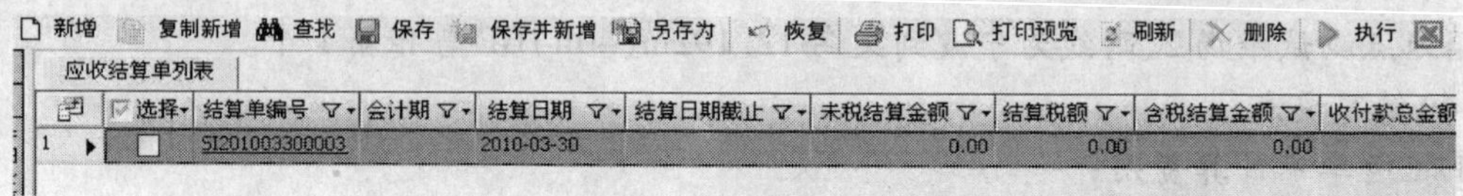

图 15-1　应收结算单界面

1. 用户界面

列表界面所有字段均为编辑界面中对应的字段，可用最左上角的自定义显示列定义显示的内容（列表中选择列左侧最上方的按键），其中各个列的含义在应收结算单编辑界面中一并阐述（该界面只作显示用），点击结算单编号列进入应收结算单编辑界面，如图 15-2 所示。

结算单编辑界面中，头档信息中各个字段的含义是：

应收结算单-SI201003300003

新增　删除　添加明细　删除明细　刷新　关闭

结算单编号：	SI201003300003	收付款方：	百富货代
结算日期：	2010/03/30	结算日期截止：	2010/04/14
未税结算金额：	0.00	结算税额：	0.00
含税结算金额：	0.00	收付款总金额：	0.00
调整金额：		会计期：	
单据类型：	收款结算单		
结算单状态：	待处理	匹配状态：	未匹配
已核销金额：		未付金额：	
备注：			

费用明细　发票明细

费用代码	应收费用	实收费用	收款状态	业务单编号	接单日期	委托方名称	货代名称
应收运费	1,600.00			0032010032300...	2010/03/23...	百富货代	恒胜物流
吊装费	100.00			0032010032300...	2010/03/23...	百富货代	恒胜物流
堆仓费	160.00			0032010032300...	2010/03/23...	百富货代	恒胜物流
合计：							
	1,860						

图 15-2　应收结算单编辑界面

收付款方：查找选择，托运方的名称。

单据类型：应收结算单中系统默认保存为收款结算单。

结算单状态：初始状态为待处理，可根据实际进度改为已结算、已核销等。

结算日期:下拉,选择日期。

收付款总金额:所有明细中费用的总额。

收款状态:说明该结算单的明细收款状态。

备注:附加信息输入。

费用明细:为该结算单所有费用列表。

发票明细:为该结算对应的发票。

2. 操作方法

结算单的生成:生成结算单,点击列表中的“新增”按钮,选择收付款方和结算日期,通过添加明细选择还没有结算的托运单,填写到结算单明细中,并可以对“未确认”的结算单进行继续添加(点击工具栏中的“添加明细”按钮)、删除(点击工具栏中的“删除”按钮)、修改操作。

在保存结算单之后,可以在同一界面直接确认结算单。该结算对应的托运单状态都改为已结算,不能再被选出生成结算单。

发票的添加:选择发票明细,点击“添加明细”按钮,弹出发票选择界面,选择针对该结算单开出的发票,添加到发票明细中。

二、应付结算单

功能描述:该界面的功能是将下属独立结算的机构的委托托运单或是下游承运公司的外协托运单进行分组汇总,形成汇总结算金额,以便于明确应付款信息,如图 15-3 所示。

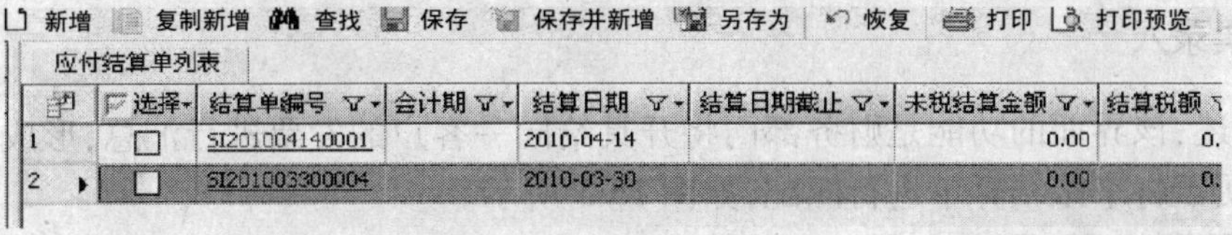

图 15-3 应付结算单界面

1. 用户界面

列表界面所有字段均为编辑界面中对应的字段,可用最左上角的自定义显示列定义显示的内容(列表中选择列左侧最上方的按键),其中各个列的含义在应付结算单编辑界面中一并阐述(该界面只作显示用),点击结算单编号列进入应付结算单编辑界面,如图 15-4 所示。

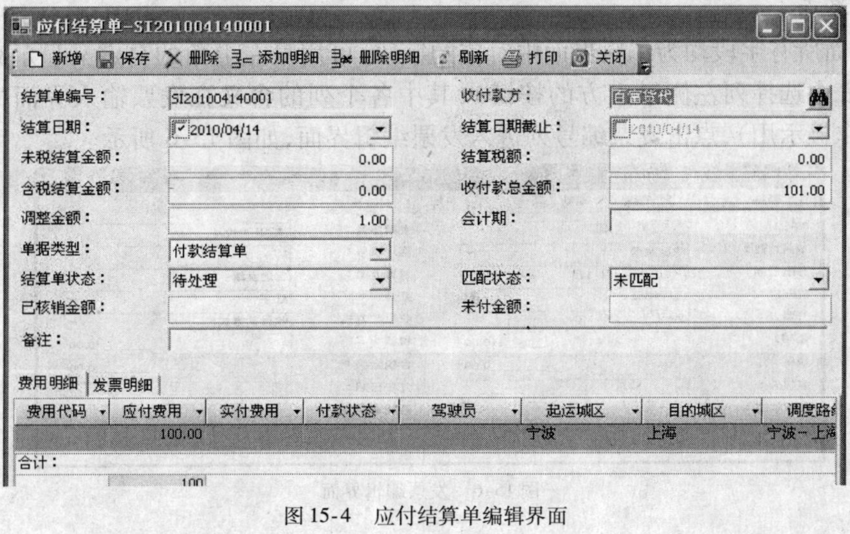

图 15-4 应付结算单编辑界面

结算单编辑界面中头档信息中各个字段的含义是：

收付款方：查找选择，承运方的名称。

单据类型：应付结算单中系统默认保存为付款结算单。

结算单状态：初始状态为待处理，可根据实际进度改为已结算、已核销等。

结算日期：下拉，选择日期。

收付款总金额：所有明细中费用的总额。

收款状态：说明该结算单的明细收款状态。

备注：附加信息输入。

费用明细：为该结算单所有费用列表。

发票明细：为该结算对应的发票。

2. 操作方法

结算单的生成：生成结算单，点击列表中的“新增”按钮，选择收付款方和结算日期，通过添加明细选择还没有结算的调度单，填写到结算单明细中，并可以对“未确认”的结算单进行继续添加（点击工具栏中的“添加明细”按钮）、删除（点击工具栏中的“删除”按钮）、修改操作。

在保存结算单之后，可以在同一界面直接确认结算单。该结算对应的调度单状态都改为“已结算”，不能再被选出生成结算单。

发票的添加：选择发票明细，点击“添加明细”按钮，弹出发票选择界面，选择针对该结算单开出的发票，添加到发票明细中。

三、发票录入

功能描述：该界面的功能是财务部门将开具给同一客户的发票进行汇总，形成发票组录入至系统，以便于将来跟结算单进行匹配，如图15-5所示。

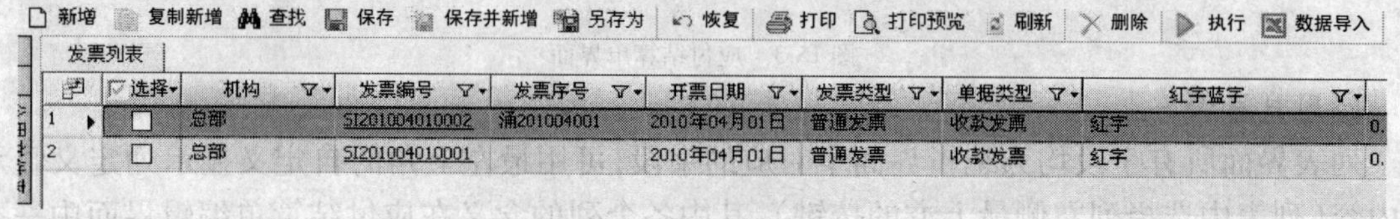

图15-5 发票录入界面

1. 用户界面

列表界面所有字段均为编辑界面中对应的字段，可用最左上角的自定义显示列定义显示的内容（列表中选择列左侧最上方的按键），其中各个列的含义在发票输入界面中一并阐述（该界面只作显示用），点击发票编号列进入发票编辑界面，如图15-6所示。

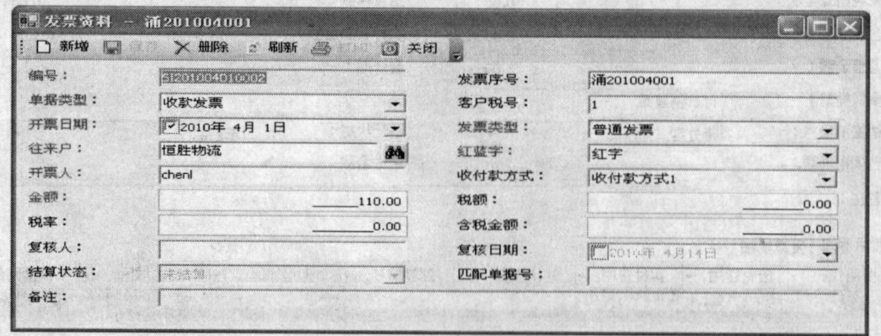

图15-6 发票编辑界面

发票编辑界面,其中头档信息中各个字段的含义是:

发票序号:手工输入发票的自编号。

单据类型:可选择是收款发票或付款发票。

开票日期:开具发票的时间,下拉选择。

结算状态:该发票是否已经与结算单匹配。如果在结算单上选择了该发票,则状态改为已结算。

备注:附加信息输入。

2. 操作方法

新增操作:点击左上工具栏中的"新增"按钮,弹出一张空白的发票编辑界面,输入相应信息(编号、单据类型、开票日期、发票类型、往来户、红蓝字、开票人、金额必输),输入完成后点击"保存"按钮即可。

修改操作:可在原有数据上进行修改,修改完成后点击"保存"即可。如果修改错误,可点击工具栏中的"恢复"按钮还原到修改前的数据。

删除操作:在列表中勾选选择列,点击工具栏中的"删除"按钮即可完成删除。

第二节　业务报表制作

本节主要用于制作各种公司报表。

系统提供多种业务报表,包括装箱单查询、对账单查询、箱号箱封号呈报表、各种单据的综合查询报表等多种常用报表,如图15-7所示。

装箱单查询

	托运方	托运单号	托运时间	提单号	箱号	箱型	封号	起始区域	目的区域	
1	绍兴兴宇运输	xy007201004060004	2010/04/06 20:49	DMNNGB000056	CCLU6735972	40HQ		宁波市北仑区	柯桥	绍兴
2	外代新华箱运部	xyb201004060001	2010/04/06 19:45	CVAWC015037	DRYU4001100	40GP	N674961	宁波市北仑区	石浦镇	石浦镇
3	天津泛艺国际货运宁波分公司	ups201004060002	2010/04/06 19:42	NGBCLT000173	CCLU3494655	20GP	418651	宁波市北仑区	宁海县	宁海科
4	宁波均胜	js001201004060003	2010/04/06 22:23	YTEONGBAF0748A/B	SUDU6594402	40HQ	2451592	宁波市北仑区	宁波均胜	宁波均
5	宁波均胜	js001201004060003	2010/04/06 22:23	YTEONGBAF0748A/B	CLHU8359616	40HQ	3115337	宁波市北仑区	宁波均胜	宁波均
6	温州宏润国际货运有限公司	hr002201004060004	2010/04/06 22:11	N232051800	MAGU5111188	40HQ	YMLX473744	宁波市北仑区	温州	温州巨
7	绍兴兴宇运输	xy007201004060004	2010/04/06 20:49	DMNNGB000056	CCLU7203995	40HQ		宁波市北仑区	柯桥	绍兴
8	绍兴兴宇运输	xy007201004060001	2010/04/06 20:24	DMNSHA000314		40HQ		宁波市北仑区	柯桥	绍兴
9	绍兴兴宇运输	xy007201004060001	2010/04/06 20:24	DMNSHA000314	CCLU7198693	40HQ		宁波市北仑区	柯桥	绍兴
10	绍兴兴宇运输	xy007201004060001	2010/04/06 20:24	DMNSHA000314	CCLU6423608	40HQ		宁波市北仑区	柯桥	绍兴
11	绍兴兴宇运输	xy007201004060001	2010/04/06 20:24	DMNSHA000314	CCLU6092623	40HQ		宁波市北仑区	柯桥	
12	台州永强	yq002201004060005	2010/04/06 22:34	582671256	TCNU8628555	40HQ	CN8343683	宁波市北仑区	临海市	临海永
13	宁波海胜供应链管理有限公司	HS001201004060001	2010/04/06 22:25	MOLU11000299614	TGHU1142012	20GP	AH87769	宁波市北仑区	慈溪市	慈溪市
14	台州永强	yq002201004060003	2010/04/06 22:30	EGLV143083297235		40HQ		宁波市北仑区	临海市	临海华
15	台州永强	yq002201004060006	2010/04/06 22:39	EGLV143083297260	BSIU9135025	40HQ	EMCHXK0988	宁波市北仑区	临海市	临海永
16	台州永强	yq002201004060007	2010/04/06 22:41	EGLV143083297251		40GP		宁波市北仑区	临海市	临海永
17	台州永强	yq002201004060020	2010/04/06 23:24	582671257		40GP		宁波市北仑区	临海市	临海华

图15-7　业务报表界面

复习思考题

1. 制作应收结算单

练习要点:

(1)统计出的费用是否正确。

(2)结算状态控制是否正确。

(3)结算状态对托运单、调度单及其费用明细的影响。

(4)手工修改托运单、调度单费用明细,测试状态是否正确。

2. 制作应付结算单

练习要点:

(1)统计出的费用是否正确。

(2)结算状态控制是否正确。

(3)结算状态对托运单、调度单及其费用明细的影响。

(4)手工修改托运单、调度单费用明细,测试状态是否正确。

3. 制作已发生的各类报表

练习要点:

(1)统计数字是否正确。

(2)查找条件丰富。

(3)导出 Excel。

第五篇

物流基地信息化管理

第十六章　系统运行环境与配置

第一节　运行环境与常用操作

一、认识系统

1. 系统简介

"Logink 物流基地类通用软件 1.0"是用于物流基地的管理软件，其业务逻辑如图 16-1 所示。系统围绕基地的核心业务对象（车辆、客户、集装箱、房间、车位、堆位）进行设计，以信用管理、信息发布作为管理和服务进行拓展，形成租赁合同管理、车辆管理、集装箱堆场管理、设施设备管理、交易信息管理等主要模块。

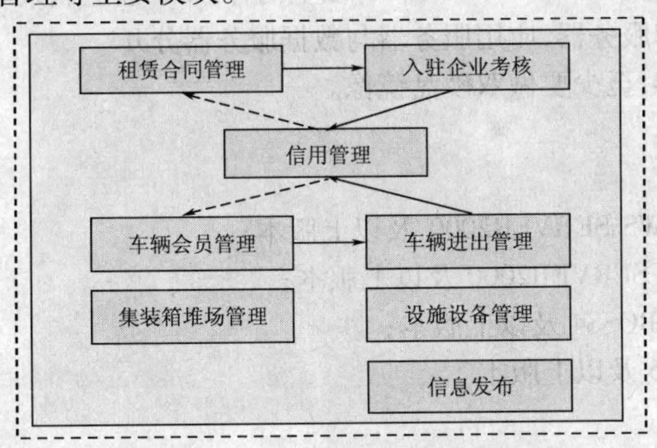

图 16-1　物流基地通用软件业务逻辑图

2. 系统用户（表 16-1）

系 统 用 户　　表 16-1

业 务 实 体	职 责 描 述
系统管理员	负责系统管理、系统用户对基础资料等的维护以及对公共信息、诚信信息的维护
基地业务人员	负责所在基地的客户管理、设施设备维护管理、车辆停车管理、集装箱堆场管理、交易信息管理
基地管理人员	查看统计分析报表
基地入驻企业人员	公共信息查询

3. 系统功能

Logink 物流基地通用软件业务的内容如下：

（1）核心业务。

租赁业务：包括办公场地租赁业务。

车辆停车：包括停车收费业务。

集装箱业务:集装箱堆场管理,以及服务收费。

物业费用收取:入驻企业产生的水、电、暖气费用的收取。

(2)支撑服务。

信用管理:提供企业入驻、车辆入场的客户信用参考。

信息管理:车源、货源交易信息的发布与共享。

(3)基础功能。

设施设备管理:对基地设备维护情况登记。

客户管理:对基地客户企业及人员进行登记备案。

车辆管理:对基地车辆及会员进行登记。

(4)统计分析。

针对业务经营的统计分析报表,可供辅助决策。

二、运行环境

1. 服务端配置

(1)硬件环境。

主流服务器 1 ~2 台,Intel Xeon CPU,2G 以上内存,10G 以上剩余硬盘空间。

建议采用主流品牌服务器,应用服务器与数据服务器分开。

对于数据库服务器,至少要做双硬盘镜像。

(2)软件环境。

①推荐配置。

操作系统:WINDOWS SERVER2000 及以上版本;

数据库服务器:SQLSERVER2000 及以上版本;

应用服务器软件:JBOSS4 及以上版本;

JAVA 环境:JDK1.5 及以上版本。

②可选配置。

数据库服务器:MYSQL5 及以上版本;

应用服务器:WebLogic9 及以上版本。

2. 客户端配置

(1)硬件环境。主流台式机或笔记本电脑,P4 以上 CPU,1G 以上内存,10G 以上剩余硬盘空间。

(2)软件环境。Windows XP 以上操作系统,IE7 以上浏览器。

3. 其他配置

(1)网络设备。10MB 以上的局域网,2MB 以上的互联网接入。

(2)道口设备。推荐使用符合 ISO18000 -6B 标准的读卡器及卡。

(3)大屏幕设备。推荐使用有电脑视频接口的大尺寸液晶显示屏或液晶电视。

三、常用操作

1. 软件启动

该软件采用了 EXT 作为前台进行开发,系统为 B/S 结构,不需安装客户端,只需在 IE 浏览器地址栏中输入系统管理员提供的网址。

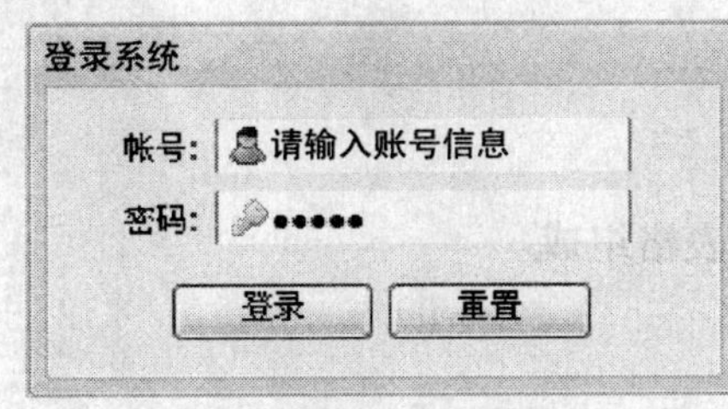

图 16-2 登录界面

2. 系统登录

在 IE 浏览器地址栏内输入系统网址,系统会提示登录,输入正确的账号及密码后,进入系统,如图 16-2 所示。

用户账号:由物流基地的系统管理员提供。

3. 系统退出

点击右上角工具栏  首页 关于 修改密码 退出 的"退出"按钮,或者关闭 IE 浏览器,均可退出系统。

4. 页面介绍

进入系统后,系统主要功能集中在顶部及左侧功能区,增加、删除、修改等操作全部集中于列表区。

顶部:包含首页、关于、修改密码、退出 4 个按钮,如图 16-3 所示。

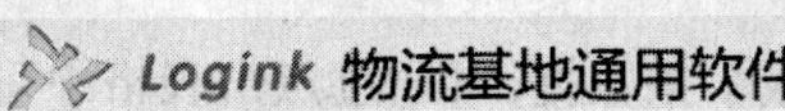

图 16-3 页面顶部

导航区:系统的主要功能全部在此列出(图 16-4)。系统包括基础功能、业务系统、辅助应用三大区块。

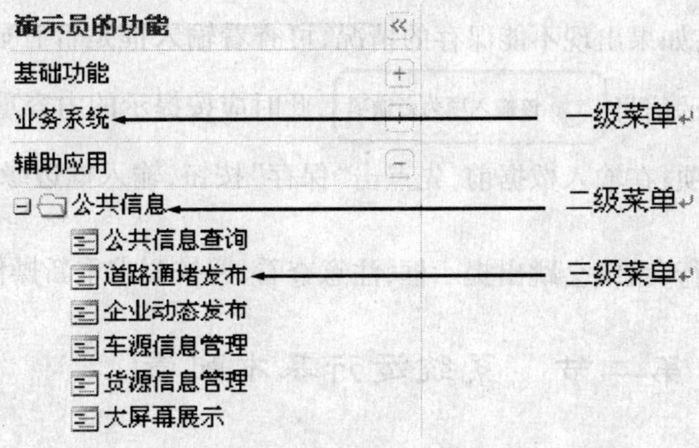

图 16-4 系统功能导航界面

运行区:选择导航区的任意一功能,会在运行区启动该功能。大部分功能启动时是以列表的形式开始的。

列表区的所有列表均可按个人喜好进行自由排序,点击灰色字段条可根据不同模块默认设置的排序风格进行排序。在列表区的底部还有一排翻页按钮。

5. 基本操作

(1)顶部。

首页:点击回到系统默认页面。

关于:有关本软件的版本及开发商介绍。

修改密码:修改目前登录账号的登录密码。

退出:点击回到系统进入页面,提示输入登录账号及密码。

(2)导航区。

«:点此标签可隐藏左侧工具条。

⊞:点此标签可扩展该模块下的业务功能。

⊟:点此标签可收缩该模块下的业务功能。

(3)运行区。

该系统的典型功能操作界面如图16-5所示,由工具栏和表格组成。

员工基本信息

查询 添加 编辑 删除 查看 导出 打印

□ 工号	姓名	性别	办公室短号	手机虚拟号	电话号码	手机号码	部门
□ 0012	李雪峰						系统集成部
□ 0011	周舸						系统集成部
□ 0010	王磊						系统集成部
□ 0009	张强	男					系统集成部
□ 0008	吕文吉						系统集成部
□ 0007	韩起鹏						系统集成部

图16-5 员工信息操作界面

在编辑、删除、打印、查看等操作之前,需要选中一条或多条数据,可通过点击表格中每行之前的□进行选择,选中时,显示为☑。也可点击表格标题栏上的□,选中整页。

(4)工具栏。

工具栏提供常用的按钮,一般有创建、编辑、查询、打印等。

(5)系统提示。

在系统中添加保存时,如果出现不能保存的情况,可查看输入框是否有显示红色,将鼠标移到输入框上方会出现提示信息 该输入项为必输项 ,此时应按提示的内容重新操作。

判断哪些数据为必填项:在输入数据前,先点击"保存"按钮,输入框边缘显示红色条纹的为必填项。

如果某些操作不能进行,系统会跳出提示框,注意查看,并按要求重新操作。

第二节 系统运行基本配置

一、密码维护

如果需要修改登录密码,在系统右上角工具栏中找到"修改密码"按钮,点击该按钮,按提示修改密码。

二、用户管理

系统管理员可通过用户管理功能添加、删除系统用户,给系统用户添加或移除角色等,其界面如图16-6所示。

1. 查询功能

点击"查询"按钮,输入相关查询条件,可查询到符合条件的记录,默认为全部记录。

2. 添加功能

点击"添加"按钮,输入相关信息,点"保存"按钮保存该记录。

注意事项:

(1)账号信息都需填写,否则不能保存成功,账号状态默认是正常。

(2)账号添加中的人员选项,是指基础资料中的人员,账号是和基地的人员相对应的。

(3)多个账户可以对应到一个人。

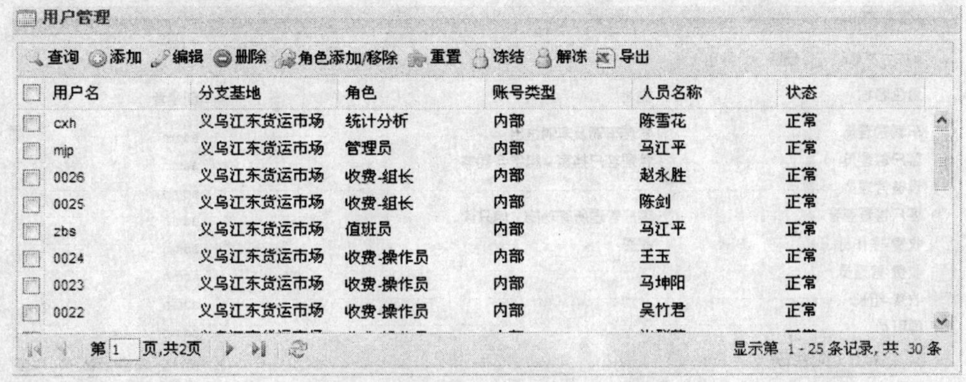

图 16-6 用户管理界面

3. 编辑功能

选中某条记录,点“编辑”按钮可以编辑该条记录,编辑后点“保存”按钮保存该记录。

注意事项:只能对单条记录进行编辑操作,选中多条记录后点“编辑”按钮,会提示错误。

4. 删除功能

选中一条或多条记录,点“删除”按钮可以删除选中的记录。

5. 角色添加/移除功能

选中某条记录,点“角色添加/移除”按钮,可以给该用户分配或删除角色,点“保存”按钮保存记录。

注意事项:

(1)在角色管理功能中设置系统角色。

(2)每个账户可以设置多个角色。

(3)设置好角色后,要用该账户登录系统后方可生效。

6. 重置功能

选中某条记录,点“重置”按钮,可以重置该用户的登录密码。

注意事项:重置后,用户的密码为“123456”,用此密码登录后,可点击右上角工具栏的“修改密码”按钮,按提示修改密码。

7. 冻结功能

选中一条或多条记录,点“冻结”按钮可以冻结选中的用户。

注意事项:被冻结后的用户,将不能使用系统,登录时显示该用户已经被冻结,通过用户管理的解冻功能可以解冻该用户。

8. 解冻功能

选中一条或多条记录,点“解冻”按钮可以解冻选中的用户。

9. 导出功能

点击“导出”按钮,将用户管理记录导成 Excel 格式文件。

三、角色管理

系统管理员可通过角色管理功能添加、修改、删除系统角色等,如图 16-7 所示。角色管理可对权限的控制细化到按钮级，因此对同一个功能，由于设置角色的时候选择了不同的按钮，可形成多种运行方式，比如只能查看不可修改，或可修改可查看等。

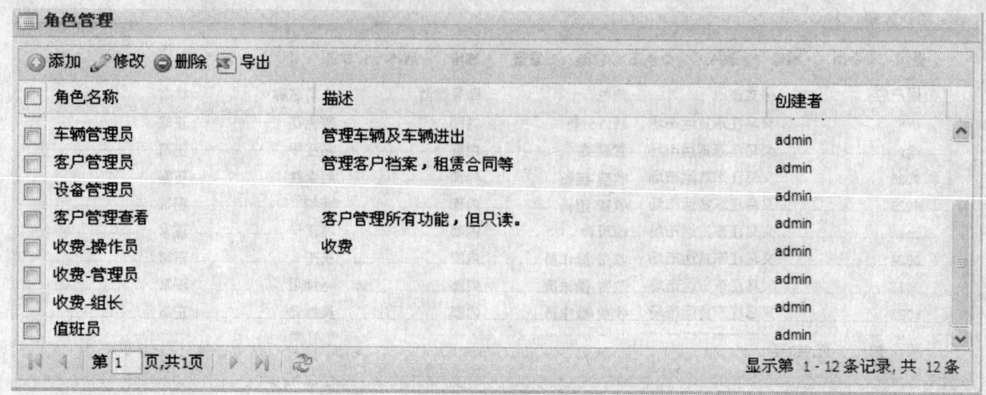

图 16-7　角色管理界面

1. 添加功能

点击“添加”按钮，输入角色名称、描述(可以不填写)，可给该角色分配权限，点“保存”按钮保存该记录。

2. 修改功能

选中某条记录，点“修改”按钮可以修改该条记录，修改后点“保存”按钮保存该记录。

注意事项：修改只能对单条记录操作，选中多条记录后点“修改”按钮，会提示错误。

3. 删除功能

选中一条或多条记录，点“删除”按钮可以删除选中的记录。

4. 导出功能

点击“导出”按钮，将角色管理记录导成 Excel 格式文件。

四、数据备份

系统管理员可通过数据备份功能备份数据，如图 16-8 所示。

图 16-8　数据备份界面

1. 备份设置功能

备份设置功能可设置系统自动备份，可进行周设置和时间设置，设置完成后，系统到设置时间将会自动备份数据。每天最多能自动备份三次。

2. 手动备份功能

系统管理员根据需要可以手动备份数据。点“手动备份”按钮，输入说明后，点“开始备份”按钮开始备份。

3. 下载到本地功能

在备份记录查询界面中，选中某条记录，点“下载到本地”按钮可以将该备份文件从服务器下载到客户端。

五、交互配置

1. 互联互通(发送)

系统管理员可查看互联互通数据发送的日志,监控发送状态,对发送失败的消息可进行重新发送,如图 16-9 所示。

互联互通(发送)

查询 查看 重新发送

	消息编号	消息类型	相关业务id	发送方	接收方	状态	创建时间	发送时间
☐	28860	车辆进出管...	27509	399	xyzx00001	发送成功	2010-02-10 ...	2010-02-10 ...
☐	28859	车辆进出管...	27510	399	xyzx00001	发送成功	2010-02-10 ...	2010-02-10 ...
☐	28858	车辆进出管...	27509	399	xyzx00001	发送成功	2010-02-10 ...	2010-02-10 ...
☐	28857	车辆进出管...	27508	399	xyzx00001	发送成功	2010-02-09 ...	2010-02-09 ...
☐	28856	车辆进出管...	27507	399	xyzx00001	发送成功	2010-02-09 ...	2010-02-09 ...
☐	28855	车辆进出管...	27359	399	xyzx00001	发送成功	2010-02-09 ...	2010-02-09 ...
☐	28854	车辆进出管...	27507	399	xyzx00001	发送成功	2010-02-09 ...	2010-02-09 ...
☐	28853	车辆进出管...	27501	399	xyzx00001	发送成功	2010-02-09 ...	2010-02-09 ...
☑	28852	车辆进出管...	27471	399	xyzx00001	发送成功	2010-02-09 ...	2010-02-09 ...
☐	28851	车辆进出管...	27506	399	xyzx00001	发送成功	2010-02-09 ...	2010-02-09 ...
☐	28850	车辆进出管...	27505	399	xyzx00001	发送成功	2010-02-09 ...	2010-02-09 ...
☐	28849	车辆进出管...	27504	399	xyzx00001	发送成功	2010-02-09 ...	2010-02-09 ...
☐	28848	车辆进出管...	27503	399	xyzx00001	发送成功	2010-02-09 ...	2010-02-09 ...

第 1 页,共1019页　　显示第 1 - 25 条记录,共 25460 条

图 16-9　互联互通界面

(1)查询功能。点击“查询”按钮,输入相关查询条件,可查询到符合查询条件的记录,默认为全部记录。

(2)查看功能。选中某条记录,点“查看”按钮可以查看该条记录。

(3)重新发送功能。选中一条或多条记录,点“重新发送”按钮,系统会提示是否重新发送,确认后,系统会将选中记录标记为未发送,并排入发送队列。

2. 互联互通(接收)

系统管理员可查看互联互通数据接收的日志,监控接收状态,对处理失败的消息可进行重新处理。

(1)查询功能。点击“查询”按钮,输入相关查询条件,可查询到符合查询条件的记录,默认为全部记录。

(2)查看功能。选中某条记录,点“查看”按钮可以查看该条记录。

(3)重新处理功能。选中一条或多条记录,点“重新处理”按钮,系统提示确认后,系统立即对选中记录进行处理。

注意事项:具体处理方式因消息类型的不同而不同。

3. 互联互通(设置)

系统管理员设置互联互通参数,并激活,如图 16-10 所示。

注意事项:

(1)设置之前,需在 www. logink. org 上申请物流交换代码。

(2)申请物流交换代码时,可申请 I 号和 II 号交换中心,发送服务器和接收服务器是不同

的,I 号交换中心对应的发送服务器和接收服务器都是 exa. logink. org:81,II 号则对应 exb. logink. org。

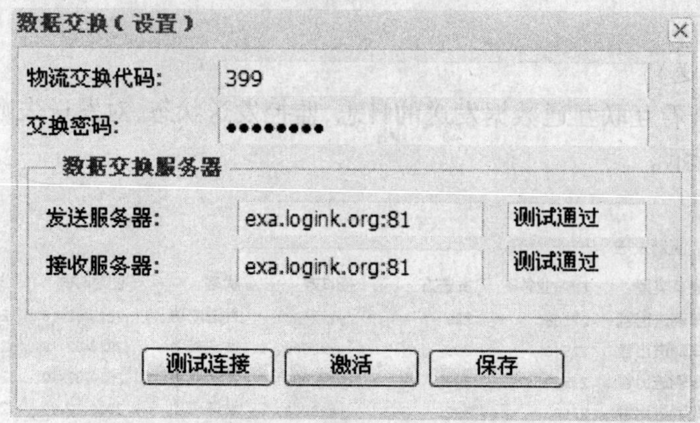

图 16-10 互联互通参数设置界面

测试连接:点击"测试连接",系统自动进行测试,并报告结果。

激活:点击"激活",系统会自动进行激活操作,只需激活一次。

保存:点击"保存",系统会保存设置的那些参数。

复习思考题

1. "Logink 物流基地类通用软件 1.0"具有哪些功能模块?
2. "Logink 物流基地类通用软件 1.0"的运行环境配置要求有哪些?
3. 启动软件,登录到物流基地通用软件中浏览主页,练习各功能区的基本操作。
4. 登录到系统中,进行修改登录密码的操作练习。
5. 在系统中添加一个新用户,如:用户名"ZTT",账号类型"内部",姓名"张婷婷",并对其进行角色管理。
6. 在系统中进行数据自动备份的设置。
7. 在 www. logink. org 上申请物流交换代码。

第十七章 基础数据与客户管理维护

第一节 基础数据维护

一、基础资料的功能结构

本系统中基础资料部分的功能结构，如图 17-1 所示。

- 基础资料
  - 通用编码
  - 系统参数
  - 分区划分
  - 房间划分
  - 道口设置
  - 堆位规划
  - 考核标准设置
  - 堆场费用配置
  - 停车收费标准设置

图 17-1 基础资料部分的功能结构

二、通用编码的维护

系统管理员可通过通用编码功能添加、编辑、删除系统通用编码等，如图 17-2 所示。

1. 查询功能

点击“查询”按钮，输入相关查询条件，可查询到符合查询条件的记录，默认为全部记录。

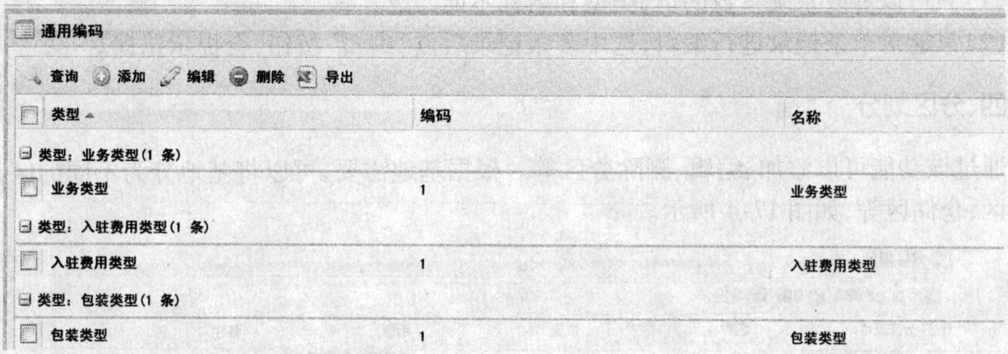

通用编码

查询 添加 编辑 删除 导出

类型	编码	名称
类型：业务类型(1 条)		
业务类型	1	业务类型
类型：入驻费用类型(1 条)		
入驻费用类型	1	入驻费用类型
类型：包装类型(1 条)		
包装类型	1	包装类型

图 17-2 通用编码界面

2. 添加功能

点击“添加”按钮，输入相关信息，点“保存”按钮保存该记录。

注意事项：需填写类型、编码、名称，否则不能保存成功。

3. 编辑功能

选中某条记录，点击“编辑”按钮可以编辑该条记录，编辑后点“保存”按钮保存该记录。

注意事项：只能对单条记录进行编辑，选中多条记录后点“编辑”按钮，会提示错误。

4. 删除功能

选中一条或多条记录，点击“删除”按钮可以删除选中的记录。

5. 导出功能

点击“导出”按钮，将通用编码记录导成 Excel 格式文件。

三、系统参数

系统参数是系统中需要使用到的参数，例如停车场地容量等，系统管理员可以修改某一项参数的值，如图 17-3 所示。

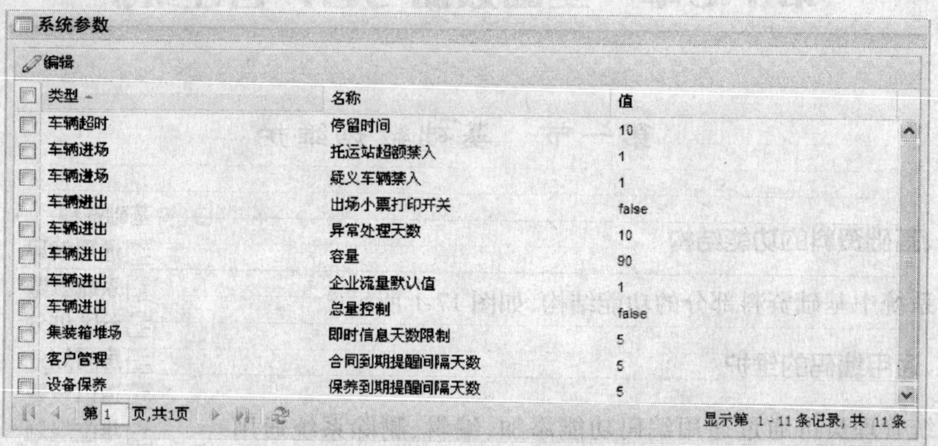

类型	名称	值
车辆超时	停留时间	10
车辆进场	托运站超额禁入	1
车辆进场	疑义车辆禁入	1
车辆进出	出场小票打印开关	false
车辆进出	异常处理天数	10
车辆进出	容量	90
车辆进出	企业流量默认值	1
车辆进出	总量控制	false
集装箱堆场	即时信息天数限制	5
客户管理	合同到期提醒间隔天数	5
设备保养	保养到期提醒间隔天数	5

图 17-3　系统参数界面图

编辑功能：选中某条记录，点“编辑”按钮可以编辑该条记录，编辑后点“保存”按钮保存该记录。

注意事项：

(1)只可以修改系统参数的值，类型和名称不能修改。

(2)只能对单条记录进行编辑，选中多条记录后点“编辑”按钮，会提示错误。

四、分区划分

通过该功能可以添加、编辑、删除分区等。根据基地需要，可以将基地分为不同的区，例如办公区、仓储区等，如图 17-4 所示。

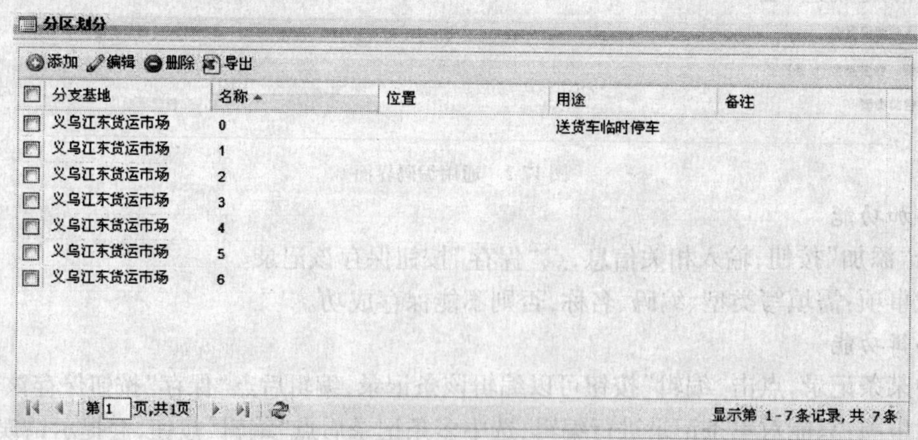

分支基地	名称	位置	用途	备注
义乌江东货运市场	0		送货车临时停车	
义乌江东货运市场	1			
义乌江东货运市场	2			
义乌江东货运市场	3			
义乌江东货运市场	4			
义乌江东货运市场	5			
义乌江东货运市场	6			

图 17-4　分区划分界面

1. 添加功能

点击“添加”按钮，输入相关信息，点“保存”按钮保存该记录。

注意事项：需填写名称，否则不能保存成功。

2. 编辑功能

选中某条记录,点击“编辑”按钮可以编辑该条记录,编辑后点“保存”按钮保存该记录。

注意事项:只能对单条记录进行编辑,选中多条记录后点“编辑”按钮,会提示错误。

3. 删除功能

选中一条或多条记录,点“删除”按钮可以删除选中的记录。

4. 导出功能

点击“导出”按钮,将分区记录导成 Excel 格式文件。

五、房间划分

通过该功能可以添加、编辑、删除基地房间基本信息等,如图 17-5 所示。

房间划分

查询 添加 批量添加 编辑 删除 导出

分支基地	所属分区	房间号	用途	面积	备注
义乌江东货运市场	0	1		0	
义乌江东货运市场	6	9		0	
义乌江东货运市场	6	8		0	
义乌江东货运市场	6	78		0	
义乌江东货运市场	6	77		0	
义乌江东货运市场	6	76		0	
义乌江东货运市场	6	75		0	
义乌江东货运市场	6	74		0	
义乌江东货运市场	6	73		0	
义乌江东货运市场	6	72		0	
义乌江东货运市场	6	71		0	

第 1 页,共15页　　显示第 1 - 25 条记录,共 366 条

图 17-5　房间划分界面

1. 查询功能

点击“查询”按钮,输入相关查询条件,可查询到符合查询条件的记录,默认为全部记录。

2. 添加功能

点击“添加”按钮,输入相关信息,点“保存”按钮保存该记录。

注意事项:图中红色部分必填,否则不能保存成功。

3. 批量添加

点击“批量添加”按钮,可批量添加同一性质的房间。

注意事项:

(1)图中红色部分必须填写,否则不能保存成功。

(2)可一次添加多个房间。例如,要添加 AB201 到 AB220 号的 20 个房间,编号头为房间号字母部分,设置为 AB;长度,包括了编号头的长度,即 AB201 的房间号全部长度,设置为 5,起始号设为 201,201 到 220 共 20 个房间,所以房间数设为 20。完成上面的设置后,点“保存”将生成 AB201 到 AB220 号的 20 个房间。

4. 编辑功能

选中某条记录,点“编辑”按钮可以编辑该条记录,编辑后点“保存”按钮保存该记录。

5. 注意事项

只能对单条记录进行编辑,选中多条记录后点“编辑”按钮,会提示错误。

6. 删除功能

选中一条或多条记录,点“删除”按钮可以删除选中的记录。

7. 导出功能

点击“导出”按钮,将房间记录导成 Excel 格式文件。

六、道口设置

通过该功能可以添加、编辑、删除基地道口信息等,如图 17-6 所示。

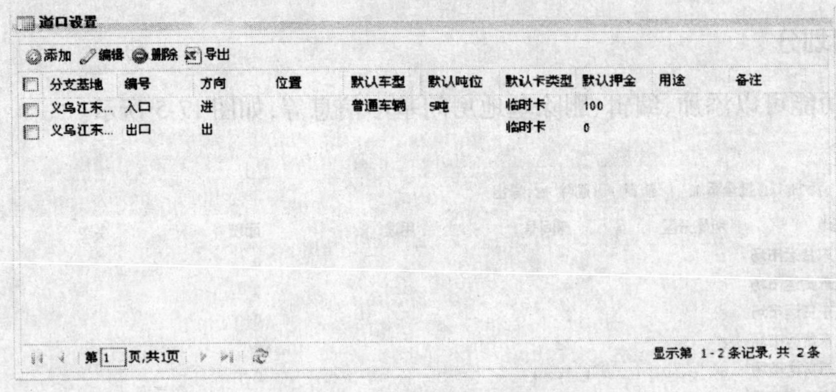

图 17-6　道口设置界面

1. 添加功能

点击“添加”按钮,输入相关信息,点“保存”按钮保存该记录。

注意事项:

(1)需填写编号和方向,否则不能保存成功。

(2)填写默认车型、默认吨位、默认卡类型、默认押金后,在“车辆停车管理”的车辆进出场中,选择道口,上述默认信息将自动带入系统中。

2. 编辑功能

选中某条记录,点“编辑”按钮可以编辑该条记录,编辑后点“保存”按钮保存该记录。

注意事项:只能对单条记录进行编辑,选中多条记录点“编辑”按钮,会提示错误。

3. 删除功能

选中一条或多条记录,点“删除”按钮可以删除选中的记录。

4. 导出功能

点击“导出”按钮,将道口记录导成 Excel 格式文件。

七、堆位规划

通过该功能可以添加、编辑、删除基地集装箱堆位基本信息等,如图 17-7 所示。

1. 添加功能

点击“添加”按钮,输入相关信息,点“保存”按钮保存该记录。

注意事项:

(1)需填写类型和堆位名称,否则不能保存成功。

(2)堆位名称必须是数字。

(3)填写总行数和总列数后,将产生“总行数 × 总列数”个堆位。

(4)可通过尺寸要求、空重要求和限高来限制堆位的摆放。

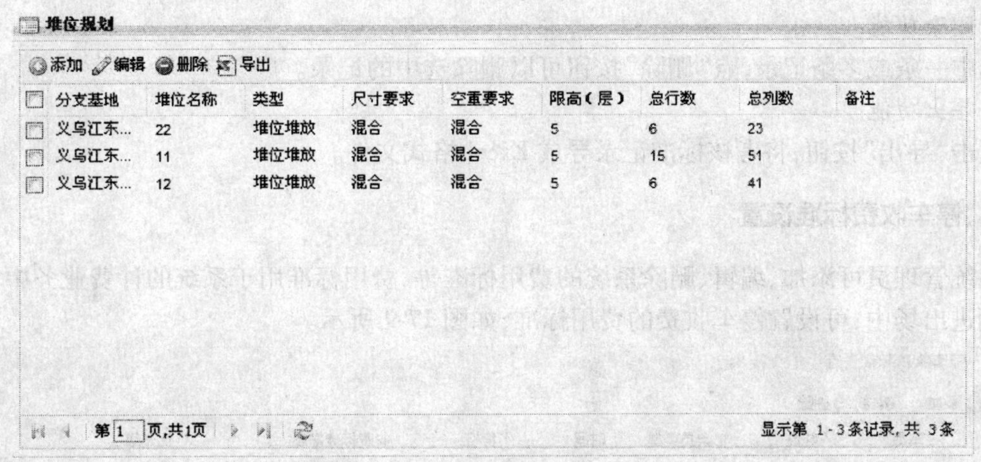

图 17-7　堆位规划界面

2. 编辑功能

选中某条记录,点“编辑”按钮可以编辑该条记录,编辑后点“保存”按钮保存该记录。

注意事项:只能对单条记录进行编辑,选中多条记录后点“编辑”按钮,会提示错误。

3. 删除功能

选中一条或多条记录,点“删除”按钮可以删除选中的记录。

4. 导出功能

点击“导出”按钮,将堆位记录导成 Excel 格式文件。

八、考核标准设置

系统管理员可添加、编辑、删除考核标准等,考核标准用于入驻企业考核,如图 17-8 所示。

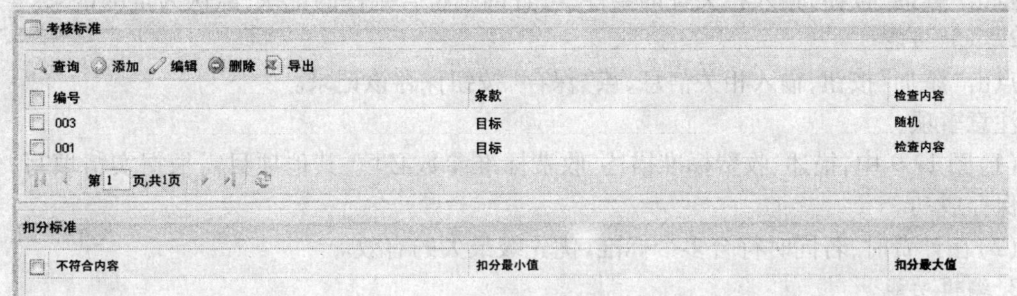

图 17-8　考核标准设置界面

1. 查询功能

点击“查询”按钮,输入相关查询条件,可查询到符合条件的记录,默认为全部记录。

2. 添加功能

点击“添加”按钮,输入相关信息,点“保存”按钮保存该记录。

注意事项:

(1)图 17-8 中的信息都需填写,否则不能保存成功。

(2)可以在“扣分标准”部分设置对出现的违规内容进行扣分的最大值和最小值。

3. 编辑功能

选中某条记录,点“编辑”按钮可以编辑该条记录,编辑后点“保存”按钮保存该记录。

注意事项:只能对单条记录进行编辑,选中多条记录后点“编辑”按钮,会提示错误。

4. 删除功能

选中一条或多条记录，点“删除”按钮可以删除选中的记录。

5. 导出功能

点击“导出”按钮，将考核标准记录导成 Excel 格式文件。

九、停车收费标准设置

系统管理员可添加、编辑、删除系统的费用标准等，费用标准用于系统的计费业务中，例如在车辆进出场中，可设置停车收费的费用标准，如图 17-9 所示。

停车收费标准设置

添加 编辑 删除

	车型	吨位	会员类型	时间	价格	收费标准描述	优先级
1	普通车辆	5吨		0.5	0	半小时内免费，8小时8元...	1
2	普通车辆	5吨		8	8	半小时内免费，8小时8元...	1
3	普通车辆	5吨		24	15	半小时内免费，8小时8元...	1
4	普通车辆	8吨以上	临时会员	0.5	0	半小时内免费，8小时15元...	1
5	普通车辆	8吨以上	临时会员	8	15	半小时内免费，8小时15元...	1
6	普通车辆	8吨以上	临时会员	24	30	半小时内免费，8小时15元...	1
7	普通车辆	1.25吨		0.5	0	半小时内免费，8小时5元...	1
8	普通车辆	1.25吨		8	5	半小时内免费，8小时5元...	1
9	普通车辆	1.25吨		24	10	半小时内免费，8小时5元...	1
10	普通车辆	8吨	临时会员	0.5	0	半小时内免费，8小时10元...	1
11	普通车辆	8吨	临时会员	8	10	半小时内免费，8小时10元...	1

第 1 页，共1页　　显示第 1 - 12 条记录，共 12 条

图 17-9　停车收费标准设置界面

1. 查询功能

点击“查询”按钮，输入相关查询条件，可查询到符合条件的记录，默认为全部记录。

2. 添加功能

点击“添加”按钮，输入相关信息，点“保存”按钮保存该记录。

注意事项：

(1) 图 17-9 中，描述、收费标准描述、收费标准参数必填，其他项目需根据实情填写，否则不能保存成功。

(2) 在计费时，若同时符合多个标准，优先级最大的有效。

3. 编辑功能

选中某条记录，点“编辑”按钮可以编辑该条记录，编辑后点“保存”按钮保存该记录。

注意事项：只能对单条记录进行编辑操作，选中多条记录后点“编辑”按钮，会提示错误。

4. 删除功能

选中一条或多条记录，点“删除”按钮可以删除选中的记录。

5. 查看功能

选中某条记录，点“查看”按钮可以查看该记录。

6. 导出功能

点击“导出”按钮，将费用标准记录导成 Excel 格式文件。

十、堆场费用配置

系统管理员可添加、编辑、删除堆场费用配置，堆场费用配置用于系统的集装箱堆场管理

的业务模块，用于生成初始的费用信息，简化操作，提高工作效率，如图 17-10 所示。

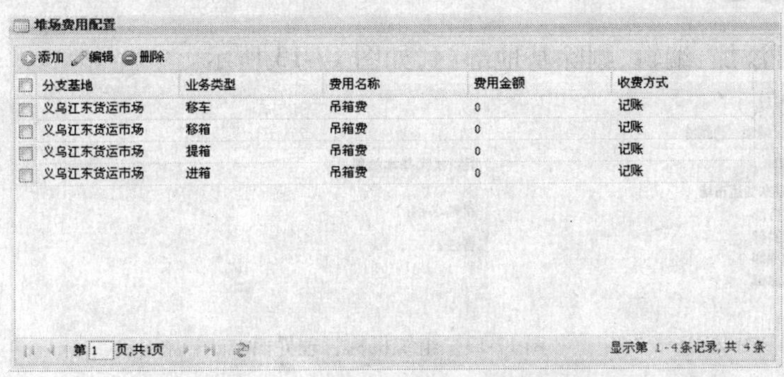

堆场费用配置

添加 编辑 删除

分支基地	业务类型	费用名称	费用金额	收费方式
义乌江东货运市场	移车	吊箱费	0	记账
义乌江东货运市场	移箱	吊箱费	0	记账
义乌江东货运市场	提箱	吊箱费	0	记账
义乌江东货运市场	进箱	吊箱费	0	记账

第 1 页，共1页　　显示第 1-4条记录，共 4条

图 17-10　堆场费用配置界面

1. 添加功能

点击“添加”按钮，输入相关信息，点“保存”按钮保存该记录。

注意事项：所有字段都必填，否则不能保存成功。

2. 编辑功能

选中某条记录，点“编辑”按钮可以编辑该条记录，编辑后点“保存”按钮保存该记录。

注意事项：只能对单条记录进行编辑，选中多条记录后点“编辑”按钮，会提示错误。

3. 删除功能

选中一条或多条记录，点“删除”按钮可以删除选中的记录。

第二节　组织架构维护

组织机构
- 企业基本信息
- 组织机构管理
- 员工基本信息

图 17-11　组织机构模块界面

一、组织机构模块的结构

组织机构是系统的基础功能之一，主要功能是设置基地的组织机构信息，包括基地基本信息、部门管理、人员管理。其结构如图 17-11 所示。

二、企业基本信息

该界面的功能是记录企业的基本信息，如图 17-12 所示。

企业基本信息

企业名称：义乌江东货运市场

经营地址：浙江义乌市篁园路

物流代码：399　　电话号码：

所属地区：义乌　　传真号码：

法人代表：　　电子邮箱：jqf@1556.net

备注：

保存

图 17-12　企业基本信息界面

三、组织机构管理

通过该功能可添加、编辑、删除基地部门，如图 17-13 所示。

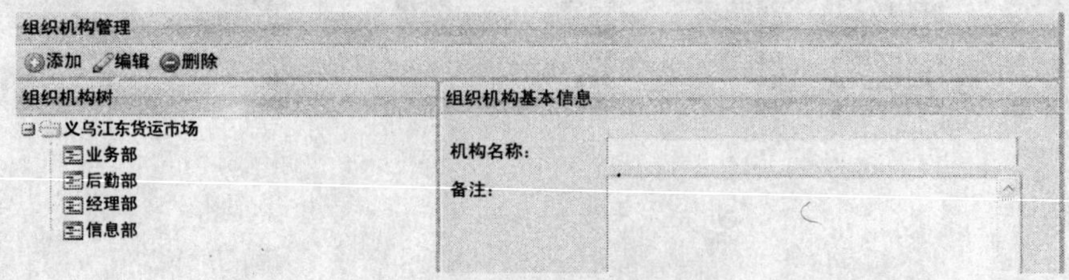

图 17-13　组织机构管理界面

1. 添加功能

点击“添加”按钮，输入相关信息，点“保存”按钮保存该节点。

注意事项：

(1)需填写名称，否则不能保存成功。

(2)需要在某节点添加子节点时，先选中该节点时，点“添加”按钮，保存后将在该节点下添加一个子节点。

(3)在某叶子节点下添加子节点，该叶子节点将变为根节点。

2. 编辑功能

选中某节点，点“编辑”按钮可以编辑该节点，编辑后点“保存”按钮保存该节点信息。

3. 删除功能

选中某节点，点“删除”按钮可以删除选中的节点。

四、人员基本信息

通过该功能可以添加、编辑、删除基地员工基本信息等，如图 16-5 所示。

1. 查询功能

点击“查询”按钮，输入相关查询条件，可查询到符合条件的记录，默认为全部记录。

2. 添加功能

点击“添加”按钮，输入相关信息，点“保存”按钮保存该记录。

注意事项：

(1)需填写工号、姓名和部门，否则不能保存成功。

(2)身份证号码、电话号码和手机号码都有验证，需按要求填写。

3. 编辑功能

选中某条记录，点“编辑”按钮可以编辑该条记录，编辑后点“保存”按钮保存该记录。

注意事项：只能对单条记录进行编辑，选中多条记录后点“编辑”按钮，会提示错误。

4. 删除功能

选中一条或多条记录，点“删除”按钮可以删除选中的记录。

5. 查看功能

选中某条记录，点“查看”按钮可以查看该记录。

6. 导出功能

点击“导出”按钮，将人员记录导成 Excel 格式文件。

7. 打印功能

选中某条记录，点“打印”按钮可以打印该条记录。

第三节　物流基地客户管理

一、客户管理模块的结构

客户管理是业务系统之一，其主要功能是管理入驻基地的企业，登记客户、管理租赁合同，管理入驻费用，对入驻企业进行考核，并统计房屋租赁信息和企业综合信息。其结构如图 17-14 所示。

客户管理
- 入驻企业查询
- 入驻人员查询
- 房间租赁查询
- 租赁合同管理
- 入驻费用管理
- 入驻企业考核
- 考核汇总
- 客户登记
- 客户人员登记
- 合同到期提醒报表

图 17-14　客户管理模块界面

二、入驻企业查询

通过该功能可以查询入驻企业信息及关联信息，如图 17-15 所示。

1. 查询功能

点击“查询”按钮，输入相关查询条件，可查询到符合条件的记录，默认为空。

入驻企业查询

查询　导出

编号	全称	简称	类型	等级	物流代码	租用房间	联系人	电话
KH000167	送货车临...					0(1)		
KH000166	义乌市坤...					5(158,159,1...	盛俊生	85399066

第 1 页，共7页　　显示第 1 - 25 条记录，共 159 条

租赁合同　入驻人员　考核情况　费用明细

	合同编号	状态	合同类型	承租人	承租单位	电话	位置	面积	开始日期	结束日期	总金额	保证金
1	5-116-1...	生效	房屋租赁	楼航卫	义乌市...	85399251	5 116,1...	0	2009-10...	2010-09...	100464	30000

第 1 页，共1页　　显示第 1 - 1 条记录，共 1 条

图 17-15　入驻企业查询界面

2. 导出功能

点击“导出”按钮，将房间租赁查询记录导成 Excel 格式文件。

3. 查看关联信息

找到并点击要查看的客户，然后在页面下部的分页中，可以查看该客户的租赁合同、入驻人员、考核情况、费用明细。

三、入驻人员查询

通过该功能可以查询入驻人员情况。

1. 查询功能

点击“查询”按钮,输入相关查询条件,可查询到符合条件的记录,默认为空。

2. 导出功能

点击“导出”按钮,将房间租赁查询记录导成 Excel 格式文件。

四、房间租赁查询

通过该功能可以查询基地房间租赁情况,如图 17-16 所示。

房间租赁查询

查询 导出

分支基...	分区	房间号	类型	面积	描述	出租状...	到期日...	总租用...	合同信息
义乌江...	0	1	房屋租...	0		整间出...	2015-1...	100	0(85389795)
义乌江...	6	78	房屋租...	0		整间出...	2010-0...	100	季友荣(0)
义乌江...	6	77	房屋租...	0		整间出...	2010-0...	100	季友荣(0)
义乌江...	6	76	房屋租...	0		整间出...	2010-0...	100	季友荣(0)
义乌江...	6	75	房屋租...	0		整间出...	2010-0...	100	盛红英(0)
义乌江...	6	74	房屋租...	0		整间出...	2010-0...	100	盛红英(0)
义乌江...	6	73	房屋租...	0		整间出...	2010-0...	100	朱秋献(0)
义乌江...	6	72	房屋租...	0		整间出...	2010-0...	100	朱秋献(0)
义乌江...	6	71	房屋租...	0		整间出...	2010-0...	100	楼琦丁(0)
义乌江...	6	70	房屋租...	0		整间出...	2010-0...	100	楼琦丁(0)
义乌江...	6	69	房屋租...	0		整间出...	2010-0...	100	黄秀芳(0)

第 1 页,共15页　　显示第 1 - 25 条记录, 共 366 条

图 17-16　房间租赁查询界面

1. 查询功能

点击“查询”按钮,输入相关查询条件,可查询到符合条件的记录,默认为全部记录。

2. 导出功能

点击“导出”按钮,将房间租赁查询记录导成 Excel 格式文件。

五、租赁合同管理

通过该功能可以添加、编辑、删除、续租租赁合同等。

注意事项:

(1)使用前需先设置分区、房间、客户登记、通用编码中的费用类型等信息。

(2)当某条合同快到期时,系统会将该条合同的结束时间标为红色,提醒用户留意该合同。

1. 查询功能

点击“查询”按钮,输入相关查询条件,可查询到符合条件的记录,默认为全部记录。

2. 添加功能

点击“添加”按钮,输入相关信息,点“保存”按钮保存该记录。

注意事项:

(1)合同编号、合同类型、分支基地、合同状态、承建单位、承租人、保证金、联系电话、分区、开始日期、结束日期、面积必须填写,否则无法保存。

(2)房间号、房间数、合同额、总金额不可直接输入,其数据分别来自下方的租赁房间和费用详情,即在下方添加房间后,上方的房间号和房间数会自动产生,费用数据同理。

(3)选中下方的租赁房间,可以添加相关房间信息,点击“添加”按钮,可以添加房间租赁

信息,房间号为下拉列表,需要先选择分区后才会有房间信息。租用率是房间租用比率(最大为100,表示全部出租,如果是部分出租,可以修改该数值),默认为100。

(4)选中租赁房间右边的费用详情,可以添加相关费用信息,点击“添加”按钮,可以添加租赁费用,类型、数量、单位、单价、金额都为必填项。

(5)选中费用详情右边的附件,点“添加”按钮,可以上传合同附件。

3. 编辑功能

选中某条记录,点“编辑”按钮可以编辑该条记录,编辑后点“保存”按钮保存该记录。

注意事项:

(1)审单后,不可以进行编辑,提示“已审单”则不能编辑。

(2)只能对单条记录进行编辑,选中多条记录后点“编辑”按钮,会提示错误。

4. 删除功能

选中一条或多条记录,点“删除”按钮可以删除选中的记录。

5. 查看功能

选中某条记录,点“查看”按钮可以查看该记录。

6. 导出功能

点击“导出”按钮,将租赁合同管理记录导成Excel格式文件。

7. 续租功能

选中一条或多条记录,点“续租”按钮,在弹出窗口录入相关内容后进行续租。

注意事项:

(1)续租的合同必须有终止日期,需填写终止日期后进行续租操作。

(2)续租的默认周期和当前合同周期一致,在弹出窗口中可以修改。

六、入驻费用管理

通过该功能可以添加、编辑、删除入驻费用等,如图17-17所示。

注意事项:

(1)在此输入按月支付的各种费用,费用类型在通用编码功能中设置。

(2)录入入驻费用之前,需将与客户签订的租赁合同信息录入系统。

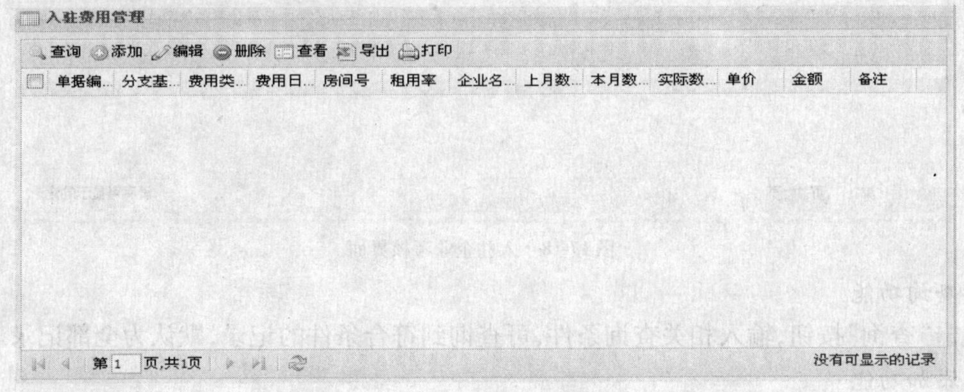

图17-17 入驻费用管理界面

1. 查询功能

点击“查询”按钮,输入相关查询条件,可查询到符合条件的记录,默认为全部记录。

2. 添加功能

点击“添加”按钮，输入相关信息，点“保存”按钮保存该记录。

注意事项：

(1)单据编号、上月数量、本月数量、分支基地、房间号、企业名称、单价、费用类型、费用日期必须填写，否则无法保存。

(2)无法直接输入实际数量，填入上月数量和本月数量后，实际数量自动产生。

(3)无法直接输入金额，填入单价后，自动产生。

(4)无法直接输入租用率，选中房间号后，自动产生。

3. 编辑功能

选中某条记录，点“编辑”按钮可以编辑该条记录，编辑后点“保存”按钮保存该记录。

注意事项：只能对单条记录进行编辑，选中多条记录后点“编辑”按钮，会提示错误。

4. 删除功能

选中一条或多条记录，点“删除”按钮可以删除选中的记录。

5. 查看功能

选中某条记录，点“查看”按钮可以查看该记录。

6. 导出功能

点击“导出”按钮，将入驻费用管理记录导成 Excel 格式文件。

七、入驻企业考核

通过该功能可以添加、编辑、删除入驻企业考核信息等，可将企业转入黑名单，如图 17-18 所示。

注意事项：需要先在系统管理的考核标准设置里设置相关考核标准。

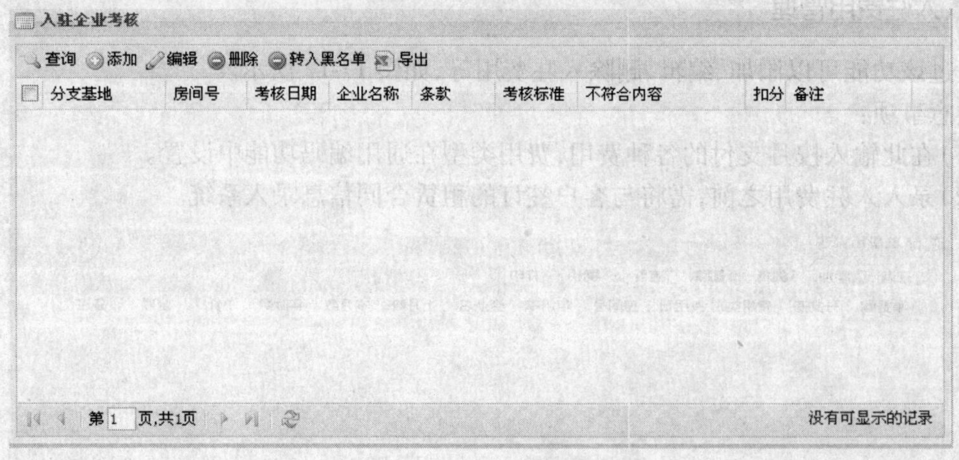

图 17-18　入驻企业考核界面

1. 查询功能

点击“查询”按钮，输入相关查询条件，可查询到符合条件的记录，默认为全部记录。

2. 添加功能

点击“添加”按钮，输入相关信息，点“保存”按钮保存该记录。

注意事项：

(1)条款、房间号、考核标准、企业名称、不符合内容、扣分必须填写，否则无法保存。

(2)扣分范围只读，选择不符合内容后会自动产生扣分范围，给用户填写扣多少分时用作参考，当扣分不在扣分范围内时，系统提示错误，无法保存。

(3)条款、考核标准、不符合内容在考核标准设置功能中设置。

3. 编辑功能

选中某条记录，点“编辑”按钮可以编辑该条记录，编辑后点“保存”按钮保存该记录。

注意事项：只能对单条记录进行编辑，选中多条记录点“编辑”按钮，会提示错误。

4. 删除功能

选中一条或多条记录，点“删除”按钮可以删除选中的记录。

5. 转入黑名单功能

选中某条记录，点“转入黑名单”按钮可以将该企业转入黑名单。

注意事项：

(1)转入黑名单需要填写开始日期、结束日期，原因可不填写。

(2)截至结束日期前，企业将受黑名单限制。

(3)进入黑名单的企业在租赁合同时，系统会有提示，提醒用户该企业在黑名单中。

(4)转入黑名单后，可以在企业黑名单功能中查看，并可以通过编辑结束日期，来取消黑名单。

6. 导出功能

点击“导出”按钮，将入驻企业考核记录导成 Excel 格式文件。

八、考核汇总

汇总入驻企业考核，通过该功能可以查询企业考核的明细，如图 17-19 所示。

注意事项：点击上方的记录，在下方显示该企业的考核明细。

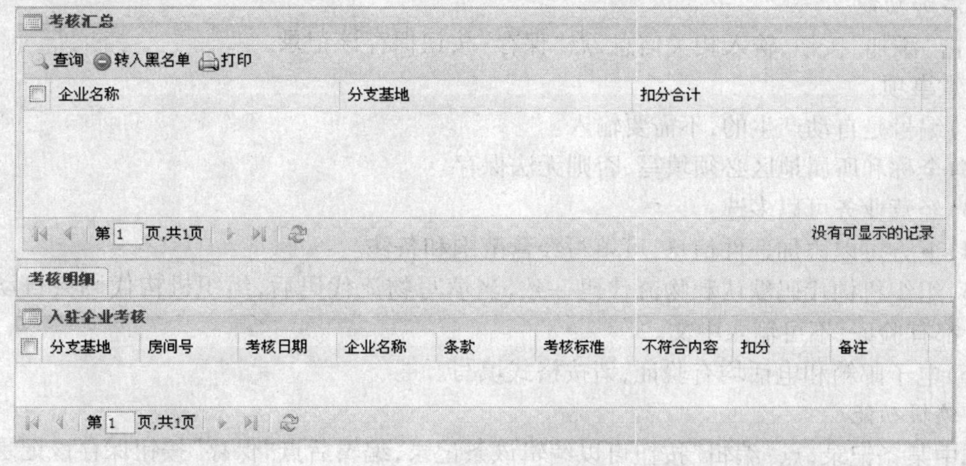

图 17-19　考核汇总界面

1. 查询功能

点击“查询”按钮，输入相关查询条件，可查询到符合条件的记录，默认为全部记录。

2. 转入黑名单功能

选中某条记录，点“转入黑名单”按钮可以将该企业转入黑名单。

注意事项：

(1)转入黑名单需要填写开始日期、结束日期，原因可不填写。

(2)截至结束日期前,企业将受黑名单限制。

(3)进入黑名单的企业在租赁合同时,系统会有提示用户该企业在黑名单中。

(4)转入黑名单后,可以在企业黑名单功能中查看,并可以通过编辑结束日期,来取消黑名单。

3. 打印功能

选中某条记录,点“打印”按钮可以打印该条记录。

九、客户登记

通过该功能可以添加、编辑、删除客户的基础信息等,如图 17-20 所示。

客户登记

查询 添加 编辑 删除 查看 导出 打印

编号	类型	等级	全称	简称	物流代码	所属地区	联系人	联系电话	经营业务	网址
KH000167			送货车...			义乌			托运站	
KH000166			义乌市...			义乌	盛俊生	85399066	托运站	
KH000165			义乌市...			义乌	盛俊峰	85380071	托运站	
KH000164			义乌市...			义乌	黄秀娟	85369299	托运站	
KH000163			义乌市...			义乌	吴江涛	85399238	托运站	
KH000162			义乌市...			义乌	陈高华	85382145	托运站	
KH000161			义乌市...			义乌	陈亚平	85380828	托运站	
KH000160			义乌市...			义乌	余香玲	85399404	托运站	
KH000159			义乌市...			义乌	王仙良	85398913	托运站	
KH000158			义乌市...			义乌	喻国忠	85398824	托运站	
KH000157			义乌市...			义乌	吴济福	85363442	托运站	

第 1 页,共7页　　显示第 1 - 25 条记录, 共 164 条

图 17-20　客户登记界面

1. 查询功能

点击“查询”按钮,输入相关查询条件,可查询到符合条件的记录,默认为全部记录。

2. 添加功能

点击“添加”按钮,输入相关信息,点“保存”按钮保存该记录。

注意事项:

(1)编号是自动产生的,不需要输入。

(2)全称和所属地区必须填写,否则无法保存。

(3)经营业务可以多选。

(4)下方可以添加证件信息,可填写经营范围和备注。

(5)组织机构代码默认和物流代码一致,当填写物流代码后,组织机构代码会自动生成,且两者都有验证,不可输入中文。

(6)电子邮箱和电话均有验证,请按格式填写。

3. 编辑功能

选中某条记录,点“编辑”按钮可以编辑该条记录,编辑后点“保存”按钮保存该记录。

注意事项:

(1)在编辑时,编号只读,无法修改。

(2)只能对单条记录进行编辑,选中多条记录后点“编辑”按钮,会提示错误。

4. 删除功能

选中一条或多条记录,点“删除”按钮可以删除选中的记录。

5. 查看功能

选中某条记录,点“查看”按钮可以查看该记录。

6. 导出功能

点击“导出”按钮，将客户记录导成 Excel 格式文件。

7. 打印功能

选中某条记录，点“打印”按钮可以打印该条记录。

十、客户人员登记

通过该功能可以添加、编辑、删除客户人员基本信息等，如图 17-21 所示。

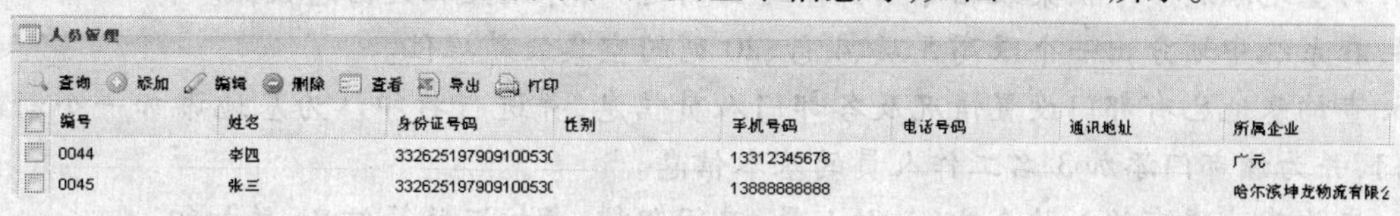

图 17-21　客户人员登记界面

1. 查询功能

点击“查询”按钮，输入相关查询条件，可查询到符合条件的记录，默认为全部记录。

2. 添加功能

点击“添加”按钮，输入相关信息，点“保存”按钮保存该记录。

注意事项：

(1)所属企业、姓名、部门、身份证、手机号码必须填写，否则无法保存。

(2)身份证号码、电子邮箱、电话号码和手机号码都有验证，需按要求填写。

3. 编辑功能

选中某条记录，点“编辑”按钮可以编辑该条记录，编辑后点“保存”按钮保存该记录。

注意事项：只能对单条记录进行编辑，选中多条记录后点“编辑”按钮，会提示错误。

4. 删除功能

选中一条或多条记录，点“删除”按钮可以删除选中的记录。

5. 查看功能

选中某条记录，点“查看”按钮可以查看该记录。

6. 导出功能

点击“导出”按钮，将客户人员记录导成 Excel 格式文件。

7. 打印功能

选中某条记录，点“打印”按钮可以打印该条记录。

十一、合同到期提醒报表

通过该功能可以查询即将到期的合同，查询参数在系统参数中设置，如图 17-22 所示。

图 17-22　租赁合同到期提醒报表界面

1. 导出功能

点击“导出”按钮，将企业综合查询记录导成 Excel 格式文件。

2. 查看功能

选中某条记录，点“查看”按钮可以查看该记录。

复习思考题

1. 对基地原有的某个分区的信息进行修改操作，并为该基地增加一个新的分区，例如危险品仓储区、临时停车区等。

2. 查询基地房间信息，并添加 10 个新房间：编号头设置为 AC，长度设置为 5，起始号为 101。

3. 为基地添加一个供集装箱专用开车进出的道口，并设置相关信息数据。

4. 在系统中划分出一个限高 5 层、4 行、20 列的空集装箱堆位。

5. 查询基地已有部门设置情况及各部门人员信息，并进行打印。为基地添加一个新的职能部门，并为该部门添加 3 名工作人员的基本信息。

6. 查询基地现有的入驻企业、入驻人员、房间租赁、考核汇总等信息，并打印。

7. 为基地新增一批客户，需添加的信息有企业全称、所属地区、机构类型、业务类型、物流代码、联系电话等信息。

第十八章　物流基地基本业务操作

第一节　车辆管理与卡服务管理

一、车辆管理

1. 车辆管理模块的结构

车辆管理模块的功能是对车辆、车辆办卡、包年等进行管理登记。其界面如图 18-1 所示。

车辆管理
- 车辆查询
- 会员收款情况统计
- 车辆登记
- 会员登记
- 包年月办理
- 卡维护
- 卡充值

图 18-1　车辆管理模块界面

2. 车辆查询

查询车辆信息，从列表中可以看到登记的车辆信息。在界面下方红色标注的地方可以选择查看和车辆相关的信息，包括车辆细节、入驻企业、发卡情况和进出明细，如图 18-2 所示。

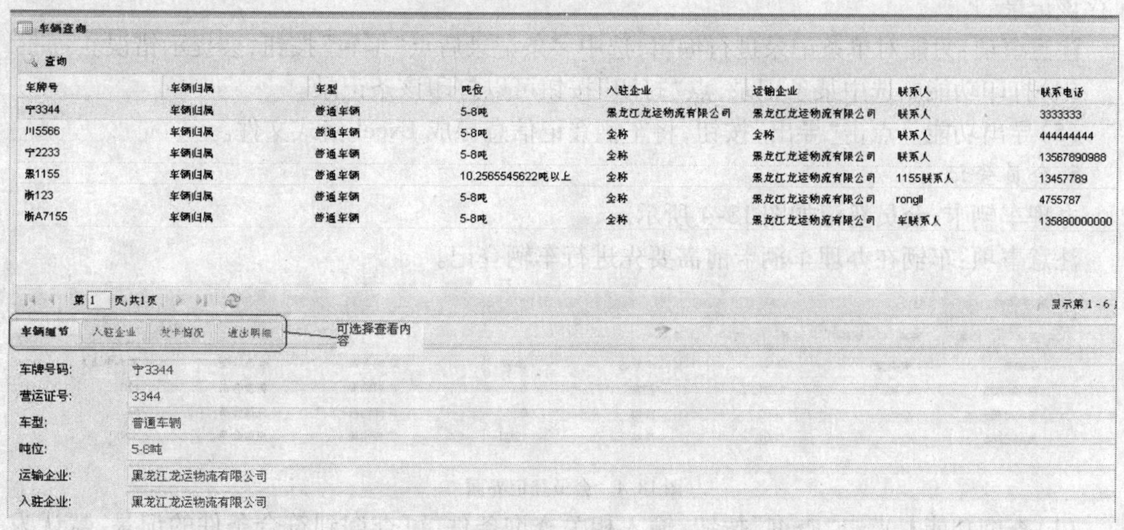

图 18-2　车辆查询界面

查询功能：

点击“查询”按钮，输入相关查询条件，可查询到符合条件的记录，默认为全部记录。

3. 会员收款情况统计

查看车辆卡的收费情况统计信息。

查询功能：点击“查询”按钮，输入相关查询条件，可查询到符合条件的记录，默认为全部记录。

4. 车辆登记

登记车辆信息，如图 18-3 所示。

车辆登记

查询 添加 编辑 打印 导出

车牌号	车辆归属	车型	吨位	运输企业
黑A98765	车辆归属	普通车辆	5-8吨	广源物流
黑123333	车辆归属	普通车辆	10吨以上	哈尔滨龙达物流有限公司
黑A8888	车辆归属	普通车辆	5-8吨	哈尔滨龙达物流有限公司
黑123456	车辆归属	普通车辆	5-8吨	黑龙江龙运物流有限公司
宁3344	车辆归属	普通车辆	5-8吨	黑龙江龙运物流有限公司

图 18-3　车辆登记界面

(1)查询功能。点击“查询”按钮,输入相关查询条件,可查询到符合条件的记录,默认为全部记录。

(2)添加功能。点击“添加”按钮,输入相关信息,点“保存”按钮保存该记录。

注意事项:

①除备注外,所有信息必须填写,否则无法保存。

②身份证和联系电话是有格式验证的,应正确填写。

③输入车牌号码,只需输入汉字的拼音的第一个字母,就可关联出汉字,例如要登记车牌号为黑 A589,先输入一个 H 或 h,会自动弹出黑,选择即可,随后输入 A 或 a,系统会自动修正为 A,最后输入 589 即可。

(3)编辑功能。选中某条记录,点“编辑”按钮可以编辑该条记录,编辑后点“保存”按钮保存该记录。

注意事项:只能对单条记录进行编辑,选中多条记录后点“编辑”按钮,会提示错误。

(4)打印功能。选中某条记录,点“打印”按钮可以打印该条记录。

(5)导出功能。点击“导出”按钮,将车辆登记信息导成 Excel 格式文件。

5. 会员登记

办理车辆卡,会员登记如图 18-4 所示。

注意事项:车辆在办理车辆卡前需要先进行车辆登记。

会员登记

查询 添加 编辑 删除 查看 打印 导出

车牌号	卡类型	卡号	卡状态	余额	运输企业	会员类型	发卡申请人
黑A98765	IC卡	123123	正常	0	广源物流	免费会员	123
黑A98765	IC卡	0002	注销	0	广源物流	充值会员	asd
黑A98765	IC卡	0001	冻结	1200	广源物流	充值会员	lvwj

图 18-4　会员登记界面

(1)查询功能。点击“查询”按钮,输入相关查询条件,可查询到符合条件的记录,默认为全部记录。

(2)添加功能。点击“添加”按钮,输入相关信息,点“保存”按钮保存该记录。

注意事项:

①除备注外,其他信息必须填写,否则无法保存。

②填写上方的车牌号码,系统会自动带出相关的车辆信息。

③身份证是有格式验证的,需正确填写。

(3)编辑功能。选中某条记录,点“编辑”按钮可以编辑该条记录,编辑后点“保存”按钮保存该记录。

注意事项:

①车牌号码、车辆信息以及卡号不能修改。

②会员信息除卡号外，其他可以进行修改，修改后点“保存”即可。

③只能对单条记录进行编辑，选中多条记录后点“编辑”按钮，会提示错误。

(4)删除功能。选中一条或多条记录，点“删除”按钮可以删除选中的记录。

(5)查看功能。选中某条记录，点“查看”按钮可以查看该记录。

(6)打印功能。选中某条记录，点“打印”按钮可以打印该条记录。

(7)导出功能。点击“导出”按钮，将卡办理记录导成 Excel 格式文件。

6. 包年月办理

车辆办理包年月业务，如图 18-5 所示。

注意事项：车辆在办理包年月前需要先办理车辆卡。

包年月办理

查询 办理包年月 查看 导出

		车牌号	车型	吨位	卡号	办理日期	办理人	开始日期
	1	黑A98765	普通车辆	5-8吨	0001	2009-08-23	吕文吉	2009-08-24
	2	黑123456	普通车辆	5-8吨	123456	2009-08-13	系统管理员	2009-08-01
	3	宁3344	普通车辆	5-8吨	123	2009-08-11	系统管理员	2009-08-11

图 18-5 包年月办理业务界面

(1)查询功能。点击“查询”按钮，输入相关查询条件，可查询到符合条件的记录，默认为全部记录。

(2)办理包年月功能。点击“办理包年月”按钮，输入相关信息，点“保存”按钮保存该记录。

注意事项：

①所有内容必须填写，否则无法保存。

②在查询条件中输入车牌号码或者卡号，系统会自动带出车卡信息。

③包年月时选择某个道口，则该卡只可在选择的道口使用。

④包年月到期后需重新办理，否则将变为普通的车辆卡，进出场从充值账户中扣钱。

(3)查看功能。选中某条记录，点“查看”按钮可以查看该记录。

(4)导出功能。点击“导出”按钮，将包年月办理记录导成 Excel 格式文件。

7. 卡维护

车辆卡挂失、解挂、补卡和销卡，如图 18-6 所示。

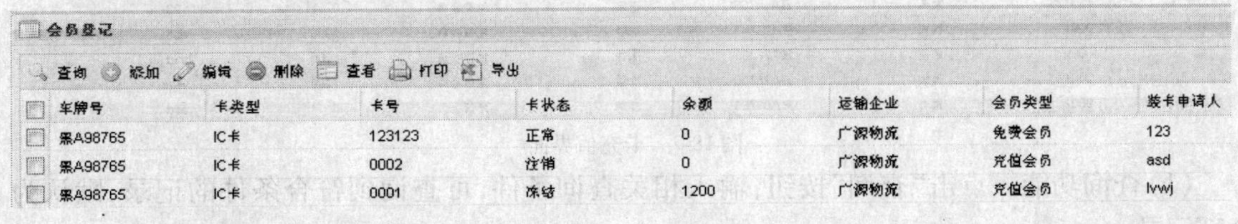

会员登记

查询 添加 编辑 删除 查看 打印 导出

	车牌号	卡类型	卡号	卡状态	余额	运输企业	会员类型	发卡申请人
	黑A98765	IC卡	123123	正常	0	广源物流	免费会员	123
	黑A98765	IC卡	0002	注销	0	广源物流	充值会员	asd
	黑A98765	IC卡	0001	冻结	1200	广源物流	充值会员	lvwj

图 18-6 卡维护界面

(1)查询功能。点击“查询”按钮，输入相关查询条件，可查询到符合查询条件的记录，默认为全部记录。

(2)挂失功能。挂失车辆卡，点击“挂失”按钮，输入卡号和申请人信息后，点“保存”按钮完成车辆卡挂失。

注意事项：

①申请人信息除备注外必须填写,否则无法保存。

②卡信息和联系人信息,在填写完卡号后自动带出。

③如果卡已挂失过,输入卡号后,则提示不能重复挂失。

(3)解挂功能。解挂已挂失的车辆卡,点击"解挂"按钮,输入卡号和申请人信息后,点"保存"按钮完成解挂。

注意事项:

①申请人信息除备注外必须填写,否则无法保存。

②卡信息和联系人信息,在填写完卡号后自动带出。

③如果卡不在挂失状态,输入卡号后,则提示只有挂失过的卡才能解挂。

(4)补卡功能。卡丢失后可以补卡,将原卡中的信息转到新卡中,点击"补卡"按钮,输入卡号、新卡号和申请人信息后,点"保存"按钮完成补卡。

注意事项:

①除备注外必须填写,否则无法保存。

②卡信息和联系人信息,在填写完卡号后自动带出。

③补卡成功后,原卡号里保存的相关信息会转录到新卡里。

(5)销卡功能。卡丢失后可以把卡销掉,点击"销卡"按钮,输入卡号和申请人信息后,点"保存"按钮完成销卡。

注意事项:

①申请人信息除备注外必须填写,否则无法保存。

②卡信息和联系人信息,在填写完卡号后自动带出。

③销卡成功,则原卡里保存的相关信息全部删除。

(6)查看功能。选中某条记录,点"查看"按钮可以查看该记录。

(7)导出功能。点击"导出"按钮,将卡维护记录导成 Excel 格式文件。

(8)打印功能。选中某条记录,点"打印"按钮可以打印该条记录。

8. 卡充值

给车辆卡充值,如图 18-7 所示。

卡维护

查询 挂失 解挂 补卡 销卡 查看 导出 打印

卡号	操作类型	车牌号	卡状态	会员类型	余额	申请人
123123	发卡	黑A98765	正常	免费会员	0	123
0001	挂失	黑A98765	冻结	充值会员	1200	asd
0001	解挂	黑A98765	冻结	充值会员	1200	sad
0001	挂失	黑A98765	冻结	充值会员	1200	wqe
0002	销卡	黑A98765	注销	充值会员	0	asd

图 18-7　卡充值界面

(1)查询功能。点击"查询"按钮,输入相关查询条件,可查询到符合条件的记录,默认为全部记录。

(2)充值功能。点击"充值"按钮,输入相关信息后,点"保存"按钮完成充值。

注意事项:

①除备注外其他信息必须填写,否则无法保存。

②卡信息和联系人信息以及充值前金额,在填写完卡号后自动带出。

③充值后金额和充值金额不能直接输入,在填写现收金额后,系统自动生成。现收金额和充值金额是在系统参数功能中设定的。例如比例是 1.2,现收金额是 100 元,则充值金额为 120 元。

(3)查看功能。选中某条记录,点“查看”按钮可以查看该记录。

(4)打印功能。选中某条记录,点“打印”按钮可以打印该条记录。

(5)导出功能。点击“导出”按钮,将卡充值记录导成 Excel 格式文件。

二、卡服务管理

1. 认识卡服务管理模块的功能结构

卡服务管理模块的功能是制卡管理以及对卡的异常进行处理。其界面如图 18-8 所示。

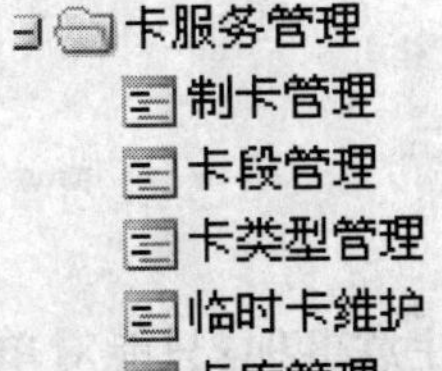

图 18-8　卡服务管理界面

2. 制卡管理

对制卡进行登记,并将制作完毕的卡进行入库,供相关功能使用,如图 18-9 所示。

(1)添加功能。点击“添加”按钮,输入相关信息,点“保存”按钮保存该记录。

注意事项:图 18-9 中的“状态”需填写,否则不能保存成功。

制卡管理

添加　编辑　删除　导出　入库　查看

制卡批号	制卡方式	供应商	经办人	制卡时间	卡类型	卡段	起始卡号	数量	用途	状态	备注
ZK000007	本地	jd	演示员	2009-10-30 09:49	临时卡	05000-060...	05000	1031	车辆	已入库	
ZK000005	本地	jd	演示员	2009-10-29 16:25	临时卡	1	10000	50	车辆	已入库	

第1页,共1页　　显示第 1 - 2条记录,共 2条

图 18-9　制卡管理界面

(2)编辑功能。选中某条记录,点“编辑”按钮可以编辑该条记录,编辑后点“保存”按钮保存该记录。

注意事项:

①入库后的信息不能编辑。

②只能对单条记录进行编辑,选中多条记录后点“编辑”按钮,会提示错误。

(3)删除功能。选中一条或多条记录,点“删除”按钮可以删除选中的记录。

(4)导出功能。点击“导出”按钮,将记录导成 Excel 格式文件。

(5)入库功能。选中某条记录,点“入库”按钮,按提示进行操作。本功能可以将卡入库。入库后相关模块可以使用这些卡。

(6)查看功能。选中某条记录,点“查看”按钮可以查看该记录。

3. 卡段管理

系统管理员录入卡段设置信息,如图 18-10 所示。

(1)添加功能。点击“添加”按钮,输入相关信息,点“保存”按钮保存该记录。

注意事项:图 18-10 中的红色部分都需填写,否则不能保存成功。

(2)编辑功能。选中某条记录,点“编辑”按钮可以编辑该条记录,编辑后点“保存”按钮保存该记录。

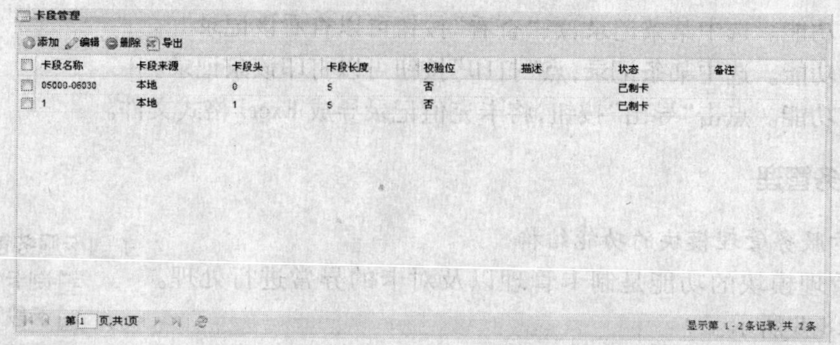

卡段管理

添加 编辑 删除 导出

卡段名称	卡段来源	卡段头	卡段长度	校验位	描述	状态	备注
05000-06030	本地	0	5	否		已制卡	
1	本地	1	5	否		已制卡	

第1页,共1页　　显示第 1-2条记录,共 2条

图 18-10　卡段管理界面

注意事项:只能对单条记录进行编辑,选中多条记录后点“编辑”按钮,会提示错误。

(3)删除功能。选中一条或多条记录,点“删除”按钮可以删除选中的记录。

(4)导出功能。点击“导出”按钮,将记录导成 Excel 格式文件。

4. 卡类型管理

系统管理员设置卡类型参数,如图 18-11 所示。

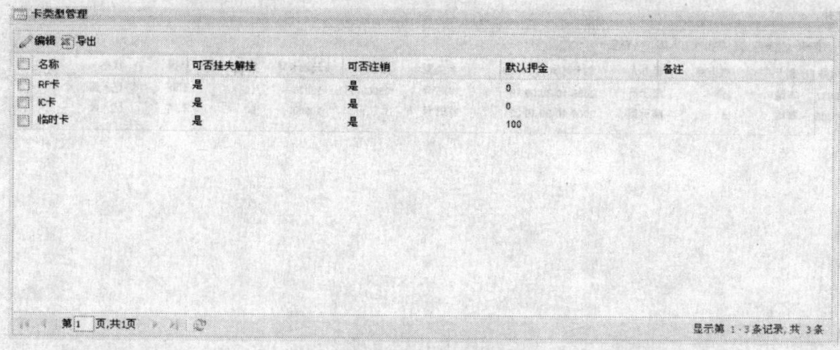

卡类型管理

编辑 导出

名称	可否挂失解挂	可否注销	默认押金	备注
RF卡	是	是	0	
IC卡	是	是	0	
临时卡	是	是	100	

第1页,共1页　　显示第 1-3条记录,共 3条

图 18-11　卡类型管理界面

(1)编辑功能。选中某条记录,点“编辑”按钮可以编辑该条记录,编辑后点“保存”按钮保存该记录。

注意事项:只能对单条记录进行编辑,选中多条记录后点“编辑”按钮,会提示错误。

(2)导出功能。点击“导出”按钮,将记录导成 Excel 格式文件。

5. 临时卡维护

对临时卡进行挂失、解挂等管理,如图 18-12 所示。

临时卡维护

查询 挂失 解挂 导出

卡号	车号	状态	挂失时间	解挂时间	工本费	挂失操作人	解挂操作人	挂失备注	解挂备注
05644	皖KB2325	已挂失	2010-02-05 15...		0	赵忠英			
05694	豫P65850	已解挂	2010-01-22 20...	2010-01-24 13...	0	陈苏春	楼春花		
05542	赣G40840	已挂失	2010-01-08 15...		0	楼春花			
05655	黑BF3241	已挂失	2010-01-07 16...		0	鲍妍宁			
05598	赣H17806	已解挂	2009-12-29 19...	2010-02-02 13...	0	石红娟	单秀玲		
05248	赣F42473	已解挂	2009-12-16 13...	2009-12-16 14...	0	赵忠英	单秀玲		
05221	甘H09155	已挂失	2009-12-13 07...		0	楼银英			
10000	浙GC0000	已解挂	2009-11-30 14...	2009-11-30 14...	0	演示员	演示员	临时挂失	解挂
05999	浙GC0000	已解挂	2009-11-28 09...	2009-11-28 09...	0	贾小艳	楼春花		
05415	赣E28433	已解挂	2009-11-27 10...	2009-11-28 09...	0	楼银英	楼春花		
05573	皖G02226	已挂失	2009-11-26 08...		0	陈群			
10000	浙B10000	已解挂	2009-11-25 15...	2009-11-25 15...	0	陈苏君	演示员		
05415	赣E28433	已解挂	2009-11-25 14...	2009-11-25 14...	0	楼春花	楼春花		

第1页,共1页　　显示第 1-13条记录,共 13条

图 18-12　临时卡维护界面

(1)查询功能。点击“查询”按钮,输入相关查询条件,可查询到符合条件的记录,默认为全部记录。

(2)挂失功能。点“挂失”按钮,在弹出窗口中录入相关信息,点“保存”按钮保存该记录。

注意事项:卡号必须是临时卡卡号,并已经将该卡发放给录入的车牌号。

(3)解挂功能。点“解挂”按钮,在弹出窗口中录入相关信息,点“保存”按钮保存该记录。

注意事项:输入信息必须完整,录入的卡号、车牌号必须与已经挂失的数据相吻合。

(4)导出功能。点击“导出”按钮,将记录导成 Excel 格式文件。

6. 卡库管理

对卡库进行查询,并可对卡进行废除操作,如图 18-13 所示界面。

卡库管理

查询 废除 导出

卡号	卡类型	会员类型	卡状态	用途
10049	临时卡	临时会员	在库	车辆
10048	临时卡	临时会员	在库	车辆
10047	临时卡	临时会员	在库	车辆
10046	临时卡	临时会员	在库	车辆
10045	临时卡	临时会员	在库	车辆
10044	临时卡	临时会员	在库	车辆
10043	临时卡	临时会员	在库	车辆
10042	临时卡	临时会员	在库	车辆
10041	临时卡	临时会员	在库	车辆
10040	临时卡	临时会员	在库	车辆
10039	临时卡	临时会员	在库	车辆
10038	临时卡	临时会员	在库	车辆
10037	临时卡	临时会员	在库	车辆

第 1 页,共44页　　显示第 1 - 25 条记录,共 1081 条

图 18-13　卡库管理界面

(1)查询功能。点击“查询”按钮,输入相关查询条件,可查询到符合条件的记录,默认为全部记录。

(2)废除功能。选中一条或多条数据,点“废除”按钮,按提示进行操作。

注意事项:废除后,不可还原,因此操作时要谨慎。

(3)导出功能。点击“导出”按钮,将记录导成 Excel 格式文件。

第二节　场区车辆停车管理

一、车辆停车管理模块的结构

车辆停车管理模块的主要功能是管理进入基地的车辆、对车辆进出场收费、登记车辆违规和超时信息。其界面如图18-14所示。

车辆进出管理
- 车辆进场操作
- 车辆出场操作
- 在场车辆查询
- 车辆出入明细
- 车辆出入统计
- 超时车辆明细
- 用户收款查询
- 收费情况统计
- 车辆违规登记
- 班次收费统计报表
- 入驻企业流量设置
- 车辆进出异常处理
- 用户收款统计
- 可进场车辆数查询
- 车辆重复进场删除

图 18-14　车辆停车管理模块界面

二、车辆进场操作

道口管理员登记车辆进场,如图 18-15 所示。

操作步骤:

(1)选择操作道口、班组。选择道口后,系统会按道口设置生成默认值。

(2)输入基本信息,输入车牌号码、卡号(可刷卡获得)、入驻企业(参见注意事项)、车型、吨位、押金等信息后,系统会根据车型和吨位产生收费标准。

(3)其他信息可以填写,作为车辆进场的记录,也可以不填写。

(4)点“保存”后,车辆进场成功。这时系统会自动清空界

面，以录入下一条车辆进场信息。

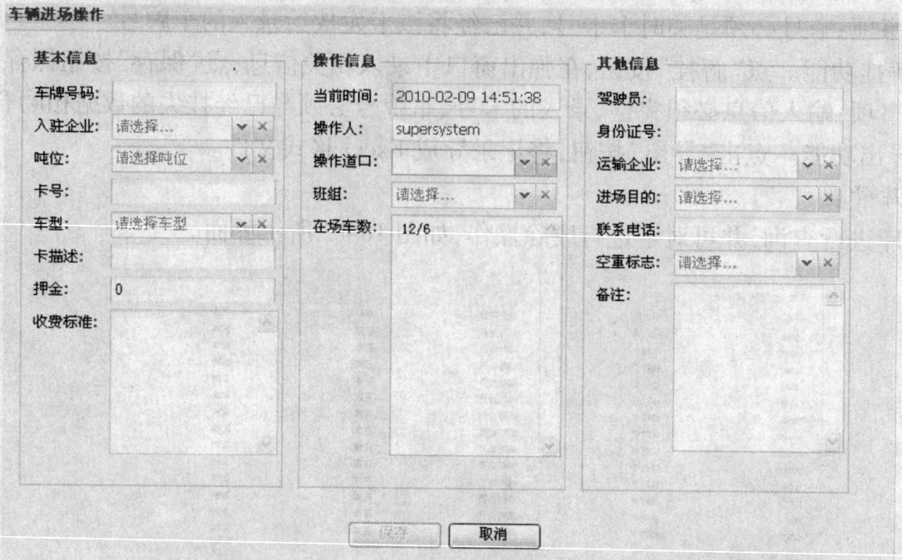

图 18-15　车辆进场操作界面

注意事项：

①收费标准在基础数据里的费用标准里设置。

②第一次选择道口后，道口固定，后期操作不需要再选择道口。

③选择操作道口后，卡号类型、车型、吨位以及押金会生成默认值。

④在选择完车型和吨位后，收费标准会自动生成。

⑤操作人系统记录为该系统使用人，时间为系统当前时间。

⑥在场车数，如图 18-15 所示为 12/6，表示在场车辆数为 12，车辆进出容量为 6，在这种情况下进场，系统会有提示；每进一辆车，分子加 1，即从 12 变为 13，每出一辆车，分子减 1，即从 12 变为 11；在系统参数功能中可以设置车辆进出容量。

⑦若系统参数中设置为不按总量控制，则在录入时需输入入驻企业，并且按照入驻企业流量设置功能中设置的流量进行控制，若超出流量，则禁止进入和提示禁止进入。这时，在在场车数中，会显示该企业的流量控制数、已进场车辆数、已进场车辆清单。

三、车辆出场操作

道口管理员登记车辆进出场、收取停车费用，如图 18-16 所示。

操作步骤：

(1)选择操作道口。

(2)输入车牌号或者卡号，系统会自动带出其他信息。

(3)可以填写空重标志、目的地以及出场备注等其他信息，也可以不填写。

(4)道口管理员收取费用后，点“结算”后，车辆出场成功。

注意事项：

①第一次选择道口后，道口固定，后期操作不需要再选择道口。

②输入车牌号码或者卡号会带出相关信息。

③操作人系统记录为该系统使用人，时间为系统当前时间。

图 18-16　车辆出场操作界面

四、在场车辆查询

通过该功能可查询当前在场车辆，如图 18-17 所示。

车牌号码	进场时间	吨位	押金	停留时间	卡号	入驻企业	房间号
豫G19297	2010-02-10 08...	8吨以上	100	1小时50分钟2...	05634	义乌市宏...	5-112,5-111
皖M54530	2010-02-09 16...	8吨以上	100	17小时39分钟...	05569	义乌市兴...	1-16
浙GC8032	2010-02-09 09...	5吨	100	24小时22分钟...	05225	义乌市源...	1-24,1-25
浙GC7657	2010-02-09 09...	5吨	100	24小时22分钟...	05469	义乌市源...	1-24,1-25
浙GC8037	2010-02-09 09...	5吨	100	24小时23分钟...	05498	义乌市源...	1-24,1-25
浙GC2877	2010-02-08 18...	5吨	100	39小时46分钟...	05438	义乌市荣...	3-9,3-8
浙GC8610	2010-02-08 18...	8吨以上	100	40小时7分钟6...	05611	义乌市天...	3-11,3-10
豫P62146	2010-02-08 15...	8吨	100	42小时33分钟...	05127	义乌市通...	1-23,1-22,...
赣E51068	2010-02-08 15...	8吨	100	42小时42分钟...	05544	义乌市展...	3-50,3-52,...
浙GC8603	2010-02-08 15...	5吨	100	43小时2分钟4...	05245	义乌市源...	1-24,1-25
浙GC7880	2010-02-08 09...	8吨	100	49小时7分钟5...	05547	义乌市正...	3-47,3-46
豫PF8815	2010-02-07 20...	8吨以上	100	61小时41分钟...	05607	义乌市宏...	5-112,5-111
赣E51148	2010-02-07 17...	8吨	100	64小时24分钟...	05511	义乌市展...	3-50,3-52,...

图 18-17　在场车辆查询界面

1. 查询功能

点击“查询”按钮，输入相关查询条件，可查询到符合条件的记录，默认为全部记录。

2. 查看功能

选中某条记录，点“查看”按钮可以查看该记录。

3. 导出功能

点击“导出”按钮，将在场车辆查询记录导成 Excel 格式文件。

五、车辆出入明细

通过该功能可查询车辆出入明细。

1. 查询功能

点击“查询”按钮，输入相关查询条件，可查询到符合条件的记录，默认为当天的全部记录。

2. 查看功能

选中某条记录，点“查看”按钮可以查看该记录。

3. 导出功能

点击“导出”按钮，将车辆出入明细记录导成 Excel 格式文件。

六、车辆出入统计

通过该功能可查询车辆出入统计信息。

1. 查询功能

点击“查询”按钮，输入相关查询条件，可查询到符合条件的记录，默认为当月全部记录。

2. 导出功能

点击“导出”按钮，将车辆出入统计记录导成 Excel 格式文件。

七、超时车辆明细

通过该功能可查询超时车辆明细。

1. 查询功能

点击“查询”按钮，输入相关查询条件，可查询到符合条件的记录，默认为全部记录。

2. 导出功能

点击“导出”按钮，将超时车辆明细记录导成 Excel 格式文件。

八、用户收款查询

通过该功能可查询用户收款明细。

1. 查询功能

点击“查询”按钮，输入相关查询条件，可查询到符合条件的记录，默认为当天的全部记录。

2. 查看功能

选中某条记录，点“查看”按钮可以查看该记录。

3. 导出功能

点击“导出”按钮，将用户收款记录导成 Excel 格式文件。

九、收费情况统计

通过该功能可查询收费情况统计信息。

1. 查询功能

点击“查询”按钮，输入相关查询条件，可查询到符合条件的记录，默认为当月全部记录。

2. 导出功能

点击“导出”按钮，将收费情况统计记录导成 Excel 格式文件。

十、车辆违规登记

通过该功能可以添加、编辑、删除车辆违规信息等。

注意事项：使用前需先设定车辆违规内容，在通用编码功能中设置。

1. 查询功能

点击“查询”按钮，输入相关查询条件，可查询到符合条件的记录，默认为全部记录。

2. 添加功能

点击“添加”按钮，输入相关信息，点“保存”按钮保存该记录。

注意事项：除备注外其他信息都需填写，否则无法保存。

3. 编辑功能

选中某条记录，点“编辑”按钮可以编辑该条记录，编辑后点“保存”按钮保存该记录。

注意事项：只能对单条记录进行编辑，选中多条记录后点“编辑”按钮，会提示错误。

4. 删除功能

选中一条或多条记录，点“删除”按钮可以删除选中的记录。

5. 导出功能

点击“导出”按钮，将车辆违规记录导成 Excel 格式文件。

6. 转入黑名单功能

选中某条记录，点“转入黑名单”按钮可以将该车辆转入黑名单。

注意事项：

(1)转入黑名单需要填写开始日期、结束日期，原因可不填写。

(2)截至结束日期前，车辆将受黑名单限制。

(3)进入黑名单的车辆在进出场时，系统会有提示，提醒用户该车辆在黑名单中。

(4)转入黑名单后，可以在车辆黑名单功能中查看，并可以通过编辑结束日期，来取消黑名单。

十一、班次收费统计报表

通过该功能可查询班次收费统计信息。

1. 查询功能

点击“查询”按钮，输入相关查询条件，可查询到符合条件的记录，默认为当前操作者本月的全部记录。

2. 导出功能

点击“导出”按钮，将班次收费统计记录导成 Excel 格式文件。

十二、入驻企业流量设置

在该界面可设置每个入驻企业可进场车辆数，用于非总量控制模式下，对车辆进场许可进行管理。

1. 查询功能

自动列出所有有效合同期的入驻企业。

2. 编辑功能

选中某条记录,点"编辑"按钮可以编辑该条记录,编辑后点"保存"按钮保存该记录,如图18-18所示。

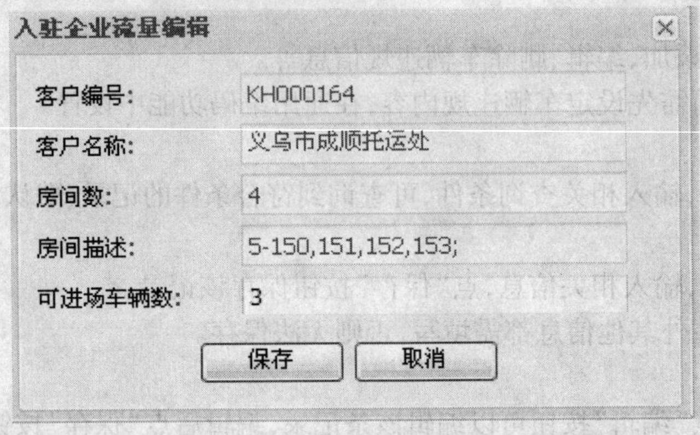

图18-18 入驻企业流量编辑界面

注意事项:

(1)只能对单条记录进行编辑,选中多条记录后点"编辑"按钮,会提示错误。

(2)编辑界面只能修改可进场车辆数。

3. 快速填入功能

点击后,按提示进行操作。

注意事项:使用本功能前,需在系统参数中设置"企业流量默认值"。系统将按房间数乘以默认值计算可进场车辆数。

十三、车辆进出异常处理

通过该功能可补录、修改车辆进出场信息,是因意外(断电、网络故障等原因)造成车辆进出场数据未能及时采集的补救手段。

1. 查询功能

点击"查询"按钮,输入相关查询条件,可查询到符合条件的记录,默认为最近 N 天的全部记录。

注意事项:N = 系统参数中的"异常处理天数",默认为10天。

2. 添加功能

点击"添加"按钮,输入相关信息,点"保存"按钮保存该记录,如图18-19所示。

注意事项:

(1)图18-19中有下划波浪线的部分必须填写,否则无法保存。

(2)身份证号码、电子邮箱、电话号码和手机号码都有验证,需按要求填写。

3. 编辑功能

选中某条记录,点"编辑"按钮可以编辑该条记录,编辑后点"保存"按钮保存该记录。

注意事项:只能对单条记录进行编辑,选中多条记录后点"编辑"按钮,会提示错误。

4. 删除功能

选中一条或多条记录,点"删除"按钮可以删除选中的记录。

十四、用户收款统计

通过该功能使操作人员可按日查询收款汇总值。

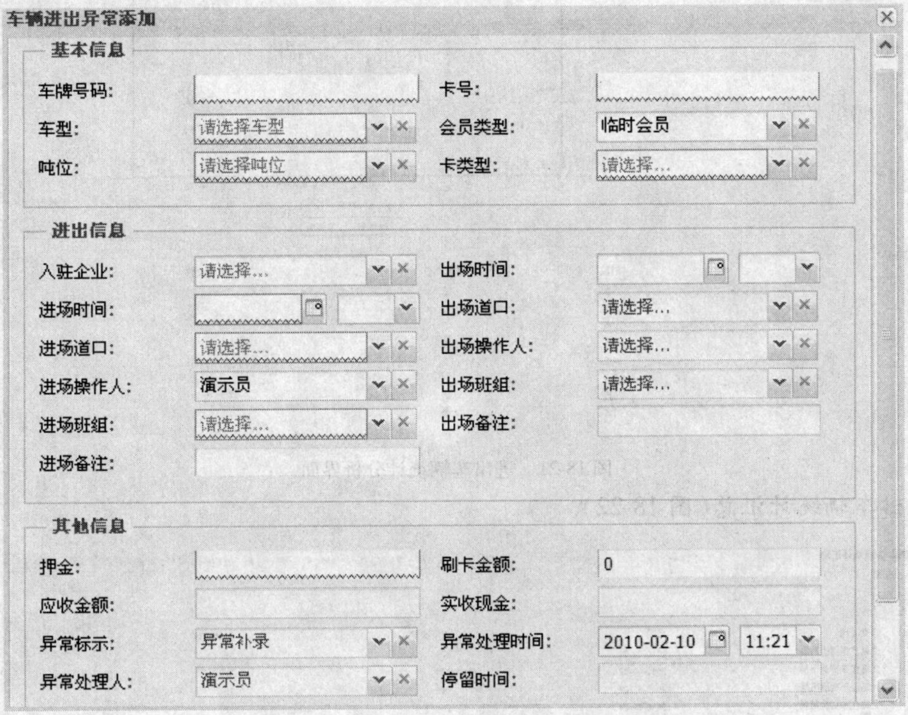

图 18-19　车辆进出异常添加界面

1. 查询功能

点击“查询”按钮，输入相关查询条件，可查询到符合条件的记录，默认为当前操作人及当月的全部记录。

2. 导出功能

点击“导出”按钮，将用户收款记录导成 Excel 格式文件。

十五、可进场车辆数查询

本功能可按入驻企业查询该企业的可进场车辆数。

操作步骤：选择入驻企业，结果信息会自动显示。

十六、车辆重复进场删除

用于删除前期因系统故障产生的重复数据。

十七、进出车辆统计分析

统计分析是辅助应用之一，其主要功能是提供基地业务的统计图表，方便基地领导查看基地业务开展情况。其界面如图 18-20 所示。

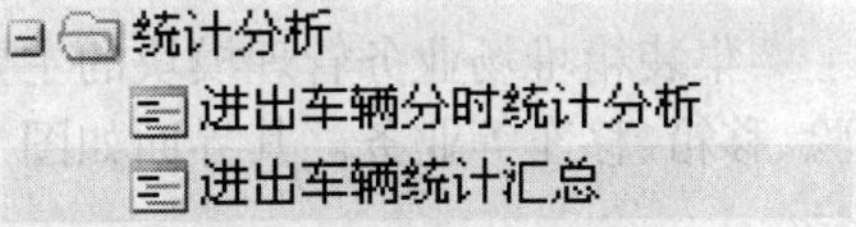

图 18-20　进出车辆统计分析界面

1. 进出车辆分时统计分析(图 18-21)

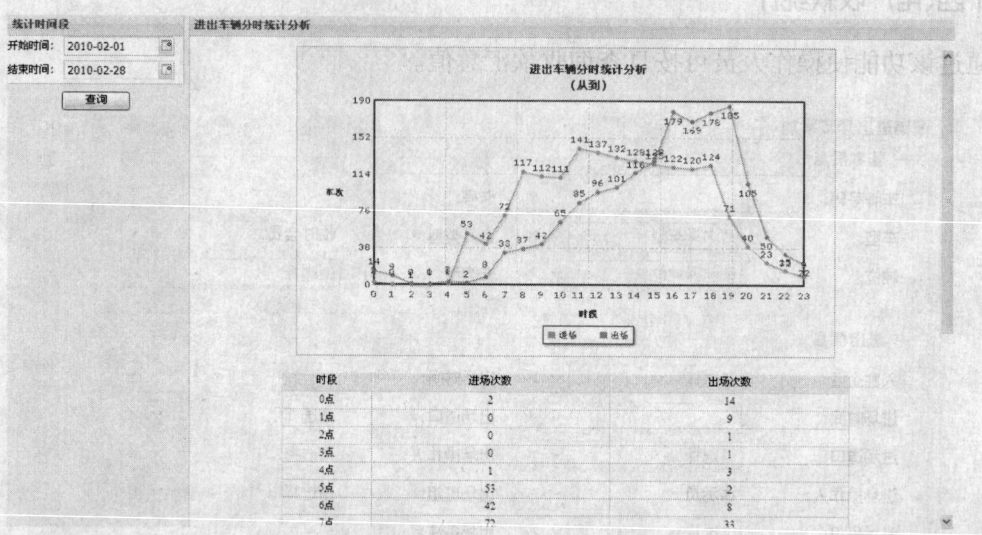

时段	进场次数	出场次数
0点	2	14
1点	0	9
2点	0	1
3点	0	1
4点	1	3
5点	53	2
6点	42	8
7点	72	33

图 18-21　进出车辆统计分析界面

2. 进出车辆统计汇总(图 18-22)

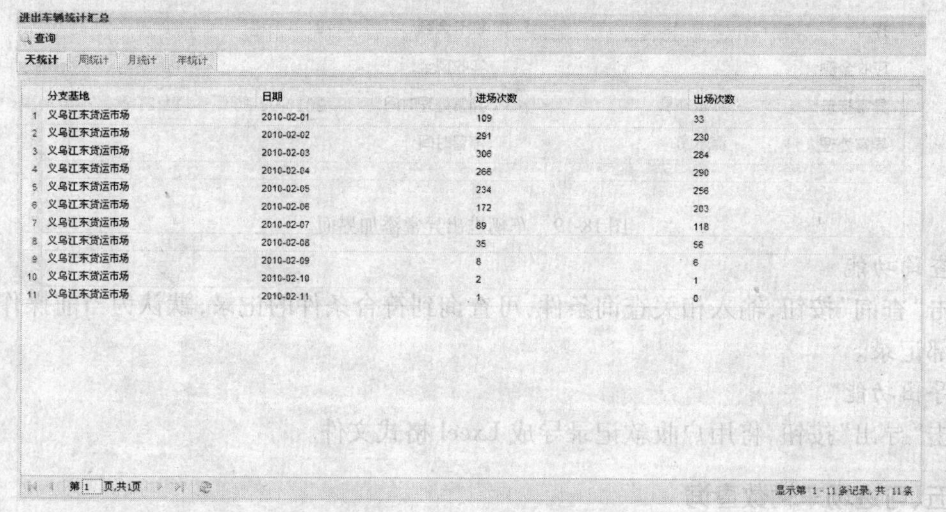

	分支基地	日期	进场次数	出场次数
1	义乌江东货运市场	2010-02-01	109	33
2	义乌江东货运市场	2010-02-02	291	230
3	义乌江东货运市场	2010-02-03	306	284
4	义乌江东货运市场	2010-02-04	268	290
5	义乌江东货运市场	2010-02-05	234	256
6	义乌江东货运市场	2010-02-06	172	203
7	义乌江东货运市场	2010-02-07	89	118
8	义乌江东货运市场	2010-02-08	35	56
9	义乌江东货运市场	2010-02-09	8	6
10	义乌江东货运市场	2010-02-10	2	1
11	义乌江东货运市场	2010-02-11	1	0

图 18-22　进出车辆统计汇总界面

第三节　集装箱堆场业务管理

一、集装箱堆场模块的结构

集装箱堆场业务管理模块的主要功能是管理基地集装箱堆场,管理集装箱进箱、提箱、查验、移箱、移车等业务。其界面如图 18-23 所示。

二、进箱业务

录入和维护集装箱进箱业务单据,如图 18-24 所示。

1. 查询功能

点击“查询”按钮，输入相关查询条件，可查询到符合条件的记录，默认为全部记录。

2. 添加功能

添加进箱，点击“添加”按钮，输入相关信息，点“保存”按钮保存该记录。

注意事项：添加新的进箱业务信息，必须录入箱号、箱型、箱属、客户、车牌号码、空箱/重箱、进箱时间、吊车驾驶员、吊机、吊上次数（默认为1）、吊下次数（默认为0）、堆位、进箱类型，以及至少一条收费信息（费用名称、金额、收费方式必填）。录入堆位时，可先输入分区号，然后按回车键，系统会弹出该分区堆位图供选择。

3. 编辑功能

选中某条记录，点“编辑”按钮可以编辑该条记录，编辑后点“保存”按钮保存该记录。

注意事项：只能对单条记录进行编辑，选中多条记录后点“编辑”按钮，会提示错误。

集装箱堆场管理
- 进箱业务
- 提箱业务
- 查验业务
- 移箱业务
- 移车业务
- 修箱业务
- 称重业务
- 堆位管理
- 堆存箱查询
- 集装箱操作查询
- 集装箱进出查询
- 即时信息查询
- 暂存箱报表
- 客户月结报表
- 集装箱操作统计
- 集装箱操作报表

图 18-23　集装箱堆场模块界面

图 18-24　进箱业务界面

4. 删除功能

选中一条或多条记录，点“删除”按钮可以删除选中的记录。

5. 导出功能

点击“导出”按钮，将进箱业务记录导成 Excel 格式文件。

6. 打印小票功能

选中某条记录，点“打印小票”按钮可以打印该条记录。

三、提箱业务

录入和维护集装箱提箱业务单据，如图 18-25 所示。

图 18-25　提箱业务界面

1. 查询功能

点击“查询”按钮，输入相关查询条件，可查询到符合条件的记录，默认为全部记录。

2. 添加功能

添加提箱，点击“添加”按钮，输入相关信息，点“保存”按钮保存该记录。

注意事项：根据箱号从进场信息中自动获取箱型、箱属、设备交接单、存箱时间、空箱/重箱、进场备注信息。

3. 编辑功能

选中某条记录,点“编辑”按钮可以编辑该条记录,编辑后点“保存”按钮保存该记录。

注意事项:只能对单条记录进行编辑,选中多条记录后点“编辑”按钮,会提示错误。

4. 删除功能

选中一条或多条记录,点“删除”按钮可以删除选中的记录。

5. 导出功能

点击“导出”按钮,将提箱业务记录导成 Excel 格式文件。

6. 打印小票功能

选中某条记录,点“打印小票”按钮可以打印该条记录。

四、查验业务

录入和维护集装箱查验业务单据,如图 18-26 所示。

图 18-26 查验业务界面

1. 查询功能

点击“查询”按钮,输入相关查询条件,可查询到符合条件的记录,默认为全部记录。

2. 添加功能

添加查验,点击“添加”按钮,输入相关信息,点保存按钮保存该记录。

注意事项:

(1)默认查验时间为当前时间,吊上次数为 1,吊下次数为 0。

(2)输入箱号后自动带出集装箱信息。

3. 编辑功能

选中某条记录,点“编辑”按钮可以编辑该条记录,编辑后点“保存”按钮保存该记录。

注意事项:只能对单条记录进行编辑,选中多条记录后点“编辑”按钮,会提示错误。

4. 删除功能

选中一条或多条记录,点“删除”按钮可以删除选中的记录。

5. 导出功能

点击“导出”按钮,将查验业务记录导成 Excel 格式文件。

6. 打印小票功能

选中某条记录,点“打印小票”按钮可以打印该条记录。

五、移箱业务

移箱业务,集装箱从一个堆位移到另一个堆位,如图 18-27 所示。

1. 查询功能

点击“查询”按钮,输入相关查询条件,可查询到符合条件的记录,默认为全部记录。

2. 添加功能

添加移箱,点击“添加”按钮,输入相关信息,点“保存”按钮保存该记录。

图 18-27　移箱业务界面

注意事项：

(1)默认移箱时间为当前时间，吊上吊下次数为1。

(2)输入箱号后自动带出集装箱信息。

3. 编辑功能

选中某条记录，点“编辑”按钮可以编辑该条记录，编辑后点“保存”按钮保存该记录。

注意事项：只能对单条记录进行编辑，选中多条记录后点“编辑”按钮，会提示错误。

4. 删除功能

选中一条或多条记录，点“删除”按钮可以删除选中的记录。

5. 导出功能

点击“导出”按钮，将移箱业务记录导成 Excel 格式文件。

6. 打印小票功能

选中某条记录，点“打印小票”按钮可以打印该条记录。

六、移车业务

录入和维护集装箱移车业务单据，如图 18-28 所示。

移车业务

查询 添加 编辑 删除 查看 导出 打印小票

	分支基地	集装箱	吊箱操作	收费金额 /发...	操作员	移车时间	进场集卡号	出场集卡号
1	物流基地1	WWWU970829...	移位	0.0/	李XX	2010-02-09 14...		
2	物流基地1	IMTU9035581(...	移位	0.0/	李XX	2010-02-09 14...		
3	物流基地1	GVCU5215863...	移位	0.0/	李XX	2010-02-09 14...		
4	物流基地1	EISU9054800(...	移位	0.0/	李XX	2010-02-09 14...		
5	物流基地1	EISU9002220(...	移位	0.0/	李XX	2010-02-09 14...		
6	物流基地1	KKFU7633966(...	移位	0.0/	李XX	2010-02-09 14...		
7	物流基地1	MSKU8383160...	移位	0.0/	李XX	2010-02-09 14...		
8	物流基地1	PCIU8344912(...	移位	0.0/	李XX	2010-02-09 10...		
9	物流基地1	EISU9872133(...	移位	0.0/	李XX	2010-02-08 15...		
10	物流基地1	BSIU9075332(...	移位	0.0/	李XX	2010-02-08 15...		
11	物流基地1	PCIU8305407(...	移位	0.0/	李XX	2010-02-07 15...		
12	物流基地1	MSKU8383160...	移位	0.0/	李XX	2010-02-07 15...		
13	物流基地1	CCLU6875866(...	移位	0.0/	李XX	2010-02-07 15...		

第 1 页，共20页　　显示第 1 - 25 条记录，共 500 条

图 18-28　移车业务界面

1. 查询功能

点击“查询”按钮，输入相关查询条件，可查询到符合条件的记录，默认为全部记录。

2. 添加功能

添加移车，点击“添加”按钮，输入相关信息，点“保存”按钮保存该记录。

注意事项：默认移车时间为当前时间，起吊次数为1。

3. 编辑功能

选中某条记录，点“编辑”按钮可以编辑该条记录，编辑后点“保存”按钮保存该记录。

注意事项：只能对单条记录进行编辑，选中多条记录后点“编辑”按钮，会提示错误。

4. 删除功能

选中一条或多条记录,点“删除”按钮可以删除选中的记录。

5. 导出功能

点击“导出”按钮,将移车业务记录导成 Excel 格式文件。

6. 打印小票功能

选中某条记录,点“打印小票”按钮可以打印该条记录。

七、修箱业务

集装箱修箱业务,如图 18-29 所示。

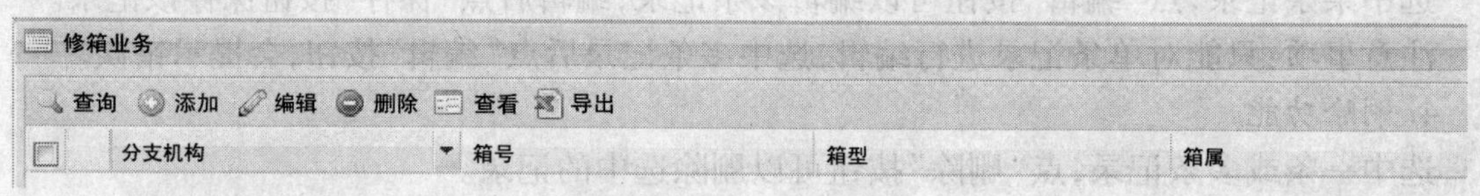

图 18-29　修箱业务界面

1. 查询功能

点击“查询”按钮,输入相关查询条件,可查询到符合条件的记录,默认为全部记录。

2. 添加功能

添加修箱,点击“添加”按钮,输入相关信息,点“保存”按钮保存该记录。

3. 编辑功能

选中某条记录,点“编辑”按钮可以编辑该条记录,编辑后点“保存”按钮保存该记录。

注意事项:只能对单条记录进行编辑,选中多条记录后点“编辑”按钮,会提示错误。

4. 删除功能

选中一条或多条记录,点“删除”按钮可以删除选中的记录。

5. 导出功能

点击“导出”按钮,将修箱业务记录导成 Excel 格式文件。

八、称重业务

1. 查询功能

点击“查询”按钮,输入相关查询条件,可查询到符合条件的记录,默认为全部记录。

2. 添加功能

添加称重,点击“添加”按钮,输入相关信息,点“保存”按钮保存该记录。

注意事项:称重时间默认为当前时间。

3. 编辑功能

选中某条记录,点“编辑”按钮可以编辑该条记录,编辑后点“保存”按钮保存该记录。

注意事项:只能对单条记录进行编辑,选中多条记录后点“编辑”按钮,会提示错误。

4. 删除功能

选中一条或多条记录,点“删除”按钮可以删除选中的记录。

5. 导出功能

点击“导出”按钮,将称重业务记录导成 Excel 格式文件。

九、堆位管理

通过直观的方式查看堆位图,并可进行一些基本的操作,如调换、移位等,如图 18-30

所示。

操作步骤：

(1)查看：在堆位图上移动鼠标，在界面右上角显示该堆位的集装箱信息。

(2)编辑：

①在堆位图中点击某个堆位；

②在右上角的堆位信息中选中某条记录，该记录信息将自动显示在文本框中；

③用户可以对文本框中的字段信息进行修改；

④点击“保存”按钮，保存修改后的堆位集装箱信息到数据库中，并更新堆位图中的相关记录信息。

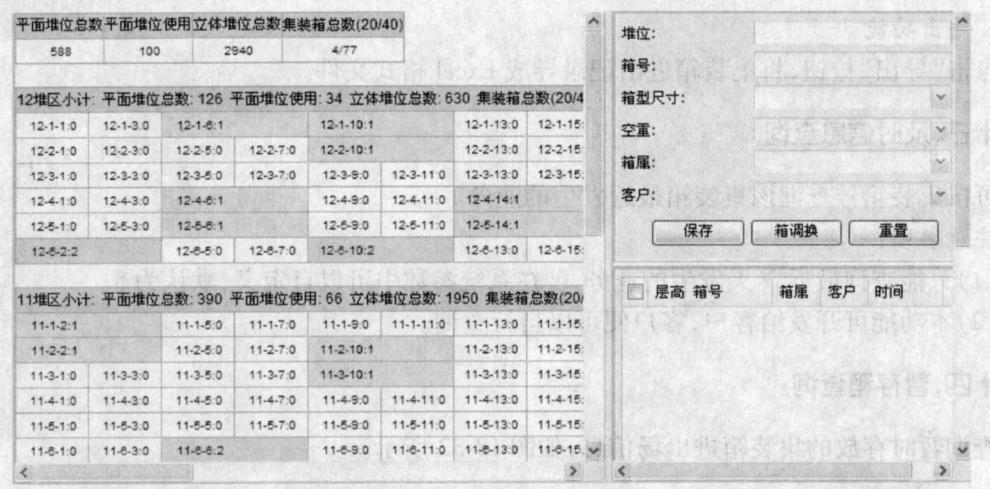

图 18-30 堆位管理界面

(3)箱调换：

选中两个集装箱，可以进行位置的调换。

若选中 1 个集装箱，系统会提示录入另一个集装箱的堆位。

注意事项：堆位的输入格式为：XX－YY－ZZ: H，其中 XX 为区号，YY 为行号，ZZ 为列号，H 为层号，必须为实际存在的堆位，并且 H 小于该堆位的限高。

十、堆存箱查询

查询堆存箱信息。

1. 查询功能

点击“查询”按钮，输入相关查询条件，可查询到符合条件的记录，默认为全部记录。

2. 导出功能

点击“导出”按钮，将堆存箱记录导成 Excel 格式文件。

十一、集装箱操作查询

查询集装箱操作信息。

1. 查询功能

点击“查询”按钮，输入相关查询条件，可查询到符合条件的记录，默认为全部记录。

2. 导出功能

点击“导出”按钮，将集装箱操作记录导成 Excel 格式文件。

十二、集装箱进出查询

查询集装箱进出信息,如图 18-31 所示。

图 18-31　集装箱进出查询界面

1. 查询功能

点击“查询”按钮,输入相关查询条件,可查询到符合条件的记录,默认为全部记录。

2. 导出功能

点击“导出”按钮,将集装箱进出记录导成 Excel 格式文件。

十三、及时信息查询

可按集装箱号查询该集装箱最近发生的业务。

注意事项:

(1)只能查询最近 N 天发生的业务,N 在系统参数中可以自定义,默认为 5。

(2)本功能可开发给客户,客户便可以自行查询。

十四、暂存箱查询

查询暂时存放的集装箱进出场信息,如图 18-32 所示。

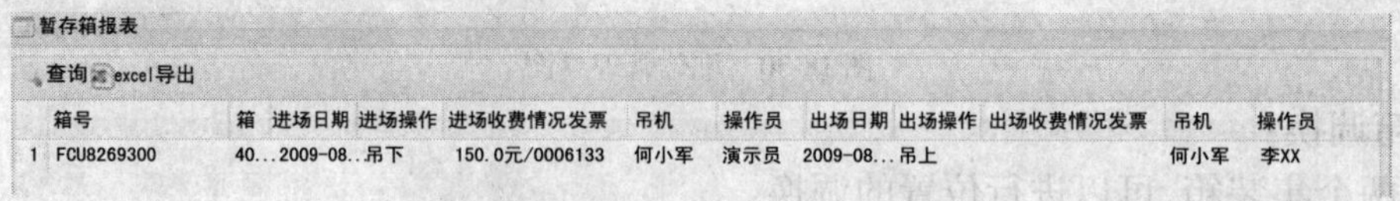

图 18-32　暂存集装箱报表界面

1. 查询功能

点击“查询”按钮,输入相关查询条件,可查询到符合条件的记录,默认当天为全部记录。

2. 导出功能

点击“导出”按钮,将集装箱操作记录导成 Excel 格式文件。

十五、客户月结报表

查询集装箱客户月结报表。

1. 查询功能

点击“查询”按钮,输入相关查询条件,可查询到符合条件的记录,默认为空。

2. 导出功能

点击“导出”按钮,将集装箱操作记录导成 Excel 格式文件。

十六、集装箱操作统计

按客户、时间段进行统计,如图 18-33 所示。

1. 查询功能

点击“查询”按钮,输入相关查询条件,可查询到符合条件的记录,默认为空。

集装箱操作统计

查询 导出

集装箱操作统计表

统计日期：2010-01-01 13:46　　到：2010-01-31 13:46

客户	箱型	空箱				重箱				箱次合计
		进场	出场	移车	移箱	进场	出场	移车	移箱	
马士基	GP20	5	6	0	0	3	3	0	0	17
	HC40	99	122	21	6	58	55	70	2	433
	小计	104	128	21	6	61	58	70	2	450
合计	GP20小计	5	6	0	0	3	3	0	0	17
	HC40小计	99	122	21	6	58	55	70	2	433
	合计	104	128	21	6	61	58	70	2	450

图 18-33　集装箱操作统计界面

2. 导出功能

点击“导出”按钮，将集装箱操作记录导成 Excel 格式文件。

十七、集装箱操作报表

按客户、时间段进行查询操作明细，如图 18-34 所示。

集装箱操作报表

查询 导出

	日期	车牌号码	箱号	堆位	空重	客户	箱属	箱型尺寸	操作	次数
1	2010-01-04 18:40	87443	EGHU9072745	11-2-30:3	空箱	马士基	EVG	HC40	提箱	1
2	2010-01-04 18:40	87443	EMCU9669118	11-2-30:2	空箱	马士基	EVG	HC40	提箱	1
3	2010-01-04 18:40	87443	FSCU9015016	11-2-30:1	空箱	马士基	EVG	HC40	提箱	1
4	2010-01-04 18:40	87443	TCNU9124522	11-1-26:2	空箱	马士基	EVG	HC40	提箱	1
5	2010-01-04 18:41	87623	FCIU8288784	12-5-18:1	重箱	马士基	EVG	HC40	提箱	1
6	2010-01-04 18:41	88227	EMCU9470825	12-3-18:1	重箱	马士基	EVG	HC40	提箱	1
7	2010-01-04 18:43	87443	MSKU8856555	12-4-14:1	重箱	马士基	马士基	HC40	进箱	1
8	2010-01-04 18:44	88227	TTNU9775804	11-8-22:1	空箱	马士基	马士基	HC40	进箱	1
9	2010-01-04 18:46	87623	MSKU9795752	11-8-22:2	空箱	马士基	马士基	HC40	进箱	1
10	2010-01-04 18:49	87663	MSKU1293681	11-7-22:1	空箱	马士基	马士基	HC40	提箱	1
11	2010-01-04 18:49	87663	MSKU9275452	11-7-22:2	空箱	马士基	马士基	HC40	提箱	1
12	2010-01-04 18:51	87443	EISU9844229	12-6-22:1	重箱	马士基	EVG	HC40	进箱	1
13	2010-01-04 18:51	87663	MSKU0850680	11-7-22:1	空箱	马士基	马士基	HC40	进箱	1

第 1 页，共18页　　显示第 1 - 25 条记录，共 446 条

图 18-34　集装箱操作报表界面

1. 查询功能

点击“查询”按钮，输入相关查询条件，可查询到符合条件的记录，默认为空。

2. 导出功能

点击“导出”按钮，将集装箱操作记录导成 Excel 格式文件。

第五节　设 备 维 护

一、设施设备管理模块的结构

设施设备管理模块的主要功能是管理物流基地和客户的设备，登记设备，记录设备维修保养情况，管理消防台账。其界面如图 18-35 所示。

设施设备管理
- 设备查询
- 设备登记
- 设备领用记录
- 设备故障处理
- 设备维修保养
- 设备检查记录
- 消防设施台帐
- 维修保养提醒报表

图 18-35　设施设备管理模块界面

二、设备查询

通过该功能可查询设备基本信息、设备故障处理记录、设备维修保养记录、检查记录和领用记录。

注意事项：选中下方的故障处理记录、维修保养记录、检查记录、领用记录可以查看设备的故障处理情况、维修保养情况、检查

情况、领用情况。

1. 查询功能

点击“查询”按钮，输入相关查询条件，可查询到符合条件的记录，默认为全部记录。

2. 导出功能

点击“导出”按钮，将设备查询记录导成 Excel 格式文件。

三、设备管理

通过该功能管理基地和入驻企业的设备，如图 18-36 所示。

设备管理

查询 添加 编辑 删除 查看 导出 打印

分支基地	编号	名称	规格型号	购置日期	原值(万元)	类别
哈尔滨龙运物流园区彳	004	叉车	235	2009-08-26	0	车辆>叉车
哈尔滨龙运物流园区彳	003	吊车	3333	2009-08-05	0	精密仪器>扫描仪
哈尔滨龙运物流园区彳	002	笔记本	Y430	2009-08-08	0	精密仪器>扫描仪

图 18-36 设备管理界面

1. 查询功能

点击“查询”按钮，输入相关的查询条件，可查询到符合条件的记录，默认为全部记录。

2. 添加功能

点击“添加”按钮，输入相关信息，点“保存”按钮保存该记录。

注意事项：设备编号、设备名称、规格型号、设备大类、设备小类、购置日期、所属企业必须填写，否则无法保存。

3. 编辑功能

选中某条记录，点“编辑”按钮可以编辑该条记录，编辑后点“保存”按钮保存该记录。

注意事项：只能对单条记录进行编辑，选中多条记录后点“编辑”按钮，会提示错误。

4. 删除功能

选中一条或多条记录，点“删除”按钮可以删除选中的记录。

5. 查看功能

选中某条记录，点“查看”按钮可以查看该记录。

6. 导出功能

点击“导出”按钮，将设备管理记录导成 Excel 格式文件。

7. 打印功能

选中某条记录，点“打印”按钮可以打印该条记录。

四、设备领用记录

通过该功能可以进行设备领用，如图 18-37 所示。

设备领用记录

查询 领用登记 编辑领用 删除 归还 查看 导出 打印

编号	设备编号	设备名称	分支基地	领用部门	领用人	领用时间	归还时间
11	002	笔记本	哈尔滨龙运物流园区有限责任总经办		李雪峰	2009-08-27 11:14:00	2009-08-31 08:00:00

图 18-37 设备领用记录界面

1. 查询功能

点击“查询”按钮，输入相关查询条件，可查询到符合条件的记录，默认为全部记录。

2. 领用登记功能

点击“领用登记”按钮，输入相关信息，点“保存”按钮保存该记录。

注意事项：

(1)所有内容都需填写，否则无法保存。

(2)保存时，如果设备已出租，提示设备已出租，且不能保存。

(3)保存时，如果设备维修中，提示设备状态异常，且不能保存。

3. 编辑领用功能

选中某条记录，点“编辑领用”按钮可以编辑该条记录，编辑后点“保存”按钮保存该记录。

注意事项：

(1)编辑领用时，设备名称不能修改。

(2)编辑领用只能对单条记录操作，选中多条记录后点“编辑领用”按钮，会提示错误。

4. 删除功能

选中一条或多条记录，点“删除”按钮可以删除选中的记录。

5. 归还功能

选中某条记录，点“归还”按钮可以归还该设备。

注意事项：

(1)设备归还时，只需填写归还时间，归还后设备使用状态变为在库。

(2)选中某条已归还的记录(有归还时间表示已归还)，点“归还”按钮，可以修改归还时间。

(3)归还只能对单条记录操作，选中多条记录后点“编辑”按钮，会提示错误。

6. 查看功能

选中某条记录，点“查看”按钮可以查看该记录。

7. 导出功能

点击“导出”按钮，将设备领用记录导成 Excel 格式文件。

8. 打印功能

选中某条记录，点“打印”按钮可以打印该条记录。

五、设备故障处理

记录设备故障处理情况，如图 18-38 所示。

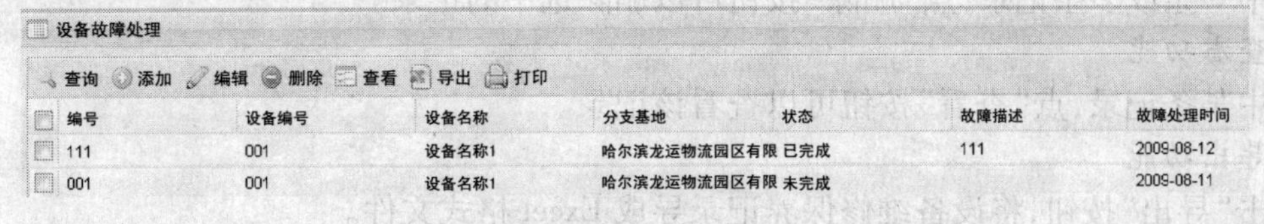

图 18-38 设备故障处理界面

1. 查询功能

点击“查询”按钮，输入相关的查询条件，可查询到符合条件的记录，默认为全部记录。

2. 添加功能

点击“添加”按钮，输入相关信息，点“保存”按钮保存该记录。

注意事项：

(1)除其他信息外都需填写，否则不能保存成功。

(2)确认人员默认为当前系统用户。

3. 编辑功能

选中某条记录,点“编辑”按钮可以编辑该条记录,编辑后点“保存”按钮保存该记录。

注意事项:只能对单条记录进行编辑,选中多条记录后点“编辑”按钮,会提示错误。

4. 删除功能

选中一条或多条记录,点“删除”按钮可以删除选中的记录。

5. 查看功能

选中某条记录,点“查看”按钮可以查看该记录。

6. 导出功能

点击“导出”按钮,将设备故障处理记录导成 Excel 格式文件。

7. 打印功能

选中某条记录,点“打印”按钮可以打印该条记录。

六、设备维修保养

记录设备维修保养情况,如图 18-39 所示。

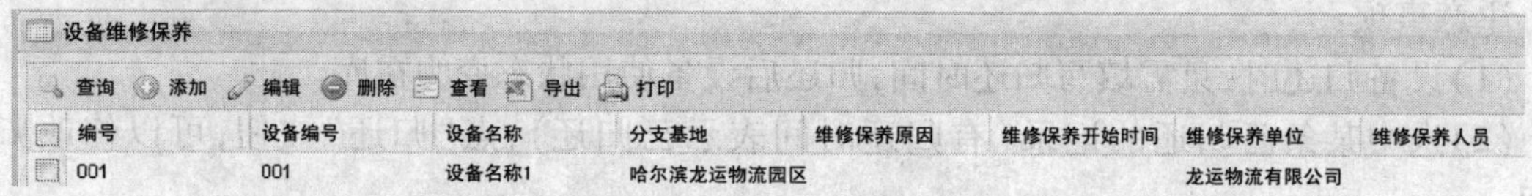
设备维修保养

编号	设备编号	设备名称	分支基地	维修保养原因	维修保养开始时间	维修保养单位	维修保养人员
001	001	设备名称1	哈尔滨龙运物流园区			龙运物流有限公司	

图 18-39 设备维修保养界面

1. 查询功能

点击“查询”按钮,输入相关查询条件,可查询到符合条件的记录,默认为全部记录。

2. 添加功能

点击“添加”按钮,输入相关信息,点“保存”按钮保存该记录。

注意事项:除其他信息外都需填写,否则不能保存成功。

3. 编辑功能

选中某条记录,点“编辑”按钮可以编辑该条记录,编辑后点“保存”按钮保存该记录。

注意事项:只能对单条记录进行编辑,选中多条记录后点“编辑”按钮,会提示错误。

4. 删除功能

选中一条或多条记录,点“删除”按钮可以删除选中的记录。

5. 查看功能

选中某条记录,点“查看”按钮可以查看该记录。

6. 导出功能

点击“导出”按钮,将设备维修保养记录导成 Excel 格式文件。

7. 打印功能

选中某条记录,点“打印”按钮可以打印该条记录。

七、设备检查记录

记录设备检查情况,如图 18-40 所示。

1. 查询功能

点击“查询”按钮,输入相关的查询条件,可查询到符合条件的记录,默认为全部记录。

图 18-40　设备检查记录界面

2. 添加功能

点击“添加”按钮，输入相关信息，点“保存”按钮保存该记录。

注意事项：除其他信息外都需填写，否则不能保存成功。

3. 编辑功能

选中某条记录，点“编辑”按钮可以编辑该条记录，编辑后点“保存”按钮保存该记录。

注意事项：只能对单条记录进行编辑，选中多条记录后点“编辑”按钮，会提示错误。

4. 删除功能

选中一条或多条记录，点“删除”按钮可以删除选中的记录。

5. 查看功能

选中某条记录，点“查看”按钮可以查看该记录。

6. 转维修功能

选中某条记录，点“转维修”按钮，填写维修编号和维修原因后，可将该设备转入设备维修保养功能中。

注意事项：转维修后设备状态变为维修。

转维修功能只能对单条记录操作，选中多条记录后点“转维修”按钮，会提示错误。

7. 转故障处理功能

选中某条记录，点“转故障处理”按钮，填写故障编号和异常原因后，可将该设备转入设备故障处理功能中。

注意事项：

(1)转故障处理后设备状态变为维修。

(2)转故障处理功能只能对单条记录操作，选中多条记录后点“转维修”按钮，会提示错误。

8. 导出功能

点击“导出”按钮，将设备检查记录导成 Excel 格式文件。

9. 打印功能

选中某条记录，点“打印”按钮可以打印该条记录。

八、消防设施台账

通过该功能可以添加、编辑、删除消防设施台账信息等，如图 18-41 所示。

1. 查询功能

点击“查询”按钮，输入相关的查询条件，可查询到符合条件的记录，默认为全部记录。

2. 添加功能

点击“添加”按钮，输入相关信息，点“保存”按钮保存该记录。

注意事项：除产地、地点和备注外都需填写，否则不能保存成功。

3. 编辑功能

选中某条记录,点"编辑"按钮可以编辑该条记录,编辑后点保存按钮保存该记录。

注意事项:只能对单条记录进行编辑,选中多条记录后点编辑按钮,会提示错误。

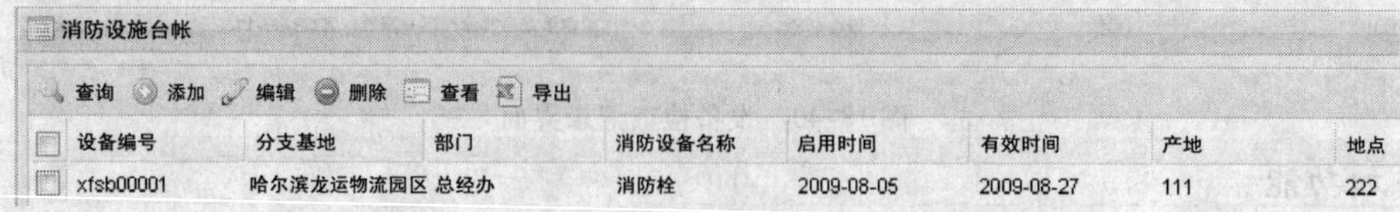

图 18-41 消防设施台账界面

4. 删除功能

选中一条或多条记录,点"删除"按钮可以删除选中的记录。

5. 查看功能

选中某条记录,点"查看"按钮可以查看该记录。

6. 导出功能

点"导出"按钮,将消防设施台账记录导成 Excel 格式文件。

7. 打印功能

选中某条记录,点"打印"按钮可以打印该条记录。

第六节 公共信息与信用管理

一、公共信息管理

1. 认识公共信息模块的功能结构

公共信息是辅助应用之一,其主要功能是将基地的信息发布到公共信息平台,其中车源和货源信息可以发布到其他基地,信息包括道路通堵、企业动态、车源和货源信息。其界面如图 18-42 所示。

公共信息
- 公共信息查询
- 道路通堵发布
- 企业动态发布
- 车源信息管理
- 货源信息管理
- 大屏幕展示
- 网站展示
- 展示方案管理
- 展示屏控制

图 18-42 公共信息管理界面

2. 公共信息查询

公共信息查询界面采用内嵌网页的形式,连接到 www. log-ink. org 的信息发布页面,如图 18-43 所示。

3. 道路通堵发布

在道路通堵发布界面可发布道路通堵信息,如图 18-44 所示。

(1)查询功能。点击"查询"按钮,输入相关查询条件,可查询到符合条件的记录,默认为全部记录。

(2)添加功能。点击"添加"按钮,输入相关信息,点"保存"按钮保存该记录。

注意事项:

①标题和描述需填写,否则不能保存成功。

②发布者为基地,发布时间为当前时间,状态为未审核,由系统自动生成。

(3)编辑功能。选中某条记录,点"编辑"按钮可以编辑该条记录,编辑后点"保存"按钮保存该记录。

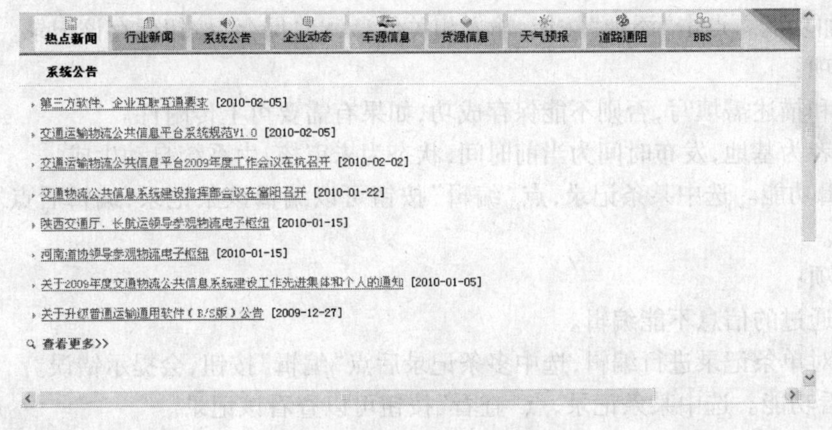

图 18-43　公共信息查询界面

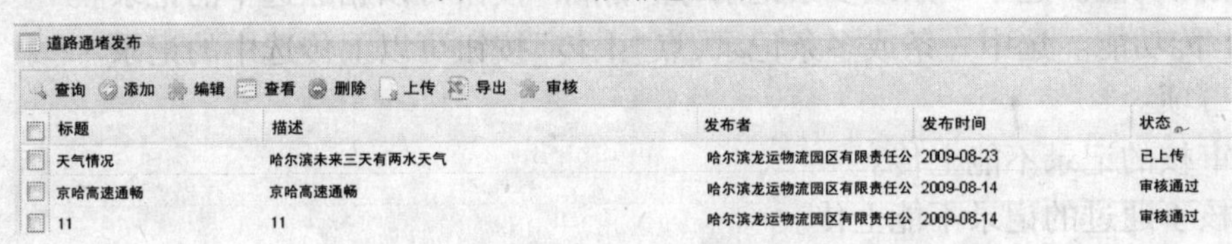

道路通堵发布

查询　添加　编辑　查看　删除　上传　导出　审核

标题	描述	发布者	发布时间	状态
天气情况	哈尔滨未来三天有两水天气	哈尔滨龙运物流园区有限责任公	2009-08-23	已上传
京哈高速通畅	京哈高速通畅	哈尔滨龙运物流园区有限责任公	2009-08-14	审核通过
11	11	哈尔滨龙运物流园区有限责任公	2009-08-14	审核通过

图 18-44　道路通堵发布界面

注意事项：

①审核通过的信息不能编辑。

②只能对单条记录进行编辑，选中多条记录后点“编辑”按钮，会提示错误。

(4)查看功能。选中某条记录，点“查看”按钮可以查看该记录。

(5)删除功能。选中一条或多条记录，点“删除”按钮可以删除选中的记录。

(6)上传功能。选中一条或多条记录，点“上传”按钮可以上传选中的记录。

注意事项：

①未审核的记录不能上传。

②审核不通过的记录不能上传。

(7)导出功能。点击“导出”按钮，将道路通堵发布记录导成 Excel 格式文件。

(8)审核功能。选中某条记录，点“审核”按钮可以审核该条记录，填写备注后，可点击“审核通过”或“审核不通过”。

注意事项：已上传的记录经审核后，状态变为“审核通过”或“审核不通过”，审核通过的可重新上传。

4. 企业动态发布

在该界面上可以发布企业动态信息，如图 18-45 所示。

企业动态发布

查询　添加　编辑　查看　删除　上传　导出　审核

序号	标题	内容	发布者	发布时间
1	12	12	哈尔滨龙运物流园区有限责任	2009-08-14

图 18-45　企业动态发布界面

(1)查询功能。点击“查询”按钮，输入相关查询条件，可查询到符合条件的记录，默认为全部记录。

(2)添加功能。点击“添加”按钮,输入相关信息,点“保存”按钮保存该记录。

注意事项:

①标题和描述需填写,否则不能保存成功,如果有需要可上传附件。

②发布者为基地,发布时间为当前时间,状态为未审核,由系统自动生成。

(3)编辑功能。选中某条记录,点“编辑”按钮可以编辑该条记录,编辑后点“保存”按钮保存该记录。

注意事项:

①审核通过的信息不能编辑。

②只能对单条记录进行编辑,选中多条记录后点“编辑”按钮,会提示错误。

(4)查看功能。选中某条记录,点“查看”按钮可以查看该记录。

(5)删除功能。选中一条或多条记录,点“删除”按钮可以删除选中的记录。

(6)上传功能。选中一条或多条记录,点“上传”按钮可以上传选中的记录。

注意事项:

①未审核的记录不能上传。

②审核不通过的记录不能上传。

(7)导出功能。点击“导出”按钮,将企业动态发布记录导成 Excel 格式文件。

(8)审核功能。选中某条记录,点“审核”按钮可以审核该条记录,填写备注后,可点击“审核通过”和“审核不通过”。

注意事项:已上传的记录经审核后,状态变为“审核通过”或“审核不通过”,审核通过的可重新上传。

5. 车源信息管理

在该界面可以发布、接收、管理车源信息,如图 18-46 所示。

(1)查询功能。点击“查询”按钮,输入相关查询条件,可查询到符合条件的记录,默认为全部记录。

(2)添加功能。点击“添加”按钮,输入相关信息,点“保存”按钮保存该记录,如图 18-47 所示。

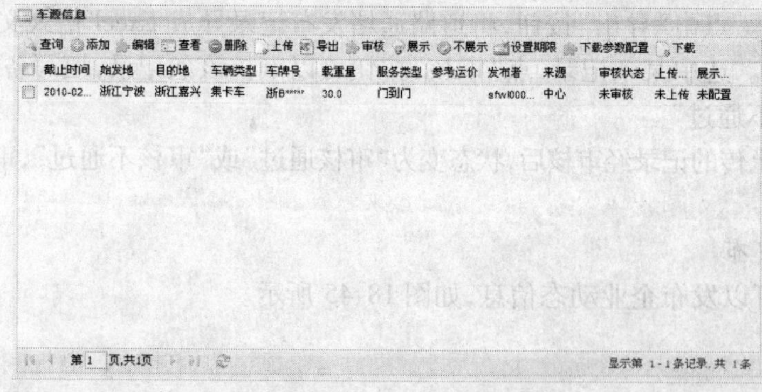

图 18-46　车源信息管理界面

注意事项:

①图 18-47 中有下列波浪线部分都需填写,否则无法保存。

②如果需要发布到其他基地,可选择接受者。

③发布者为基地,发布时间为当前时间,状态为未审核,由系统自动生成。

(3)编辑功能。选中某条记录,点“编辑”按钮可以编辑该条记录,编辑后点“保存”按钮保存该记录。

注意事项：

①审核通过的信息不能编辑。

②只能对单条记录进行编辑，选中多条记录后点“编辑”按钮，会提示错误。

(4)查看功能。选中某条记录，点“查看”按钮可以查看该记录。

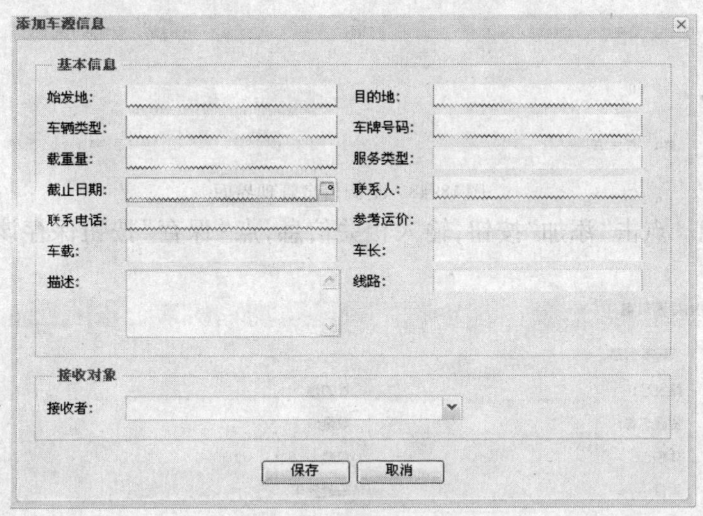

图 18-47　添加车源信息界面

(5)删除功能。选中一条或多条记录，点“删除”按钮可以删除选中的记录。

(6)上传功能。选中一条或多条记录，点“上传”按钮可以上传选中的记录。

注意事项：

①未审核的记录不能上传。

②审核不通过的记录不能上传。

(7)导出功能。点击“导出”按钮，将车源信息管理记录导成 Excel 格式文件。

(8)审核功能。选中某条记录，点“审核”按钮可以审核该条记录，填写备注后，可点击“审核通过”或“审核不通过”。

注意事项：已上传的记录审核后，状态变为“审核通过”或“审核不通过”，审核通过的可重新上传。

(9)展示功能。审核后方可展示。设置展示后，信息方可在大屏幕上显示。

(10)不展示功能。将已展示的信息取消展示能力。

(11)设置期限功能。设置展示期限，一般用于延长展示期。

(12)下载参数配置。配置下载参数，主要是配置下载关键字。配置完毕后，可进行主动查询下载。

(13)下载功能。本功能提供车源信息的增量下载功能，从中心关联的信息发布渠道获取信息。

6. 货源信息管理

在该界面可以发布、展示、管理货源信息，如图 18-48 所示。

(1)查询功能。点击“查询”按钮，输入相关查询条件，可查询到符合条件的记录，默认为全部记录。

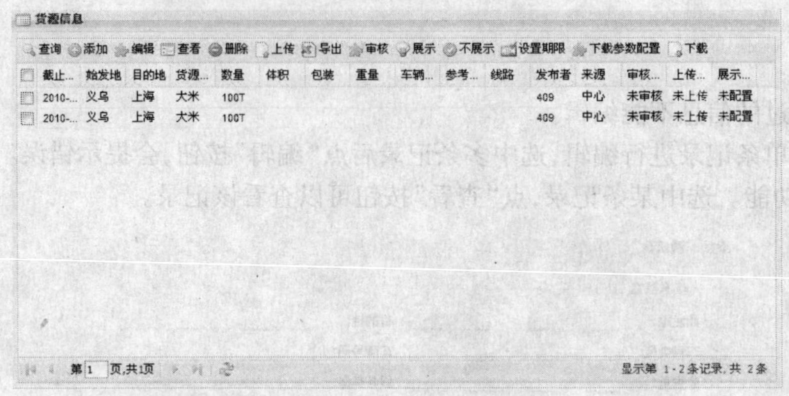

图 18-48　货源信息管理界面

(2)添加功能。点击“添加”按钮,输入相关信息,点“保存”按钮保存该记录,如图 18-49所示。

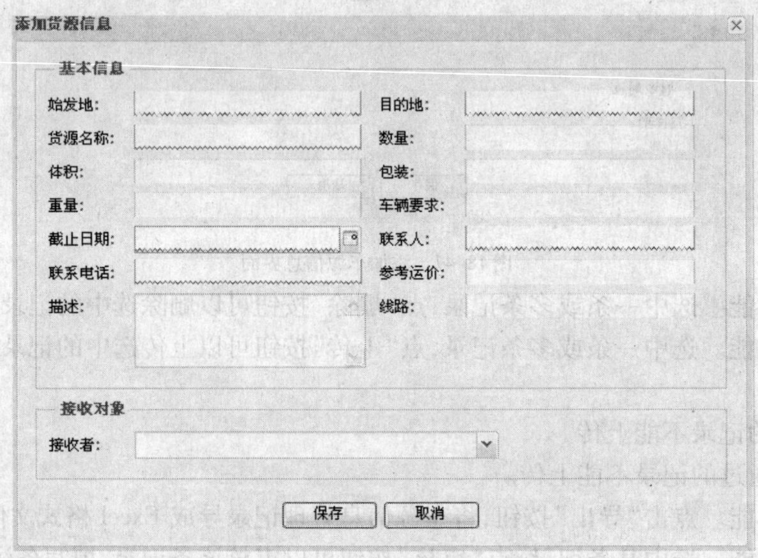

图 18-49　添加货源信息界面

注意事项:

①图 18-49 中有下列波浪线部分都需填写,否则无法保存。

②如果需要发布到其他基地,可选择接收者。

③发布者为基地,发布时间为当前时间,状态为未审核,由系统自动生成。

(3)编辑功能。选中某条记录,点“编辑”按钮可以编辑该条记录,编辑后点“保存”按钮保存该记录。

注意事项:

①审核通过的信息不能编辑。

②只能对单条记录进行编辑,选中多条记录后点“编辑”按钮,会提示错误。

(4)查看功能。选中某条记录,点“查看”按钮可以查看该记录。

(5)删除功能。选中一条或多条记录,点“删除”按钮可以删除选中的记录。

(6)上传功能。选中一条或多条记录,点“上传”按钮可以上传选中的记录。

注意事项:

①未审核的记录不能上传。

②审核不通过的记录不能上传。

(7)导出功能。点击“导出”按钮,将货源信息管理记录导成 Excel 格式文件。

(8)审核功能。选中某条记录,点“审核”按钮可以审核该条记录,填写备注后,可点击“审核通过”或“审核不通过”。

注意事项:已上传的记录审核后,状态变为“审核通过”或“审核不通过”,审核通过的可重新上传。

(9)展示功能。审核后方可展示。设置展示后,信息方可在大屏幕上显示。

(10)不展示功能。将已展示的信息取消展示能力。

(11)设置期限功能。设置展示期限,一般用于延长展示期。

(12)下载参数配置。配置下载参数,主要是配置下载关键字。配置完毕后,可进行主动查询下载。

(13)下载功能。本功能提供货源信息的增量下载功能,从中心关联的信息发布渠道获取信息。

7. 大屏幕展示

可在基地的大屏幕上展示信息,如图 18-50 所示。

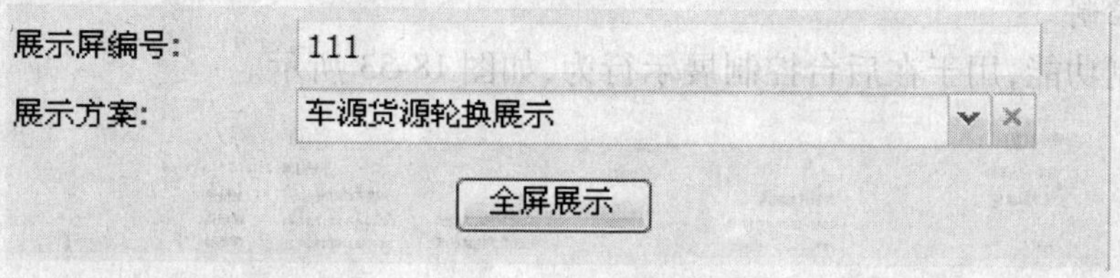

图 18-50　大屏幕展示界面

操作步骤:

(1)设置展示屏编号,输入一个和其他展示屏不同的数字或字符串。

(2)选择展示方案,从下拉框中选出。

(3)点击“全屏展示”。

8. 展示方案管理

该界面用于创建和维护展示方案,供展示时选择使用,如图 18-51 所示。

图 18-51　展示方案管理界面

(1)添加功能。点击“添加”按钮,输入相关信息,点“保存”按钮保存该记录,如图 18-52 所示。

注意事项:图 18-52 中的下划波浪线部分都需填写,否则无法保存。

(2)编辑功能。选中某条记录,点“编辑”按钮可以编辑该条记录,编辑后点“保存”按钮保存该记录。

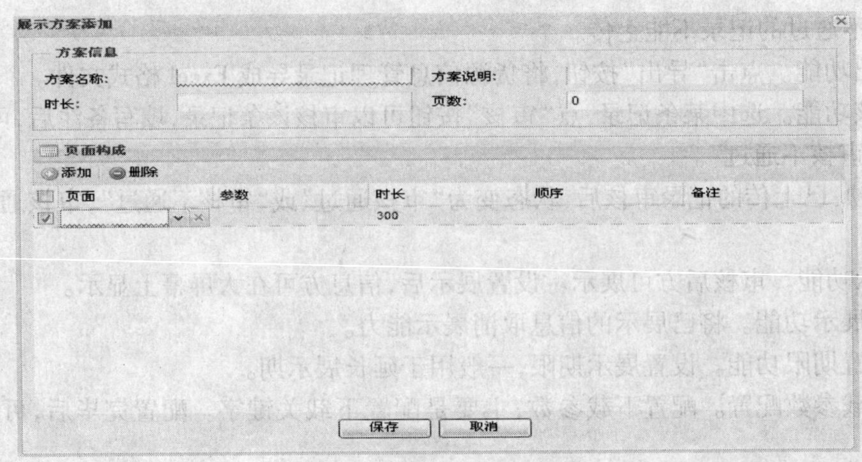

图 18-52　展示方案添加界面

注意事项:只能对单条记录进行编辑,选中多条记录后点“编辑”按钮,会提示错误。

(3)删除功能。选中一条或多条记录,点“删除”按钮可以删除选中的记录。

9. 展示屏控制

展示屏控制功能,用于在后台控制展示行为,如图 18-53 所示。

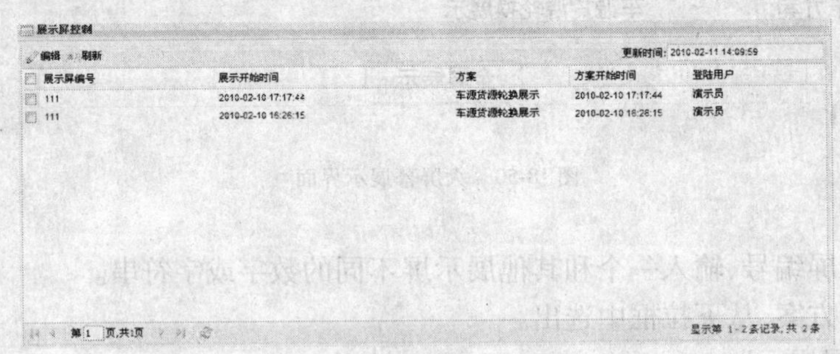

图 18-53　展示屏控制界面

(1)编辑功能。选中某条记录,点“编辑”按钮可以编辑该条记录,编辑后点“保存”按钮保存该记录。

注意事项:只能对单条记录进行编辑,选中多条记录后点“编辑”按钮,会提示错误。

(2)刷新功能。点击“刷新”,可刷新显示最新的当前的各展示屏的状态。

二、信用管理

1. 认识信用管理模块的功能结构

信用管理是辅助应用之一,其主要功能是针对车辆、企业的信用查询及对疑义清单的管理。其界面如图 18-54 所示。

信用管理
- 企业经营痕迹查询
- 车辆经营痕迹查询
- 企业疑义清单
- 车辆疑义清单

图 18-54　信用管理界面

2. 企业经营痕迹查询

企业经营痕迹查询即查询企业诚信信息。

注意事项:

①信息来源。企业诚信信息可来自其他基地或者公共信息平台。

②企业诚信信息可通过点击页面上的“查询”按钮进行查询。

查询功能:点击“查询”按钮,输入相关查询条件,可查询到符合条件的企业诚信记录。

注意事项：

①查询是通过输入企业的物流代码进行的。

②点“查询”后，系统会带出企业相关经营痕迹信息，并标明信息来源。

3. 车辆经营痕迹查询

车辆经营痕迹查询即查询车辆诚信信息。

注意事项：

①信息来源。车辆诚信信息可能来自其他基地或者公共信息平台。

②车辆诚信信息可通过点击页面上的查询按钮进行查询。

查询功能：点击“查询”按钮，输入相关查询条件，可查询到符合条件的车辆诚信记录。

注意事项：

①查询是通过输入车牌号码进行的。

②点“查询”后，系统会带出车辆相关痕迹信息，并注明信息来源。

4. 企业疑义清单

该清单记录进入黑名单的企业信息和相关考核信息，如图18-55所示。

注意事项：进入黑名单的企业，在进行合同租赁时，系统会自动提示操作员该企业在黑名单中。

图18-55　企业疑义清单界面

(1)查询功能。点击“查询”按钮，输入相关查询条件，可查询到符合条件的记录，默认为全部记录。

(2)添加功能。将某家企业加入黑名单中，点击“添加”按钮，输入相关信息，点“保存”按钮保存该记录。

注意事项：

①所有内容都需填写，否则无法保存。

②开始日期、结束日期是指黑名单的有效时间。

(3)编辑功能。选中某条记录，点“编辑”按钮可以编辑该条记录，编辑后点“保存”按钮保存该记录。

注意事项：只能对单条记录进行编辑，选中多条记录后点“编辑”按钮，会提示错误。

(4)删除功能。选中一条或多条记录，点“删除”按钮可以删除选中的记录。

(5)导出功能。点击“导出”按钮，将企业黑名单记录导成Excel格式文件。

5. 车辆疑义清单

该清单用于记录进入黑名单的车辆信息，如图18-56所示。

注意事项：进入黑名单的车辆，在其进出场时，系统会自动提示操作员该车辆在黑名单中。

车辆黑名单

查询 添加 编辑 删除 导出

车牌号	日始日期	结束日期	原因
11	2009-08-20	2009-08-28	asgfag
11	2009-08-01	2009-08-31	乱体车

图 18-56 车辆疑义清单界面

(1)查询功能。点击“查询”按钮,输入相关查询条件,可查询到符合查询条件的记录,默认为全部记录。

(2)添加功能。将某家企业加入黑名单中,点击“添加”按钮,输入相关信息,点“保存”按钮保存该记录。

注意事项:

①所有内容都需填写,否则无法保存。

②开始日期、结束日期是指黑名单的有效时间。

(3)编辑功能。选中某条记录,点“编辑”按钮可以编辑该条记录,编辑后点“保存”按钮保存该记录。

注意事项:只能对单条记录进行编辑,选中多条记录后点“编辑”按钮,会提示错误。

(4)删除功能。选中一条或多条记录,点“删除”按钮可以删除选中的记录。

(5)导出功能。点击“导出”按钮,将车辆黑名单记录导成 Excel 格式文件。

复习思考题

1. 查看几条现有的车辆信息,统计会员收费情况。

2. 将下列车辆的信息添加到系统中,并对这些车辆进行办卡的相关操作。

车牌号码	营运证号	车属企业	车型	吨位	联系人
浙 B53285	32342764478	浙江巨峰物流	普通	5	李正义
皖 A47726	77543291683	安徽昌隆运输公司	普通	16	程 进
浙 A34572	3301042825361	浙江省邦达物流	特种	30	张爱国

3. 查询在场车辆的信息,选择其中的几辆车进行出场操作。

4. 统计当日收费信息。

5. 进行入驻企业的进出场流量数据设置。

6. 查询车辆进出明细,进行进出车辆统计分析。

7. 查询场内堆存集装箱的信息明细,选择其中的一个重箱和一个空箱,进行提箱、查验、移箱等业务的操作。

8. 查询、编辑和导出基地设施设备的基本信息、领用记录、故障维修处理情况、检查记录和消防台账。

9. 查阅近两日的公共信息。

10. 发布一家物流企业的动态信息。

11. 添加一条车辆信息和一条货源信息,并进行大屏幕展示。

12. 查询两家入驻企业的经营情况信息。

第六篇

物流信息平台与增值服务

第十九章　公共服务平台增值服务

第一节　货运业务跟踪

一、进入货运业务跟踪模块

在网页地址栏中输入 http://www.logink.org/zjhy/web/,进入浙江省交通物流公共信息系统,点击页面左边“N个物流公共应用”下方“货物跟踪”,如图19-1所示,进入“货物跟踪”模块页面。

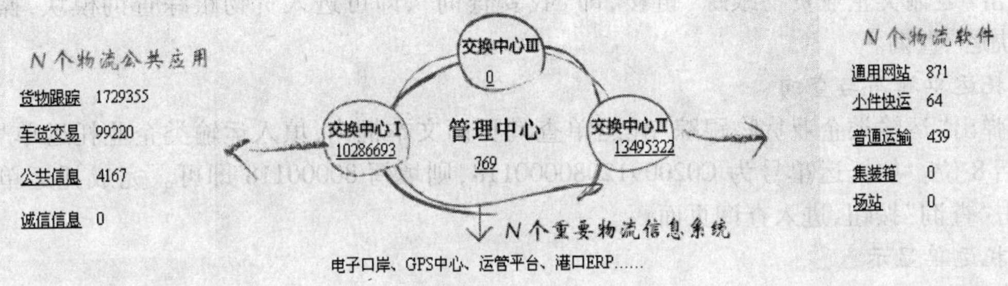

图19-1　交通物流公共信息系统首页

货物跟踪服务是“交通物流公共信息系统”浙江区域平台为用户提供的一项增值服务。通过业务单号,可及时直观地掌握货物的状态信息。根据不同的业务种类,目前分为“小件快运”、“普通运输”、“集装箱”和“大客户”四类货物跟踪,同时支持静态跟踪和动态跟踪,如图19-2所示。静态跟踪指通过货运单据的状态追踪实现对货物状态的跟踪,对于申请了物流交换代码的物流企业,可以采用已有业务类型的通用软件或者根据接口规范上传货物状态信息,经过货物跟踪中心处理,供公众通过网站进行查询。动态跟踪指通过与GPS中心的联网,获取车辆的GPS定位信息,从而确定货物的当前位置。对未安装GPS定位装置的车辆,可根据车辆登记的驾驶员手机号进行手机定位。

货物跟踪服务还提供签收单上传、实时定制查询(邮件或手机)、多方式查询货单状态、大客户货物跟踪、手机或邮件货物跟踪、跟踪信息保存等功能,从各方面满足不同层次货物跟踪的需求。

二、小件快运查询

1. 选择“小件快运”查询模块

点击“小件快运”货物跟踪链接,即“我要查询”,如图19-2所示。

2. 托运单号填写与查询

弹出小件快运托运单查询页面,在该弹出的页面文本框内填入小件快运托运单号(本月)

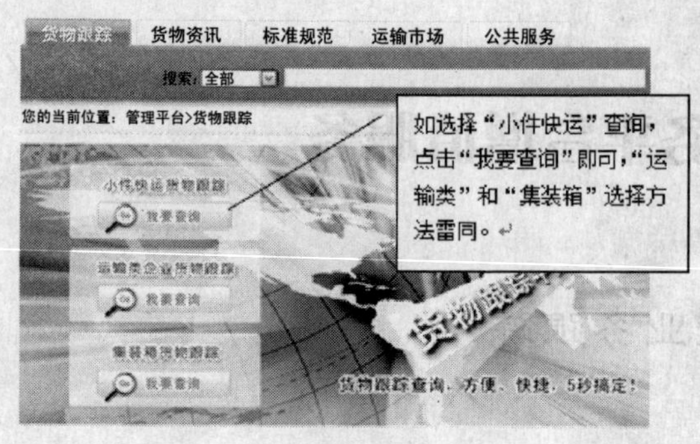

图 19-2　货物跟踪页面

的后8位，如托运单号"112084545"，只需填入"12084545"。在完成托运单号后，点击"查询"，查询出相关记录后将弹出查询结果页面。

3. 托运单显示

在弹出的查询结果页面中，点击红色字体"显示"，显示出托运单详细信息。点击"隐藏"，即隐藏托运单详细信息。

4. 快运托运继续查询

在小件快运托运单查询页面中，点击"重置"，清空文本框内容，在空文本框中填写下一个查询托运单号，即可显示下一托运跟踪信息。

三、普通运输查询

1. 进入"运输类企业货物跟踪"查询模块

点击"运输类企业货物跟踪"链接，即"我要查询"，即可进入货物跟踪查询模块，操作同"小件快运"查询。

2. 托运单填写与查询

在弹出"运输类企业货物跟踪"托运单查询页面文本框内，填入运输类企业托运单号(本月)的后8位。如托运单号为C0200912080000118，则填写80000118即可。完成托运单输入后，点击"查询"按钮，进入查询页面。

3. 托运单显示

在弹出的查询结果页面中，点击红色字体"显示"，显示出托运单详细信息。点击"隐藏"，隐藏托运单详细信息。

4. 普运业务继续查询

在运输类企业托运单查询页面中，点击"重置"，清空文本框内容。在空文本框中填写下一个查询托运单号，即可显示下一托运跟踪信息。

四、集装箱查询

1. 进入"集装箱货物跟踪"查询模块

点击"运输类企业货物跟踪"链接，即"我要查询"，即可进入货物跟踪查询模块，操作同"小件快运"查询。

2. 提单号填写与查询

在弹出"集装箱货物跟踪"托运单查询页面文本框内，填入集装箱提单号(本月)的后8位。如提单号为ADC20091224，则输入20091224即可。完成提单输入后，点击"查询"按钮，进入查询页面。

3. 托运信息显示

在弹出的查询结果页面中，点击红色字体"显示"，显示出托运单详细信息。点击"隐藏"，隐藏托运单详细信息。

4. 集装箱货物托运继续查询

在集装箱托运单查询页面中，点击"重置"，清空文本框内容。在空文本框中填写下一个查询提单单号,即可显示下一托运跟踪信息。

五、大客户查询

1. 大客户小件快运查询

(1)大客户登录之后,点击“小件快运”,进入小件快运托运单列表页面。

(2)在查询条件中输入小件快运托运单号(本月),如112084545,如图19-3所示。

(3)点击“查询”,即可查询出相关记录。

(4)在查询信息栏中点击“显示”,显示出托运单详细信息。

(5)点击“关闭窗口”,关闭托运单详细信息显示窗口。

(6)在小件快运托运单查询中,点击“清空”,清空文本框内容。

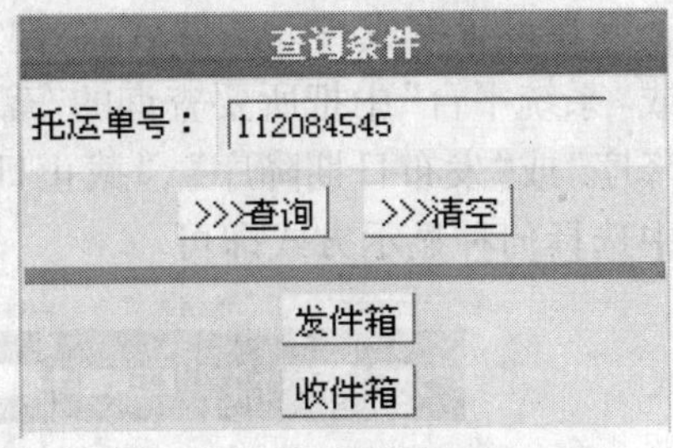

图19-3 小件查询

(7)在小件快运托运单查询中,点击“发件箱”和“收件箱”可以在两者之间相互切换,显示“发件箱”和“收件箱”对应的托运单信息。

2. 大客户运输类企业查询

(1)大客户登录之后,点击“运输类企业”,进入运输类企业托运单列表页面。

(2)在查询条件中输入运输类企业托运单号(本月),如单号为0912080000118。

(3)点击“查询”,即可查询出相关记录。

(4)在查询信息栏中点击“显示”,显示出托运单详细信息。

(5)点击“关闭窗口”,关闭托运单详细信息显示窗口。

(6)在运输类企业托运单查询中,点击“清空”,清空文本框内容。

(7)在运输类企业托运单查询中,点击“发件箱”和“收件箱”,可以在两者之间相互切换,显示“发件箱”和“收件箱”对应的托运单信息。

第二节 运输市场信息查询

一、进入车货交易模块

在网页地址栏中输入 http://www.logink.org/zjhy/web/,进入交通物流公共信息系统,点击页面左边“*N*个物流公共应用”下方的“车货交易”,进入车货交易模块页面。

二、车源信息查询

在车货交易模块网页中,左键点击“车源”按钮,在打开的网页中的“地区范围”、“日期范围”、“发布企业”输入查询条件。

1. 地区范围

在“地区范围”中填写,如:始发地——河南安阳、目的地——广东惠州。

2. 日期范围

在“日期范围”的“起始日期”空格中左键双击鼠标,在弹开窗口中年限的下拉按钮中选择“起始年限”,用同样方法选择“起始月份”,在年月下方具体日期中左键双击起始日期,即可弹入到“日期范围”的“起始日期”。“截止日期”操作方法同“起始时间”,不再赘述。如起始时间为“2010-01-01”,截止时间为“2010-01-11”。

3. 发布企业

在“发布企业”空格中,输入所查询企业。如“发布者:个人”。

4. 车源搜索与显示

在设置完成查询条件后,左键点击“搜索”,即可在“所有车源”、“四方物流”、“义乌场站”或“系统平台”中把所要查询的车源信息列在下方,如图 19-4 所示。如若要求车源“发布日期降序”或“发布日期降序”、“截止日期降序”或“发布日期升序”显示,只需在车源显示标题栏中选择何种显示方式即可。

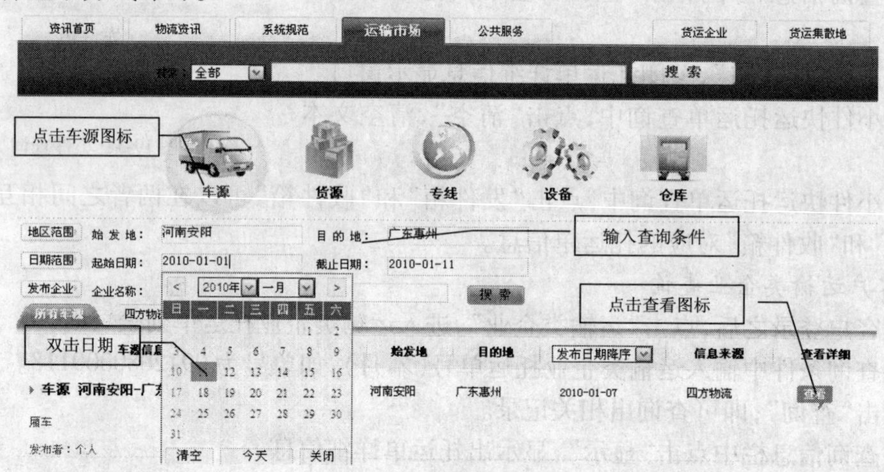

图 19-4 车源信息查询界面

5. 车源信息选择

若要查看某一车源信息,点击该车源信息栏右方的“查看”图标,即可进入该车源信息页面,如图 19-4 所示。

6. 车源详细信息

在“车源信息”页面,可以浏览该车源详细信息,如车辆类型、车牌号、载重量、车长、服务类型、有否 GPS、运价、信息有效截止时间、公司名称、联系人、联系电话。如需要该“车源信息”,可以点击“打印”按钮,如不需要该信息,打击“关闭”按钮或点击页面右上角的关闭图标,即可关闭网页。

三、货源信息查询

在“车货交易”模块网页中,左键点击“货源”按钮,在打开的网页中的“地区范围”、“日期范围”、“货物名称”输入查询条件,其操作同车源查询。如:

地区范围:始发地——浙江台州;目的地——山东济南。

日期范围:起始时间为 2010-01-04;截止时间为 2010-01-27。

货物名称的关键字:半挂。

四专线信息查询

在“车货交易”模块网页中,左键点击“专线”按钮,在打开的网页中的“地区范围”、“日期范围”、“专线名称”输入查询条件,其操作同车源查询。如:

地区范围:始发地——上海;目的地——北京。

日期范围:起始时间为 2010-01-01;截止时间为 2010-01-27。

专线名称:上海—北京市。

五、设备信息查询

在"车货交易"模块网页中,左键点击"设备"按钮,在打开的网页中的"发布日期"、"设备名称"输入查询条件,其操作同车源查询。如:

日期范围:起始时间为 2009-05-05;截止时间为 2010-01-27。

设备名称:叉车。

六、仓库信息查询

在"车货交易"模块网页中,左键点击"设备"按钮,在打开的网页中的"日期范围"、"具体位置"、"仓库名称"输入查询条件,其操作同车源查询。如:

日期范围:起始时间为 2010-01-01;截止时间为 2010-01-27。

具体位置:关键字——杭州。

仓库名称:关键字——临安台风托运部。

第三节　平台公共服务

一、进入公共信息模块

在网页地址栏中输入 http://www.logink.org/zjhy/web/,进入交通物流公共信息系统,点击页面左边"*N* 个物流公共应用"下方"公共信息"(图 19-1),进入"公共信息"模块页面。

二、天气状况查询

在"公共服务"页面"国内天气查询"右边文本框中选择查询省份、县市、今天或明后天,点击"查询"按钮,即可查询该地区的天气情况,如图 19-5 所示(查浙江省杭州市今天天气)。

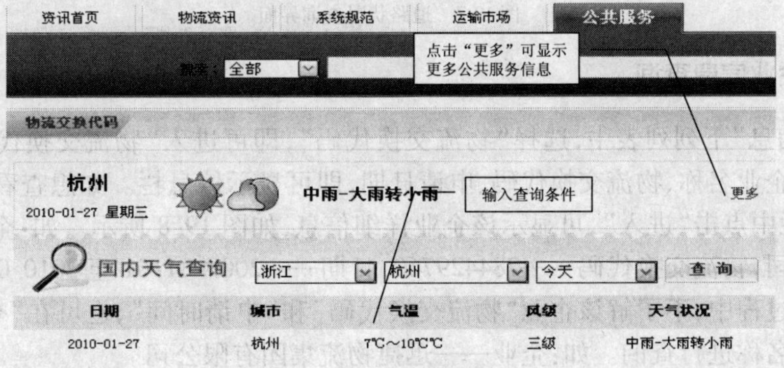

图 19-5　天气查询界面

若要查询更多公共服务信息,点击"更多",即可显示更多的服务信息模块,如图 19-5 所示。此外,也可打开 http://www.logink.org/zjhy/info/index.html 的"资讯首页"下方"公共服务"模块,选择所需查询的其他服务信息,如图 19-6 所示。

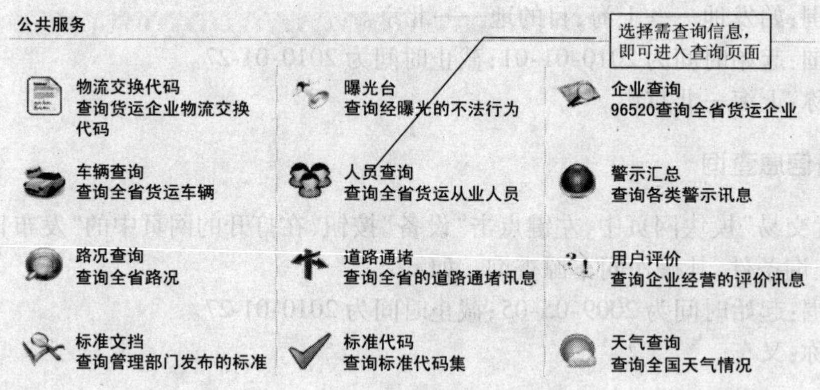

图 19-6　公共服务信息界面

三、道路状况查询

在"公共信息"下列列表中，点击"道路通堵"，进入道路状况查询页面。在通堵关键字中输入查询地区、日期范围，点击"查询"按钮，即可进行通堵查询，如图 19-7 所示。其中，日期输入方法与车源信息查询日期输入相同。如：通堵关键字——杭州；日期 2010-01-26 至 2010-01-28。

如需详细查看某一通堵信息，点击"查看完整内容"即可。

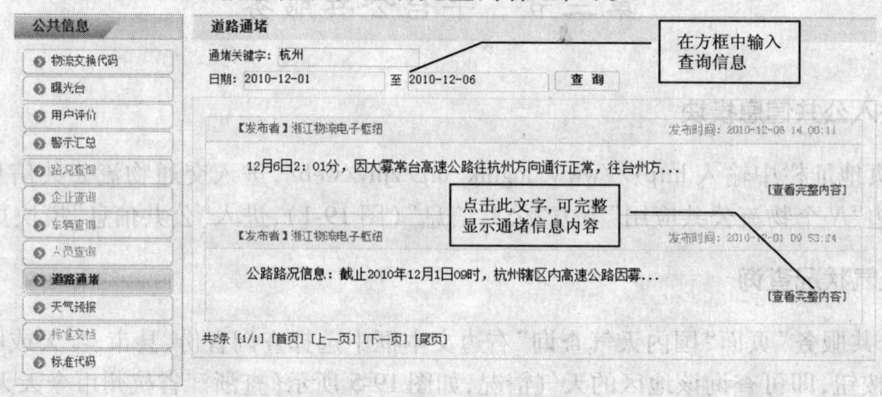

图 19-7　道路状况查询界面

四、物流企业信息查询

在"公共信息"下列列表中，选择"物流交换代码"，即可进入"物流交换代码"查询页面。在方格中输入企业名称、物流交换代码、申请日期，即可显示信息栏。如想查看该企业具体信息，在该信息栏中点击"进入"，可显示该企业详细信息，如图 19-8 所示。如：企业——迅捷物流集团有限公司，物流交换代码——784429760，日期——2009-01-01 至 2010-01-28。

若在查询过程中，不了解该企业"物流交换代码"和"申请时间"，也可在"企业名称"方格中输入该企业名称进行查询。如：企业——迅捷物流集团有限公司。

五、标准代码查询

在"公共信息"下列列表中，选择"标准代码"，即可进入"标准代码"查询页面。在"数据元"的方格中选择类型，在"中文名称"方格中用键盘输入名称（如不慎了解，可不输入，代码值同理），再用鼠标左键点击“查询”按钮,即可显示所需要的信息。如:数据元——机动车号牌种类。

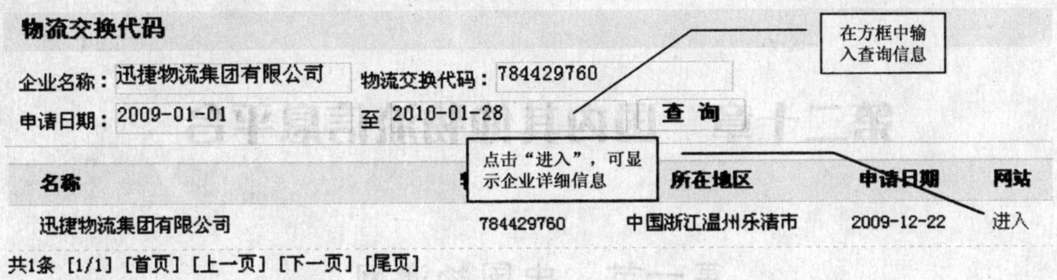

图 19-8　物流企业信息查询界面

六、货运集散地查询

在“公共信息”模块中,选择“货运集散地”,进入查询页面。在该页面的条件查询类别下拉菜单中,选择查询其类型(仓储类、集散类、重点物流基地),在所在地方格下拉菜单中,选择查询地区。若需详细查看信息,点击信息栏中的“查看”图标,即可详细显示查询信息。如:类别——集散类;所在地——浙江杭州江干区。

七、货运企业信息查询

在“公共信息”模块中,选择“货运企业”,进入查询页面。在该页面的条件查询类别下拉菜单中,选择查询其类型(普通货运、大件快运、专件运输、危险货物运输、货运场站、龙头物流企业),在所在地方格下拉菜单中,选择查询地区。若需详细查看信息,点击信息栏中的“查看”图标,即可详细显示查询信息。如:类别——危险货物运输(爆炸品);所在地——浙江杭州临安市。

复习思考题

1. 选取本公司小件快运某一托运业务进行查询。
2. 选取本公司集装箱运输某一托运业务进行查询。
3. 通过大客户查询模块,查询本公司小件快运和普通运输的业务。
4. 查询浙江杭州—辽宁沈阳于 2010 年 1 月 11 日至当前时间所有车源的信息。
5. 查询浙江义乌—山东济南于 2010 年 1 月 11 日至当前时间由义乌场站发布车源的信息。
6. 查询专线为上海—北京市起始时间为 2010 年 1 月 1 日至当前时间的信息。
7. 查询杭州临安台风托运部起始时间为 2010 年 1 月 1 日至当前时间的信息。
8. 通过公共服务平台查询江苏省苏州市未来三天天气。
9. 通过公共服务平台查询昨天至今天杭州市周边道路拥堵情况。
10. 通过公共服务平台查询本企业物流交货代码以及其他信息。
11. 通过公共服务平台查询浙江杭州江干区集散类物流基地的信息。

第二十章 国内其他物流信息平台

第一节 中国物通网

一、会员注册

1. 进入中国物通网

双击电脑桌面IE浏览器图标，在地址栏中输入 http://www.chinawutong.com/，即可打开"中国物通网"页面，点击"注册"按钮，进入会员注册页面。

2. 会员信息

在会员注册页面中，输入会员详细信息，填写完成后点击"完成注册"图标，如图20-1所示。

请输入帐号信息

* 会员登录名：wuliu518　必须使用3位到13位的数字0-9或字母a-z、A-Z字符组合

* 输入登录密码：●●●●●●　请选择不易被别人猜到的字符作为您的密码

在方框中选择输入查询信息

* 确认登录密码：●●●●●●　为了确保您输入的密码正确，请再次输入密码

* 注册人姓名：吴先生　为了更好的为您服务，请正确输入您的姓名

* 注册人电话：0571-82733112　请正确输入您的电话号码，例如：400-6578069

* 验证码：0432　0432　输入显示的数字。

"验证码"输入错误

请选择会员类型

物流公司　快件公司　搬家公司　车主　货源提供商

提示：物流公司会员可发布公司网点信息、物流专线、海运运价、空运运价、招商信息等。

物流公司

温馨提示：填写的会员信息越详细，客户越容易联系您。

* 公司名称：纵横物流　营业执照号码：

法人代表：吴先生　成立时间：2007-01-03　* 总部所在地：浙江省-杭州市-市辖区

* 总部地址：杭州　公司电子邮件：

* 总部电话：0571-82733112　总部传真：

图20-1　会员注册界面

在完成注册后即可进入"会员中心"页面，也可在"中国物通网"首页中输入会员名、密码登录，对"网点管理"、"国际物流"、"信息管理区""财务管理"等模块进行维护。

二、会员网点管理

1. 网点维护

在“网点管理区”的模块,可以对“省份网点”、“县市网点”、“我的专线”信息进行维护。如要对网点进行处理,首先进行“省份网点”处理,在所需布点的省份前面方框中打钩。然后对“县市网点”进行操作,完成后点击“提交”按钮,如图 20-2 所示。

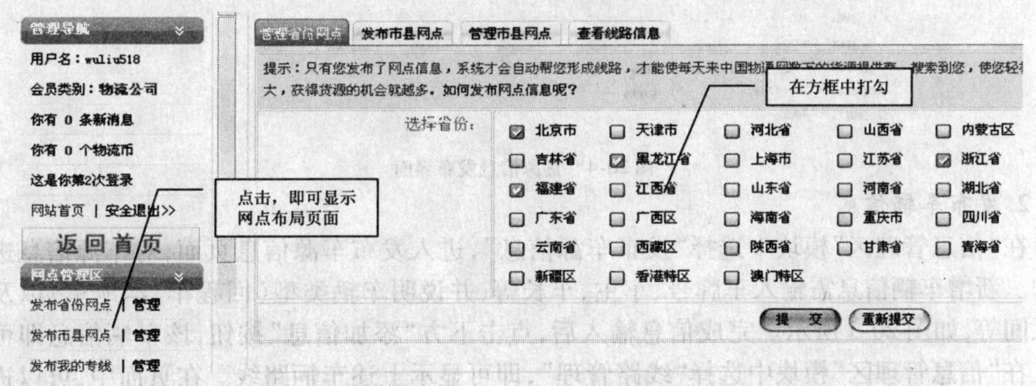

图 20-2　网点发布与维护界面

如布点身份:北京市、黑龙江省、浙江省、福建省。

2. 专线维护

在“网点管理区”模块中选择“发布我的专线”,进入专线维护的页面。在“出发网点”后下拉菜单中选择出发网点,在下方“到达网点”中选择到达网点,如图 20-3 所示。不过,需要注意的是,专线维护必须在“省份网点”、“县市网点”进行维护。如出发网点:北京市—北京辖区—市辖区;到达网点:浙江省—杭州市—上城区。

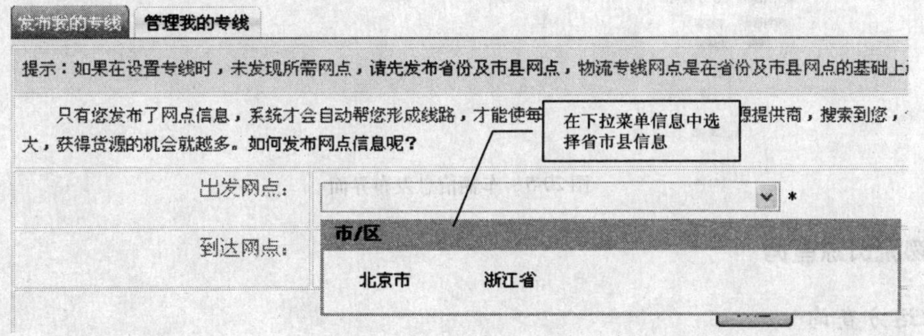

图 20-3　专线维护界面

在完成网点信息维护后,点击下方“开通”按钮,则专线正式生效。如要显示专线信息,可点击“管理我的专线”任务栏,即可显示。如删除该专线,可在该专线信息栏右方点击“删除”。

三、信息管理区维护

1. 发布货源信息

在“信息管理区”模块中选择“发布货源信息”,进入发布货源信息页面,对货源信息进行维护,如出发地、货物信息、运输类型、有效期、注意事项、货主名称、联系人、联系电话等,如图 20-4 所示。完成信息处理后,点击“提交”按钮,该货源信息发布生效。

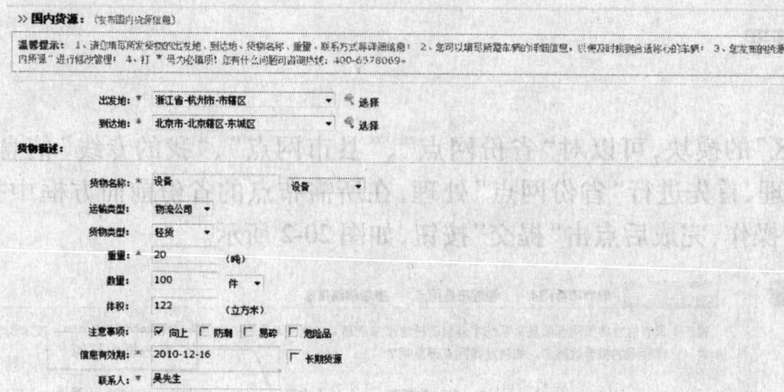

图 20-4　货源信息发布界面

2. 发布车辆信息

在“信息管理区”模块中选择“发布车源信息”，进入发布车源信息页面，对车源信息进行维护。新增车辆信息需输入车牌号、车主、车长等，并说明车辆类型（回程车、本地车）以及路程区间等，如图 20-5 所示。完成信息输入后，点击下方“添加信息”按钮，该车辆信息即可发布。在“信息管理区”模块中选择“线路管理”，即可显示上述车辆路线。在页面中，可以进行路线编辑或删除操作。

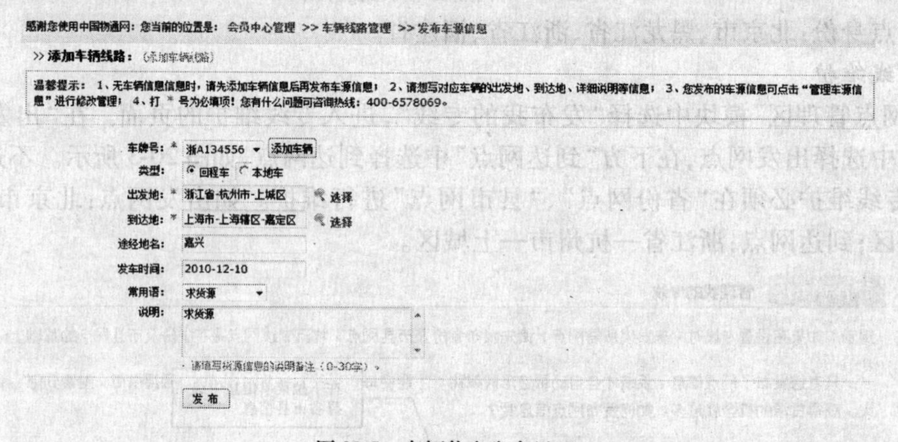

图 20-5　车辆信息发布界面

四、物流资源查询

1. 承运方查询

如货主寻找承运物流公司，可以在“会员中心”页面的任务栏中点击“发货找物流公司”，在下方的物流信息查询空格下拉菜单中选择出发地、到达地。如：出发地——浙江省杭州市市辖区；到达地——北京市北京辖区。完成后，点击“检索”按钮，即可显示查到的物流公司的更多信息。如需进一步了解该物流公司的更多信息，则点击该公司信息栏中的“详细信息”，即可显示该公司详细的内容，如图 20-6 所示。

2. 货源查询

在“会员中心”页面的任务栏中点击“物流公司找货源”，进入货源查询页面。在“出发地”和“到达地”下拉菜单中选择所在地，再点击“搜索”即可显示所要查询的信息，如图 20-7 所示。如需详细了解该货源信息，双击该货源信息栏中的“详细信息”即可。

3. 配货找车

在“会员中心”页面的任务栏中点击“配货找车”，进入该查询页面，在“出发地”和“到达地”下拉菜单中选择所在地，并用键盘输入“途经地”，再点击“搜索”即可显示所需查询的信息。如需详细了解该货源信息，可双击该车源信息栏中的“详细信息”。

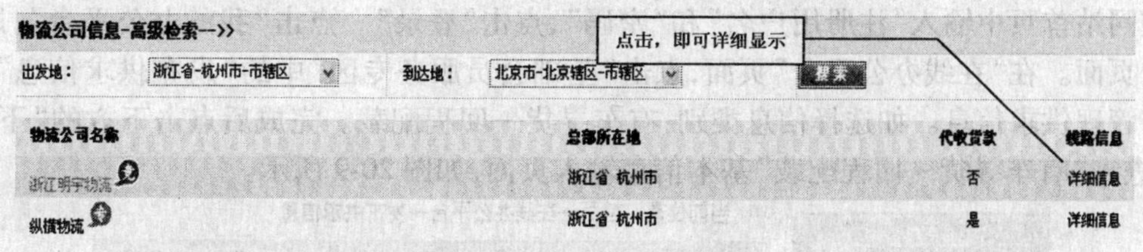

图 20-6　承运方信息查询界面

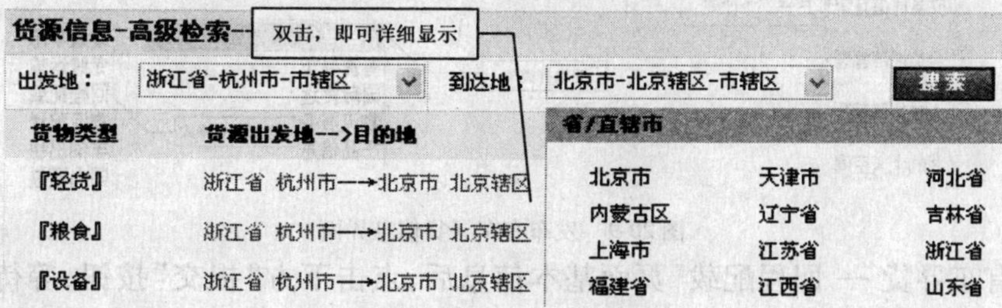

图 20-7　货源信息查询界面

此外，“车源找货”、“发快件”、“找快件”、“搬家信息”的信息查询，基本与上述几种查询方法相同，不再重复。

第二节　中国物流交易中心

一、会员注册

1. 进入“中国物流交易中心”

双击桌面上的浏览器的图标，在地址栏中输入 http://www.56135.com/，进入该网页。

2. 会员注册

点击该网页中“新会员注册”，进入会员注册页面。在“会员注册”页面，可以选择注册类型，如选择“物流供应商会员注册”，如图 20-8 所示，再点击下方的“下一步”按钮，进入会员具

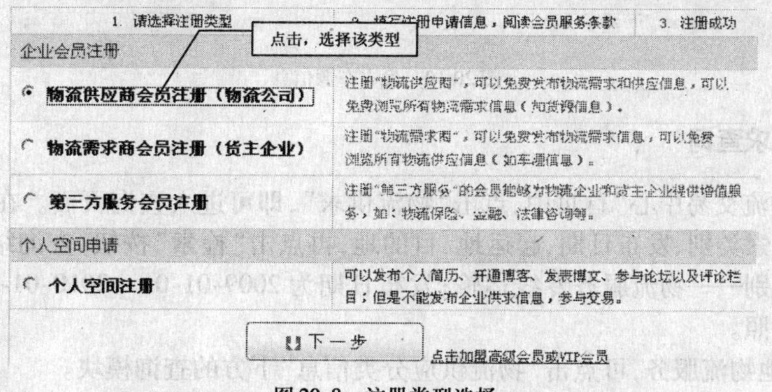

图 20-8　注册类型选择

体信息输入页面。

在“会员信息”网页中，输入会员基本信息。完成信息输入后，点击下方“提交注册”按钮。

二、发布供求信息

在网站首页中输入“注册用户名”和“密码”，点击“登录”。点击“我的办公平台”，即可进入办公页面。在“在线办公平台”页面，点击“基础会员服务专区”中的“发布供求信息”，即可发布与管理供求信息。如选择信息类别：有车寻货—回程配载。完成后点击下方的“下一步”按钮，进入“有车寻货—回程配载”基本信息输入页面，如图 20-9 所示。

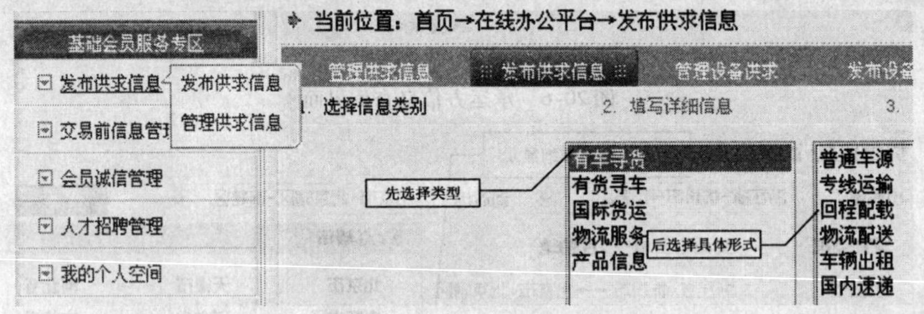

图 20-9　发布有车寻货信息界面

完成“有车寻货 — 回程配载”页面基本信息后，点击下方“提交”按钮，等待网站信息维护人员审核信息通过后，则该“有车寻货 — 回程配载”信息正式发布，如图 20-10 所示。

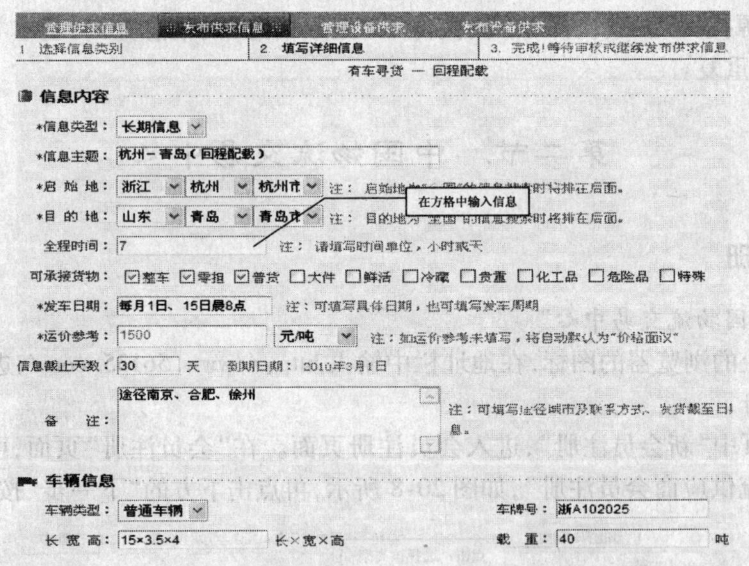

图 20-10　发布车源信息

三、货运供求查询

在“中国物流交易中心”首页中，点击“物流供求”，即可进入查询页面。在“物流供求”查询页面，输入搜索类别、发布日期、起运地、目的地，再点击“检索”按钮，查询结果即可显示出来。如：检索类别——物流服务专线运输；发布日期为 2009-01-01 ~ 2010-01-31；起运地为北京；目的地为日照。

如需要其他物流服务，可点击“物流供应分类信息”下方的查询模块。

如需查看某供求具体信息，可选择需要查看的信息，单击“显示”。

如利用该信息,开展业务,参与竞标,则点击"参与竞标"按钮,进入竞标信息输入页面,输入竞标价格、交易内容等信息。

完成信息输入后,点击"提交",则交易申请完成,等待对方审核申请。

四、交易大厅

在"中国物流交易中心"首页中,点击"交易大厅",进入"物流资源交易大厅",即可参与物流业务交易和发布交易信息,如图 20-11 所示。

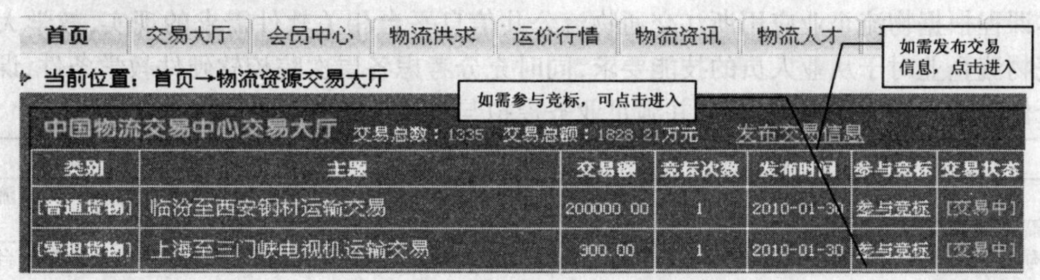

类别	主题	交易额	竞标次数	发布时间	参与竞标	交易状态
[普通货物]	临汾至西安钢材运输交易	200000.00	1	2010-01-30	参与竞标	[交易中]
[零担货物]	上海至三门峡电视机运输交易	300.00	1	2010-01-30	参与竞标	[交易中]

图 20-11　物流资源交易业务界面

五、运价查询

在"中国物流交易中心"首页中,点击"运价行情",进入"运价行情"查询页面。在运价行情搜索条件中输入起始地、目的地、承运公司,点击"搜索"进行运价查询,如图 20-12 所示。如需显示详细信息,点击该信息栏中的"明细"。

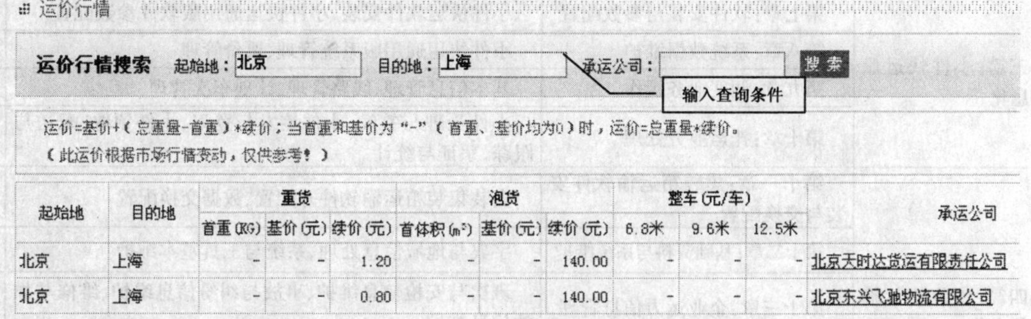

起始地	目的地	重货			泡货			整车(元/车)			承运公司
		首重(KG)	基价(元)	续价(元)	首体积(m³)	基价(元)	续价(元)	6.8米	9.6米	12.5米	
北京	上海	-	-	1.20	-	-	140.00	-	-	-	北京天时达货运有限责任公司
北京	上海	-	-	0.80	-	-	140.00	-	-	-	北京东兴飞驰物流有限公司

图 20-12　运价行情查询界面

在运价详细显示页面,如与物流提供商开展物流业务,点击下方的"申请交易"按钮。在进入申请交易页面后,输入交易主题、详细信息、运价描述、企业名称以及联系方式,并"提交"。

复习思考题

1. 在"中国物通网"注册自己的公司,发布网点、专线信息。
2. 根据企业已有物流资源,在"中国物通网"发布货源、车辆信息。
3. 在"中国物通网"在物流资源市场中,开展寻找承运人、货源以及配货等业务。
4. 在"中国物流交易中心"注册自己的公司,在"我的办公平台"发布供求信息。
5. 利用"中国物流交易中心"的"物流供求"物流资讯,就公司某项业务寻求商机。
6. 利用"中国物流交易中心"的"交易大厅"竞标功能,实现公司某项业务竞标活动。
7. 利用"中国物流交易中心"的"运价查询"功能,对公司某项业务的运价进行查询。

附录一 “物流信息技术”教学大纲

本课程根据物流企业应用浙江交通物流公共信息平台相关软件需求的现实，教学大纲紧紧围绕物流企业对于从业人员的技能要求，同时充分考虑各层次院校软硬件教学条件，课程大纲充分体现课程教学的可操作性，并满足业务模拟与学生上机练习教学之需要。

授课内容		讲授要点	课时
第一篇：物流信息服务平台构建	第一章：物流信息与平台建设认知	物流信息的概念、物流信息化的现状与发展趋势、物流信息平台的应用前景	2
	第二章：交通物流信息化平台构建	物流信息平台构建理念、设计基本思想以及信息平台的功能模块	2
第二篇：普通运输业务信息化	第三章：普通运输通用软件安装与交换配置	软件安装、数据库与客户端配置；代码申请、数据交换配置	2
	第四章：基本数据维护	字典与地域信息处理、企业组织信息维护、货物属性数据维护、货运主体数据维护、运力数据维护、托运货物数据维护、货运业务组织结构分配	4
	第五章：货运计费管理	计费类型与机构分派、计费协议信息维护、成本分摊	4
	第六章：货运业务信息处理	整车直发业务、零担专线业务、零担配送业务、客户自提业务、回程业务处理	6
第三篇：小件快运业务信息化	第七章：软件安装与参数配置	小件快运软件安装、小件快运通用版软件参数配置	2
	第八章：系统数据维护	小件快运通用版系统管理、票价管理	2
	第九章：调度业务操作	基本信息管理、线路管理、计划车次管理	6
	第十章：托运业务处理	小件受理与签发、小件签发与登记、小件领取、配送与跟踪、票证与统计	8
第四篇：集装箱运输业务信息化	第十一章：集装箱运输软件安装与交换配置	安装集装箱运输软件并配置、数据交换配置	2
	第十二章：基础资料与系统维护	字典与地域信息处理、系统与工具基本维护	4
	第十三章：企业运力信息管理	班次与安检信息维护、事故与纠纷信息维护、维修与加油信息维护	4
	第十四章：集装箱基本运输业务	外贸进出口业务、甩挂业务、带货业务、驳箱业务、委托业务、调度快速通道	6
	第十五章：业务结算与报表制作	合同账款结算、业务报表制作	2
第五篇：物流基地信息化管理	第十六章：系统运行环境与配置	运行环境与系统安装、系统运行基本配置	2
	第十七章：基础数据与客户管理维护	基础数据维护、组织架构维护、物流基地客户管理	4
	第十八章：物流基地基本业务操作	车辆管理与卡服务管理、场区车辆停车管理、集装箱堆场业务管理、设备维护、公共信息与信用管理	12
第六篇：物流信息平台与增值服务	第十九章：公共服务平台增值服务	货运业务跟踪、运输市场信息查询、平台公共服务	2
	第二十章：国内其他物流信息平台	中国物通网、中国物流交易中心的货源及车源信息收集与发布	2
总计			80

注：本课程在仓储、运输、货代、供应链等对应课程之后开设，可以综合物流模拟形式开设。

附录二 “物流信息技术”培训大纲

为了更好地组织和开展物流信息技术培训,受浙江省道路运输管理局委托,浙江交通职业技术学院组织相关专业老师,根据浙江交通物流公共信息平台相关软件,以“物流信息技术”教程为培训内容,编写适合物流行业从业人员的培训大纲。

培训项目	技能点	培训要点
物流信息化与物流信息平台的认知	物流信息与平台建设认知	
	物流信息化现状与趋势	物流信息化的内涵、国内外物流信息化现状、物流信息化的发展趋势
	平台建设与应用前景分析	物流信息平台建设情况、物流信息平台应用前景
	物流信息化平台构建	
	信息平台构建理念	信息平台总体简介、信息平台建设目标、信息总体任务、信息平台设计基本思想
	信息平台功能模块	信息平台数据交换、信息平台公共服务中心、应用软件总体简介
普通运输软件实操训练	软件安装与交换配置	
	安装普通运输通用软件并配置	普运软件安装、数据库配置、服务器与客户端配置
	数据交换配置	申请物流代码、下载首页、数据交换系统配置
	基本数据维护	
	字典与地域信息处理	新增、修改、删除字典与地域信息
	企业组织信息维护	设置企业组织结构、人力资源管理
	货物属性数据维护	货物的重量单位、体积单位维护
	货运主体数据维护	托运方、承运方信息维护
	运力数据维护	运力类型、自身与外协运力信息维护
	托运货物数据维护	商品资料信息维护
	货运业务组织结构分配	托运方、承运方组织分配
	运力管理	
	证件与保险处理	车辆、人员证件和车货保险信息维护
	车辆安检信息维护	安检项目、类型信息记录与维护
	货运事故信息处理	车辆事故、理赔、诉讼信息记录与维护
	车辆加油与维修信息处理	车辆维修、加油信息记录与维护
	货运业务人员培训信息维护	货运业务人员培训信息处理

续上表

培训项目	技能点	培训要点
普通运输软件实操训练	货运计费管理	
	计费类型与机构分派	费用类型定义、分配定义费用机构
	计费协议信息维护	录入托运报价单、承运报价单
	成本分摊	分摊成本项目查找，新增、修改、删除分摊成本项目
	货运业务信息处理	
	整车直发业务	录入托运单、生产作业单派车发运、作业卸货确认、回单记录、货运结算、账单开票、回款与发票核销
	零担专线业务	录入预订单、派车与发车、预订单转托运单、卸货确认、托运回单、费用结算
	零担配送业务	录入预订单、派车与发车、预订单转托运单、卸货确认、托运回单、费用结算
	客户自提业务	录入与处理托运单、派车与发车、卸货确认、托运回单、费用结算
	回程业务处理	录入托运单、派车与发车、卸货确认、托运回单、费用结算
小件快运软件实操训练	软件安装与参数配置	
	小件快运软件安装	数据库软件安装、小件快运软件安装
	小件快运通用版软件参数配置	小件快运软件与数据库连接的配置
	系统数据维护	
	小件快运通用版系统管理	单位、用户和角色、日志配置，数据交换日志，系统参数设置，基本信息、统一代码、客户信息维护
	票价管理	票价项维护、票价算法、票价公式、票价表、尾数计算
	调度业务操作	
	基本信息管理	地区、参运公司、车辆、车次类型信息管理与维护
	线路管理	线路、站点管理
	计划车次管理	计划车次停班、复班、车次属性、车次站点、新增车次信息维护
	托运业务处理	
	小件受理与签发	相关参数设置、启动预受理登记、预受理登记、预受信息修改、启动预受理调度、预受理调度、启动预受理作业、小件受理
	小件签发与登记	小件的出库、签发、废签、更改车牌号、重打签发单
	小件领取、配送与跟踪	小件领取、提货、作废、小件配送、托运单查询等
	票证与统计	票证管理、领用、查询、结算、简报、营收汇总报表

续上表

培训项目	技能点	培训要点
集装箱运输软件实操训练	软件安装与交换配置	
	安装集装箱运输软件并配置	集装箱运输软件的安装，数据库、服务器、客户端的配置
	数据交换配置	物流代码的申请，数据交换的配置
	基础资料与系统维护	
	字典与地域信息处理	字典类、地域信息、组织机构、公司、人员、运力、挂车、堆场、箱呎箱型、线路里程、托运方报价、节点设置、轮胎位置、费用种类、机构分配基本信息维护
	系统与工具基本维护	权限、个人文件夹、在线用户信息维护，工具功能设置及单据打印
	企业运力信息管理	
	班次与安检信息维护	班次安排、人员培训、出车前安检、回场安检或定期检查
	事故与纠纷信息维护	交通事故、理赔、纠纷及司法诉讼信息处理
	维修与加油信息维护	车辆的加油及维修记录；油耗、磨损情况及车辆折旧估算与分析
	集装箱基本运输业务	
	外贸进出口业务	托运单输入、调度单录入、调度跟踪
	甩挂业务	托运单输入、托运单拆单、调度单录入、调度跟踪
	带货业务	托运单输入、调度单录入
	驳箱业务	托运单输入、调度单录入、调度跟踪
	委托业务	托运单录入、托运单委托
	调度快速通道	接单、调度
	业务结算与报表制作	
	合同账款结算	应收结算、应付结算；发票信息录入
	业务报表制作	业务报表的制作
物流基地管理系统实操训练	软件安装与系统配置	
	运行环境与系统安装	软件服务器安装及配置
	系统运行基本配置	密码、用户、角色的设置，数据备份，交互配置
	基础数据与客户管理维护	
	基础数据维护	通用编码、系统参数、分区、房间、道口、堆位、收费标准、考核标准基础数据设置
	组织架构维护	基地组织部门和人员的管理信息维护

续上表

培训项目	技能点	培训要点
物流基地管理系统实操训练	物流基地客户管理	查询、删减、编辑、导出客户信息;房屋租赁、合同、费用、企业考核信息维护
	物流基地基本业务操作	
	车辆管理与卡服务管理	车辆信息登记、会员办理、费用包年包月、车辆卡服务
	场区车辆停车管理	车辆进出场信息登记、明细统计、在场信息查询、入驻企业停车流量设置、收费统计、进出场异常处理
	集装箱堆场业务管理	堆场进箱、提箱、查验、移箱
	设备维护	设施设备信息登记、记录设备领用、故障、维修保养
	公共信息与信用管理	公共信息发布与收集,信用管理
物流信息平台与增值服务	公共服务平台增值服务	
	货运业务跟踪	小件快运、普通运输、集装箱运输以及大户业务状态查询、监控
	运输市场信息查询	运输市场车源、货源、专线、设备、仓库信息查询
	平台公共服务	天气情况、道路拥堵、物流企业、标准代码、货运集散地信息查询
	国内其他物流信息平台	
	中国物通网	货源、车源、专线等信息发布,物流信息收集
	中国物流交易中心	发布物流供求与查询货运供求信息,物流业务询价与竞标

参考文献

[1] 谭建中.物流信息技术[M].北京:中国物资出版社,2006.

[2] 王椒荣.物流信息技术[M].北京:机械工业出版社,2007.

[3] 高春津,杨从亚.物流信息技术[M].天津:天津大学出版社,2008.

[4] 范新辉.物流信息系统[M].北京:机械工业出版社,2006.

[5] 浙江省道路运输管理局.小件快运软件操作说明书,2009.

[6] 浙江省道路运输管理局.普通运输软件说明书,2009.

[7] 浙江省道路运输管理局.集装箱运输软件说明书,2010.

[8] 浙江省道路运输管理局.物流基地管理系统说明书,2010.

[9] 浙江省道路运输管理局.交通运输物流公共信息平台系统规范,2010.

[10] 浙江省道路运输管理局.浙江省道路物流信息系统行业管理员操作说明书,2010.

[11] 浙江省道路运输管理局.浙江省道路物流信息系统用户操作说明书,2010.

[12] 浙江省道路运输管理局.大物流建设专刊,2010.